Entscheidungsorientiertes Teammanagement bei mehrwertigen Erwartungen unter Berücksichtigung von Medieneinsatz

# Regensburger Beiträge zur betriebswirtschaftlichen Forschung

Herausgegeben vom Institut für Betriebswirtschaftslehre an der Universität Regensburg

Michael Dowling, Jochen Drukarczyk, Hans Jürgen Drumm, Axel Haller, Harald Hruschka, Dirk Meyer-Scharenberg, Andreas Otto, Klaus Röder, Gerhard Scherrer, Helmut Steckhan

Band 42

PETER LANG

Frankfurt am Main · Berlin · Bern · Bruxelles · New York · Oxford · Wien

Karin A. Jenuwein

# Entscheidungsorientiertes Teammanagement bei mehrwertigen Erwartungen unter Berücksichtigung von Medieneinsatz

PETER LANG
Europäischer Verlag der Wissenschaften

**Bibliografische Information Der Deutschen Bibliothek**
Die Deutsche Bibliothek verzeichnet diese Publikation in der Deutschen Nationalbibliografie; detaillierte bibliografische Daten sind im Internet über <http://dnb.ddb.de> abrufbar.

Zugl.: Regensburg, Univ., Diss., 2003

D 355
ISSN 1430-7375
ISBN 3-631-52253-3



www.peterlang.de

**Geleitwort**

Im November 2001 entdeckte ich mehr zufällig, dass in der damals schon reichlich vorhandenen Literatur zur Teamarbeit durchgängig als stille Prämisse die Annahme der Sicherheit bei der Teambildung selbst sowie der Abwicklung aller Aktionen und der Erzielung von Aktionsergebnissen gesetzt war. Selbst ein kurzer Blick auf die Realität deckte sofort auf, dass diese Prämisse falsch war. Das Dissertationsthema von Karin Jenuwein war somit zum Beginn ihrer Arbeit an meinem Lehrstuhl, November 2001, gefunden.

Teamarbeit musste somit in mehrfacher Hinsicht unter der Prämisse mehrwertiger Erwartungen dringend analysiert werden: Die Bildung von Teams selbst stand unter mehrwertigen Erwartungen, weil die arbeitsrelevanten Eigenschaften der Teammitglieder auch bei gründlicher Exploration vor der Bildung eines Teams weder vollständig noch sicher bekannt sein konnten. Die unvollkommene Lösung dieses Problems musste Auswirkungen auf die Arbeit im Team haben. Davon unabhängig konnte nicht erwartet werden, dass der Ablauf und die Ergebnisse von Teamarbeit bei der Lösung komplexer und innovativer Probleme als typischem Anlass zum Einsatz von Teams unter Sicherheit erfolgen würde. Schließlich war unübersehbar, dass der Medieneinsatz in Teams einerseits Fortschritte machte, andererseits aber keineswegs die Sicherheit der Vorhersage von Teamarbeitsergebnissen erhöhte, sondern sogar absenkte.

Karin Jenuwein verarbeitete diese Gedanken in ihrer Dissertation dadurch, dass sie nach einer Problemexegese der Ursachen und Folgen mehrwertiger Erwartungen zur Teamarbeit zunächst den entscheidungstheoretisch relevanten Risikofall, dann den Ungewissheitsfall als Ausgangspunkt für die Teamauswahl und die Gestaltung der Teamarbeit nahm. Beide können zum Schluss ihrer Analyse des Teammanagements ineinander überführt werden. Die Ergebnisse von Karin Jenuweins Analyse sind scharfsinnig, hoch innovativ und hilfreich für die rationale Gestaltung des Teammanagements. Da weder eine genuine noch irgendwelche importierten Theorien vorhanden waren, auf die Karin Jenuwein hätte zurückgreifen können, musste sie ein eigenes theoretisches Fundament von Annahmen schaffen, aus denen Ableitungen zu den Grundlagen des Teammanagements möglich wurden. Die in den ersten Schritten bereits erkennbare hochgradige Komplexität des Themas wurde durch den Einbezug des Medienmanagements in das Teammanagement noch weiter gesteigert.

Das Ergebnis dieser insgesamt sehr guten und anregenden Arbeit kann man so umreißen, dass in Zukunft die Bildung und die Arbeit von Teams nicht mehr zur Arbeitsvereinfachung, sondern allenfalls zur stochastischen Verbesserung von Problemlösungsprozessen und ihren Ergebnissen gewählt werden können. Karin Jenuwein ist ein sehr beachtlicher Erkenntnisgewinn gelungen, dem breite Rezeption in der Wissenschaft zu wünschen ist! Auch Praktiker sollten aus Karin Jenuweins Arbeit bedeutenden Nutzen ziehen: Sie können und dürfen sich nicht mehr der lieb gewordenen Illusion hingeben, dass durch Teamarbeit durchgängig Lösungsverbesserungen bei der Bearbeitung komplexer und innovativer Probleme zu erzielen sind.

Regensburg, November 2003
Hans Jürgen Drumm

**Vorwort**

Die Bildung von Teams und die Lösung von Teamaufgaben unterliegen der Existenz mehrwertiger Erwartungen. Mehrwertige Erwartungen umfassen die Qualifikationen der Teammitglieder sowie schlecht strukturierte Teamaufgaben, die einer effektiven und effizienten Bearbeitung durch das Team entgegenstehen. Ein weiteres Teilproblem ist der Medieneinsatz in Teams selbst, wenn die Teammitglieder raum- und zeitverteilt zusammenarbeiten.

Die Arbeit – Entscheidungsorientiertes Teammanagement bei mehrwertigen Erwartungen unter Berücksichtigung von Medieneinsatz – kombiniert diese Teilprobleme. Sie untersucht, welche Risiken bzw. Ungewissheiten sich entwickeln und wie diese durch das Teammanagement gehandhabt werden können, wenn der Medieneinsatz bei der Teamarbeit unter mehrwertiger Erwartung steht.

Die vorliegende Arbeit entstand während meiner zweijährigen Tätigkeit als wissenschaftliche Mitarbeiterin am Lehrstuhl für Personalwirtschaft, Organisation und Unternehmungsplanung der Universität Regensburg. Sie wurde am 15. Oktober 2003 als Dissertation zur Erlangung des Grades eines Doktors der Wirtschaftswissenschaft an der Wirtschaftswissenschaftlichen Fakultät der Universität Regensburg eingereicht. Der Promotionsausschuss hat sie am 26. November 2003 als Dissertation angenommen. Meine Promotion schloss ich mit dem Rigorosum am 20. November 2003 und der Disputation am 27. November 2003 erfolgreich ab.

An dieser Stelle möchte ich all denen herzlich danken, die mich bei der Entstehung dieser Arbeit in verschiedener Art und Weise unterstützt haben.

Besonderer Dank gilt meinem Doktorvater und Erstkorrektor, Herrn Prof. Dr. Hans Jürgen Drumm, der mich in meinem Interesse für das Teammanagement bestärkt hat. Unsere anregenden Diskussionen haben meinen Wissenshorizont vielfältig erweitert. Herrn Prof. Dr. Franz Lehner danke ich für seine bereitwillige Übernahme des Zweitgutachtens. Seine Mitwirkung bei der Betreuung hat meine Forschungsrichtung wesentlich beeinflusst. Herzlichen Dank gilt zudem Herrn Prof. Dr. Michael Dowling und dem Dekanat-Team für ihren Einsatz und die zügige Abwicklung des Promotionsverfahrens.

Ich bedanke mich auch bei meinen Kollegen Frau Dipl.-Kffr. Steffi Griesbeck und Herrn Dipl-Kfm. Tomo Raic für die Teamatmosphäre. Sie besitzen einen großen Teamgeist und waren mit intelligenten Ratschlägen zur Stelle, wann immer ich sie brauchte. Ich danke ferner Frau Nicole Bischof, Frau Sigrid Dietz, Frau Sandra Schwarzberger und Frau Ursula Thiel für die formale Durchsicht des Manuskriptes.

Kaum zu ermessen ist der Beitrag meiner Familie, die mir Kraft und Stärke gab. Die Liebe und die Unterstützung meiner Eltern halfen mir viele Herausforderungen zu bestehen. Sie standen mir in dieser bereichernden und wertvollen Zeit stets zur Seite. Ihnen widme ich diese Arbeit.

München, November 2004
Karin A. Jenuwein

**Inhaltsübersicht**

Geleitwort ..... V
Vorwort ..... VII
Inhaltsverzeichnis ..... XI
Abbildungsverzeichnis ..... XVII
Abkürzungsverzeichnis ..... XIX
Symbolverzeichnis ..... XXII
Anhangsverzeichnis ..... XXIII

**1 Problemstellung und Aufbau der Arbeit** ..... 1
1.1 Problem der Arbeit ..... 1
1.2 Aktuelle Entwicklungstrends ..... 4
1.3 Aufbau der Arbeit ..... 7

**2 Theoretische Grundlagen des Teammanagements** ..... 8
2.1 Teamtheorien und ihre Erklärungskraft ..... 8
2.2 Teams und Teammanagement in Abhängigkeit von Aufgabe und Personal ..... 15
2.3 Problemstruktur des Teammanagements ..... 23

**3 Teammanagement als Ansatz zur langfristigen Steuerung von Entscheidungen in Teams bei mehrwertigen Erwartungen ohne Medieneinsatz** ..... 42
3.1 Bausteine des Teammanagements bei mehrwertigen Erwartungen ..... 42
3.2 Ausgewählte Steuerungsmaßnahmen des Teammanagements unter Risiko ..... 75
3.3 Ausgewählte Steuerungsmaßnahmen des Teammanagements unter Ungewissheit ..... 105
3.4 Erstes Teilergebnis: Teammanagement als vernetzter lernbasierter Entscheidungskreislauf ..... 122

**4 Teammanagement als Ansatz zur langfristigen Steuerung von Entscheidungen in Teams bei mehrwertigen Erwartungen mit Medieneinsatz** ..... 126
4.1 Teams und Teammanagement in Abhängigkeit von Medien ..... 126
4.2 Bausteine des Teammanagements bei mehrwertigen Erwartungen ..... 130
4.3 Ausgewählte Steuerungsmaßnahmen des Teammanagements unter Risiko ..... 160
4.4 Ausgewählte Steuerungsmaßnahmen des Teammanagements unter Ungewissheit ..... 186
4.5 Zweites Teilergebnis: Teammanagement mit Medieneinsatz als virtueller lernbasierter Entscheidungskreislauf ..... 193

**5 Gesamtergebnis und offene Probleme** ..... 196
5.1 Vergleich des Teammanagements bei mehrwertigen Erwartungen unter Einschluss von Medieneinsatz ..... 196
5.2 Offene Probleme ..... 200

Anhang ..... XXV
Literaturverzeichnis ..... LV
Stichwortverzeichnis ..... XCI

**Inhaltsverzeichnis**

Geleitwort ..... V
Vorwort ..... VII
Inhaltsübersicht ..... IX
Abbildungsverzeichnis ..... XVII
Abkürzungsverzeichnis ..... XIX
Symbolverzeichnis ..... XXII
Anhangsverzeichnis ..... XXIII

**1 Problemstellung und Aufbau der Arbeit ..... 1**

**1.1 Problem der Arbeit ..... 1**

**1.2 Aktuelle Entwicklungstrends ..... 4**

**1.3 Aufbau der Arbeit ..... 7**

**2 Theoretische Grundlagen des Teammanagements ..... 8**

**2.1 Teamtheorien und ihre Erklärungskraft ..... 8**
*2.1.1 Referenztheorie des Teammanagements ..... 8*
*2.1.2 Forschungsansätze ..... 10*
*2.1.3 Forschungsbedarf ..... 13*

**2.2 Teams und Teammanagement in Abhängigkeit von Aufgabe und Personal ..... 15**
*2.2.1 Wertschöpfungsbeitrag der Teambildung ..... 15*
*2.2.2 Einflussgrößen auf die Entscheidung der Teambildung ..... 17*
2.2.2.1 Aufgabe ..... 17
2.2.2.2 Personal ..... 18
2.2.2.3 Allokation von Aufgabe und Personal ..... 21

**2.3 Problemstruktur des Teammanagements ..... 23**
*2.3.1 Begriffsabgrenzung ..... 23*
*2.3.2 Bausteine der Metaentscheidung des Teammanagements ..... 24*
*2.3.3 Entscheidungssituationen des Teammanagements ..... 28*
*2.3.4 Entscheidungsfelder des Teammanagements ..... 32*
2.3.4.1 Typologie des Teammanagements ..... 32
2.3.4.2 Teammanagement bei einwertigen Erwartungen ..... 35
2.3.4.3 Teammanagement bei mehrwertigen Erwartungen als Problem ..... 38
2.3.4.3.1 Äquivalenz von Aufgabenstellung und Teamqualifikation ..... 38
2.3.4.3.2 Vorgehensweise und Prämissen ..... 41

**3 Teammanagement als Ansatz zur langfristigen Steuerung von Entscheidungen in Teams bei mehrwertigen Erwartungen ohne Medieneinsatz** ....42

**3.1 Bausteine des Teammanagements bei mehrwertigen Erwartungen** .. 42
*3.1.1 Einordnung der Teamarbeit in den Wertschöpfungsprozess als Baustein des Teammanagements* .... 42
3.1.1.1 Aufgaben- und personalbedingtes Risiko .... 42
3.1.1.1.1 Ex ante Betrachtung .... 42
3.1.1.1.1.1 Systemimmanentes Risiko .... 42
3.1.1.1.1.2 Entscheidungsrisiko .... 43
3.1.1.1.1.3 Informationsrisiko .... 44
3.1.1.1.2 Ex post Betrachtung .... 46
3.1.1.2 Ungewissheit von Aufgabe und Personal .... 47
3.1.1.3 Schlussfolgerungen zur Einordnung der Teamarbeit in den Wertschöpfungsprozess .... 48
*3.1.2 Teambildung bei mehrwertigen Erwartungen als Baustein des Teammanagements* .... 49
3.1.2.1 Aufgaben- und personalbedingtes Risiko .... 49
3.1.2.1.1 Nachfragerisiko .... 49
3.1.2.1.2 Akquisitionsrisiko .... 49
3.1.2.1.3 Auswahlrisiko .... 50
3.1.2.2 Ungewissheit von Aufgabe und Personal .... 51
3.1.2.3 Schlussfolgerungen zur Teambildung .... 52
*3.1.3 Teamsteuerung bei mehrwertigen Erwartungen als Baustein des Teammanagements* .... 53
3.1.3.1 Aufgaben- und personalbedingtes Revisionsrisiko .... 53
3.1.3.1.1 Lernrisiken im Team .... 53
3.1.3.1.2 Kooperationsrisiken im Team .... 55
3.1.3.2 Revisionsungewissheit von Aufgabe und Personal .... 58
3.1.3.3 Schlussfolgerungen zur Teamsteuerung .... 59
*3.1.4 Erfolgskontrolle bei mehrwertigen Erwartungen als Baustein des Teammanagements* .... 60
3.1.4.1 Aufgaben- und personalbedingtes Risiko .... 60
3.1.4.1.1 Qualitätsrisiko .... 60
3.1.4.1.1.1 Allgemeine Überlegungen zur Teambewertung .... 60
3.1.4.1.1.2 Transaktionskosten als Beurteilungs- und Steuerungskriterium .... 62
3.1.4.1.2 Kontrollrisiko .... 63
3.1.4.2 Ungewissheit von Aufgabe und Personal .... 66
3.1.4.3 Schlussfolgerungen zur Erfolgskontrolle .... 66
*3.1.5 Zwischenergebnis: Teamstrategie als aufgaben- und personalbezogenes Maßnahmenbündel* .... 67
3.1.5.1 Problemstruktur mehrwertiger Bausteine .... 67
3.1.5.2 Strukturierung, Bewertung und Steuerung mehrwertiger Erwartungen ... 69

3.1.5.3 Risikostrategie ..... 72
3.1.5.4 Ungewissheitsstrategie ..... 73

**3.2 Ausgewählte Steuerungsmaßnahmen des Teammanagements unter Risiko** ..... 75
*3.2.1 Einordnung der Teamarbeit in den Wertschöpfungsprozess* ..... 75
3.2.1.1 Ex ante Betrachtung ..... 75
3.2.1.1.1 Verantwortungs- und Entscheidungsstruktur ..... 75
3.2.1.1.2 Wissensmanagement: Information und Kommunikation ..... 78
3.2.1.2 Ex post Betrachtung ..... 82
3.2.1.3 Schlussfolgerungen zur Einordnung der Teamarbeit in den Wertschöpfungsprozess ..... 83
*3.2.2 Teambildung* ..... 84
3.2.2.1 Verantwortungs- und Entscheidungsstruktur ..... 84
3.2.2.2 Wissensmanagement: Information und Kommunikation ..... 87
3.2.2.3 Schlussfolgerungen zur Teambildung ..... 89
*3.2.3 Teamsteuerung* ..... 90
3.2.3.1 Verantwortungs- und Entscheidungsstruktur ..... 90
3.2.3.2 Wissensmanagement: Information und Kommunikation ..... 95
3.2.3.3 Schlussfolgerungen zur Teamsteuerung ..... 98
*3.2.4 Erfolgskontrolle* ..... 99
3.2.4.1 Verantwortungs- und Entscheidungsstruktur ..... 99
3.2.4.2 Wissensmanagement: Information und Kommunikation ..... 102
3.2.4.3 Schlussfolgerungen zur Erfolgskontrolle ..... 103
*3.2.5 Zwischenergebnis: Lernbasiertes Entscheiden als außengesteuerter Prozess* ..... 103

**3.3 Ausgewählte Steuerungsmaßnahmen des Teammanagements unter Ungewissheit** ..... 105
*3.3.1 Einordnung der Teamarbeit in den Wertschöpfungsprozess* ..... 105
3.3.1.1 Ex ante Betrachtung ..... 105
3.3.1.1.1 Verantwortungs- und Entscheidungsstruktur ..... 105
3.3.1.1.2 Wissensmanagement: Information und Kommunikation ..... 107
3.3.1.2 Ex post Betrachtung ..... 109
*3.3.2 Teambildung* ..... 109
3.3.2.1 Verantwortungs- und Entscheidungsstruktur ..... 109
3.3.2.2 Wissensmanagement: Information und Kommunikation ..... 110
*3.3.3 Teamsteuerung* ..... 111
3.3.3.1 Verantwortungs- und Entscheidungsstruktur ..... 111
3.3.3.2 Wissensmanagement: Information und Kommunikation ..... 115
*3.3.4 Erfolgskontrolle* ..... 118
3.3.4.1 Verantwortungs- und Entscheidungsstruktur ..... 118
3.3.4.2 Wissensmanagement: Information und Kommunikation ..... 119
*3.3.5 Zwischenergebnis: Lernbasiertes Entscheiden als innengesteuerter Prozess* ..... 120

**3.4 Erstes Teilergebnis: Teammanagement als vernetzter lernbasierter Entscheidungskreislauf ... 122**

**4 Teammanagement als Ansatz zur langfristigen Steuerung von Entscheidungen in Teams bei mehrwertigen Erwartungen mit Medieneinsatz ... 126**

**4.1 Teams und Teammanagement in Abhängigkeit von Medien ... 126**

**4.2 Bausteine des Teammanagements bei mehrwertigen Erwartungen 130**

*4.2.1 Einordnung der Teamarbeit in den Wertschöpfungsprozess mit Medieneinsatz als Baustein des Teammanagements ... 130*

4.2.1.1 Medienbedingtes Risiko ... 130

4.2.1.1.1 Ex ante Betrachtung ... 130

4.2.1.1.1.1 Systemimmanentes Risiko ... 130

4.2.1.1.1.2 Entscheidungsrisiko ... 132

4.2.1.1.1.3 Informationsrisiko ... 133

4.2.1.1.2 Ex post Betrachtung ... 135

4.2.1.2 Ungewissheit von Medien ... 136

4.2.1.3 Schlussfolgerungen zur Einordnung der Teamarbeit in den Wertschöpfungsprozess ... 137

*4.2.2 Teambildung mit Medieneinsatz als Baustein des Teammanagements ... 138*

4.2.2.1 Medienbedingtes Risiko ... 138

4.2.2.1.1 Nachfragerisiko ... 138

4.2.2.1.2 Akquisitionsrisiko ... 139

4.2.2.1.3 Auswahlrisiko ... 140

4.2.2.2 Ungewissheit von Medien ... 141

4.2.2.3 Schlussfolgerungen zur Teambildung ... 142

*4.2.3 Teamsteuerung mit Medieneinsatz als Baustein des Teammanagements ... 143*

4.2.3.1 Medienbedingtes Revisionsrisiko ... 143

4.2.3.1.1 Lernrisiken im Team ... 143

4.2.3.1.2 Kooperationsrisiken im Team ... 144

4.2.3.2 Revisionsungewissheit von Medien ... 148

4.2.3.3 Schlussfolgerungen zur Teamsteuerung ... 149

*4.2.4 Erfolgskontrolle mit Medieneinsatz als Baustein des Teammanagements ... 151*

4.2.4.1 Medienbedingtes Risiko ... 151

4.2.4.1.1 Qualitätsrisiko ... 151

4.2.4.1.2 Kontrollrisiko ... 151

4.2.4.2 Ungewissheit von Medien ... 153

4.2.4.3 Schlussfolgerungen zur Erfolgskontrolle ... 154

*4.2.5 Zwischenergebnis: Teamstrategie als aufgaben-, personal- und medienbezogenes Maßnahmenbündel ..... 155*
4.2.5.1 Problemstruktur mehrwertiger Bausteine ..... 155
4.2.5.2 Veränderte Aufgaben-Personal-Struktur der Teamarbeit mit Medieneinsatz ..... 156
4.2.5.3 Risikostrategie bei Medieneinsatz ..... 157
4.2.5.4 Ungewissheitsstrategie bei Medieneinsatz ..... 159

**4.3 Ausgewählte Steuerungsmaßnahmen des Teammanagements unter Risiko ..... 160**
*4.3.1 Einordnung der Teamarbeit in den Wertschöpfungsprozess ..... 160*
4.3.1.1 Ex ante Betrachtung ..... 160
4.3.1.1.1 Verantwortungs- und Entscheidungsstruktur ..... 160
4.3.1.1.2 Wissensmanagement: Information und Kommunikation ..... 165
4.3.1.2 Ex post Betrachtung ..... 167
4.3.1.3 Schlussfolgerungen zur Einordnung der Teamarbeit in den Wertschöpfungsprozess ..... 167
*4.3.2 Teambildung ..... 167*
4.3.2.1 Verantwortungs- und Entscheidungsstruktur ..... 167
4.3.2.2 Wissensmanagement: Information und Kommunikation ..... 170
4.3.2.3 Schlussfolgerungen zur Teambildung ..... 172
*4.3.3 Teamsteuerung ..... 172*
4.3.3.1 Verantwortungs- und Entscheidungsstruktur ..... 172
4.3.3.2 Wissensmanagement: Information und Kommunikation ..... 176
4.3.3.3 Schlussfolgerungen zur Teamsteuerung ..... 179
*4.3.4 Erfolgskontrolle ..... 179*
4.3.4.1 Verantwortungs- und Entscheidungsstruktur ..... 179
4.3.4.2 Wissensmanagement: Information und Kommunikation ..... 182
4.3.4.3 Schlussfolgerungen zur Erfolgskontrolle ..... 184
*4.3.5 Zwischenergebnis: Lernbasiertes Entscheiden als medien- und innengesteuerter Prozess ..... 184*

**4.4 Ausgewählte Steuerungsmaßnahmen des Teammanagements unter Ungewissheit ..... 186**
*4.4.1 Einordnung der Teamarbeit in den Wertschöpfungsprozess, Teambildung, Teamsteuerung und Erfolgskontrolle ..... 186*
4.4.1.1 Verantwortungs- und Entscheidungsstruktur ..... 186
4.4.1.2 Wissensmanagement: Information und Kommunikation ..... 189
*4.4.2 Zwischenergebnis: Lernbasiertes Entscheiden als medien- und intensivierter innengesteuerter Prozess ..... 191*

**4.5 Zweites Teilergebnis: Teammanagement mit Medieneinsatz als virtueller lernbasierter Entscheidungskreislauf ..... 193**

**5 Gesamtergebnis und offene Probleme** ........ 196

**5.1 Vergleich des Teammanagements bei mehrwertigen Erwartungen unter Einschluss von Medieneinsatz** ........ 196

**5.2 Offene Probleme** ........ 200

Anhang ........ XXV
Literaturverzeichnis ........ LV
Stichwortverzeichnis ........ XCI

## Abbildungsverzeichnis

Abbildung 1: Problemstellung der Arbeit ... 4

Abbildung 2: Einordnung der Teamarbeit in den Wertschöpfungsprozess der Unternehmung (Trichtermodell) ... 15

Abbildung 3: Aufgabe als Einflussgröße ... 18

Abbildung 4: Personal als Einflussgröße ... 21

Abbildung 5: Allokation von Aufgabe und Personal als Einflussgröße ... 23

Abbildung 6: Bausteinkonzept des Teammanagements ... 25

Abbildung 7: Aktivitäten des Entscheidungsprozesses ... 27

Abbildung 8: Entscheidungssituationen des Teammanagements ... 31

Abbildung 9: Entscheidungsfelder des Teammanagements ... 34

Abbildung 10: Problemstruktur des Teammanagements unter mehrwertiger Erwartung ... 39

Abbildung 11: Aufgaben- und personalbedingte Risiken der Einordnung der Teamarbeit in den Wertschöpfungsprozess (Trichtermodell) ... 48

Abbildung 12: Aufgaben- und personalbedingte Risiken der Teambildung ... 52

Abbildung 13: Aufgaben- und personalbedingte Revisionsrisiken der Teamsteuerung ... 60

Abbildung 14: Aufgaben- und personalbedingte Risiken der Erfolgskontrolle ... 67

Abbildung 15: Entscheidungsmatrix des Teammanagements ... 71

Abbildung 16: Aufgaben- und personalbedingte Steuerungsmaßnahmen des Trichtermodells ... 83

Abbildung 17: Aufgaben- und personalbedingte Steuerungsmaßnahmen der Teambildung ... 90

Abbildung 18: Aufgaben- und personalbedingte Steuerungsmaßnahmen der Teamsteuerung ... 99

Abbildung 19: Zeitstruktur des Teammanagements unter mehrwertiger Erwartung ohne Medieneinsatz ... 123

Abbildung 20: Mehrstufiges Entscheidungsmodell des Teammanagements unter mehrwertiger Erwartung ..... 125

Abbildung 21: Medien als Einflussgröße ..... 129

Abbildung 22: Medienbedingte Risiken der Einordnung der Teamarbeit in den Wertschöpfungsprozess (Trichtermodell) ..... 137

Abbildung 23: Medienbedingte Risiken der Teambildung ..... 143

Abbildung 24: Medienbedingte Revisionsrisiken der Teamsteuerung ..... 150

Abbildung 25: Medienbedingte Risiken der Erfolgskontrolle ..... 154

Abbildung 26: Zeitstruktur des Teammanagements unter mehrwertiger Erwartung mit Medieneinsatz ..... 194

Abbildung 27: Lernbasierte Entscheidungssituationen des Teammanagements ..... 196

Abbildung 28: Reduzierte lernbasierte Entscheidungssituationen des Teammanagements ..... 200

**Abkürzungsverzeichnis**

| | |
|---|---|
| A | Aufgabenbezogenes Risiko bzw. Ungewissheit |
| Abs. | Absatz |
| ACM | Association for Computing Machinery |
| ACTA | Allensbacher Computer- und Telekommunikationsanalyse |
| Anm. d. Verf. | Anmerkung des Verfassers |
| APA | Allokationsbezogenes Risiko bzw. Ungewissheit |
| ASP | Application Service Providing |
| BDSG | Bundesdatenschutzgesetz |
| BetrVG | Betriebsverfassungsgesetz |
| BtB | Business to Business |
| CATeam | Computer Aided-Team |
| CSCL | Computer Supported Collaborative Learning |
| CSCW | Computer Supported Cooperative Work |
| DBW | Die Betriebswirtschaft |
| DCSD | Decentralised Cooperative Software Development |
| E | Entscheidung |
| EDI | Electronic Data Interchange |
| EDIFACT | Electronic Data Interchange for Administration, Commerce and Transport |
| EE | Entscheidungsertrag |
| E-HRM | E-Human Resource Management |
| EK | Entscheidungskosten |
| EKO | Erfolgskontrolle |
| E-MIL | Erkenntnisse, Ergebnisse und Erfahrungswerte aus dem Mittelstandsinstitut der Universität Lüneburg |
| ERP | Enterprise Resource Planning |
| ESS | Employee Self Service |
| EWS | Einordnung der Teamarbeit in den Wertschöpfungsprozess |
| FZI | Forschungszentrum Informatik Karlsruhe |
| GDSS | Group Decision Support-Systeme |
| GPRS | General Packet Radio Service |
| HICSS-32 | 32th Hawaii International Conference of Systems Science |
| HR | Human Resource |
| HRM | Human Resource Management |
| Hrsg. | Herausgeber |
| HWB | Handwörterbuch der Betriebswirtschaft |

| | |
|---|---|
| HWO | Handwörterbuch der Organisation |
| HWP | Handwörterbuch der Planung |
| HWPW | Handwörterbuch des Personalwesens |
| | |
| IAB | Institut für Arbeitsmarkt- und Berufsforschung |
| IB | Informationsbeschaffung |
| IBE | Ertrag der Informationsbeschaffung |
| IBK | Kosten der Informationsbeschaffung |
| ID | Identifikationsnummer |
| IP | Internet Protocol |
| IT | Informationstechnologie |
| IuK | Information und Kommunikation |
| IV | Informationsverarbeitung |
| IVK | Kosten der Informationsverarbeitung |
| IVE | Ertrag der Informationsverarbeitung |
| | |
| KI | Künstliche Intelligenz |
| KMU | Kleine und mittlere Unternehmen |
| KonTraG | Kontroll- und Transparenzgesetz |
| | |
| MAU | Medienbasierte Automatisierung und Unterstützung |
| MbE | Management by Exception |
| MbO | Management by Objective |
| ME | Metaentscheidung |
| MIS | Managementinformationssystem |
| MK | Medienvermittelte Kommunikation |
| MO5 | Markt, Organisation, fünf Ziele |
| MVM | Vernetzung und globale Märkte |
| | |
| OLAP | Online Analytical Processing |
| OMS | Organisational Memory System |
| | |
| P | Personalbezogenes Risiko bzw. Ungewissheit |
| PIS | Personalinformationssystem |
| | |
| STEP | Standard for the Exchange of Product Definition Data |
| | |
| TB | Teambildung |
| TE | Teamerfolg |
| TK-R | Transaktionskosten-Regel |
| TM | Teammanagement |
| TQM | Total Quality Management |
| TST | Teamsteuerung |

| | |
|---|---|
| URL | Unique Recource Locator |
| VDI | Verein Deutscher Ingenieure e. V. |
| VDMA | Verband deutscher Maschinen- und Anlagenbau e. V. |
| VIST | Valence, Instrumentality, Self-efficacy, Trust |
| | |
| WBT | Web-based Training |
| | |
| XML | eXtensible Markup Language |
| | |
| ZfB | Zeitschrift für Betriebswirtschaft |
| Zfbf | Zeitschrift für betriebswirtschaftliche Forschung |
| Zfo | Zeitschrift Führung + Organisation |
| ZP | Zeitschrift für Planung |
| $Z_u$ | Ziele der Unternehmung |
| $Z_t$ | Ziele des Teams |

## Symbolverzeichnis

| | |
|---|---|
| f = (·) | Funktion von (·) |
| pos. $\Delta \pi$ | positive Gewinnveränderung |
| i | aktueller Zinssatz |
| t | Zeitraum |
| $\pi$ | Gewinn |
| $\mu$ | Erwartungswert |
| $\rightarrow$ Opt! | Optimierungsvorschrift |

## Anhangsverzeichnis

Anhang 1: Übersicht über die Risiken des *Trichtermodells* unter Risiko ohne Medieneinsatz ........ XXV

Anhang 2: Übersicht über die Risiken der *Teambildung* unter Risiko ohne Medieneinsatz ........ XXVIII

Anhang 3: Übersicht über die Risiken der *Teamsteuerung* unter Risiko ohne Medieneinsatz ........ XXIX

Anhang 4: Übersicht über die Risiken der *Erfolgskontrolle* unter Risiko ohne Medieneinsatz ........ XXXII

Anhang 5: Übersicht über die Steuerungsmaßnahmen des *Trichtermodells* unter Risiko ohne Medieneinsatz ........ XXXIV

Anhang 6: Übersicht über die Steuerungsmaßnahmen der *Teambildung* unter Risiko ohne Medieneinsatz ........ XXXVI

Anhang 7: Übersicht über die Steuerungsmaßnahmen der *Teamsteuerung* unter Risiko ohne Medieneinsatz ........ XXXVII

Anhang 8: Übersicht über die Steuerungsmaßnahmen der *Erfolgskontrolle* unter Risiko ohne Medieneinsatz ........ XL

Anhang 9: Übersicht über die Risiken des *Trichtermodells* unter Risiko mit Medieneinsatz ........ XLI

Anhang 10: Übersicht über die Risiken der *Teambildung* unter Risiko mit Medieneinsatz ........ XLIV

Anhang 11: Übersicht über die Risiken der *Teamsteuerung* unter Risiko mit Medieneinsatz ........ XLV

Anhang 12: Übersicht über die Risiken der *Erfolgskontrolle* unter Risiko mit Medieneinsatz ........ XLVIII

Anhang 13: Übersicht über die Steuerungsmaßnahmen des *Trichtermodells* unter Risiko mit Medieneinsatz ........ XLIX

Anhang 14: Übersicht über die Steuerungsmaßnahmen der *Teambildung* unter Risiko mit Medieneinsatz ........ LI

Anhang 15: Übersicht über die Steuerungsmaßnahmen der *Teamsteuerung* unter Risiko mit Medieneinsatz ........ LII

Anhang 16: Übersicht über die Steuerungsmaßnahmen der *Erfolgskontrolle* unter Risiko mit Medieneinsatz ........ LIV

# 1 Problemstellung und Aufbau der Arbeit

## 1.1 Problem der Arbeit

Märkte konvergieren zunehmend und es entstehen neue Märkte für Produkte mit neuartiger Problemlösung. Dieses globale Wachstum verstärkt die *Komplexität* und die *Dynamik* der Unternehmungsumwelt. Unternehmungen unterliegen auf solchen Märkten einem nachhaltigen Anpassungs- und Innovationsdruck. Dies überfordert „(...) die Informationsverarbeitungs-, Steuerungs- und Verantwortungskapazität einer auf Einzelentscheidungen beruhenden Organisationsstruktur (...)“ (Wiendieck 1992, 2377; s. a. Bendixen 1980, 2228).

Um unter diesen Umweltbedingungen überlebensfähig sein zu können, müssen Unternehmungen umdenken. Sie sind gezwungen zu lernen, die Arbeit effektiv und effizient zu organisieren und sich den wechselnden Anforderungen eines solchen Umfeldes flexibel und schnell anzupassen. Der damit verbundene wachsende Wettbewerbsdruck hat zur Folge, dass Unternehmungsziele fortlaufend neu gesetzt und Aufgaben neu strukturiert bzw. ausgearbeitet werden müssen. Dafür ist jeweils aufs Neue entsprechend qualifiziertes Personal bereitzustellen (vgl. Drumm 2000a, 243-249).

Logische Konsequenz ist eine dezentrale Arbeitsteilung. Sie ermöglicht Problemnähe durch einen aufgaben- und zielorientierten Einsatz der Ressource ‚Personal' nach ihren speziellen Qualifikationen, wodurch sich schnelle Lerneffekte und eine Degression der Kosten zur Erfüllung der Aufgabe erzielen lassen. Dafür müssen Unternehmungsziele disaggregiert, d. h. auf deduzierte, dezentrale Geschäftsbereiche mit finalem Bezug aufgeteilt werden (vgl. Kosiol 1962, 42-75). Flexible inter- und intraorganisationale Kooperationen entwickeln sich damit zu der Organisationsform der Zukunft.

Aber je größer die dezentrale Arbeitsteilung ist, desto größer ist auch ihr Abstimmungsbedarf und desto höher sind deren Koordinationskosten. Dies beschränkt die Flexibilität unternehmerischer Entscheidungen. Globale, unbegrenzte Kooperationsformen sind damit ökonomisch nicht tragbar.

Eine Möglichkeit, mit dieser Beschränkung umzugehen, ist die Bildung eines Teams, soweit sie soziokulturell akzeptiert ist. Weil ein Team durch seine werthaltige Interaktion potenzielle Synergieeffekte bzw. Leistungsvorteile besitzt, d. h. die Summe kooperativer Leistungen im Team größer sein kann als die Summe der individuellen Einzelleistungen (vgl. Hofstätter 1957, 33; Lersch 1964, 197; Schneider 1985, 209), werden Teamstrukturen als geeigneter Ansatz diskutiert, um dieser beschriebenen Umwelt- und Aufgabenkomplexität zu begegnen und erforderliche Entscheidungen flexibel zu treffen (vgl. Sencar 1999, 112; Antoni 2000, 9-17; Picot, Reichwald, Wigand 2003, 457-459). Zur Sicherstellung marktgerechter Unternehmungserfolge dürfen Unternehmungen aber ein Team nicht unüberlegt zur Lösung komplexer und dynamischer Aufgaben einsetzen, sondern müssen die Genese seiner Leistungsvorteile gezielt vorbereiten, auslösen und aufrechterhalten. Dafür ist das Team als eigene Untersuchungseinheit zu verstehen.

Zusätzlich ist die zwischenmenschliche Zusammenarbeit in einem Team dynamisch. Sie entwickelt sich fortlaufend durch individuelle und kooperative Lernprozesse, weshalb sie nicht ex ante in eine Unternehmung importiert werden kann (vgl. Lewin 1939, 21-32; Hofstätter 1957). Es lassen sich keine universellen, sondern individuelle Variationen von Verhaltensmustern zwischen den Teams feststellen (vgl. Seyfried 1994, 24). Denn aus unterschiedlichen Teamkonstellationen, d. h. aus einer verschiedenartigen Zusammensetzung der Teammitglieder in einem Team, resultieren unterschiedliche Teamsituationen und -probleme. Deshalb sind Qualifikationen und professionelles Verhalten im Team fortlaufend neu zu überprüfen und sicherzustellen. Dies kann nur durch ein Management erfüllt werden, welches die kooperative Ressource ‚Team' erstens anforderungsgerecht bildet, zweitens unter Kenntnis dynamischer Teameffekte steuert und drittens seine Erfolgswirksamkeit kontrolliert. Dabei muss das *Teammanagement* als deduziertes Element der Unternehmungsführung sowohl aufgaben- als auch personalbedingte Probleme berücksichtigen. Diese Ausführungen begründen die *Aufgabe und das Personal als die Situationsvariablen des Teammanagements.*

Aufgrund des technischen Fortschritts der Informations- und Kommunikationstechnologie findet das Teammanagement zunehmend mediale Unterstützung. Dabei ist hervorzuheben, dass sich für Teams ein anderer Unterstützungsbedarf als für die Einzelarbeit ergibt (vgl. Lehner, Berger 2001, 15). Die Teamarbeit unterstützen z. B. Computer Supported Cooperative Work (CSCW) oder Computer Supported Collaborative Learning (CSCL) Systeme (vgl. Krcmar 1992, 425-437; Nastansky 1993b; Dittler 2002, 21). Das *Medienmanagement* widmet sich daher, in vermittelnder Funktion, der zielorientierten, erfolgswirksamen Beschaffung und dem Einsatz der Ressource ‚Medium' zur ökonomischen Zielerreichung des Teammanagements. Es untersucht, ob und wenn ja wann eine *Medienunterstützung von Teams und / oder des Teammanagements* ökonomisch sinnvoll ist.

Das Leistungsspektrum der digitalen Informations- und Kommunikationstechnologien führt mit seiner steigenden technischen Kapazität zu vielfältigen neuen Möglichkeiten des Medieneinsatzes (vgl. Drucker 1995, 62; Picot, Neuburger 2000, 30). Digitale Medien lösen einen Prozess der Virtualisierung aus, der sich je nach Grad ihres Einsatzes in unterschiedlichen Flexibilisierungspotenzialen manifestieren kann. Deren Verwirklichung im Rahmen der Bildung, Steuerung und Kontrolle von Teams führt zu einer weiteren potenziellen Leistungssteigerung von Teams. Wenn Unternehmungen auch zukünftig marktgerechte Unternehmungserfolge realisieren wollen, können Teams als Entscheidungseinheit auf den Einsatz digitaler Medien nicht mehr verzichten.

Die ökonomische Gestaltung des Medieneinsatzes ist wegen der zusätzlich ausgelösten technischen Komplexität und Dynamik schwierig. Mit zunehmendem Grad des Medieneinsatzes und der Flexibilisierung steigt der Verhaltens- und Gestaltungsspielraum und damit die Koordinationskomplexität von Teams. Deren Handhabung kann nur ein um das Management des Medieneinsatzes und virtueller Teamstrukturen erweitertes Teammanagement gewährleisten. *Digitale Medien* sind vor diesem Hintergrund die intervenierende *Strukturvariable des Teammanagements.*

Diese Wirkungszusammenhänge ‚Aufgabe und Personal als intervenierende Situationsvariable des Teammanagements', ‚technologische Entwicklung von Medien zur Unterstützung des Teammanagements' und ‚digitale Medien als intervenierende Strukturvariable des Teammanagements' beeinflussen sich gegenseitig.

Einerseits wirken die Aufgabe und das Personal als intervenierende Situationsvariablen auf das Teammanagement, welches durch anforderungsgerechte Medien unterstützt wird. Andererseits wirkt sich das Management des Medieneinsatzes und virtueller Strukturen auf die Entwicklung der Medien aus und trägt zu einem fundierten Verständnis des Teammanagements bei. Um erwartete werthaltige Leistungsvorteile von Teams mit Medieneinsatz erfolgreich realisieren zu können, ist ein integratives Management von Teams und Medien unumgänglich. Als aggregierte Größe dieser aktuellen Entwicklungen lassen sich drei unterschiedliche *Ansätze des Teammanagements mit Medieneinsatz* zur langfristigen Steuerung von Teamentscheidungen darstellen: Teammanagement bei einwertigen Erwartungen, Teammanagement unter Risiko und Teammanagement unter Ungewissheit.

Da die Unternehmungsumwelt komplex und dynamisch ist, ist – um statistisch signifikante Untersuchungsergebnisse zu gewinnen – die Situation zu vereinfachen. Eine drastische Vereinfachung ist die Annahme der Sicherheit. Sie führt zu Erkenntnissen wie Teammanagement sich bei *einwertigen Erwartungen* gestaltet. Jedoch ist sie in der Realität nicht erfüllt. Vielmehr entscheidet, d. h. plant, steuert und kontrolliert das Teammanagement unter mehrwertiger Erwartung. Dennoch liefert dieser Referenzfall Vergleichsmöglichkeiten und schafft Zieltransparenz.

*Mehrwertige Erwartung* des Teammanagements resultiert aus der Teamaufgabe und dem Personal. Weiter entsteht mehrwertige Erwartung aus dem Medieneinsatz, d. h. aus dem Management des Fortschritts der Informations- und Kommunikationstechnologie. Die Handhabung dieser mehrwertigen Erwartung kann nur durch ein Teammanagement erfüllt werden, welches unter Kenntnis dynamischer Teameffekte Lernprozesse im Team initiiert oder an das Team eigenverantwortlich delegiert. Die Entscheidungsforschung konkretisiert mehrwertige Erwartung durch riskante und durch ungewisse Entscheidungssituationen (vgl. z. B. Hax 1965, 21-24; Pratt, Raiffa, Schlaifer 1995, 1-6; Laux 2003, 105-213).

Die *Risikosteuerung* kann nur durch ein Teammanagement erfüllt werden, welches unter der Berücksichtigung von Risiken ausgearbeitet wird. Die *Ungewissheit* kann nur durch ein Teammanagement gehandhabt werden, welches aus den Charakteristika der Ungewissheit entwickelt wird. Je nach Erwartungsstruktur der Umweltzustände sind also unterschiedliche Maßnahmen des Teammanagements erforderlich, um jeweils ein höheres Maß an Entscheidungssicherheit zu bewirken. Diese mehrwertigen Ansätze sollen Gegenstand nachfolgender Untersuchungen sein, um Teammanagement unter mehrwertiger Erwartung als integrale Funktion der Unternehmungsführung (vgl. z. B. Eggemann, Konradt 2000, 504) in die Ökonomik einzuordnen. Als theoretische Grundlage wird die Entscheidungstheorie gewählt, da sie zu einer systematischen, stringenten und konsistenten Analyse verhilft. Sie liefert Empfehlungen für rationales Gestalten und Verhalten von und bei Entscheidungen, die für die Metaentscheidung des Teammanagements zu adaptieren sind und wodurch die Entscheidung in Teams gezielt gesteuert werden kann (vgl. weiterführend 2.3.3).

Abbildung 1 fasst die Problemstellung der Arbeit in einem Überblick zusammen:

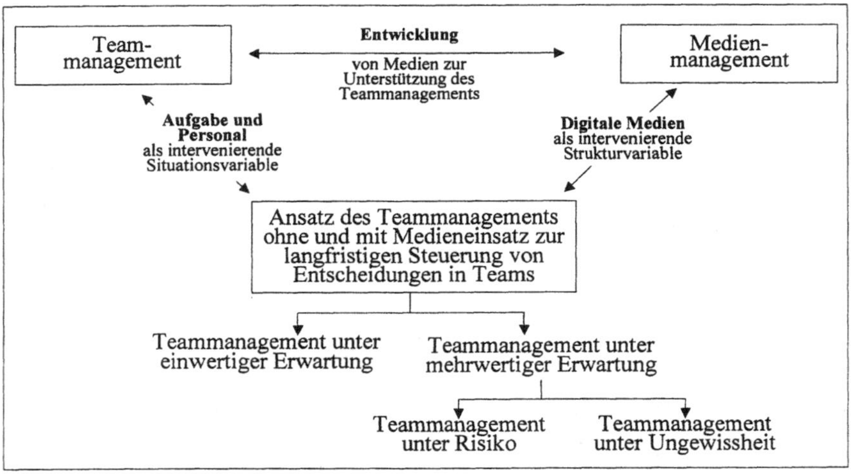


**Abbildung 1: Problemstellung der Arbeit; eigene Darstellung**

## 1.2 Aktuelle Entwicklungstrends

Einem deduktiven Ansatz folgend, soll das Problem der Arbeit vor dem Hintergrund aktueller Entwicklungstrends betrachtet und ihr Realitätsbezug herausgearbeitet werden. Gegenwärtig lassen sich zwei signifikante Entwicklungstrends im Management von Unternehmungen beobachten: Teams und Medien.

Das wachsende Interesse der Praxis und der Wissenschaft an dem *Teammanagement* ist dabei nicht auf die Neuigkeit von Teams als Spezialausprägung einer Gruppe zurückzuführen. Erkenntnisse hierüber entwickeln sich seit langem in verschiedenen Forschungsdisziplinen (vgl. zu einem Überblick Zerbe 2000, 1-3; Gemünden, Högl 2001, 23). Das Interesse resultiert vielmehr daraus, die theoretisch festgestellten werthaltigen Leistungsvorteile von Teams unter den aktuellen Umweltbedingungen zu nutzen.

So ist in der Praxis Teamarbeit weit verbreitet. In einer Akademie-Studie gaben von 376 befragten Führungskräften in Deutschland 95 % an, in kurzfristig zusammengesetzten Teams und 80 % in langfristigen Teams zu arbeiten. Obwohl zudem 86 % überzeugt sind, dass Teamarbeit wirkliche Synergie- und Leistungseffekte ermöglicht, scheinen sich diese realiter nur ungenügend einzustellen. Als Ursachen dafür wurden die komplexen Wirkungszusammenhänge auftretender intervenierender Variablen, wie z. B. unklare Aufgabenstellung, unzureichende Kommunikation, Kooperationsprobleme oder Dominanz individueller Interessen identifiziert (vgl. Akademie-Studie 2002, 5-10).

Zur erfolgswirksamen Handhabung dieser komplexen Wirkungszusammenhänge rückt das Teammanagement verstärkt in das Interesse der Praxis und unterschiedlicher Forschungsrichtungen. KONRADT und HERTEL (2002) z. B. erörtern das Management virtueller Teams auf der Basis arbeits-, organisations- und sozialpsychologischer Theorien. ANTONI (2000) zeigt ebenfalls aus einer arbeits- und organisationspsychologischen Perspektive, wie eine optimale Zusammenarbeit in und zwischen Teams zu erreichen ist. KRCMAR (1992) sowie NASTANSKY (1993b) diskutieren Möglichkeiten, Grenzen und Konsequenzen des Informationsmanagements zur Unterstützung von Gruppenarbeit (Computer Supported Cooperative Work). ZERBE (2000) untersucht hierzu im Speziellen globale Teams.

Die betriebswirtschaftliche Betrachtung des Teammanagements beschäftigt sich überwiegend mit innovativen Teamausprägungen oder Führungsaktivitäten. So verschreiben sich GEMÜNDEN und HÖGL (2001) in Bezug auf das Management von Teams der empirischen Innovationsforschung. WURST (2001) fokussiert dabei insbesondere die Führungsfunktionen von Multi-Team-Projekten. SENCAR (1999) untersucht aufbauend auf dem St. Galler Management-Modell innovationsorientiertes Teammanagement der schweizer High-Tech-Industrie. VERBECK (2001) entwickelt einen Vorgehensplan des operativen Innovationsmanagements. Andere Autoren stellen den Praxisbezug in den Vordergrund. So erörtern BADING, HAUSEN, LEHNERT das Teammanagement als konzeptionellen Erfolgsfaktor des Projektmanagements (vgl. 1997, 158-255). BORN und EISELIN (1996) zeigen im Rahmen des Lean Managements auf, welche Faktoren zu beachten sind, wenn Effektivität und Effizienz im Team gesteigert werden sollen.

Demgegenüber lässt sich das wachsende Interesse der Praxis und der Wissenschaft an dem *Medienmanagement* in Unternehmungen durchaus auf die Neuartigkeit von Medien an sich zurückführen. Denn diese unterliegen wegen der dynamischen Weiterentwicklung der Informations- und Kommunikationstechnologien einem ständigen Fortschritt. Mit dem wachsenden Informations- und Wissensanteil bei den Wertschöpfungsaktivitäten führt die Digitalisierung zu einem Einbruch der Medien in die Unternehmung (vgl. Zerdick et al. 2003). Wurden bislang überwiegend analoge Medien, wie z. B. Telefon, Fax eingesetzt, so verändern die digitalen Medien, wie z. B. Videoconferencing oder die Dienste des Internets (z. B. E-Mail, Net-Meeting, World Wide Web), die unternehmungsinternen und -externen Aktivitäten und Prozesse fundamental (vgl. Lehner 2003b). Technische Innovationen sorgen also für Marktdynamik und verschärfen den Wettbewerb (vgl. Institut für Demoskopie Allensbach 2002a, 2002b).

Zur Verwirklichung von Leistungsvorteilen rückt daher das Medienmanagement verstärkt in das Interesse der Praxis und der Forschung (vgl. Jenuwein 1999, 390-393). Die Medien- und Kommunikationswissenschaft betrachtet primär journalistisch-redaktionelle Aspekte des Medienmanagements (vgl. Rolke, Wolff 1999), während die Sozialpsychologie die Auswirkungen des Medieneinsatzes auf zwischenmenschliche Beziehungen untersucht (vgl. Döring 1999). HERTEL untersucht das Management virtueller Teams auf der Basis sozialpsychologischer Theorien (vgl. 2002, 174-204). KAHMANN (2001) analysiert virtuelle Unternehmungen aus technischer Perspektive.

LEHNER (2003a) untersucht aus der Perspektive der Wirtschaftsinformatik das Management mobiler und drahtloser Informationssysteme.

Die betriebswirtschaftliche Betrachtung des Medienmanagements beschäftigt sich einerseits mit dem Management von Medienunternehmungen (vgl. Karmasin, Winter 2000; Sjurts 2001, 2002; Picot, Hass 2003, 47-64), andererseits mit Auswirkungen und Einsatzmöglichkeiten von Medien im externen Bereich der Organisation (E-Commerce, E-Business) (vgl. Kiefer 2001; Schumann, Hess 2002) oder im internen Bereich der Organisation (vgl. Voß, Gutenschwager 2001; Krcmar 2003). Dabei findet insbesondere das Medium ‚Internet' Beachtung (vgl. Zerdick et al. 2001, 2003). Darüber hinaus untersucht REICHWALD (2000) Arbeitsformen, wie Telekooperation und Telemanagement. Weiterführende Beiträge fokussieren die Virtualisierung als Konsequenz des Medieneinsatzes: SCHOLZ (2002a) untersucht Strategien der Virtualisierung; PICOT und NEUBURGER thematisieren die Formen virtueller Organisationen (vgl. 2001, 803-823), PICOT und REICHWALD untersuchen die Führung virtueller Organisationen (vgl. 1999, 130-149), während SYDOW (2002) speziell virtuelle Netzwerke diskutiert.

Stellt man das Problem der Arbeit (vgl. 1.1) den eben erläuterten Entwicklungstrends gegenüber, um deren Realitätsbezug zu ermitteln, ist festzuhalten, dass das Team- und das Medienmanagement aktuell jeweils für sich eine intensive praktische sowie theoretische Diskussion erfahren. Auffällig sind zweierlei Defizite:

Erstens überrascht es, dass der Hintergrund des Teammanagements in seiner genuinen Eigenart der mehrwertigen Erwartungen in der Praxis und in der Wissenschaft keine eigene Diskussion erfährt. Team- und Medienmanagement sind jeweils nur vereinzelt abgedeckt. Betriebswirtschaftlich vorherrschend sind Untersuchungen zur Führung. Bezeichnend ist die Annahme der Sicherheit. Lediglich wenige Einzeluntersuchungen lassen die gedankliche Verbindung von *Teammanagement* und *mehrwertigen Erwartungen* erkennen, ohne dass jedoch eine Detailbetrachtung vorgenommen wird (vgl. weiterführend 2.1).

Wenn aber die mehrwertige Erwartung, unter der das Teammanagement stattfindet, unberücksichtigt bleibt, entwickeln sich in Konsequenz auch dessen Bausteine und Steuerungsmaßnahmen suboptimal. Wie eine Teambildung und -steuerung unter mehrwertiger Erwartung gestaltet werden kann, ist noch nicht gelöst. Das Problem, wie dessen Erfolg kontrolliert werden kann, ist ebenso offen.

Zweitens wurden bei praktischen und wissenschaftlichen Untersuchungen kaum integrative Ansätze verwendet. So erfahren in der Wissenschaft multikausale Zusammenhänge des *Teammanagements mit Medieneinsatz* bislang keine intensive Berücksichtigung. Wenn aber Teams unter Medieneinsatz zusammenarbeiten, dann sind sie mit einer fragmentierten Wertschöpfungskette konfrontiert, was die Metaentscheidung des Teammanagements, deutlich begrenzt (vgl. Rayport, Sviokla 1995, 75-87). Die Forschungsgebiete des Managements von Teams und von Medien beeinflussen sich zwar folglich, aber deren Verknüpfung ist in der Praxis und Literatur nur selten zu finden.

Teams befinden sich weiter in einem sich ständig wandelnden Netz von Beziehungen. Dies erzeugt einen Mangel an expliziten Regelungen und entzieht den Akteuren die Kontrolle, d. h. die Vorhersehbarkeit ihrer Arbeit. Dadurch entstehen mehrwertige Erwartungen. Wie diese koordiniert werden können, so dass die Zusammenarbeit in einem Team effektiv und effizient erfolgen und Entscheidungssicherheit vermittelt werden kann, ist noch nicht bekannt. Eine explizite Aus- bzw. Zusammenführung des *Teammanagements* und des *Medienmanagements* kommt als möglicher Ansatz in Frage. Noch ist aber offen, wie sich dieser gestaltet, denn bis dato laufen die wesentlichen Entwicklungen dieser Managementverbindungen getrennt voneinander ab.

## 1.3 Aufbau der Arbeit

Als Folge der eben aufgezeigten Defizite erfordert eine inhaltliche Zusammenführung des *Teammanagements* und des *Medienmanagements* eine stringente interdisziplinär verknüpfte Gestaltung des Untersuchungsobjekts, also des Teammanagements unter mehrwertiger Erwartung. Indem Teammanagement untersucht wird, soll gezeigt werden, wie durch eine multikausale Betrachtung eine integrative Konzeption entwickelt werden kann, die technische, organisatorische, personalwirtschaftliche und psychologische Beschreibungs-, Erklärungs- und Prognosebeiträge berücksichtigt, und deren Erklärungskraft gleichzeitig über jede dieser Einzeldisziplinen hinausgeht. Aus den zuvor aufgezeigten Wirkungszusammenhängen lässt sich der Aufbau der Arbeit wie folgt entwickeln.

Nach der Darstellung des Problems dieser Arbeit (1.1), dessen Bezug zur aktuellen dualen Entwicklung des Team- und Medienmanagements (1.2) und dem Aufbau der Arbeit (1.3) sollen in *Kapitel 2* die theoretischen Grundlagen des Teammanagements erläutert werden. Hierfür werden in einem ersten Schritt Teamtheorien und ihre Erklärungskraft (2.1) vorgestellt, um in einem zweiten Schritt Teams und Teammanagement in Abhängigkeit von Aufgabe und Personal (2.2) darstellen zu können. Daraus leitet sich die Problemstruktur des Teammanagements ab (2.3).

Darauf aufbauend ist in *Kapitel 3* ein Ansatz des Teammanagements zur langfristigen Steuerung von Entscheidungen in Teams unter mehrwertiger Erwartung zu entwickeln. Dabei bleibt die Strukturvariable der Medien vorerst unbeachtet, indem in Bezug auf den Medieneinsatz die Annahme der Sicherheit getroffen werden soll. Unter Variation der Aufgabe und des Personals als Situationsvariablen sind Erkenntnisse über die Bausteine des Teammanagements (3.1) als Teamstrategie, d. h. als komplexes Maßnahmenbündel der Teambildung, der Teamsteuerung und der Erfolgskontrolle eingeordnet in den Wertschöpfungsprozess der Unternehmung zu gewinnen. Erst dann können anschließend die jeweiligen Steuerungsmaßnahmen des Teammanagements unter Risiko (3.2) und unter Ungewissheit (3.3) detailliert herausgearbeitet werden. Als Zwischenergebnis (3.4) leitet sich das Teammanagement als vernetzter lernbasierter Entscheidungskreislauf ab.

In *Kapitel 4* wird die Annahme der Sicherheit von Medien aufgehoben. Die bisherigen Aussagen zu Teammanagement unter mehrwertiger Erwartung werden vor dem Hintergrund der potenziellen Leistungsvorteile von Medien als strukturelle Einflussvariable (4.1) kritisch bewertet. Die systematische Vorgehensweise der Bausteine (4.2), der Steuerungsmaßnahmen unter Risiko (4.3) und unter Ungewissheit (4.4) entspricht der in Kapitel 3. Als Zwischenergebnis (4.5) zeigt sich das Teammanagement als virtueller lernbasierter Entscheidungskreislauf.

Dies soll dazu dienen, der Praxis und der Forschung Verhaltens- und Gestaltungsempfehlungen zum Teammanagement unter mehrwertiger Erwartung unter Berücksichtigung von Medieneinsatz zu liefern, die in *Kapitel 5* infolge eines Vergleichs lernbasierter Entscheidungssituationen des Teammanagements unter mehrwertiger Erwartung herausgearbeitet werden (5.1). Die Arbeit schließt mit einem Überblick über offene Probleme (5.2).

# 2 Theoretische Grundlagen des Teammanagements

## 2.1 Teamtheorien und ihre Erklärungskraft

### *2.1.1 Referenztheorie des Teammanagements*

Um die theoretischen Grundlagen des Teammanagements bestimmen zu können, muss geklärt werden, was eine Referenztheorie des Teammanagements beschreiben und erklären sollte.

Eine genuine *Fundamentaltheorie* (vgl. Bronner, Appel, Wiemann 1999, 27- 57; Drumm 2000a, 12-14) des Teammanagements muss nach der Beschreibung multikausaler interdisziplinärer Sachverhalte des Teammanagements erklären, welchen Beitrag dessen Ausprägungen für den Unternehmungserfolg leisten. Die Aufgabe des Teammanagements ist es, Metaentscheidungen im Sinne von Entscheidungen über die Entscheidungen des Teams unter mehrwertiger Erwartung so zu treffen, dass die Markt- und Ertragsziele der Unternehmung und die dafür eingegangenen Leistungsverträge erfüllt und bestmöglich realisiert werden können (vgl. Streich 1987, 144; Picot, Reichwald, Wigand 2003, 94; Laux, Liermann 2003, 457). Eine Theorie des Teammanagements sollte im Einzelnen erklären, wie ein Team in den Wertschöpfungsprozess der Unternehmung einzuordnen, zu bilden, zu steuern und zu kontrollieren ist, wenn unter mehrwertiger Erwartung final verbundene Ziele der Unternehmung und des Teams zur Erfüllung der Teamaufgabe, d. h. zur Problemlösung angestrebt werden. Die Entwicklung einer Referenztheorie unterliegt jedoch erheblichen Mess- und Zurechnungsproblemen, auf die Kapitel 2.3.1 näher eingeht. Dabei stellt das Team eine eigene Untersuchungseinheit dar.

Das Teammanagement soll den Unternehmungsgewinn positiv verändern. Dies ist das Ergebnis der Differenz zwischen dem Erwartungswert des Entscheidungsertrages und dem Erwartungswert der Entscheidungskosten des Teammanagements. Diese Differenz ist zu optimieren, d. h. im Fall einwertiger Erwartungen zu maximieren und im Fall mehrwertiger Erwartungen zu satisfizieren. Formal lässt sich dies bezeichnen als:

$$TM = pos.\, \Delta\pi = \mu(EE) - \mu(EK) \quad \longrightarrow Opt!$$

Legende:
pos $\Delta \pi$ = positive Gewinnveränderung
EE = Entscheidungsertrag
EK = Entscheidungskosten
TM = Teammanagement
$\mu$ = Erwartungswert
$\rightarrow$ Opt! = Optimierungsvorschrift

Das Teammanagement beeinflusst den Unternehmungsgewinns positiv, wenn der Erwartungswert des Teamerfolges positiv ist. Dieser setzt sich aus den Interessen der Unternehmung und des Teams zusammen.

$$TM = pos.\,\Delta\pi = \mu\left(TE\right) = f\left(Z_u, Z_t\right)$$

Legende:
TE = Teamerfolg
$Z_u$ = Ziele der Unternehmung
$Z_t$ = Ziele des Teams

Die erwartete Metaentscheidung des Teammanagements setzt sich aus den folgenden Bausteinen zusammen: Einordnung der Teamarbeit in den Wertschöpfungsprozess der Unternehmung, Teambildung, Teamsteuerung, Erfolgskontrolle. Formal gilt:

$$TM = \mu\left(ME\right) = f\left(EWS, TB, TST, EKO\right)$$

Legende:
ME = Metaentscheidung
EWS = Einordnung der Teamarbeit in den Wertschöpfungsprozess
TB = Teambildung
TST = Teamsteuerung
EKO = Erfolgskontrolle

Dabei sind die durch das Teammanagement ausgelösten erwarteten Erträge der Metaentscheidung die Erträge der Informationsbeschaffung (IBE) und der Informationsverarbeitung (IVE). Formal gilt: $\mu$ (EE) = $\mu$ (IBE + IVE). Die durch das Teammanagement ausgelösten erwarteten Kosten sind die Kosten der Informationsbeschaffung (IBK) und der Informationsverarbeitung (IVK). Formal gilt:

$$\mu\,(EK) = \mu\,(IBK + IVK).$$

Folgende Hypothesen erscheinen infolgedessen plausibel:

$$\mu\,(IBE + IVE) > \mu\,(IBE) + \mu\,(IVE)$$
$$\mu\,(IBK + IVK) > \mu\,(IBK) + \mu\,(IVK)$$

Der vom Teammanagement zu erwartende Ertrag des Teams bei der Lösung komplexer und dynamischer Aufgaben ist größer als der Ertrag, der dabei durch Einzelarbeit erzielbar wäre.

Daraus folgt, dass der Gewinn (π) der Metaentscheidung des Teammanagements über die Summe (Σ) der Einordnung der Teamarbeit in den Wertschöpfungsprozess, der Teambildung, der Teamsteuerung und der Erfolgskontrolle größer ist als der Gewinn der Metaentscheidung bei einer Einzelentscheidung.

$$TM(\pi) = \pi\,(ME) = \pi\,(EWS, TB, TST, EKO) =$$

$$\sum^{EWS,\,TB,\,TST,\,EKO} \{\mu\,[(IBE + IVE) - (IBK + IVK)] > \mu\,(IBE) + \mu\,(IVE) - [\mu\,(IBK) + \mu\,(IVK)]\}$$

Unter Berücksichtigung eines mehrperiodigen Entscheidungshorizonts ergibt sich der Barwert der durch das Teammanagement zu treffenden Metaentscheidung aus der diskontierten Summe der Erträge von Periode 1 bis zum Entscheidungshorizont T abzüglich der Summe der entsprechenden Kosten.

$$TM = \sum_{t=1}^{T} \frac{\sum^{EWS,\,TB,\,TST,\,EKO} \mu\,[(IBE + IVE) - (IBK + IVK)]}{(1+i)^t} \longrightarrow Opt!$$

Legende:
i = aktueller Zinssatz
t = Zeitraum

### 2.1.2 *Forschungsansätze*

In der Literatur lassen sich zum Teammanagement vier zentrale Forschungsansätze unterscheiden, welche dieses Grundmodell des Teammanagements bestätigen. Sie sollen im Anschluss kurz dargestellt werden:

- Experimentelle soziopsychologische Kleingruppenforschung;
- Quantitative Teamtheorie;
- Empirische Teammanagementforschung;
- Qualitative Teammanagementforschung.

- Experimentelle soziopsychologische Kleingruppenforschung

Theoretische Erklärungsbeiträge zum Teammanagement sind hier selten, weil die gruppenpsychologische Forschung das Durchführen von Experimenten der Theorienbildung vorzieht (vgl. Schneider 1985, 13). Zudem wird an den Methoden der Sozialwissenschaften Kritik geübt: „Die Forderung nach einem Theorienpluralismus, wie sie schon THOMAE (1966) erhoben hatte und nach Unparteilichkeit der Forschung sind oft nicht erfüllt (...)“ (Schneider 1985, 14).

Dennoch gelten als wichtige experimentelle Erklärungsbeiträge der Kleingruppenforschung die gewonnenen Erkenntnisse über den Gruppen- und den Teambegriff, über die Gruppendynamik und über kommunikative Netzstrukturen (vgl. Lewin 1939, 21-32; Hofstätter 1957; Battegay 1968; Schwarz 1983, 165; Schütz 1989).

VERBECK arbeitete in einer Vergleichsstudie soziopsychologischer Kleingruppenuntersuchungen konstitutive Merkmale eines Teams als Sonderform einer Gruppe heraus: Im Gegensatz zur Gruppe ist die Mitgliederzahl eines Teams nach oben begrenzt und die Dauer der Zusammenarbeit ex ante festgelegt. Es findet regelmäßige Interaktion statt (Teamarbeit), die Ziele sind konkretisiert, die Aufgaben sind komplex und Teammitglieder gleichberechtigt. Ein Team entwickelt ein Zusammengehörigkeitsgefühl und tritt nach außen als Einheit auf (vgl. 2001, 34-37, 145-147). Als Maß der Qualität der Zusammenarbeit gilt die Teamarbeit, demnach das Team interagiert, kooperiert und sich fortlaufend gegenseitig abstimmt (vgl. Högl, Gemünden 2001, 37-41). So versteht sich das Organisationskonzept der Teamarbeit als „(...) eine Restrukturierung in kleine, überschaubare Einheiten mit dezentraler Entscheidungskompetenz und eigener Ergebnisverantwortlichkeit (...)“ (Picot, Reichwald, Wigand 2003, 457).

Vom Besprechungscharakter der Gremien, Ausschüsse und Komitees unterscheidet sich ein Team erstens durch dessen zeitliche Beständigkeit, zweitens durch dessen gleichzeitige langfristige Begrenztheit und drittens durch dessen eigenständige Haupttätigkeit (vgl. Trebesch 1980, 2217; Schwarz 1983, 32; Hill, Fehlbaum, Ulrich 1994, 133; Lehner 2003b).

Diese Erkenntnisse der Unterschiede werden aufgegriffen und dieser Arbeit zugrundegelegt, wenngleich festgestellt werden muss, dass eine „(...) integrative, übergreifende Theorie der Kleingruppe, aus der Gruppenprozesse (...) verstanden, erklärt und prognostiziert werden können (...)“ (Trebesch 1980, 2221) bis heute fehlt.

- Quantitative Teamtheorie

Die auf MARSCHAK zurückgehende Konzeption der Teamtheorie verfolgt das Ziel, diejenigen kooperativen Kommunikations- und Entscheidungsregeln mathematisch zu identifizieren, bei denen der Gesamterfolg der Teamentscheidung maximal ist (s. a. Marschak, Radner 1972). Die Aufgaben- und Kompetenzverteilung wird als konstant gesetzt, um alternative Informationsstrukturen zu untersuchen, die der Entscheidungslogik folgend den jeweiligen Informationsstand der Teammitglieder über die Umweltzustände ausdrücken. Es werden Zielkonformität, Zielbestimmtheit und Handlungsrationalität unterstellt. Als Auswahlkriterien verwendet MARSCHAK (als bekannt vorausgesetzte) Informations- und Kommunikationskosten und als Entscheidungsresultate die Teamgewinne. Der Nettogewinn des Teams ist der Bruttogewinn abzüglich den Kommunikationskosten. Dieser Gewinnerwartungswert des Teams ist zu maximieren (vgl. Marschak 1954, 187-220). In dieser ursprünglichen Form repräsentiert die Teamtheorie ein statisches Modell mit großem rechnerischen Aufwand, ohne interdisziplinären verhaltenstheoretischen Ansatz und mit heroischen Prämissen (vgl. Hax 1965, 100; Wild 1967, 109-117; Trebesch 1980, 2220).

Das Delegationswert-Konzept nach LAUX gilt als Weiterentwicklung der Teamtheorie und konzentriert sich auf die Lösung von Delegationsproblemen. Im Gegensatz zu der Teamtheorie berücksichtigt dieses Modell Zielkonflikte und unsichere Erwartungen der Entscheidungsinstanz (vgl. 1979a; 1979b; 2003, 25).

Das Delegationsproblem formuliert die Principal-Agent-Theorie als Auftraggeber-Auftragnehmer-Beziehung, die auf der Theorie der Verfügungsrechte aufbaut (vgl. Jensen, Meckling 1976, 305-360; Spremann 1988, 613-629; Picot, Dietl, Franck 2002, 92-147). Weil die Kosten der Informationsbeschaffung (Agency Costs) prohibitiv hoch sind, ist Wissen ungleichmäßig verteilt, wodurch bei einer Entscheidungsdelegation diskretionäre Verhaltensspielräume entstehen, die vom Agent zum eigenen Vorteil oder zum Schaden des Principals ausgenutzt werden können (vgl. Jensen, Meckling 1976, 305-360; Spremann 1989, 561-586; Picot, Dietl, Franck 2002, 85-15). Die Übertragung des Delegationsproblems auf das Team vollzieht HOLMSTROM, indem er dieses Problem des Moral Hazard in Teams quantitativ bestimmt (vgl. 1982, 324-340).

- Empirische Teammanagementforschung

Das Sensitivitätsmodell von SENCAR konzentriert sich auf die Analyse von drei innovativen Teams unterschiedlicher schweizer Technologieunternehmen (vgl. 1999, 212-223). Die Teams besitzen jeweils einen hohen Reifegrad und eine fundierte Ausbildung. Die theoretische Grundlage der explorativen Studie bildet das St. Galler Management-Modell (vgl. 1999, 9). Die zeitliche Dimension wird nicht ausdrücklich berücksichtigt (vgl. weiterführend 2.3.1).

VERBECK dagegen entwickelt eine Konzeption des Managements kooperativer Innovationen, die er durch Fallstudien und eine Fragebogenerhebung überprüft. Das „(...) Ergebnis ist ein strukturierter Vorgehensplan mit definierten Meilensteinen für Inputkomponenten (...), der den personellen Einfluss des Organisationswissens während des Innovationsprozesses verringert (...)“ (2001, 6).

- Qualitative Teammanagementforschung

WURST und HÖGL fokussieren ihre Konzeption des Managements von innovativen Teams auf Führungsfunktionen im Team: Konzipieren, Organisieren und Realisieren. Diese können entweder von einem Teamleader oder dem Team selbst wahrgenommen werden (vgl. 2001, 157-185). Dabei wurden „(...) Einflußfaktoren wie Führungsstil, sowie Eigenschaften oder Fähigkeiten des Führers (...) nicht berücksichtigt (...)“ (2001, 181).

ANTONI entwickelt Erfolgsfaktoren, aus denen er Trainingsmodule und Checklisten ableitet, die auf die situative Teamarbeit einer Unternehmung zu übertragen sind. Er orientiert sich im Grundsatz an dem Organisationsentwicklungsprozess (vgl. 2000, 97-159).

### *2.1.3 Forschungsbedarf*

Ein Vergleich dieser vier zentralen Forschungsansätze mit dem Problem der Arbeit (vgl. 1.1) und den aktuellen Entwicklungstrends (vgl. 1.2) liefert für eine Verknüpfung zwischen Teammanagement und mehrwertigen Erwartungen nur die folgenden vereinzelten Erkenntnisbeiträge:

SENCAR untersucht die Beeinflussung der Arbeitsrisiken von Innovationsteams der schweizer High-Tech-Industrie durch das Führungssystem (vgl. 1999, 149-207). KONRADT und HERTEL zeigen arbeits- und organisationspsychologische Risiken virtueller Unternehmen auf (vgl. 2002, 36). FINGER verdeutlicht Risiken der Konzeption, Realisierung und Einführung integrierter Telekooperationssysteme (vgl. 1999, 110-129). Eine Theorie stellen diese Ansätze jeweils nicht dar. Teammanagement unter mehrwertiger Erwartung wird nicht explizit thematisiert.

Dezidierter setzt sich ZERBE damit auseinander. Um eine Verbindung zwischen globalen Teams und IT-Einsatz herzustellen, greift er auf Informationsverarbeitungsansätze der Mehrdeutigkeit und der Unsicherheit zurück (vgl. 2000, 7). Globale Teams bezeichnet er als eine Organisationsform der Teamarbeit mit voneinander abhängigen und gleichzeitig regional verteilten Mitarbeitern (vgl. 2000, 13-39). Den entscheidungstheoretischen Begriff der Unsicherheit lehnt er aber explizit ab: „Dies begründet sich aus dem Untersuchungsfokus, der sich auf Aspekte der organisatorischen Gestaltung und der IT-Unterstützung konzentriert und nicht auf Aussagen der Entscheidungstheorie zurückgreift (...)" (2000, 53). Als Unsicherheitstypen klassifiziert er Umwelt-, Partner-, Aufgaben- und Technikunsicherheit (vgl. 2000, 54-60). Das Personal wird nicht speziell als intervenierende Variable untersucht.

Zu einer Verwendung integrativer Untersuchungsansätze (vgl. 1.2), welche multikausale Zusammenhänge des Teammanagements mit Medieneinsatz berücksichtigen, lassen sich in der Literatur ebenfalls nur wenige Arbeiten finden.

VERBECK betont zwar den disziplinübergreifenden Charakter seines Ansatzes. Er berücksichtigt in seiner Analyse insbesondere betriebswirtschaftliche Innovationsprozesse, soziopsychologische Gruppenuntersuchungen, Denkpsychologie im Entwicklungsprozess und computergestützte Entwicklungswerkzeuge. Organisatorische Erwartungen betrachtet er aber nur indirekt über die Organisationsstruktur der Teamarbeit und über die Mitarbeiterkategorien bzw. -rollen im Innovationsmanagement (vgl. 2001, 9-69). Personalwirtschaftliche Erkenntnisse berücksichtigt er nur implizit und stark auf den Funktionsbereich der Personalentwicklung begrenzt. Das Medienmanagement und das Management medienbasierter Strukturen finden keine Berücksichtigung.

Auf die Kostenwirksamkeit als Problem des Teammanagements geht MARSCHAK ein, indem er anmerkt, dass die Ermittlung der Kommunikationskosten schwierig sein dürfte, ebenso wie die Entwicklung einer realen Teamtheorie.

> „A realistic theory of teams would be dynamic. It takes time to process and pass messages a-long a chain of team members; and messages must include not only information on external variables but also information on what has been done by other member of the team. (...) much empirical work is needed to get an insight into the constants of the problem, that do occur in real organizations" (Marschak 1955, 137).

Hierzu liefert die empirische Untersuchung von BECKMANN über das Entscheidungsverhalten von Teams „(...) eine Bereicherung der bisherigen Ansätze, da der Vergleich verschiedener Kommunikationssysteme anhand ihrer Kosten konkreter (...) durchgeführt worden ist. Allgemeingültige theoretische Erkenntnisse ergeben sich aus dieser Untersuchung allerdings nicht (...)" (Wild 1967, 105), denn diese bezieht sich allein auf Flugreservierungssysteme. Er differenziert die Kommunikationskosten nach reinen Kosten (costs of a message) und Verzögerungskosten der Informationsübermittlung (delay costs) (vgl. Beckmann 1958, 134-145).

Ingesamt verwundert es nicht, dass keine Theorie des Teammanagements existiert. Denn diese würde sich, wie die Ausführungen zeigen, aufgrund der Vielzahl von Variablen und deren Messung und Zurechnung komplex und nicht handhabbar gestalten. Die Komplexität der Vielzahl an Variablen verschärft sich dadurch, dass alle unabhängigen Variablen sowie die Beziehungen zwischen abhängigen und unabhängigen Variablen interdependent sind. Ihre jeweilige Wirkung auf den Erfolg ist nicht eindeutig spezifizierbar. Dies löst bei einer empirischen Überprüfung Mess- und Zurechnungsprobleme aus (vgl. Marschak 1955, 137; Wild 1967, 109-117; Trebesch 1980, 2220; Schneider 1985, 14). Weil diese, wie noch in Kapitel 2.3.3 zu zeigen sein wird, meistens nicht lösbar sind, erklärt dies die fehlende empirische Überprüfung von Teamkonzeptionen und das Fehlen von Teamtheorien.

Dennoch, eine Untersuchung mehrwertiger Erwartungen als explizites Problem des Teammanagements nimmt keine der referierten Forschungsansätze vor. Auch multikausale Zusammenhänge des Teammanagements, insbesondere mit Medieneinsatz, werden nicht unter mehrwertiger Erwartung als zwingende Prämisse formuliert. Ferner ist auch das Problem der Erfolgskontrolle bislang unbeachtet geblieben. Substanzielle Veröffentlichungen zu Teammanagement bei mehrwertiger Erwartung, auf denen man aufbauen könnte, sind nicht bekannt.

Diese Forschungsansätze liefern neben den bereits vorgestellten weitere wertvolle einzelne Erklärungsbeiträge, die sich für die Entwicklung einer Konzeption des Teammanagements im Verlauf der Arbeit als hilfreich erweisen werden. Diese sind für ein näheres Verständnis an der jeweiligen Stelle dieses Grundlagenkapitels vorzustellen und für die anschließende Analyse zu adaptieren.

## 2.2 Teams und Teammanagement in Abhängigkeit von Aufgabe und Personal

### *2.2.1 Wertschöpfungsbeitrag der Teambildung*

Die Teambildung ist die selektive Vorentscheidung für die Auswahl eines Teams. Um sie genauer bestimmen zu können, muss zuerst geklärt werden, warum in Unternehmungen überhaupt Teams gebildet werden und welche Rolle der Teambildung im Wertschöpfungsprozess zukommt.

Für eine Einordnung der Teamarbeit in den Wertschöpfungsprozess der Unternehmung lässt sich folgender Elementarzusammenhang entwickeln: Ausgangspunkt ist die Teambildung zur Erreichung marktgerechter Unternehmungserfolge und zur Stärkung der Wettbewerbsposition (*Unternehmungsebene*). In arbeitsteiligen Unternehmungen sichern relationale Arbeitsverträge die Leistungsverträge mit Marktpartnern ab (*Vertragsebene*). Diese werden auf der *Ebene des Teammanagements* umgesetzt. Dabei wird erstens die Teamstrategie festgelegt, die zweitens durch konkrete Einzelmaßnahmen des Teammanagements ausgefüllt wird (vgl. Abb. 2).

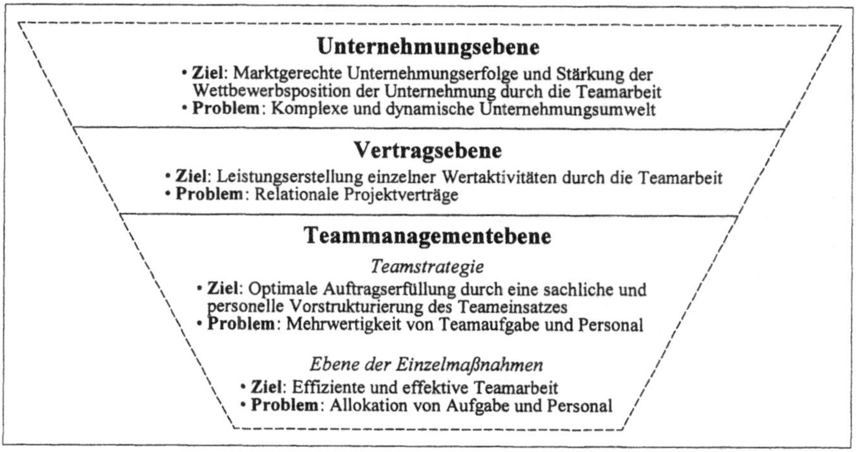


**Abbildung 2: Einordnung der Teamarbeit in den Wertschöpfungsprozess der Unternehmung (Trichtermodell); eigene Darstellung**

Dieses Trichtermodell besitzt die folgende Detailstruktur:

Unternehmungen agieren in einer komplexen und dynamischen Umwelt und unterliegen einem daraus resultierenden Anpassungs- und Innovationsdruck (vgl. 1.1). Um marktgerechte Unternehmungserfolge zu erreichen, orientieren sich unternehmerische Aktivitäten an den Zukunftspotenzialen und den strategischen Marktpositionen. Die Unternehmungsleitung entwickelt eine Unternehmungsstrategie und geht mit Marktpartnern Leistungsverträge ein. Auf *Unternehmungsebene* verspricht man sich von dem Teameinsatz wegen seiner interdependent verknüpften Aktivitäten und wegen seiner potenziellen Synergieeffekte eine Steigerung des marktgerechten Unternehmungserfolges sowie eine Stärkung der Wettbewerbsposition. Sie sind integrativer Bestandteil der Unternehmungsstrategie.

Arbeitsteilige und spezialisierte Prozesse sind erforderlich, weil die Unternehmungsleitung allein mit der Lösung des Gesamtproblems überfordert ist, um marktbedingte, ex ante feststehende, langfristige Planungshorizonte oder die Erfolgswirksamkeit einer Vielzahl von Entscheidungen gewährleisten zu können. Dies lässt sich durch eine Disaggregation erreichen, d. h. durch eine Aufteilung des umfangreichen und komplexen Gesamtproblems auf der Unternehmungsebene in überschaubare und einfach lösbare Teilprobleme (vgl. Kosiol 1962, 42-75).

Gliedert man zu diesem Zweck die Unternehmung in strategisch relevante Tätigkeiten, lässt sich retrograd vom Markt eine Wertkette entwickeln, die z. B. den Wertschöpfungsprozess eines Produktes nach Absatz, Leistungserstellung, Beschaffung und Finanzierung abbildet (vgl. Hax 1965, 13; Osterloh, Frost 1998, 155; Porter 2000, 63-96). Aus disaggregierter Perspektive werden Teams zur Leistungserstellung dieser einzelnen Wertaktivitäten gebildet (vgl. Franzen, Schmahl 1999, 14). Daraus folgt, dass mehrfache, final miteinander verbundene Ziele bei der Teambildung berücksichtigt werden müssen.

Der Einsatz eines Teams ist aber kein Selbstläufer, d. h. ein Team bringt nicht uneingeschränkt für jedes Problem die beabsichtigten Leistungsvorteile zur multipersonellen Problemlösung automatisch mit sich. Teams dürfen demnach nicht als Selbstzweck aufgefasst werden. Deshalb müssen Arbeitsverträge, die eine Teamarbeit vorsehen, die Leistungsverträge mit Marktpartnern auf der Unternehmungsebene absichern (*Vertragsebene*) „Durch Verträge können Verfügungsrechte ganz oder teilweise sowie auf Dauer oder befristet von einer Person oder Personenmehrheit auf eine andere Person oder Personenmehrheit übertragen werden (...)“ (Picot, Dietl, Franck 2002, 18).

Die in 2.1.2 erläuterten konstitutiven Merkmale eines Teams werden damit rechtlich unterlegt. Ein Team als dezentrale Organisationsform erhält erstens dezentrale Entscheidungskompetenz und eigene Ergebnisverantwortung (Autonomie) und zweitens das Recht sowie die Pflicht zur gleichberechtigten und partnerschaftlichen Zusammenarbeit (flache Hierarchie) (vgl. Drumm 1996, 11; Besemer et al. 1998, 47, 118; Raab-Stahl 1998, 177). Damit kann das Team selbst Einfluss auf Teamverfahren, -prozesse und -organisation innerhalb des Teams nehmen, trägt aber zugleich Mitverantwortung für das Teamergebnis.

Doch dadurch ist nicht gewährleistet, dass die beabsichtigten werthaltigen Teampotenziale ausgelöst werden: Denn Komplexität und Dynamik der Umwelt führen dazu, dass zum Zeitpunkt des Vertragsabschlusses die zukünftigen (gegen-) Leistungen unvollkommen prognostiziert werden können. Es können nur relationale Verträge formuliert werden (vgl. Macneil 1974, 720-816). Diese vermitteln Rahmenbedingungen und Verhaltensregelungen und lassen dem Team zur Interpretation der Teamaufgabe diskretionären Verhaltens- und Gestaltungsspielraum.

Die *Ebene des Teammanagements* dient der Erzielung werthaltiger Leistungsvorteile im Team. Zuerst konkretisiert die *Teamstrategie* die Vertragsebene, indem sie das Teammanagement zeitlich, sachlich und personell vorstrukturiert (vgl. Bronner 1989, 15-20). Sie dient der Klärung des Teamauftrages zwischen Auftraggeber bzw. Unternehmungsleitung und Team und damit der bewussten Gestaltung der Grundkonstellation des Teams. Angestrebt werden soll ein Team, das die Teamaufgabe effizient (= Zielbeitrag im Verhältnis zu dem relevanten Ressourceneinsatz) und effektiv (= erreichter Ist-Zustand abzüglich des angestrebten Sollzustandes) löst, um damit eine optimale Auftragserfüllung zu erreichen. Für deren Umsetzung, d. h. also für die Ausfüllung der Teamstrategie, werden schließlich konkrete Steuerungsmaßnahmen entwickelt. Die *Ebene der Einzelmaßnahmen des Teammanagements* bezieht sich auf die Teamaufgabe (vgl. 2.2.2.1), auf die Teamqualifikation (vgl. 2.2.2.2) und auf deren Allokation (vgl. 2.2.2.3).

### *2.2.2 Einflussgrößen auf die Entscheidung der Teambildung*

#### 2.2.2.1 Aufgabe

Für die Auslösung werthaltiger Teamvorteile bei komplexen und dynamischen Aufgaben verweisen empirische Forschungsergebnisse auf die Abhängigkeit des Leistungsvorteils von der Art der im Team zu bearbeitenden Aufgabe (vgl. Hofstätter 1957, 33; Wiendieck 1992, 2379).

Dabei bezeichnen Aufgaben normative Vorschriften für zielbezogenes Handeln (vgl. Kosiol 1962, 43; Weidner, Freitag 1996, 32), d. h. sie sind Handlungsanweisungen, die sich aus den Zielen der Unternehmung ableiten (vgl. Bleicher 1991, 35). Handelt es sich dabei um eine Aufgabenstellung, die bereits ex ante der Teamarbeit eindeutig lösbar ist, ist Teambildung hier vom „(...) ökonomischen Standpunkt gesehen (...) ineffizient, da von der Aufgabenerfüllung her keine Notwendigkeit zur unmittelbaren Interaktion (...) besteht (...)" (Grochla 1972, 227; s. a. Franzen, Schmahl 1999, 14). Dies manifestiert für die Teambildung ein aufgabenbedingtes Abbruchkriterium.

Sind es aber komplexe und dynamische Tätigkeiten bzw. Tätigkeitsfolgen, können die Teaminteraktion und die daraus resultierende Eigendynamik im Team vielfältige *aufgabenbedingte Leistungsvorteile* auslösen (vgl. Trebesch 1980, 2221; Schwarz 1983, 104). Sie entstehen dadurch, dass die Summe der kooperativen Leistungen im Team größer ist als die Summe der individuellen Einzelleistungen (vgl. Hofstätter 1957, 33; Lersch 1964, 197; Schneider 1985, 209).

Da ein gegenseitiger *Informationsaustausch,* z. B. bei unterschiedlichem Know-how im Team, stattfinden kann, lassen sich positive Werte aus Synergien durch das gemeinsame Problemlösen, bei denen ein Einzelner überfordert wäre, erzeugen. Wissenslücken können aufgrund der Summe individueller Erfahrung, gegenseitiger Unterstützung und interner Kontrolle besser kompensiert werden (vgl. Beveridge 1950, 124; Hofstätter 1957, 32-35). Ein einzelner Mitarbeiter alleine würde weder die Fähigkeit noch das Wissen besitzen, die Einflussgrößen und Zusammenhänge von derart komplexen Problemen zu erfassen und zu strukturieren.

Darüber hinaus kann das Team bei der Lösung komplexer und neuartiger Probleme auf ein *kooperatives Urteilsvermögen* im Team zurückgreifen. Eine Einzelperson dagegen ist oft nicht in der Lage, Verfahren zu entwickeln oder anzuwenden, die geeignete Lösungsvorschläge generieren könnten. Durch gegenseitige *kreative Anregungen* ist dies leichter und konstruktiver möglich (vgl. Bollinger, Greif 1983, 399; Geschka 1986, 148). Zu Teamvorteilen liegen bereits detaillierte Untersuchungsergebnisse vor, weshalb für weitere Ausführungen auf die einschlägige Literatur verwiesen werden soll (vgl. Forster 1978, 120-125; Born, Eiselin 1996, 31-50; Rosenstiel 2003a, 367-386).

Diese aufgabenbedingten potenziellen Leistungsvorteile verdeutlichen, dass sich im Team *komplexe* und *dynamische Entscheidungsprozesse* entwickeln lassen. Mit Teams, die kooperative Entscheidungen treffen, „(...) wird die Erwartung verbunden, daß diese „bessere“ bzw. „ausgewogenere“ Entscheidungen treffen als ein einzelner (...)“ (Laux, Liermann 2003, 75). Es ist zu konstatieren, dass die Ursache der Teambildung die Nutzung aufgabenbedingter Teamvorteile ist, weil diese eine *effiziente* und *effektive Aufgabenlösung* zur Folge haben. Diesen fundamentalen Zusammenhang verdeutlicht Abbildung 3.

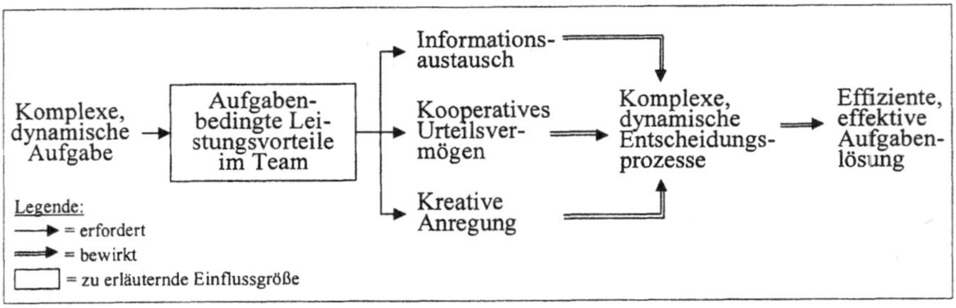


**Abbildung 3: Aufgabe als Einflussgröße; eigene Darstellung**

Insgesamt zeigt sich, dass Unternehmungen, die in einem komplexen und dynamischen Umfeld agieren und daher mit Teams Leistungsvorteile erzielen wollen, diese nicht unüberlegt befürworten, bilden und einsetzen sollten. Es ist die Funktion des Teammanagements, die vorgestellten aufgabenbedingten Leistungsvorteile im Team gezielt vorzubereiten, auszulösen und weiterzuentwickeln. Die Leistungssteigerung durch ein Team hängt jedoch von einer komplexen und dynamischen Teamaufgabe ab, die sich durch Interaktion und Eigendynamik charakterisiert. Dies führt zu signifikanten Problemen für das Teammanagement und für seine Bausteine. Diesen Zusammenhang spezifiziert Kapitel 2.3.

#### 2.2.2.2 Personal

Die Leistungsüberlegenheit eines Teams ist, wie empirische und theoretische Forschungsergebnisse zeigen, nicht nur von der Aufgabenart, sondern auch von der Teamqualifikation abhängig (vgl. Conry, Chambers 1978, 61-84; Forster 1982, 168; Deci, Flaste 1995, 57-73; Högl, Gemünden 2001, 57; Drumm 2003a, 208).

Qualifikationen sind Kenntnisse und Fähigkeiten als Potenzial des Teams und Motivation als Nutzung dieses Potenzials. Kenntnisse sind erworbene, kognitiv gespeicherte Information und lassen sich gliedern in Fach- und Methodenkenntnisse (vgl. Drumm 2000a, 243). Letztes ist die Kenntnis, im Team Teilziele zu setzen und zu erreichen, Aufgaben zu identifizieren und zu planen sowie über Entscheidungs- und Problemkompetenz zu verfügen (vgl. Högl, Gemünden 2001, 48). Eine Fähigkeit ist die „(...) angeborene Ausstattung mit einer Anzahl elementarer geistiger, motorischer und körperlicher Funktionen, die in Grenzen veränderbar erscheinen, aktivierbar sind und zu einer komplexen Vielfalt von Handlungen 'befähigen' (...)" (Conradi 1983, 8). Sie sind hier primär als soziale, insbesondere kommunikative, koordinierende und kooperative Fähigkeiten eines Teams beschrieben. Motivation bezeichnet die Gesamtheit der Beweggründe, die eine Handlung oder Entscheidung beeinflusst und stellt einen aktivierenden, richtungsweisenden, relativ intensiven und andauernden kognitiven Prozess dar (vgl. Wiswede 1995, 59; Hobmair 1997, 159; Weinert 1998, 142). Für die Teambildung ist von Bedeutung, welche Qualifikationen das Team in die Lage versetzen, mit den Teammitgliedern effektiv und effizient zusammenzuarbeiten. Deren Konkretisierung erfolgt im Rahmen der Bausteinanalyse (vgl. 3.1). Für eine weiterführende Differenzierung der Qualifikationen, als die hier vorgestellte, soll auf die einschlägige Literatur verwiesen werden (vgl. Katz 1974, 90-102; Bösch 1996; Drumm 2000a, 243-249; Laux, Liermann 2003, 67).

Teambildung ist ökonomisch betrachtet ineffizient, wenn eine wertgenerierende Teaminteraktion wegen fehlender personalbedingter Potenziale Synergieeffekte verhindert. Dieses personelle Abbruchkriterium tritt auf, wenn:

- die Teamarbeit wegen einer ausgeprägten hierarchischen Machtdistanz von den Betroffenen inner- und außerhalb der Unternehmung nicht akzeptiert wird, d. h. wenn innovative Gedanken und Verhaltensweisen nicht toleriert und unterstützt werden (vgl. Hofstede 1993, 171-175, 180);
- eine Verantwortungsübernahme seitens des Teams oder seiner Mitglieder wegen einer hohen Ungewissheitsvermeidung unterlassen wird, da diese sich „(...) durch ungewisse oder unbekannte Situationen bedroht fühlen (...)" (Hofstede 1993, 158; s. a. 2001, 32, 48);
- die ausgewählten Teammitglieder keine Grundkenntnisse, -fähigkeiten und -motivation besitzen in einem Team zu arbeiten, d. h. zu interagieren, zu kooperieren und sich fortlaufend abzustimmen.

Fördert z. B. das gesellschaftliche Erziehungs- bzw. Bildungssystem oder die Unternehmung durch individuelle Leistungsbeurteilung, Entlohnung oder Personalentwicklung Individualismus statt Kollektivismus, führt dies zu Einzelkämpfern und ermöglicht Freiräume für opportunistisches Verhalten (vgl. Bösch 1996, 49; Mühlemeyer 1997, 952-955; Rosenkranz 2001, 56). Fehlt den Teammitgliedern die Basis für die Lösung komplexer Probleme, besitzen sie keine Vorstellung über die Problemlösung eines konkreten Auftrages. Verfügen sie über keine Vorstellung einer kooperativen und zielorientierten Teamarbeit, fehlt ihnen die Basis für die Aktivierung und Realisierung kooperativer Lernprozesse.

Eine komplexe und dynamische Aufgabe erfordert ein interagierendes und lernendes Team. Daher muss das Team über Teammitglieder verfügen, die erstens motiviert, zweitens fähig sind, im Team zu kooperieren, d. h. Teamarbeit durch fortlaufende Abstimmung in dynamische Interaktion umsetzen, und drittens die dafür erforderlichen Kenntnisse besitzen bzw. bereit sind, sich diese in kurzer Zeit anzueignen. Um die komplexe und dynamische Aufgabe im Team ökonomisch erfüllen zu können, sind Lernfähigkeit und -bereitschaft zwingende Prämissen.

Besitzt ein Team diese benötigte Teamqualifikation, können vielfältige *personelle Leistungssteigerungen* ausgelöst werden (vgl. Forster 1982, 156; Bösch 1996, 49; Besemer et al. 1998, 87). Diese werden darin gesehen, dass die Teamqualifikation größer ist als die Summe der individuellen Qualifikationen der Teammitglieder. Dies bedeutet auch „(...) sich der Möglichkeit und Grenzen des Teams als einer Einheit bewusst zu sein (...)“ (Besemer et al. 1998, 88).

Im Zeitablauf können sich Kenntnisse und Fähigkeiten durch kooperative Lernprozesse entwickeln oder die Bedürfnisse der Mitarbeiter an veränderte Werthaltungen anpassen. Das bedeutet, dass Teamarbeit das gegenseitige Lernen unterstützt (vgl. Drumm 2003a, 207). Durch einen konstruktiven und kreativen Lernprozess von Mitarbeitern aus unterschiedlichen Berufsfeldern kann das *Kenntnispotenzial* aktiviert werden (vgl. Pinto, Pinto, Prescott 1993, 1281-1297; Seers, Petty, Cashman 1995, 18-38; Högl, Gemünden 2001, 49).

Durch die interdisziplinäre Ausrichtung im Team lassen sich nicht nur Kenntnis- sondern auch *Fähigkeitspotenziale* der einzelnen Teammitglieder kooperativ aufbauen und nutzen. Auch können durch diese Lernprozesse soziale Erfahrungswerte generiert werden, da die Mitglieder durch Interaktion und Zusammenarbeit im Team die Arbeit ganzheitlich erleben und eigene Teamwerte entwickeln und verwirklichen (vgl. Verbeck 2001, 130-132). Damit ist „Die soziale Funktion von Teams (...) unübersehbar, denn sie bieten ihren Mitgliedern das Gefühl der Zugehörigkeit und Anerkennung an (...)“ (Drumm 2003a, 208) und kontrollieren opportunistisches Verhalten durch den Teamzusammenhalt.

Somit verfügt ein Team über *Motivationspotenzial.* Empirische Untersuchungen zeigen, dass die Leistungsbereitschaft der Mitarbeiter einer Unternehmung steigt, wenn sie kooperativ motiviert sind, d. h. innerhalb einer auf gegenseitiger Loyalität und Kooperation beruhenden Gruppe an den Entscheidungen und der Verwirklichung der Leistungsziele teilhaben (vgl. Likert 1972, 36-40). Die Beteiligung an Entscheidungsprozessen fördert also die Motivation (vgl. Laux 1979a, 16), insbesondere dann, wenn die Beteiligten Mitsprachemöglichkeiten besitzen, wie dies im Team der Fall ist. Damit eignen sich Teams zur partizipationsfördernden und zur motivationalen Arbeitsgestaltung (vgl. Lawler 1973, 191-197; Rosenstiel 1987, 2; Graumann, Niedermeyer 2003, 74). Ob die Qualifikationen „(...) dann allerdings auch bei der Aufgabenbewältigung eingesetzt werden, ist entscheidend von der Motivation des einzelnen abhängig (...)" (Rosenstiel 2000, 204).

Diese personalbedingten potenziellen Leistungsvorteile verdeutlichen, dass sich im Team *kooperative Lernprozesse* entwickeln lassen, die eine höhere *Zufriedenheit* und *Qualifikation* des Teams und infolge eine *effiziente* und *effektive Aufgabenlösung* bewirken. Diesen Fundamentalzusammenhang zeigt Abbildung 4.

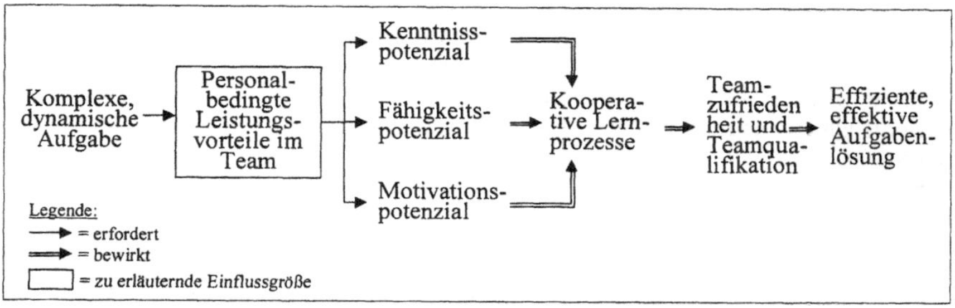


**Abbildung 4: Personal als Einflussgröße; eigene Darstellung**

Da die Genese der personalbedingten Leistungssteigerung von der Teamkonfiguration abhängt und diese sich aus der komplexen und dynamischen Aufgabe ableitet, wirft sie für die Bausteine des Teammanagements per definitionem signifikante Probleme auf. Diese Leistungsvorteile muss das Teammanagement gezielt vorbereiten, auslösen und weiterentwickeln. Diesen Wirkungszusammenhang präzisiert Kapitel 2.3.

#### 2.2.2.3 Allokation von Aufgabe und Personal

Es ist zu betonen, dass die Leistungsüberlegenheit von Teams nicht isoliert durch die Aufgabe und durch das Personal bestimmt wird. Vielmehr beeinflusst deren Allokation die Entscheidung der Teambildung, da sie die aufgaben- und personalbedingten Leistungsvorteile durch ihre Wechselwirkung vervielfacht.

Allokation bezeichnet die Verteilung von Handlungs- und Verfügungsrechten über Ressourcen auf das Team, um ein vorgegebenes Ziel zu erreichen (vgl. Engels 1962, 29; Varian 2001, 495). Hier geht es um eine anforderungsgerechte Verteilung der Aufgabe und des Personals unter Berücksichtigung von Teameffekten, um über das Trichtermodell marktgerechte Unternehmungserfolge generieren zu können (vgl. 2.2.1). Dadurch können addierte oder multiplizierte aufgaben- und personalbedingte Leistungsvorteile erzielt werden.

Die allokativen Leistungsvorteile hängen davon ab, in welchen organisatorischen Strukturen und Abläufen diese genutzt werden. Wird ein Team als statisches Konstrukt in einer statischen Organisation verstanden, wird die Verantwortung über die Aufgaben-Personal-Allokation einmalig zugeteilt (vgl. Antoni 2000, 102) und in der Zukunft fortgeschrieben. Dies entspricht jedoch nicht der Realität, denn ein Team charakterisiert sich durch Verbundeffekte und durch regelmäßige Interaktion. Ein Team lernt und entwickelt sich fortlaufend weiter. Eine statische Teambildung stellt die Leistungsvorteile nicht anforderungsgerecht dar und löst wegen seiner Ineffizienz das allokative Abbruchkriterium der Teambildung aus.

Um Teamprozesse berücksichtigen zu können, müssen der Entscheidungs- und der Lernprozess im Team fortlaufend aufeinander abgestimmt werden. Denn empirische Untersuchungen zeigen, dass z. B. eine lernbasierte Auseinandersetzung mit der Problemidentifikation regelmäßig zu besseren Lösungen führt, als eine rein lösungsorientierte Entscheidungsfindung (vgl. Pfohl 1977, 39). Die kooperativen Lernprozesse im Team bewirken, dass eine ergebnisorientierte Entscheidung durch Teameffekte, d. h. durch eine bewusste Reflexion im Team bzw. durch eine Tätigkeitsidentifikation ergänzt wird. Diese potenzialorientierte Gestaltung des Entscheidungsprozesses lässt sich als ein ‚Lernen um zu entscheiden' darstellen (vgl. Abb. 5; ①). Die Lernprozesse lösen eine Veränderung der Verhaltensweisen im Team aber erst durch ein ‚Entscheiden um zu lernen' aus (vgl. Abb. 5; ②). Der Aufgabenkontext ist über die Reallokation der Aufgaben-Personal-Struktur in den Lernkontext zu überführen. Insgesamt werden durch die Teameffekte und durch die Reallokation die aufgabenbedingten Leistungsvorteile des Teams mit den personalbedingten Leistungsvorteilen wechselseitig verknüpft.

Wird diese Abstimmung permanent gewährleistet, kann sie vielfältige *allokationsbedingte Leistungssteigerungen* auslösen. Dies bedeutet, dass die positive effizienz- und effektivitätsfördernde Dynamik kooperativer Teams stärker ist als die individuelle Eigendynamik (vgl. Hofstätter 1957; Sader 1996).

Entsprechend dem Risky-shift Phänomen werden kooperative Teamentscheidungen mit einer höheren Risikobereitschaft getroffen als Einzelentscheidungen (vgl. Sader 1996, 12). Eine positive Nutzung dieser Teamdynamik kann Leistungsvorteile generieren. Das erklärt sich dadurch, dass sich im Team Risiken bzw. Ungewissheiten gezielt und problemorientiert *steuern*, d. h. vermeiden, reduzieren und akzeptieren lassen (vgl. Haller 1986, 31-33; Doleczik, Drewes 2003, 1008).

*Vermieden* werden sie, wenn aufgaben-, personal- oder allokationsbedingte Abbruchkriterium der Teambildung ausgelöst werden (vgl. 2.2.2.1, 2.2.2.2). Wenn das Team dagegen auf qualifizierte Teammitglieder zurückgreifen und Entscheidungsbefugnisse situativ delegieren kann, lässt sich die Belastung des Einzelnen abbauen und die Entscheidung mit einer breiteren Beurteilungsbasis unterlegen. Dadurch werden bei der Entscheidung kooperative Lernprozesse ausgelöst und Risiken *reduziert*. Da sich die Teammitglieder im Team rückversichert fühlen und kooperativ lernen, kann im Team risikofreudiges und -averses Entscheidungsverhalten kompensiert werden (vgl. Gieseking, Sehnke, Roos 1998, 30; Drumm 2003a, 207). Insgesamt ist zu berücksichtigen, dass wegen der Komplexität und Dynamik der Aufgaben und der erforderlichen Teamqualifikation ein Restrisiko nie ausgeschlossen werden kann. Dies muss als Bestandteil des unauflösbaren unternehmerischen Risikos bewusst kalkuliert und *akzeptiert* werden.

Diese allokationsbedingten potenziellen Leistungsvorteile zeigen, wie durch eine Allokation von Aufgabe und Personal, d. h. von Entscheidungs- und Lernprozessen, eine *effiziente und effektive Aufgabenlösung* erzielt werden kann. So hat das Teammanagement eine intendierte Allokationskonsequenz: Erst durch diese wird die tatsächliche Erzielung werthaltiger Leistungsvorteile durch die Teambildung möglich. Denn der Erfolg der Teambildung hängt nicht nur von der jeweiligen Kenntnis der Teamaufgabe oder des Personals ab. Abbildung 5 verdeutlicht dies.

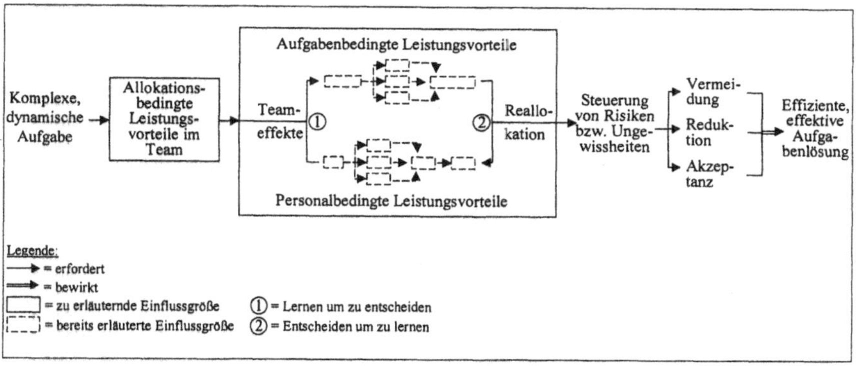


**Abbildung 5: Allokation von Aufgabe und Personal als Einflussgröße; eigene Darstellung**

Da die Entwicklung einer allokationsbedingten Leistungssteigerung von der komplexen und dynamischen Aufgabe sowie von der Teamkonfiguration abhängt, führt dies für die Bausteine des Teammanagements zu Problemen. Sie sind durch das Teammanagement unter Kenntnis dynamischer Teamstrukturen und -prozesse fortlaufend und zeitnah aufeinander auszurichten. Dieser Wirkungszusammenhang soll nun für das Teammanagement adaptiert werden.

## 2.3 Problemstruktur des Teammanagements

### *2.3.1 Begriffsabgrenzung*

Die vorangegangenen Ausführungen zu den Ursachen der Teambildung verdeutlichen, dass ein Teammanagement erforderlich ist, um die Leistungsüberlegenheit von Teams erzeugen und nutzen zu können. Es existiert kein selbststeuernder Mechanismus, der einen effizienten und effektiven Arbeitseinsatz im Team implementieren kann (vgl. Holmstrom 1982, 324-340).

Um die vorgestellten Wirkungszusammenhänge für das Teammanagement adaptieren und die Bausteine einer Konzeption des Teammanagements entwickeln zu können, muss geklärt werden, was in dieser Arbeit unter Teammanagement zu verstehen ist. Denn trotz seiner relativen Häufigkeit als Untersuchungsgegenstand in der Literatur ist der Begriff des Teammanagements nicht eindeutig definiert. Er wird in unterschiedlichen Kontexten auf verschiedene Weise interpretiert.

SCHWARZ differenziert zwischen Teamwork- und Projektmanagement. Das Erste ist eine Systemkombination aus Entscheidungs- und Beratungsausschuss in hierarchiefrei gestalteten Teams, während das Zweite als abgestuftes hierarchisch strukturiertes System von Arbeitsgruppen stark formalen Charakter besitzt (vgl. 1983, 104-110). „Das *Teamwork-Management* steht dann zur Diskussion, wenn relativ *gering determinierte*, aber sehr komplexe Aufgaben einer Lösung zugeführt werden sollen. (...) Das *Projektmanagement* wird angewendet, wenn eine bereits relativ *eng determinierte* Sonderaufgabe zur Lösung ansteht (...)" (Schwarz 1983, 104-105). Ein weiterer Unterschied, den SCHWARZ nicht expliziert, besteht darin, dass das Teammanagement Aufgabe und Personal gleichermaßen berücksichtigt, während Projektmanagement primär aufgabenbedingte Koordinationsprobleme fokussiert. Diese Abgrenzungen gegenüber dem Projektmanagement sollen auch für das hier zu untersuchende Teammanagement gelten.

Als Grundfunktionen des Teammanagements nennt VERBECK *Gestalten*, *Lenken* und *Entwickeln*, die zusammen einen Prozess darstellen. Den einzelnen Schritten der Initiierung des Innovationsprozesses, der Grobauswahl, der Konzeption und Projektplanung, der Produktverwirklichung sowie der Produktionseinführung und Kommerzialisierung ordnet er Personen zu (vgl. 2001, 71-91). Teammanagement „(...) zeichnet sich durch eine auf dem bekannten Promotorenmodell aufbauende Führungsstruktur, bestehend aus einem Fach-, Macht- und Organisationspromotor, aus (...)" (Verbeck 2001, 13). WURST und HÖGL erläutern zum Management von Teams die Bereiche der Führungsaktivitäten *Konzipieren* als Fachbegriffe und Ideen formulieren, *Organisieren* als organisatorische Voraussetzungen schaffen und *Realisieren* als Handlungen in Richtung der angestrebten Ziele bewirken (vgl. 2001, 169). Nach SENCAR soll Teammanagement das In- und Umfeld der Unternehmung so gestalten, dass sich Teams autonom steuern, entwickeln und ihre Ziele realisieren können (vgl. 1999, 7).

Diesen Ansätzen ist gemein, dass sie die Führung in den Vordergrund stellen. KONRADT und HERTEL verwenden ebenso wie ORLIKOWSKI das Management von Teams bereits als Synonym für die Teamführung (vgl. Konradt, Hertel 2002, 47; Orlikowski 2002, 2). Insgesamt ist eine deutliche Konzentration auf die Führung zu erkennen. ANTONI unterscheidet sich davon, indem er der Umsetzung der Teamarbeit vier Phasen vorstellt: Sondierung und Start, Ist-Analyse, Visionen und Ziele, Teamkonzept. Der Teamarbeit als fünfte Phase folgt die Kontrolle und Weiterentwicklung (vgl. 2000, 172-180).

Wenngleich sie alle analog zu der Auffassung von DRUMM „(...) *Teammanagement (...) als dominantes Kooperationsmuster* (...)" (2003a, 207) verstehen, ist der Begriff des Team*managements* insgesamt aber noch kaum erschlossen.

### *2.3.2 Bausteine der Metaentscheidung des Teammanagements*

*Bausteine des Teammanagements*

Im Mittelpunkt dieser Arbeit steht entsprechend dem typischen Ablauf eines Entscheidungsprozesses das *Management* als Planung, Steuerung und Kontrolle von Teamentscheidungen (vgl. Staehle 1999, 140; Steinmann, Schreyögg 2002, 137-142) . Denn in 2.2 wurde herausgearbeitet, dass der Bedarf des Managements – im Gegensatz zu dem der Führung (vgl. 2.3.1) – bereits *vor* der eigentlichen Teamarbeit entsteht und zugleich für diese erfolgsentscheidend ist. Daraus leiten sich als Bausteine der Metaentscheidung des Teammanagements die Teambildung, die Teamsteuerung und die Erfolgskontrolle ab. Wer Träger des Teammanagements ist, soll später in Kapitel 2.3.4.3.1 herausgearbeitet werden.

Das Teammanagement stellt sicher, dass die in Kapitel 2.2.2 genannten Faktoren einer erfolgreichen Teambildung berücksichtigt werden. Der Baustein der *Teambildung* bereitet die Information für die zu planende Teamarbeit auf. Dies betrifft zuerst die Ableitung und Feststellung der Teamanforderungen zur Lösung der komplexen und dynamischen Teamaufgabe (vgl. Drumm 2000a, 240-244). Sie ermitteln die *Teamnachfrage* (vgl. Abb. 6: ①). Dadurch wird die gewünschte Teamqualifikation eingegrenzt. Über die *Teamakquisition* (vgl. Abb. 6: ②) sind die in Frage kommenden Teammitglieder zu identifizieren und als Option zu sichern. Aufbauend auf diesen informatorischen Grundlagen der Teambildung wird das Team *ausgewählt* (vgl. Abb. 6: ③). Ist die Teamauswahl suboptimal, d. h. weicht die Teamakquisition von der Teamnachfrage ab, können die menschlichen Leistungspotenziale nicht optimal genutzt werden. Die Teamarbeit ist gestört.

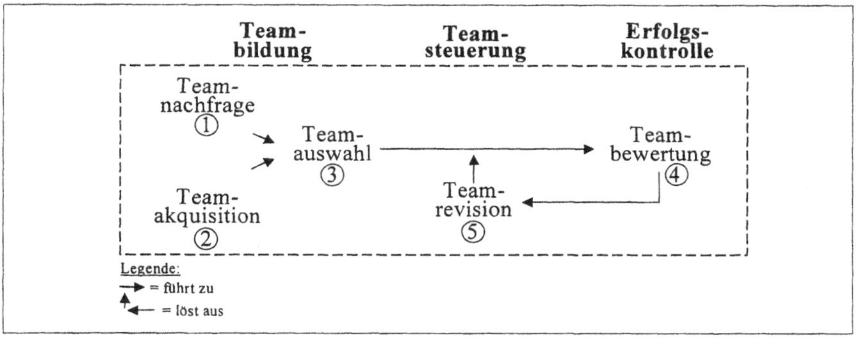


**Abbildung 6: Bausteinkonzept des Teammanagements; eigene Darstellung**

Die Aufgabe des Bausteins der *Teamsteuerung* ist es, über die *Teamrevision* (vgl. Abb. 6: ⑤) die Ursachen einer negativen Zielabweichung gegenüber einer effizienten und effektiven Aufgabenlösung des Teams zu beheben, um dadurch die potenziellen aufgaben-, personal- und allokationsbedingten Leistungsvorteile des Teams auslösen und fördern zu können. Ziel der Teamsteuerung ist es, innerhalb eines Teams eine optimale Nutzung (Motivation) von menschlichen Leistungspotenzialen durch die Verteilung einer bestimmten Arbeitsmenge auf Personen mit geeigneten Kenntnissen und Fähigkeiten während der Teamarbeit zu erreichen. Der Teamrevision vorgelagert ist die Identifikation der Abweichungsursachen (vgl. Abb. 6: *Teambewertung* ④), welche Gegenstand der Erfolgskontrolle ist.

Der Baustein der *Erfolgskontrolle* verifiziert den Erfolg der Teamauswahl und der Teamrevision. Er folgt dem Prinzip des Regelkreises (vgl. Mirow 1969; Niemeyer

1977). Die Erfolgskontrolle liefert einerseits Information über die Qualität des Teammanagements, d. h. darüber, wie qualifiziert es Information beschafft und verarbeitet (vgl. Laux, Liermann 1986, 4). Andererseits arbeitet sie Kontrollinformation auf. Die Erfolgskontrolle überprüft, ob der Wissensstand zur Problemlösung weiter zu verbessern ist (vgl. Laux, Liermann 1986, 4). Beide Informationsarten führen zu Anpassungen der Teamsteuerung über die Teamrevision.

Die spätere Analyse des Teammanagements orientiert sich an diesem Bausteinkonzept (vgl. Abb. 6). Bevor es jedoch für die Analyse des Teammanagements unter mehrwertiger Erwartung verwendet werden kann, ist es in die Entscheidungslogik zu überführen. Erst dann kann es in Kapitel 3 die Grundlage bilden, um das Teammanagement unter mehrwertiger Erwartung als Ansatz zur langfristigen Steuerung von Entscheidungen in Teams zu analysieren.

- Metaentscheidung des Teammanagements

Da es sich insgesamt bei den Bausteinen des Teammanagements um Entscheidungen über die Entscheidungen von Teams handelt, trifft das Teammanagement eine Metaentscheidung (vgl. 2.1.1). „Unter *Entscheidungen* wird die Wahl einer Handlungsmöglichkeit aus zwei oder mehreren sich gegenseitig ausschließenden Alternativen bezeichnet (...)“ (Witte 1992, 552; s. a. Kosiol 1962, 101; Hax 1965, 75).

Dabei kann das gesamte Bausteinkonzept ebenso wie ein einzelner Entscheidungsbaustein jeweils für sich als eigenständiges Entscheidungsproblem interpretiert werden. Wird nachfolgend der Begriff der Entscheidung verwendet, muss also sorgfältig hinterfragt werden, ob es sich um das Bausteinkonzept in seiner Gesamtheit, um eine Teilentscheidung des Teammanagements im Rahmen eines Bausteins oder um die Entscheidung des Teams als Steuerungsobjekt des Teammanagements handelt. Ob für das Teammanagement ein Teammanager oder ein Managementteam eingesetzt wird, ist in Kapitel 2.3.4.3.1 zu untersuchen.

Bei einer Entscheidung geht es um rationales Verhalten, welches über ein Phasenschema abgebildet werden kann. Dieses wird in der Literatur unterschiedlich gegliedert. Im Kern aber sind die Aktivitäten im Entscheidungsprozess die *Informationsbeschaffung* und die *Informationsverarbeitung* (vgl. Hax 1965, 30-49; Hax 1974, 18; Schwarz 1983, 135-158; Laux 2003, 63; Laux, Liermann 2003, 253).

Für die Metaentscheidung des Teammanagements, d. h. Teambildung, Teamsteuerung und Erfolgskontrolle in ihrer Gesamtheit, soll den Aktivitäten des in Abbildung 7 dargestellten Problemlöse- bzw. Entscheidungsprozesses gefolgt werden. Dabei besteht die *Informationsbeschaffung* als erster Schritt darin, das eigentliche Problem zu definieren und Ziele zu bilden, d. h. Probleme bzw. Ziele zu identifizieren, zu analysieren und zu formulieren. Daran schließt sich die Strategieentwicklung von Handlungsalternativen als das Strukturieren der Risiken zur Ableitung erster Ansätze für Maßnahmen zur Aufgabenlösung an. Ein geeignetes Entscheidungskriterium wird entwickelt und die Vorgehensweise festgelegt.

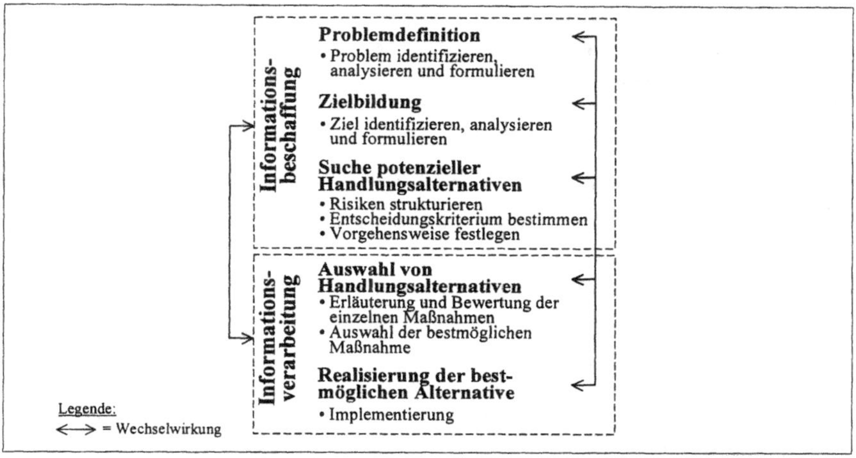


**Abbildung 7: Aktivitäten des Entscheidungsprozesses; in Anlehnung an Laux 2003, 8-13**

Im Rahmen der *Informationsverarbeitung* sind die einzelnen Handlungsalternativen auszuführen und detailliert zu erläutern, um eine Bewertung mit den zuvor gebildeten Zielen durchführen zu können. Die Auswahl der bestmöglichen Handlungsalternative erfolgt anhand des zuvor bestimmten Entscheidungskriteriums. Sie wird als letzte Entscheidungsaktivität umgesetzt, d. h. implementiert.

In der Literatur findet sich vereinzelt eine Erweiterung des Entscheidungsprozesses um die Kontrolle (vgl. Irle 1971, 48; Korte 1977, 269-273; Pfohl 1977, 25; Kahle 1997, 64). Dieses Vorgehen basiert auf einem Kontrollbegriff im Sinne eines Soll-Ist-Vergleichs. Im Rahmen dieser Arbeit stellt die Erfolgskontrolle einen eigenständigen Baustein des Teammanagements dar. Die Kontrolle ist als Regelkreis, d. h. als begleitender Vorgang der Metaentscheidung zu interpretieren. Deshalb soll sie nicht jeweils erneut der Teambildung, der Teamsteuerung und der Erfolgskontrolle zugeordnet werden. Wegen der Vernetzung der Bausteine untereinander führen beide Varianten im Ergebnis aber zu derselben Wirkung.

WITTE verifiziert, dass es sich bei diesen Entscheidungsaktivitäten nicht um ein zeitlich fixiertes Phasentheorem, sondern um einen vor- und rückgekoppelten Prozess handelt (vgl. 1968, 632). Wird z. B. bei der Alternativenbewertung erkannt, dass die Alternativen keinen eindeutigen Zielbezug aufweisen, müssen weitere Alternativen (erste mögliche Rückkopplung) oder weitere Information über die Ziele gesucht werden (zweite mögliche Rückkopplung), da diese gegebenenfalls das vorliegende Problem in der vorliegenden Form nicht lösen können und dieses deshalb neu formuliert werden muss (dritte mögliche Rückkopplung).

Damit besteht jede einzelne Entscheidungsaktivität für sich aus einem Prozess der Informationsbeschaffung und -verarbeitung. Teammanagement ist daher als fortwährender vor- und rückgekoppelter Lern- und Entscheidungsprozess zu verstehen, nicht als statische einmalige Maßnahme. Um die Argumentation übersichtlich zu halten, soll die in Abbildung 7 getroffene funktionale Klassifizierung für die Metaentscheidung des Teammanagements der nachfolgenden Analyse zugrundegelegt werden. Sind die einzelnen Phasen bekannt sind, ist auf ihre Vernetzung einzugehen.

Diese erste Beschreibung der Bausteine der Metaentscheidung des Teammanagements lässt jedoch wenige Rückschlüsse auf ihre volle Bedeutung für die Unternehmung zu. Diese kann erst offengelegt werden, nachdem die verschiedenen Entscheidungssituationen des Teammanagements erläutert sind.

### *2.3.3 Entscheidungssituationen des Teammanagements*

Um Entscheidungen rational treffen zu können, ist Information nötig. Die einzelnen Entscheidungsaktivitäten basieren auf Information. WITTMANN interpretiert Information als zweckorientiertes Wissen (vgl. 1959, 14). Demzufolge kann *entscheidungsrelevante Information* als ein auf den Entscheidungsprozess, d. h. auf dessen isolierte und interdependente Entscheidungsaktivitäten bezogenes Wissensbündel interpretiert werden. Der Informationsstand lässt sich durch die Division tatsächlich vorhandener und entscheidungsrelevanter benötigter Information ausdrücken (vgl. Mag 1977, 126; Kahle 1997, 40):

$$\textit{Informationsstand} = \frac{\textit{tatsächlich vorhandene Information}}{\textit{entscheidungsrelevante Information}}$$

Der Entscheidungsträger kann also über den wahren Umweltzustand unterschiedlich informiert sein, wenn die tatsächlich vorhandene Information nicht zwingend mit der entscheidungsrelevanten identisch ist. Sie kann sie innerhalb des Teams asymmetrisch verteilt sein. Aus der *Handlungsbefähigung* der Informationsbeschaffung und -verarbeitung resultiert der Wissensstand (vgl. Thiel 2002, 15). Zur Ermittlung des Wissensstandes über die zukünftigen Tätigkeiten sind Prognosen nötig. Sie gelten als wichtigste Informationsart und sind Vorhersagen über das Auftreten und über die Stärke von Einflussgrößen der Entscheidung (vgl. Wild 1982, 87). Wegen der Umweltkomplexität und -dynamik werden objektive Wahrscheinlichkeitsurteile verhindert (vgl. Bronner 1989, 29; Bea, Haas 2001, 266). Subjektive Wahrscheinlichkeitsurteile basieren auf der individuellen Einstellung des Teammanagements: „Sie stellen (...) eine Art Ausdrucksgrad der Glaubhaftigkeit oder des Vertrauens dar, den ein Individuum wegen seines Informationsstandes bestimmten Konstellationen zuordnet (...)“ (Corsten 1995, 216).

In Hinblick auf den Informations- bzw. Wissensstand unterscheidet die Entscheidungsforschung für eine differenzierte Analyse rationalen Verhaltens zwischen

- sicheren und
- unsicheren Entscheidungssituationen.

Letztere lassen sich wiederum in riskante und ungewisse Entscheidungssituationen gliedern (vgl.1.1; Hax 1974, 36-69; Witte 1992, 552; Saliger 1998; Bamberg, Coenenberg 2000; Laux 2003).

Die Logik der Entscheidungstheorie findet in dieser Arbeit nach der Auffassung von HAX Anwendung, der diese dafür verwendet „(...) die Grundstruktur des zu lösenden Problems aufzuzeigen. Es ist nicht dazu bestimmt, unmittelbar bei der praktischen Ermittlung (...) Verwendung zu finden (...)“ (1965, 19). Als Folge ist zu betonen, dass diese Arbeit keinen Anspruch auf eine entscheidungstheoretische mathematische Formulierung des Untersuchungsgegenstandes erhebt. Vielmehr soll die Logik der Entscheidungstheorie zu einer systematischen, stringenten und konsistenten Analyse verhelfen. Für das hier zu lösende Problem ist die Entscheidungstheorie insbesondere deshalb geeignet, weil sie Empfehlungen für rationales Gestalten und Verhalten von und bei Entscheidungen liefert, die für die Metaentscheidung des Teammanagements zu adaptieren sind und wodurch die Entscheidung bzw. der Problemlösung von Teams gezielt gesteuert werden kann.

Da die Unternehmungsumwelt komplex und dynamisch ist, was aus der Systematik der Entscheidungsforschung folgt und wie auch bereits inhaltlich mehrfach aufgezeigt wurde, muss die Situation vereinfacht werden. Erst dann können statistisch signifikante Untersuchungsergebnisse und damit fundierte Aussagen über das Teammanagement getroffen werden. Daher können nur Partialprobleme untersucht werden, die sich auf Wirkungszusammenhänge innerhalb des von ihnen jeweils fokussierten Ausschnittes des Gesamtproblems konzentrieren (vgl. Laux, Liermann 2003, 51-62). Die Komplexität wird derart komprimiert, dass mit der Festlegung bestimmter Prämissen ein vereinfachtes Abbild des Problems dargestellt wird. Dadurch erhält das zu lösende Problem einen überschaubaren Umfang.

- Sichere Entscheidungssituation

Eine drastische Vereinfachung ist die Annahme der Sicherheit (vgl. Laux 2003, 63). Bei sicheren Entscheidungssituationen existiert *vollkommene Information.* Weil die Entscheidungsaktivitäten vollständig und eindeutig aufeinander bezogen sind, kann der Entscheidungsträger Information vollkommen beschaffen. Da er *unbegrenzte Fähigkeit* besitzt, kann er entscheidungsrelevante Information vollkommen verarbeiten. Information wird vorbehaltlos zwischen den Entscheidungsträgern geteilt. Der Entscheidungsträger erreicht einen *optimalen Wissensstand.* Damit ist er in der Lage zu erkennen, zu welchem Ergebnis jede Aktion führt und kann die Entscheidung mit dem günstigsten Ergebnis treffen (vgl. Hax 1965, 22; Hax 1993, 133; Laux 2003, 63-104).

Vor dem Hintergrund einer komplexen und dynamischen Umwelt kann jedoch per definitionem nicht jede Information vorhanden sein oder der Entscheidungsträger unbegrenzte Fähigkeiten besitzen (vgl. Simon 1972, 161-176). Die Beziehungen zwischen den einzelnen Entscheidungsaktivitäten können mehrdeutig bzw. mehrdeutig interpretierbar sein. Trotzdem ist in einer quasi-sicheren Entscheidungssituation der *Informationsstand stochastisch eindeutig* (vgl. Bronner 1989, 10). D. h. der Entscheidungsträger kann seinen Informationsstand derart umfangreich erweitern, dass er über Wahrscheinlichkeiten abgebildet, eindeutige Beziehungen im Entscheidungsprozess darstellt. Aber erst über die *Präferenzen-Kongruenz* der Entscheidungsträger entwickelt sich die Mehrdeutigkeit der Entscheidungsaktivitäten zu *einwertigen Erwartungen.* Dann entspricht die vorhandene Information der entscheidungsrelevanten Information. Eine einwertige Erwartungsstruktur charakterisiert sich also durch eine stochastisch fundierte Informationsbeschaffung und -verarbeitung, d. h. durch einen stochastisch fundierten Wissenstand.

Die Annahme der Sicherheit ist zulässig, wenn eine Zeitpunktbetrachtung im Sinne einer Momentaufnahme vorliegt. Dann reduziert sich die Wahrscheinlichkeit von Veränderungen auf Null. So sind einerseits die Streuung, d. h. die Veränderungsmöglichkeit einer Entscheidung als gewichteter Erwartungswert der einzelnen Entscheidungsaktivitäten, und andererseits die Kosten der Beschaffung und Verarbeitung von Information vernachlässigbar.

- Unsichere Entscheidungssituation

Diese Vereinfachung beeinträchtigt den praktischen Nutzen der Ergebnisse. Denn eine Momentbetrachtung bildet die Entscheidungssituation bei komplexen und dynamischen Aufgaben nicht anforderungsgerecht ab. Hebt man diese Annahme auf, entwickelt sich die Entscheidung zu einer Entscheidung unter mehrwertiger Erwartung, d. h. unter Unsicherheit. Diese beschreibt HAX dadurch, dass der Akteur nicht

> „(...) in der Lage ist, jeder seiner Aktionen eindeutig ein bestimmtes Ergebnis zuzuordnen. Vielmehr ist bei jeder Aktion mit mehreren möglichen Ergebnissen zu rechnen. Man kann daher auch nicht die Entscheidung in der Weise treffen, daß man die Aktion wählt, die zum günstigsten Ergebnis führt (...)“ (1993, 133).

Der Entscheidungsträger ist also *unvollkommen informiert.* Er hat zwar die Möglichkeit, seinen Wissensstand durch Informationsbeschaffung und -verarbeitung zu verbessern, doch dies erzeugt Kosten. Er muss abwägen, ob eine Verbesserung seines Informationsstandes die damit verbundenen Kosten rechtfertigt.

Darüber hinaus ist die *Fähigkeit* des Entscheidungsträgers Information zu beschaffen und zu verarbeiten *begrenzt* (vgl. Simon 1972, 161). Die entscheidungsrelevante Information kann im Rahmen der Entscheidungsaktivitäten einer komplexen und dynamischen Aufgabe in seiner Eigenschaft und Verknüpfung nicht vollständig ermittelt und damit nur mehrdeutig formuliert werden.

Schließlich ist es möglich, dass die individuellen *Präferenzen* der Unternehmung, des Teammanagements und des Teams *divergieren.* Demnach kann nicht davon ausgegangen werden, dass entscheidungsrelevante Information kooperativ im Team geteilt wird. Es ist stets mit dem Eintritt unterschiedlicher Sachverhalte, d. h. mit mehrwertiger Erwartung zu rechnen (vgl. Wild 1982, 121). Die Folge können Fehlentscheidungen sein (vgl. Hax 1965, 19-114).

Als Subfall mehrwertiger Erwartungen ist zwischen der Erwartung unter Risiko und der Erwartung unter Ungewissheit zu differenzieren. Ersteres liegt vor, wenn mehrdeutigen Entscheidungsaktivitäten nur Wahrscheinlichkeiten aus einem unvollkommenen aber dennoch dafür *hinreichenden Wissensstand* zugeordnet werden können. Hervorzuheben ist, dass zwar keine stochastischen Beziehungen ermittelt, aber dennoch eine bestimmte Wahrscheinlichkeitsverteilung unterschiedlichen Entscheidungsaktivitäten zugeordnet werden kann (vgl. Hax 1965, 114; Saliger 1998, 17; Laux 2003, 63-104). Eine mehrwertige Erwartungsstruktur unter Risiko charakterisiert sich demnach durch eine hinreichende Informationsbeschaffung und -verarbeitung, d. h. durch einen hinreichenden Wissensstand.

Dagegen kennzeichnet sich eine ungewisse Entscheidungssituation durch einen derart *unzureichenden Wissensstand*, dass keine Angaben über Wahrscheinlichkeitsverteilungen gemacht werden können (vgl. Hax 1974, 54; Laux 2003, 105-120). Der Entscheidungsträger kennt lediglich positive Eintrittswahrscheinlichkeiten zu den einzelnen Entscheidungsaktivitäten (vgl. Laux 2003, 106). Es existiert keine Vorstellung über die Entscheidungskonsequenzen. Eine rationale Sachentscheidung ist unmöglich. Eine mehrwertige Erwartungsstruktur unter Ungewissheit charakterisiert sich demnach durch eine unkalkulierte Informationsbeschaffung und -verarbeitung, d. h. durch einen unkalkulierten Wissensstand.

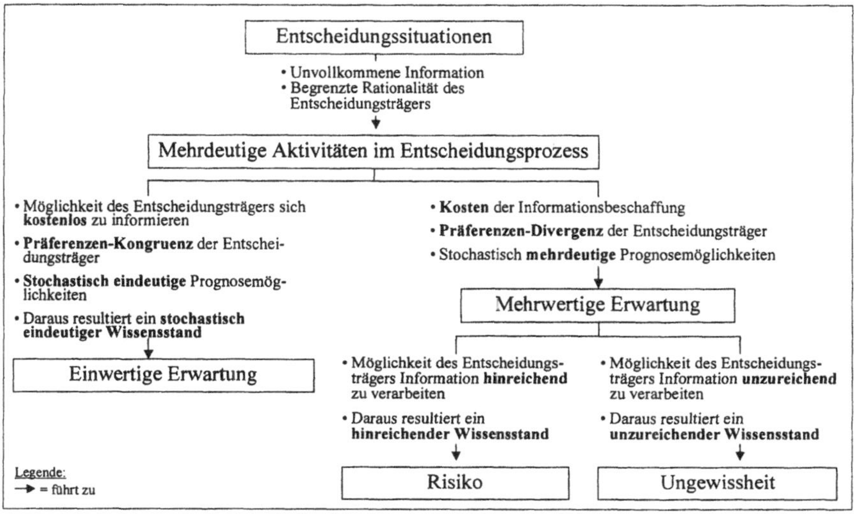


**Abbildung 8: Entscheidungssituationen des Teammanagements; eigene Darstellung**

Dabei wird der praktische Nutzen der Entscheidungssituation unter Ungewissheit in der Wissenschaft kontrovers diskutiert. Er wird angezweifelt, weil der Entscheidungsträger aufgrund von Erfahrungen zumindest subjektive Wahrscheinlichkeitsvorstellungen besitzt (vgl. Eisenführ, Weber 1999, 20, 260). Andererseits lassen sich ungewisse Situationen nicht vermeiden, wie BAMBERG und COENENBERG exemplarisch verdeutlichen (vgl. 2000, 128, 138; s. a. Sieben, Schildbach 1990, 55). Weiter liefert der Fall der Ungewissheit heuristischen Nutzen (vgl. Laux 2003, 106). Wegen dieser Diskussion darf er nicht übergangen werden, wenngleich der Entscheidung unter Risiko im Rahmen dieser Arbeit größeres Gewicht zukommen soll.

Abbildung 8 zeigt die für die nachfolgende Analyse geltenden Zusammenhänge und Prämissen in einem Überblick.

### *2.3.4 Entscheidungsfelder des Teammanagements*

#### 2.3.4.1 Typologie des Teammanagements

Zuvor wurden bereits einige Grundelemente eines zu betrachtenden Entscheidungsproblems in noch sehr abstrakter Weise vorgestellt. So wurden, nach der Erläuterung des Trichtermodells (vgl. 2.2.1) die Einflussgrößen (Aufgabe, Personal, Allokation) und deren Wirkungen (vgl. 2.2.2), die Grundzüge der Bausteine des Teammanagements (vgl. 2.3.2) und die Umwelteinflüsse (Sicherheit, Risiko, Ungewissheit; vgl. 2.3.3) jeweils für sich herausgearbeitet. Um jedoch das Entscheidungsproblem des Teammanagements als Problem der Bildung, Steuerung und Kontrolle eines effektiven und effizienten Teams entlang des Entscheidungsprozesses des Teammanagements vollständig beschreiben, erklären und prognostizieren zu können, müssen das Trichtermodell und die aufgaben-, personal- und allokationsbedingten Bausteine mit den Entscheidungssituationen verknüpft werden. Diese Verknüpfung lässt sich realisieren, indem die Abhängigkeiten der Entscheidungssituation von den Einflussgrößen der Aufgabe, des Personals und deren Allokation zum einen für die einzelnen Bausteine des Teammanagements und zum anderen für dessen Gesamtheit, d. h. für deren Einbindung in den Wertschöpfungsprozess der Unternehmung aufgezeigt werden.

- Ganzheitliche Verknüpfung

Um den Teamstrukturen und der Teamdynamik auf ihrer genuinen Analyseebene begegnen zu können, ist das Team als eigene Untersuchungseinheit zu verstehen. Denn das Teammanagement bildet und steuert das Team in seiner Gesamtheit. Die einzelnen Teammitglieder mit ihren individuellen Werten und Interessen sollen demnach in dieser Arbeit nicht berücksichtigt werden. Um Teameffekte in die Analyse einzubeziehen, aber gleichzeitig die Argumentationskette übersichtlich zu halten, ist auf eine teamübergreifende Betrachtung, d. h. auf das Teammanagement *zwischen* Teams, zu verzichten. Diese Sichtweise bedingt auch, dass spezifische Merkmale von Abteilungen und Organisationen nicht in die Analyse einbezogen werden. Um dennoch eine Einordnung der Teamarbeit in den Wertschöpfungsprozess der Unternehmung vornehmen zu können, ist das Trichtermodell mit den Bausteinen zu verbinden, indem es der Metaentscheidung des Teammanagements als *Einordnungsentscheidung* des Teams in den Wertschöpfungsprozess nicht nur - wie aus der Untersuchung der Teambildung abgeleitet - *vorgelagert* (vgl. 2.2.1), sondern auch der Teamarbeit *nachgelagert* wird.

Wie herausgearbeitet wurde, führt das Trichtermodell zur Teammanagementebene als Metaentscheidung (vgl. 2.2.1). Es dient der Teambildung als *vorgelagerte* informatorische Grundlage. Dadurch lassen sich für die Teambildung Kriterien ableiten, die auf den vorliegenden Umwelt- und Unternehmungsbedingungen aufbauen und die zukünftige Entscheidungs- und Lernsituation treffend beschreiben können (vgl. Kreikebaum 1997, 40-53; Welge, Al-Laham 2001, 185-288).

Ist das Trichtermodell der Teamarbeit *nachgelagert*, dient es dazu, nach Projektabschluss die Erfahrungen aus der Teamarbeit in die Unternehmung zu überführen. Darauf aufbauend kann die zukünftig erforderliche Teamqualifikation langfristig ausgebildet respektive weiterentwickelt und in dem organisatorischen Gedächtnis der Unternehmung gespeichert werden (vgl. Lehner 2000, 160). Dadurch löst das Trichtermodell organisationsübergreifende Lernschleifen für den gesamten Prozess des Teammanagements und der Teamarbeit aus.

- Bausteinspezifische Verknüpfung

Das Teammanagement in der Position des Entscheidungsträgers versteht die Teambildung als Auswahlentscheidung. Daran schließt sich die Teamsteuerung als Einsatzentscheidung für die Teamarbeit und die Erfolgskontrolle als Kontrollentscheidung für die eigene qualitative und quantitative Verifizierung an. Die potenziellen Entscheidungssituationen des Teammanagements stellen sich dann im Einzelnen wie folgt dar:

Da Sicherheit sich über einen eindeutigen Wissensstand des Teammanagements über Aufgabe, Personal und deren Allokation charakterisiert, können stochastische Beziehungen der Entscheidungsaktivitäten der Teambildung, Teamsteuerung und Erfolgskontrolle eindeutig abgebildet werden. Dies manifestiert sich in einem *Teammanagement unter einwertiger Erwartung*.

Wenn das Teammanagement mehrdeutigen Aktivitäten im Entscheidungsprozess durch mehrdeutige Prognosemöglichkeiten mehrwertige Erwartungen zuordnen kann, führt dies zu einem *Teammanagement unter mehrwertiger Erwartung*. Risiko beschreibt sich durch einen hinreichenden Wissensstand über Aufgabe, Personal und deren Allokation, wodurch das Teammanagement seiner Auswahl-, Einsatz- und Kontrollentscheidung eine Wahrscheinlichkeitsverteilung zuordnen kann. Dies manifestiert sich in einem *Teammanagement unter Risiko*. Dabei besteht mehrwertige Erwartung über die Wirkungszusammenhänge der Aufgabe und des Personals.

Die Ungewissheit beschreibt sich durch einen unzureichenden Wissensstand über die Aufgabe, das Personal und deren Allokation, weshalb das Teammanagement den Entscheidungsaktivitäten keine Wahrscheinlichkeitsverteilung zuordnen kann. Dies zeigt sich als *Teammanagement unter Ungewissheit*, im Rahmen dessen die Entscheidungen der Teambildung, der Teamsteuerung und der Erfolgskontrolle nur unkalkuliert getroffen werden können.

- Integratives Entscheidungsfeld-Szenario

Für eine übersichtliche Argumentation wird aus der Menge dieser Abhängigkeiten ein Entscheidungsfeld-Szenario konstruiert, welches erlaubt, das Teammanagement problembezogen und gezielt zu analysieren. Weitere komplizierende Faktoren finden keine Berücksichtigung. Diese Entscheidungsfelder des Teammanagements sind in den nachfolgenden Kapiteln einzeln zu untersuchen (vgl. Abb. 9).

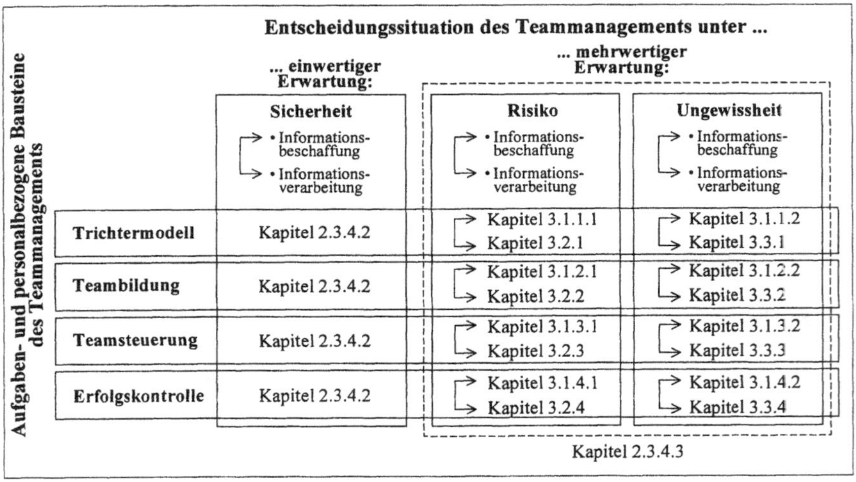


**Abbildung 9: Entscheidungsfelder des Teammanagements; eigene Darstellung**

Folgende Annahmen sollen zunächst getroffen werden, die in Kapitel 2.3.4.3.2 für das Teammanagement unter mehrwertiger Erwartung zu präzisieren sind:

Der Einsatz von digitalen Medien setzt den Prozess der Virtualisierung in Gang und verschärft die mehrwertige Erwartung für das Teammanagement. Da es sich bei digitalen Medien um eine Struktur- und nicht um eine Situationsvariable handelt, d. h. das Medienmanagement nicht nur zu kurzfristigen, situativen, sondern zu langfristigen, strukturellen Veränderungen führt, lässt sich die Hypothese aufstellen, dass digitale Medien die Steuerung von Teamentscheidungen und damit das Teammanagement stark restringieren (vgl. 1.1). Wegen dieser Besonderheit der Strukturvariable der digitalen Medien ist sie erst in Kapitel 4 gesondert zu untersuchen. Solange soll die Annahme der Mediensicherheit gelten. Analoge Medien finden bei der Analyse keine Berücksichtigung.

Die nachfolgende entscheidungssituative Analyse der aufgaben-, personal- und allokationsbedingten Bausteine hebt die Besonderheiten des Metaentscheidungsprozesses hervor, indem jeweils *ein exemplarisches Entscheidungsmuster* für ausgewählte Erwartungszusammenhänge des Teammanagements entwickelt wird. Auf eine umfassende Aufzählung der situativ beschafften und verarbeiteten Information über Probleme, Ziele, Alternativen und ihre Konsequenzen soll verzichtet werden, denn diese würde einzelne Ergebnisse liefern, die nur geringfügig zur Analyse der jeweiligen Entscheidungsfelder beitragen könnten.

#### 2.3.4.2 Teammanagement bei einwertigen Erwartungen

Das *Trichtermodell* liefert für die Teambildung entscheidungsrelevante Information. In Anknüpfung an Kapitel 2.2.1 erfordert die Entscheidungssituation *einwertiger* Erwartung ein Teammanagement, welches die Markt- und Ertragsziele der Unternehmung optimiert, mehrfache final miteinander verbundene Ziele berücksichtigt und das Team derart steuert, dass die erwartete Entscheidung des Trägers des Teammanagements der erwarteten Entscheidung des Teams entspricht.

Wegen der Entscheidungssituation einwertiger Erwartung entspricht hier die tatsächliche Information der entscheidungsrelevanten Information. Bei der Informationsbeschaffung und -verarbeitung tritt keine Entscheidungs- und / oder Informationsasymmetrie auf. Die informatorische Grundlage des Teammanagements unter einwertiger Erwartung für die *Teambildung* ist gleichwertig, also äquivalent.

Dies liefert der Teambildung erste Information für ihre Auswahlentscheidung. Ihr Ausgangspunkt zur Erzielung aufgaben-, personal- und allokationsbedingter Leistungsvorteile im Team ist die Teamaufgabe. Sie löst eine konkrete *Teamnachfrage* aus. Um diese zu klären, ist die Zielbezogenheit des Teamprozesses durch die Konkretisierung der Aufgabe und der Ableitung operationalisierbarer Zielkriterien sicherzustellen (vgl. Kreikebaum 1997, 69; Drumm 2000a, 237-240). Dazu sind die einzelnen Teilaufgaben zu ermitteln und nach sachlichen Gesichtspunkten zu verteilungsfähigen, zielwirksamen Aufgabenkomplexen zusammenzufügen (vgl. Kosiol 1962, 43-79). Weiter sind die Qualifikationsanforderungen festzustellen, d. h. es ist zu klären, welche Voraussetzung die potenziellen Teammitglieder zur effizienten und effektiven Lösung der Teamaufgabe erfüllen müssen.

Daran schließt sich die *Teamakquisition* an. Ihr Ziel ist es, durch die Eignungsfeststellung diejenigen potenziellen Teammitglieder auf dem internen oder externen Arbeitsmarkt zu identifizieren, die mit ihrer Qualifikationsstruktur der ermittelten Teamaufgabenanforderungsstruktur bestmöglichst entsprechen (vgl. Drumm 2000a, 275-284). Erneut ist zu betonen, dass nicht nur die fachliche Eignung, sondern auch die teamspezifische Eignung, insbesondere die Teamfähigkeit, festzustellen ist (vgl. 2.2.2.2). Die Verfügbarkeit geeigneter potenzieller Teammitglieder ist als Option zu sichern.

Auch hier treten keine Entscheidungs- und / oder Informationsasymmetrien auf. Die informatorische Grundlage des Teammanagements unter einwertiger Erwartung für die *Teamauswahl* ist äquivalent. Wegen der durch die Sicherheitsbetrachtung bedingte Zeitpunktbetrachtung (vgl. 2.3.3) können die Teamnachfrage und -akquisition für die Zukunft fortgeschrieben werden (vgl. Drumm 2000a, 229).

Eine einmalige, äquivalente *Teamauswahl* ist möglich. Unter Berücksichtigung der Teamgröße können eine ausgewogene Verteilung und Kombination der Qualifikationen der Teammitglieder innerhalb des Teams erzeugt und die geeigneten optionalen Teammitglieder anschließend für das Team verpflichtet werden. Das bedeutet, je nach Aufgabenanforderung entweder eine symmetrische oder eine asymmetrische Verteilung von Kenntnissen, Fähigkeiten und Motivation zu generieren (vgl. Hofstede 2001,

31, 48; Picot, Reichwald, Wigand 2003, 87). Je homogener (heterogener) eine Teamzusammensetzung in Bezug auf die Qualifikationen erfolgt, desto kleiner (größer) sind die Qualifikationsunterschiede der Teammitglieder, d. h. desto größer (geringer) sind die Gemeinsamkeiten im Team und desto geringer (größer) die mögliche Reibungsfläche für kreative Konflikte.

Da empirisch und theoretisch belegt ist, dass die Qualität der Teamarbeit durch die Güte der Teambildung beeinflusst werden kann (vgl. Forster 1982, 168; Born, Eiselin 1996, 43; Högl, Gemünden 2001, 57), versteht das Teammanagement unter einwertiger Erwartung die Teambildung als immaterielle Investition in den Unternehmungswert. Als Ziel- bzw. Optimierungskriterium erscheint daher das der *Maximierung* als zulässig.

Diese Maximierungsvorschrift bewirkt, dass ein vollkommen geeignetes Team ausgewählt wird, welches das *Äquivalenztheorem* erfüllt. Wegen der quasi-sicheren Teamaufgabe kann für die Teamarbeit aber kein fixer Handlungsrahmen formuliert werden, weshalb ergebnisleitende Zielvorgaben entwickelt werden müssen. Um dafür die zukünftigen Ziele eines lernbasierten Entscheidungsprozesses festlegen zu können, muss das Teammanagement neben dem kooperativen Entscheidungsprozess (vgl. 2.3.2) auch den kooperativen Lernprozess eines Teams beschreiben, erklären und prognostizieren können. Dies erfordert die Kenntnis der Grundzüge des Lernprozesses (vgl. Drumm 2000b, 139).

Ein kooperativer Lernprozess im Team, wie er in Kapitel 2.2.2.2 zugrundegelegt wurde, bezeichnet eine kontinuierliche interaktive Auseinandersetzung im Team, die an den Arbeitsprozess gekoppelt ist (vgl. Tenbusch, Bracht 1998, 222). Als Abgrenzung dazu bezieht sich das kollektive oder das kollaborative Lernen auf ein gemeinsames aber nicht unbedingt gegenseitiges und an den Arbeitsprozess gekoppeltes Lernen (vgl. Dittler 2002, 24). Nachfolgend soll ausschließlich das kooperative Lernen im Team untersucht werden, da dieses durch das Teammanagement direkt steuerbar ist.

Nach konstruktivistischer Auffassung ist das wesentliche Potenzial des kooperativen Lernens die gemeinsame Wissenskonstruktion, d. h. die *Kokonstruktion* von Wissen (vgl. Roschelle, Teasley 1995, 70; Scholz 2000b, 28-42; Dittler 2002, 28-40). Diese erfolgt über die verbale Aushandlung, den Diskurs, bei dem die Beteiligten ihr individuelles (geteiltes und verteiltes) Wissen einbringen (vgl. Stasser, Stewart, Wittenbaum 1995, 244-265; Prange, Probst, Rüling 1996, 12).

> „Unter *geteiltem Wissen* versteht man die Informationen, die für alle Lernpartner zugänglich sind (z. B. in Aufgabenstellungen enthaltene Informationen), unter *verteiltem Wissen* werden die *individuellen* Wissensbestände der Lernpartner (z. B. Vorwissen) verstanden, die in die gemeinsame Aufgabenbearbeitung und Entscheidungsfindung eingebracht werden (...)" (Dittler 2002, 29-30).

Hiernach ist das erste Ziel des Teammanagements den Diskurs im Team zu aktivieren, um geteiltes Wissen im Team transparent zu machen und um entscheidungsrelevantes individuelles Wissen der jeweiligen Teammitglieder in das Team einzubringen. Dieses generierte, kooperative Wissen ist zweitens mit der konkreten Teamaufgabe in Bezug zu setzen, d. h. mit den einzelnen Entscheidungsaktivitäten des Teams. Denn erst durch den Transfer der Lerninhalte in die konkreten Aktivitäten der Teamaufgaben lässt sich aus dem Lernprozess entscheidungsrelevante Information als zweckorientiertes Wissen und damit Handlungsfähigkeit im Team erzeugen (vgl. 2.3.3).

Dabei ist in der Entscheidungssituation einwertiger Erwartung das kooperative Wissen als Ergebnis des kooperativen Lernens größer als die Summe des Einzelwissens, weil durch die Teaminteraktion die Informations-, Erfahrungs- und Wissensbasis derart angereichert wird, dass ein Teamgedächtnis entsteht. Die Teammitglieder „(...) treten dabei wechselseitig als Externspeicher füreinander auf. Auf diese Weise entsteht in Gruppen ein wechselseitig abhängiges System der Wissensspeicherung (...)“ (Lehner 2000, 110).

Zurück zu den Bausteinen des Teammanagements unter einwertiger Erwartung. Der Träger des Teammanagements kennt nun die Grundzüge des Lern- und Entscheidungsprozesses und kann deshalb die individuellen und kooperativen Lernziele identifizieren und in den individuellen bzw. kooperativen Entscheidungskontext einordnen. Da er fähig und motiviert ist, handelt der Träger des Teammanagements danach und vermittelt diese dem Team. Die Maximierungsvorschrift der Teambildung reproduziert sich dadurch in der Teamarbeit. Eine *Teamrevision*, d. h. ein Eingriff über das Teammanagement in den Problemlösungsprozess des Teams ist nicht mehr notwendig. Das Team regelt alle auftretenden Aufgaben- und Personalprobleme selbständig und autonom, da es die erforderlichen Qualifikationen besitzt und die optimale Lösung der Teamaufgabe stochastisch eindeutig prognostizieren kann. Es steuert sich selbständig (vgl. Franzen, Schmahl 1999, 15-17).

Da das Team während der Teamarbeit nicht von der Plangröße, d. h. von dem Zielsystem abweicht, sind keine weiteren Steuerungsmaßnahmen über die Teamrevision. Damit ist keine *Erfolgskontrolle* des Teammanagements erforderlich. Ein in die Teamarbeit integriertes Teammanagement ist nicht nötig. Das Team kann die Leistungsvorteile der Teamarbeit selbständig und maximal nutzen.

Insgesamt zeigt sich, dass die Entscheidungssituation unter einwertiger Erwartung ein Teammanagement ermöglicht, welches die Teamarbeit zur Lösung der komplexen und dynamischen Aufgabe maximiert. Denn die entscheidungsrelevante Information der Teamarbeit entspricht der tatsächlich vorhandenen, beschafften und verarbeiteten Information über die Teamnachfrage und über die Teamakquisition, wodurch eine äquivalente Teamauswahl erreicht werden kann. Damit reduziert sich das Teammanagement unter einwertiger Erwartung auf die Teambildung. Es entspricht einem erweiterten idealtypischen Planungsprozess (vgl. Hayek 1937, 45; Weber 1964, 724; Bea, Haas 2001, 53). Das Teammanagement unter einwertiger Erwartung konkretisiert sich durch die Erfüllung des Äquivalenztheorems. Es bezeichnet die systematische Informationsbeschaffung und die rationale, zielorientierte Informationsverarbeitung in der Gegenwart über das zukünftige Handeln des Teams in der Unternehmung.

#### 2.3.4.3 Teammanagement bei mehrwertigen Erwartungen als Problem

##### 2.3.4.3.1 Äquivalenz von Aufgabenstellung und Teamqualifikation

Als Problem des Teammanagements unter mehrwertiger Erwartung zeigt sich, dass das *Äquivalenztheorem* im Vergleich zu den vorangegangenen Ausführungen hier *nicht* erfüllt ist: Die tatsächlich vorhandene Information über Aufgabe und Personal weicht von der entscheidungsrelevanten Information ab. Sie ist asymmetrisch verteilt, weshalb die Teamauswahl nur zufällig äquivalent sein kann.

Die Entscheidungssituation unter mehrwertiger Erwartung erfordert daher ein Teammanagement, welches den Wissensstand für die Teamentscheidung gezielt verbessert, d. h. die Äquivalenzdifferenz derart reduziert, dass die tatsächlich vorhandene Information der entscheidungsrelevanten bestmöglichst entspricht.

Dazu ist die obige Zeitpunktbetrachtung der Bausteine wegen der Mehrwertigkeit zu Gunsten einer Zeitstruktur aufzuheben (vgl. 2.3.3). Obwohl eine zeitliche Trennschärfe aufgrund der vernetzten Bausteine schwer zu realisieren ist, soll dennoch für eine klare Analysestruktur zwischen einer Situation *vor* ($t_{-1}$), *während* ($t_0$) und *nach* ($t_1$) der Teamarbeit differenziert werden.

Aus einer zeitlichen Verknüpfung des Äquivalenzproblems mit den Bausteinen des Teammanagements resultiert eine zeitliche *Problemstruktur* aus *Risiko-* und *Ungewissheitsstruktur* (vgl. Abb. 10). Die Information ist in diesen Zeitabschnitten wegen der Kettenwirkung der Teilentscheidungen (Einordnungs-, Auswahl-, Einsatz-, Kontrollentscheidung) asymmetrisch verteilt. Der Wissensstand des Teammanagements unter mehrwertiger Erwartung ist unterschiedlich hinreichend.

Die Teamarbeit wird über das Trichtermodell in den Wertschöpfungsprozess der Unternehmung integriert und manifestiert mit der Teambildung den Zeitpunkt ($t_{-1}$). Das Teammanagement unter mehrwertiger Erwartung ist durch die Unternehmungs- und Vertragsebene mit einem *systemimmanenten* Risiko bzw. Ungewissheit konfrontiert. Auf der Ebene des Teammanagements leitet sich aus der Mehrwertigkeit der Handlungen (vgl. 2.3.2) das (die) *Entscheidungs*risiko (-ungewissheit) ab. Aus der Mehrwertigkeit der Entscheidungssituation (vgl. 2.3.3) resultiert das (die) *Informations*risiko (-ungewissheit). Daraus folgt für die Teambildung unter mehrwertiger Erwartung das (die) Risiko (Ungewissheit) der *Nachfrage*, der *Akquisition* und der *Auswahl*. Es lässt sich daher die Hypothese aufstellen, dass der Zeitpunkt ($t_{-1}$) in seiner Gesamtheit als hoch mehrwertig einzuschätzen ist, da das konkrete Team als prognostische Basis für die zukünftige Teamarbeit noch unbekannt ist.

Die Aktivitäten des Teammanagements unter mehrwertiger Erwartung während der Durchführung der Teamarbeit in ($t_0$) sind die Teamsteuerung und die Erfolgskontrolle. Ihre prognostische Basis setzt sich zusammen aus der vorangegangenen Auswahlentscheidung für die Teambildung und der Möglichkeit, das konkrete Team während der Teamarbeit beobachten zu können. Hypothetisch kann das Teammanagement während der tatsächlichen Teamarbeit zweierlei erkennen: Einerseits ist es in der Lage, durch die unmittelbare Beobachtung der Teamarbeit die Mehrwertigkeit bereits *vor* dessen

Schadenseintritt zu antizipieren. Andererseits kann es den Schadenseintritt als Konsequenz der (nicht ex ante antizipierten) Mehrdeutigkeit beobachten. Beide Szenarien weisen ein(e) *Lern-*, *Kooperations-*, *Qualitäts-* und *Kontroll*risiko (-ungewissheit) auf.

Die projektabschließende Integration des Teams in den Wertschöpfungsprozess der Unternehmung erfolgt erneut über das Trichtermodell. Dies manifestiert den Zeitpunkt ($t_1$). Hier ist die Teamarbeit abgeschlossen. Die Teamarbeit besteht aus der bekannten ex ante getroffenen Auswahlentscheidung und deren Konsequenzen für die Einsatz- und Kontrollentscheidung. Das (die) in diesem Zeitpunkt auftretende Risiko (Ungewissheit) entspricht in seiner (ihrer) Struktur dem (der) *systemimmanenten Entscheidungs-* und *Informations*risiko (-ungewissheit) aus ($t_{-1}$). Es lässt sich die Hypothese aufstellen, dass im Gegensatz zu ($t_{-1}$) und ($t_0$) die prognostische Informationsbasis zur zukünftigen teambasierten Wertschöpfung als reichhaltig zu erwarten ist. Das Teammanagement unter mehrwertiger Erwartung kennt die antizipierten und eingetretenen Risiken (Ungewissheiten) bzw. Schäden.

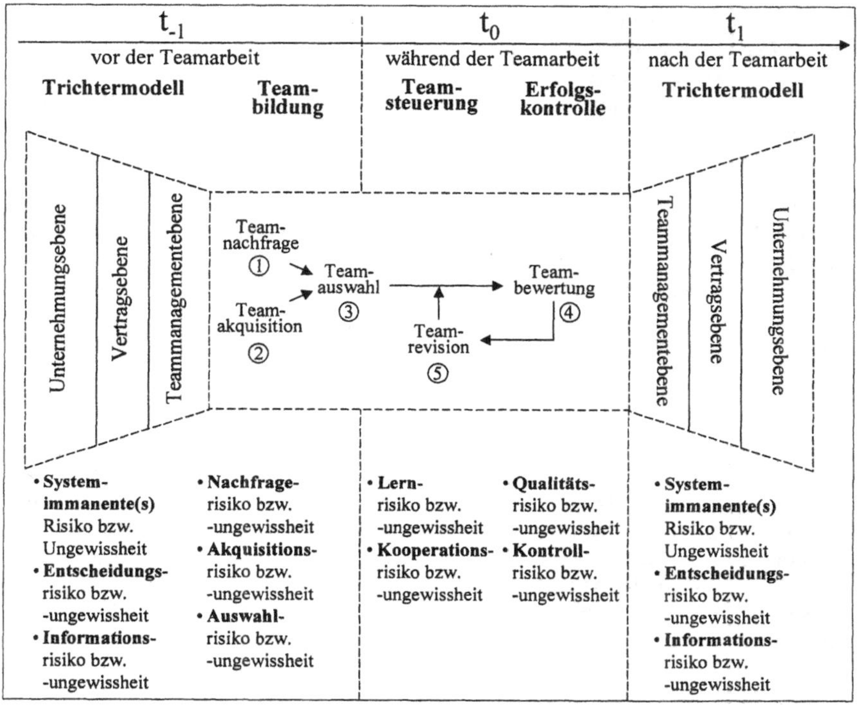


**Abbildung 10: Problemstruktur des Teammanagements unter mehrwertiger Erwartung; eigene Darstellung**

Diese abgeleitete und im unteren Bereich der Abbildung 10 dargestellte *Problemstruktur* des Teammanagements unter mehrwertiger Erwartung beinhaltet den Subfall des Risikos und der Ungewissheit, deren jeweilige *Ursachenstruktur* in Kapitel 3.1 präzisiert werden soll.

Zuvor ist zu klären, wodurch sich die *Risiko-* von der *Ungewissheitsstruktur* unterscheidet. Dafür ist auf die Frage des Fremd- und Selbstmanagements des Teams zurückzukommen (vgl. Antoni 2000, 47-71; Dosis 2002, 119-135). Als Teammanagementträger fungiert prinzipiell derjenige, der die Managementfunktionen ausübt und die Verantwortung dafür übernimmt (vgl. Küpper 2001, 172).

Zur Klärung der Frage des Managementträgers der Risikostruktur aktiviert die über Wahrscheinlichkeitsverteilungen ermöglichte Explorierbarkeit des Risikos das aufgabenbedingte Abbruchkriterium der Teambildung (vgl. 2.2.2.1). Demzufolge ist eine unmittelbare Interaktion als Teamarbeit auf der Ebene des Teammanagements nicht nötig. Der Managementträger und das Team sind im Fall des Teammanagements unter Risiko *nicht* zwangsläufig identisch. Ein expliziter *Teammanager* steuert die Entscheidungen im Team langfristig über die Bausteine und übernimmt die Verantwortung. Da aber die Explorierbarkeit auf subjektiven Wahrscheinlichkeitsverteilungen beruht (vgl. 2.3.3) und ein Team per definitionem gleichberechtigt zusammenarbeitet (vgl. 2.1.2) ist ein externer Teammanager während der Teamarbeit systemwidrig. Dies lässt sich dadurch heilen, dass der Teammanager das Team an seiner Entscheidung partizipieren lässt und dem Team in ($t_0$) das Lern- und Kooperationsrecht überträgt (vgl. weiterführend 3.1.3).

Das Problem des *Teammanagements unter Risiko* besteht darin, erstens die Minimalanforderungen einer effizienten und effektiven Teamarbeit zu erfüllen, d. h. minimal erforderliche Bedingungen zur Generierung der Entscheidungssituation unter einwertiger Erwartung zu erzeugen, unter denen ein Team gebildet und lernbasierte Entscheidungsaktivitäten initiiert werden können. Weil der Teammanager dadurch die Risikosituation exploriert, weiß er um die begrenzte Information und Teamkapazität, weshalb er zweitens das Risiko bewusst kalkuliert.

Dagegen ist eine vollkommene Exploration der Entscheidungssituation unter Ungewissheit unmöglich. Da der Teammanager die Lernprozesse wegen der Problem- und Entscheidungsnähe des Teams an dieses delegieren muss, kann er nicht mehr die volle Verantwortung übernehmen. Die Managementfunktionen übt er nicht mehr alleine aus, sondern zieht das Team anteilig heran. Abhängig von der jeweiligen Aufgabenanforderung wechseln so die Managementfunktionen primus inter pares zwischen den Aufgabenträgern des *Managementteams* (vgl. Battegay 1968, 55-59). Als Extremausprägung übernimmt das Team die Managementfunktionen vollkommen. Das Teammanagement unter Ungewissheit kennzeichnet sich grundsätzlich durch eine Kombination aus Fremd- und Selbstmanagement.

So bezieht sich das Problem des *Teammanagements unter Ungewissheit* darauf, die tätigkeitsbezogenen lernbasierten Entscheidungsprozesse an das Team eigenverantwortlich zu delegieren, das Team über das Restrisiko aufzuklären und dem Team Regeln zur Handhabung der Ungewissheit abzuleiten und zu vermitteln.

#### 2.3.4.3.2 Vorgehensweise und Prämissen

Die zeitliche Risiko- bzw. Ungewissheitsstruktur (vgl. Abb. 10) des Teammanagements entwickelt sich daraus, dass die Entscheidungsfelder des Teammanagements unter mehrwertiger Erwartung in ein Zeitmodell integriert wurden.

Kapitel 3.1 bezieht sich als erster Schritt auf die Informationsbeschaffung für die Metaentscheidung des Teammanagements *unter mehrwertiger Erwartung*. Aus den zuvor abgeleiteten mehrwertigen Erwartungen, d. h. *Risiken* oder *Ungewissheiten*, ist deren Ursachenstruktur zu identifizieren, um die aufgestellten Hypothesen verifizieren zu können. Zur Vereinfachung der nachfolgenden Analyse ist die Annahme zu treffen, dass sich die Ursachenstruktur aus der negativen Abweichung der jeweils vorgestellten Ziele durch die aufgezeigten Probleme ableitet. Ihre Ermittlung erfolgt selektiv, wobei nur mehrwertige Erwartungen betrachtet werden, die eine hohe Eintrittswahrscheinlichkeit und / oder einen hohen Schadenswert erwarten lassen.

Zu berücksichtigen ist dabei, dass die Informationsbeschaffung und -verarbeitung der einzelnen Teilentscheidungen des Teammanagements ebenfalls einen rückgekoppelten Entscheidungsprozess darstellen. Für eine übersichtliche Analyse soll deshalb eine mehrwertige Erwartung dann erläutert werden, wenn sie das erste Mal auftritt. Nur dort, wo sie in besonderer Abhängigkeit zu einer anderen mehrwertigen Erwartung steht, ist sie erneut aufzugreifen, um die Vernetzung der Risiken (Ungewissheiten) aufzuzeigen und sie schließlich bei der Erfolgskontrolle berücksichtigen zu können.

Zudem ist die Risikoanalyse der Ungewissheitsanalyse analytisch vorgelagert, da die Mehrwertigkeit unter Ungewissheit wegen der fehlenden Explorierbarkeit stärker einzuschätzen ist als bei Risiko. Damit ist auch deren Wirkung grundsätzlich stärker einzustufen. Risikostrukturen sind infolgedessen gleichzeitig Ungewissheitsstrukturen, nur mit einem besseren Wissensstand. Es sollen daher jeweils nur diejenigen Ungewissheiten untersucht werden, die sich von den zuvor beschriebenen Risiken signifikant unterscheiden.

Überdies bauen bei der Bausteinanalyse des Teammanagements die aufgabenbedingten mehrwertigen Erwartungen – mit (A) gekennzeichnet – auf den in 2.2.2.1 herausgearbeiteten Wirkungszusammenhang der *Aufgabe*, die personalbedingten – mit (P) gekennzeichnet – auf den in 2.2.2.2 herausgearbeiteten Wirkungszusammenhang des *Personals*, und die allokationsbedingten – mit (APA) gekennzeichnet – auf den in 2.2.2.3 herausgearbeiteten Wirkungszusammenhang der *Allokation* auf. Darüber hinausgehende Einflussgrößen oder Wirkungszusammenhänge werden nicht betrachtet.

Im Anschluss an diese Bausteinanalyse sind die mehrwertigen Erwartungen nach ihrer aufgedeckten Ursachenstruktur zu *strukturieren*. Dies liefert wichtige Information für die Entwicklung von Gegenmaßnahmen, die nur dann geeignet sind, wenn sie an den Ursachen mehrwertiger Erwartung ansetzen. Das Ergebnis dieser Suche von Handlungsalternativen ist eine Teamstrategie unter Risiko bzw. Ungewissheit, welche die weitere Vorgehensweise des Teammanagements für den Einsatz einzelner Steuerungsmaßnahmen festlegt.

Auf diesen Ergebnissen der Informationsbeschaffung basiert die Informationsverarbeitung für die Metaentscheidung des Teammanagements unter mehrwertiger Erwartung als zweiter Schritt. Die Auswahl der Handlungsalternativen erfolgt über die *Bewertung* der einzelnen Steuerungsmaßnahmen nach der Möglichkeit Risiken (vgl. 3.2) und Ungewissheiten (vgl. 3.3) zu *steuern*, d. h. zu vermeiden, zu reduzieren und zu akzeptieren (vgl. 2.2.2.3). Eine noch zu erarbeitende Entscheidungsregel (vgl. 3.1.4) wählt die bestmögliche Teamstrategie aus, die zu implementieren ist.

Dabei erfolgt die Ermittlung der Steuerungsmaßnahmen ebenfalls selektiv. Es werden nur solche Maßnahmen betrachtet, die geeignet erscheinen, einer hohen Eintrittswahrscheinlichkeit der Risiken bzw. Ungewissheit und / oder einem hohen Schadenswert entgegenzusteuern. Abschließend sollen Gestaltungs- und Verhaltensempfehlungen für die Realisierung der jeweils bestmöglichen Steuerungsmaßnahme erarbeitet werden (vgl. 3.4). Auch hier sind die riskanten Steuerungsmaßnahmen denen der Ungewissheit vorgelagert. Bei der ungewissen Entscheidungssituation sollen nur die Steuerungsmaßnahmen erläutert werden, die entweder aus der riskanten Entscheidungssituation nicht auf die Ungewissheit übertragen werden können oder über die Risikosteuerungsmaßnahmen hinaus zusätzlich erforderlich sind.

# 3 Teammanagement als Ansatz zur langfristigen Steuerung von Entscheidungen in Teams bei mehrwertigen Erwartungen ohne Medieneinsatz

## 3.1 Bausteine des Teammanagements bei mehrwertigen Erwartungen

### *3.1.1 Einordnung der Teamarbeit in den Wertschöpfungsprozess als Baustein des Teammanagements*

#### 3.1.1.1 Aufgaben- und personalbedingtes Risiko

##### 3.1.1.1.1 Ex ante Betrachtung

###### 3.1.1.1.1.1 Systemimmanentes Risiko

Abbildung 10 beschreibt die Risikostruktur des Trichtermodells durch das *systemimmanente*, das *Entscheidungs-* und das *Informationsrisiko* (vgl. 2.3.4.3.1). Deren jeweilige Ursachenstruktur ist nun zu entwickeln. Um die Risikoanalyse klar zu strukturieren, soll bereits an dieser Stelle auf die Abbildung 11 in Kapitel 3.1.1.3 verwiesen werden. Sie liefert einen abschließenden Überblick über die Risiken der Einordnung der Teamarbeit in den Wertschöpfungsprozess. Eine Übersicht über die kausalen Wirkungszusammenhänge liefert Anhang 1.

Das systemimmanente Risiko setzt sich aus den Risiken der *Unternehmungs-* und der *Vertragsebene* zusammen, die sich aus den in Kapitel 2.2.1 jeweils vorgestellten Problemen und Zielen ableiten. Hierfür sind verschiedene Ursachen denkbar.

Demnach besitzen Strategien der *Unternehmungsebene* keine Eigendynamik und verlieren bei einer starren Fortschreibung bei potenziellen Teammitgliedern an Akzeptanz und an Durchsetzungskraft. Wird die Unternehmungsstrategie nicht fortlaufend und zeitnah an die Umwelt- und Unternehmungsbedingungen angepasst, können daraus keine strategischen Vorgaben zur Teamhandhabung abgeleitet werden (vgl. Welge, Al-Laham 2001, 101-108). Für den Teammanager manifestieren sich die allokationsbedingten Risiken einer möglichen negativen Abweichung von der Erzielung marktgerechter Unternehmungserfolge und von der Stärkung der Wettbewerbsposition erstens wegen einer mangelhaften Anpassungs- und Innovationsflexibilität (APA1) und zweitens wegen einer geringen Teamunterstützung (APA2) durch die Unternehmungsleitung. Dies belegt die Studie der Volkswagen Coaching GmbH ProjektManagement 2002, der zufolge 45 % von 250 befragten Experten darin die Schlüsselelemente des Misserfolges eines Teams sehen (s. a. Schmidt 2002, 68).

Relationale *Verträge* bewirken, dass einerseits die Aktivitäten der Teamaufgabe und andererseits die Qualifikationen der unternehmungsinternen potenziellen Teammitglieder wegen des nicht eindeutigen Wissensstandes des Teammanagements mehrwertig bleiben. Das aufgabenbedingte Risiko ist eine mögliche negative Abweichung von der Leistungserstellung einzelner Wertaktivitäten in der Unternehmung wegen einer unklaren Teamaufgabe (A1), während das personalbedingte Risiko auf unklare unternehmungsinterne Qualifikationen des Personalstamms (P1) zurückzuführen ist. Dies bestätigt die Akademie-Studie 2002, nach der von 376 befragten deutschen Führungskräften 94,3 % eine unklare Aufgabenstellung als Ursache für den Misserfolg eines Teams angeben (vgl. 2002, 10).

3.1.1.1.1.2 Entscheidungsrisiko

Auf der *Ebene des Teammanagements* ist einerseits die Richtigkeit der Handlungen (vgl. 2.3.2) und andererseits die Entscheidungssituation (vgl. 2.3.3) mehrwertig. Da die durchgeführten Handlungen bzw. die getroffenen Entscheidungen immer falsch sein können, ist generell die Möglichkeit einer Zielverfehlung gegeben. Demnach ist das allokationsbedingte Entscheidungsrisiko eine mögliche negative Auftrags- und Leistungsvorteilsabweichung aufgrund einer positiven Irrtumswahrscheinlichkeit (APA3).

Aus der Entscheidungs*handlung* resultiert eine mögliche negative Auftrags- und Leistungsvorteilsabweichung, für die sich verschiedene Ursachen zeigen:

Eine optimale Auftragserfüllung und die Erzielung von Leistungsvorteilen werden verhindert, wenn nicht alle Aktivitäten des Entscheidungsprozesses ausreichend berücksichtigt werden. Dies ist der Fall, wenn das Teammanagement den einzelnen Entscheidungsaktivitäten geringe Bedeutung beimisst oder deren Rückkopplung vernachlässigt. So soll z. B. ein Entscheidungsprozess bei der Problemerkennung ansetzen und nicht erst bei der Problemanalyse. Die aufgabenbezogene Strukturierung der einzelnen Entscheidungsaktivitäten des Entscheidungsprozesses wurde bereits in der Literatur intensiv untersucht, auf die für weitere Ausführung verwiesen werden soll (vgl. Pfohl 1977, 69-182; Bronner 1989, 15-39; Kahle 1997, 41-52, 83-114; Staehle 1999, 294-299; Laux, Liermann 2003, 31-74). Das aufgabenbedingte Risiko ist eine mögliche negative Auftrags- und Leistungsvorteilsabweichung wegen einer mangelhaft strukturierten Metaentscheidung (A2).

Durch die Rückkopplung des Entscheidungsprozesses erhält der Teammanager nach jeder Entscheidung weitere Information. Diese kann mit der Information vor der Entscheidung dissonant sein. Daraus resultieren innere Konflikte, da er konsonante Information gegenüber dissonanter bevorzugt. Der Teammanager versucht diese zu vermeiden, indem er sie übersieht oder Fehler bewusst verschleiert (vgl. Festinger 1966). Das personalbedingte Risiko ist eine mögliche negative Auftrags- und Leistungsvorteilsabweichung wegen kognitiver Dissonanzen (P2).

3.1.1.1.1.3 Informationsrisiko

Aus den Problemen und Zielen einer mehrwertigen Entscheidungs*situation* resultiert für die Ebene des Teammanagements das *Informationsrisiko* einer möglichen negativen Auftrags- und Leistungsvorteilsabweichung als Risikobündel einer *unzureichenden Informationsbeschaffung* (P3, A3) oder einer *unzureichenden Informationsverarbeitung* (APA4, A4, APA5).

Die *Informationsbeschaffung* unter Risiko verursacht Kosten, so dass der Teammanager bewusst auf einen vollkommenen Wissensstand verzichtet, wenn diese den Nutzen übersteigen. Unbewusst verzichtet er darauf, wenn einzelne Entscheidungsaktivitäten auf z. B. A-Priori-Wahrscheinlichkeiten zurückgehen, d. h. auf eine „(...) erste vorläufige Vermutung ohne die Verwendung von näherer Information (...)“ (Wottawa 1980, 174). Dadurch entscheidet sich der Teammanager oftmals für eine Aktion, die für ihn am unkompliziertesten, die kontinuierlichste statt der innovativsten oder die subjektiv wahrscheinlichste darstellt. Diese Lösungshypothesen versucht er dann zu verteidigen (vgl. Kirsch 1998, 13; Bronner 1989, 26). Weil aber die naheliegendste oft nicht die beste Lösung ist, führen solche habituellen oder voreingenommenen Entscheidungen zu einem personalbedingten Risiko einer möglichen negativen Auftrags- und Leistungsvorteilsabweichung des Teammanagers wegen eines subjektiven Informationsverzichts (P3).

Ein solcher Informationsverzicht kann durch eine Vielzahl beschaffter Information ausgelöst werden, die zu einer Informationsüberlastung, d. h. zu einem Information Overload (P3a) führt. Der Versuch der Informationsfilterung unterliegt dabei dem Informationsparadoxon, da der Wert der Information erst dann bestimmt werden kann, wenn sie bereits bekannt ist (vgl. Picot, Reichwald, Wigand 2003, 68). Der Teammanager kann möglicherweise keine Entscheidungs- und Beziehungsmuster mehr wahrnehmen oder strukturieren (vgl. Simon 1972, 163; O'Reilly 1980, 684-696). Weiter bewirken Fühlbarkeitsschwellen, dass der Teammanager wegen seines begrenzten kognitiven Verarbeitungsprozesses Unterschiede erst ab einem bestimmten Schwellenwert bzw. einer bestimmten Mindestgröße wahrnimmt (P3b) (vgl. Krelle 1961, 12, 85; Hofstätter, Wendt 1966, 234; Kahle 1973, 29). Dadurch stellt er zur Informationsbeschaffung oftmals falsche Fragen und übersieht Möglichkeiten einer alternativen Lösung. Sind überdies die in einer Information behaupteten Sachverhalte nicht zutreffend, d. h. unwahr (P3c), sind sie für die Entscheidung des Teammanagers unbrauchbar.

Für die Verwendung der entscheidungsrelevanten Information ist Information weiterzugeben. Bei einem unzuverlässigen oder ungesicherten Informationsaustausch besteht die Gefahr, dass entscheidungsrelevante Information verloren geht. Wird dadurch z. B.

strategische Information vor der eigentlichen Entscheidungsfindung bekannt, könnte dies die Entscheidung und deren Konsequenzen verzerren. Das aufgabenbedingte Risiko ist eine mögliche negative Auftrags- und Leistungsvorteilsabweichung anlässlich eines Informationsverlustes (A3).

Um *Information verarbeiten* zu können ist sie offenzulegen. Eine vollständige und klare Darstellung der Information erzeugt bei Risiko hohe Kosten oder ist wegen des individuellen kognitiven Verarbeitungsprozesses unmöglich (vgl. Spellmann 2001, 31-32; Scholz 2000b, 78). Das allokationsbedingte Risiko ist eine mögliche negative Auftrags- und Leistungsvorteilsabweichung wegen einer mäßigen Informationspräzision (APA4). Hierfür existieren verschiedene Ursachen.

Eine mäßige Informationspräzision kann erstens daraus resultieren, dass die einzelnen Entscheidungsaktionen zu formulieren oder zu dokumentieren sind, wobei „(...) neben dem Anspruch einer deutlichen, zutreffenden Bezeichnung beachtet werden [muss, Anm. d. Verf.], daß Worte neben dieser denotativen Aufgabe auch noch konnotative Wirkungen haben (...)“ (Kahle 1997, 50). Das bedeutet, dass Information widersprüchlich interpretiert werden kann (APA4a).

Zweitens können die in einer Entscheidungsperiode benötigten Einflussfaktoren und Bezugsgrößen oftmals nicht ex ante der Teamarbeit nach ihrer tatsächlich Menge oder ihrem Qualitätsgrad beobachtet werden. Teamkenntnisse lassen sich zwar über Referenzen ermitteln. Als kognitiv gespeicherte Information bleiben sie jedoch gleich den Fähigkeiten mehrwertig (vgl. 2.2.2.2). Motivation ist als kognitiver Prozess ex ante gar nicht bestimmbar (vgl. Drumm 2000a, 111). Eine mangelhafte ex ante Messung und Zurechnung (APA4b) ist die Folge.

Zur Konkretisierung der Teamaufgabe sind Analysen nötig, die durch den Grad der Extrapolierbarkeit der Vergangenheit und der Gegenwart begrenzt sind (vgl. Kreikebaum 1997, 40-53; Welge, Al-Laham 2001, 183-288). Komplexe Kausalzusammenhänge oder Auftretenszyklen lassen sich durch die vernetzte, veränderliche Variablenkorrelation schwer erkennen. Das aufgabenbedingte Risiko ist eine mögliche negative Auftrags- und Leistungsvorteilsabweichung infolge einer begrenzten Analysemöglichkeit (A4).

Wie Kapitel 2.3.3 verdeutlicht, sind Prognosen Entscheidungen für die Zukunft auf der Basis vergangenheits- und gegenwartsbezogener Information. Damit ist auch ihr Grad der Extrapolierbarkeit begrenzt. Sie werden oftmals als Bedingungs- und Wirkungshypothesen bezeichnet, da sie auf subjektiven Wahrscheinlichkeiten aufbauen (vgl. Fulda, Härter, Lenk 1989, 1637-1645; Kreikebaum 1997, 52). Das allokationsbedingte Risiko ist hier eine mögliche negative Auftrags- und Leistungsvorteilsabweichung aufgrund subjektiver Prognosen (APA5).

#### 3.1.1.1.2 Ex post Betrachtung

Die Gegenüberstellung von Zielen und Problemen des Trichtermodells, wenn es der Teamarbeit nachgelagert ist, zeigt das übergeordnete Risiko des Erfahrungstransfers aus der Teamarbeit in den Wertschöpfungsprozess der Unternehmung. Hier treten erneut das systemimmanente, das Entscheidungs- und das Informationsrisiko auf, jedoch in anderer Form.

Für die ex post Betrachtung zeigen sich diese vor dem Hintergrund der vorgenommenen Typologie (vgl. 2.3.4.1) als Risiko einer langfristigen *Ausbildung und Weiterentwicklung der Teamqualifikation* und als Risiko der Speicherung von Erfahrungswerten in dem *organisatorischen Gedächtnis* der Unternehmung.

Das Risiko langfristiger Ausbildung und Weiterentwicklung der Teamqualifikation besteht darin, dass sich die Investition in den Mitarbeiter vor und während der Teamarbeit nicht auszahlt, z. B. weil die Fluktuationsrate im Team zu hoch ist, die individuelle Lern- und Teambereitschaft des Mitarbeiters fehlt oder die zukünftige Teamaufgabe bzw. -qualifikation ex ante nicht prognostiziert werden konnte. Das Risiko ist eine mögliche negative Auftrags- und Leistungsvorteilsabweichung aufgrund einer sich nicht amortisierenden Investition. Seine Struktur ist bereits bekannt. Sie entspricht einem Ursachenbündel aus einer unklaren Teamaufgabe und einer unternehmungsinternen unklaren Personalqualifikation (vgl. A1, P1).

Das Risiko der langfristigen Ausbildung und Weiterentwicklung der Teamqualifikation ist abhängig von dem Erwartungswert der jeweiligen Revisionsrisiken ab, da es diesen nachgelagert ist. Resultiert das Revisionsrisiko aus einem ausgeprägten Akquisitionsrisiko, ist zu erwarten, dass der Ausbildungs- und Weiterentwicklungsbedarf der Teamqualifikation und dadurch sein Risiko steigt. Ist das Revisionsrisiko die Folge eines ausgeprägten Nachfragerisikos, so hängt das Risiko einer langfristigen Ausbildung und Weiterentwicklung der Teamqualifikation von der erzielten Qualität der prognostischen Basis ab. Konnte die Teamnachfrage während der Teamarbeit nicht eindeutig konkretisiert und für die Unternehmung abstrahiert werden, liefert sie kaum Anhaltspunkte für eine ex post Betrachtung.

Ein weiteres mögliches ex post Risiko zeigt sich durch das organisationale Lernen. „*Organisationales Lernen* bezeichnet den Erwerb von Wissen über Fakten und Beziehungen, die Förderung konkreter Problemlösungen und die Steigerung eines abstrakten Problemlösungspotentials (...)“ (Prange, Probst, Rüling 1996, 12). Kann dieses Wissen nicht in der Unternehmung geteilt, verteilt und kontextbezogen verarbeitet werden, bleibt es personen- bzw. teamgebunden. Es entsteht unternehmungsweit kein wechselseitig abhängiges Gedächtnis der Organisation, das größer und komplexer als jedes einzelne Teamgedächtnis ist (vgl. 2.3.4.2). Das Risiko ist hier eine mögliche negative Abweichung von der Leistungserstellung einzelner Wertaktivitäten in der Unternehmung wegen des fehlenden Potenzials, Wissen unternehmungsweit anzupassen und Innovationen zu entwickeln. Es entspricht in seiner Struktur dem allokationsbedingten Risiko einer mangelhaften Anpassungs- und Innovationsflexibilität (vgl. APA1).

Das Risiko, die Teamstrategie nicht in die Unternehmungsstrategie und die Ziele integrieren und keinen eindeutigen Zielbezug herstellen zu können, verhält sich retrograd zu der ex ante Betrachtung. Es zeigt sich als eine mögliche negative Abweichung von der Erzielung marktgerechter Unternehmungserfolge und Stärkung der Wettbewerbsposition wegen mangelhaften Anpassungs- und Innovationsflexibilität gegenüber riskanten Aufgaben (vgl. APA1) und einer geringen Teamunterstützung durch die Unternehmungsleitung (vgl. APA2).

#### 3.1.1.2 Ungewissheit von Aufgabe und Personal

Ist der Wissensstand des Teammanagers so unzureichend, dass keine Angaben über Wahrscheinlichkeitsverteilungen möglich sind (vgl. 2.3.3), fehlt ihm die Handlungsfähigkeit. Seinen Wissensstand kann er verbessern, indem er die Einordnung der Teamarbeit in den Wertschöpfungsprozess der Unternehmung auf das Team als *Managementteam* überträgt (vgl. 2.3.4.3.1). Abgesehen davon, dass die fehlende Explorierbarkeit die Risikostruktur grundsätzlich seine Schadenswahrscheinlichkeit verstärkt (vgl. 2.3.4.3.2) zeigen sich hier Zielabweichungen primär auf der Teammanagementebene.

Zu Beginn der Informationsbeschaffung ist das Managementteam oftmals unterschiedlicher Meinung über den besten Problemlösungsprozess, denn das Wissen ist asymmetrisch verteilt (vgl. Laux 2003, 410-419). Fehlt die Zeit für eine gemeinsame Wissenskonstruktion, erschwert dies die Strukturierung der Metaentscheidung (vgl. A2), weshalb Teams „(...) vielfach Opfer kognitiver Verzerrungen werden (...)“ (Schäffer 1996, 278) (vgl. P2). Ursächlich dafür können unterschiedliche Kenntnisse, Fähigkeiten oder Motive sein. Ein umfassender Teamdiskurs zu dessen Beseitigung würde hohe Kosten verursachen, weshalb Wissensasymmetrien nicht völlig aufgehoben werden (vgl. 2.3.3).

Indem das Managementteam Information kooperativ verarbeitet, erweitert es seinen Wissensstand bzw. Entscheidungskapazität und korrigiert seine Wissensbasis gegenseitig. Die Entscheidungsungewissheit, besonders die einer mangelhaften Strukturierung der Metaentscheidung (vgl. A2) und einer subjektiven Ungewissheit (vgl. P3, APA4, APA5), kann sich im Vergleich zu dem Risikofall kompensieren. Die Rückversicherung durch die anderen Teammitglieder kann wiederum dazu führen, dass Teamentscheidungen mit einer höheren Bereitschaft zu Ungewissheit getroffen werden, als Einzelentscheidungen (Risky-shift).

Weiter findet im Team kein Diskurs und keine Kokonstruktion von Wissen statt, wenn innerhalb des Teams die entscheidungsrelevante Information nicht verteilt oder geteilt wird (vgl. 2.3.4.2). Das kooperative Teamurteil bleibt ungewiss, wenn Wissensasymmetrien nicht weitgehend aufgelöst werden. Im Team führt dieser subjektive Informationsverzicht (vgl. P3) zu Zielkonflikten, da die Informationsbeschaffung und -verarbeitung auf die Beiträge der Einzelnen angewiesen ist. Die Teammitglieder sind zur Handhabung der Ungewissheit voneinander abhängig.

#### 3.1.1.3 Schlussfolgerungen zur Einordnung der Teamarbeit in den Wertschöpfungsprozess

Die *ex ante Betrachtung* der Einordnung der Teamarbeit in den Wertschöpfungsprozess der Unternehmung unter *Risiko* zeigt eine Polarität aus *aktueller Verfügbarkeit* und *begrenzter Operationalisierbarkeit*. Wegen der volatilen mehrwertigen Erwartung ist das entscheidungsrelevante Wissen permanent an die Umwelt und Unternehmung anzupassen, um als fundierte Entscheidungsbasis für die Einordnungsentscheidung zu dienen. Diese ist wiederum durch Messung und Zurechnung zu überprüfen und durch Verhaltensänderungen des Informationsanbieters und -nachfragers umzusetzen. Dabei steht die Genauigkeit bzw. die Möglichkeit der Entscheidungsfindung der aktuellen, permanenten Verfügbarkeit der Ergebnisse entgegen.

Abbildung 11 fasst die Risiken des Trichtermodells abschließend zusammen. Eine Übersicht mit den dazugehörigen kausalen Zusammenhängen zeigt Anhang 1.

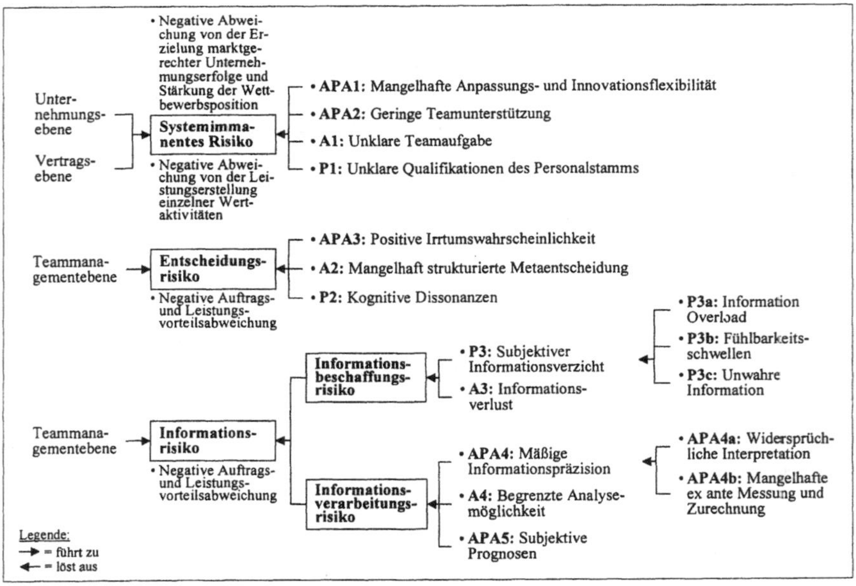


**Abbildung11: Aufgaben- und personalbedingte Risiken der Einordnung der Teamarbeit in den Wertschöpfungsprozess (Trichtermodell); eigene Darstellung**

Aus der *Ungewissheitsanalyse* schlussfolgert sich für das Managementteam eine Polarität aus *erforderlicher Problemnähe* und *zeit- und kostenintensivem Koordinationsaufwand*. Das individuelle, problemspezifische Wissen, welches für die Erfüllung der ungewissen Teamaufgabe notwendig ist, ist für die kooperative Bewältigung der Ungewissheit durch strategische Lern- und Kooperationsprozesse zu nutzen. Diese können wiederum durch negative Teameffekte Konflikte auslösen. Synergien sind folglich aufgaben- und personalbezogen zu koordinieren. Dem steht der dafür erforderliche Zeitaufwand der ungewissen, d. h. komplexen, volatilen und nicht explorierbaren Teamaufgabe entgegen.

Aus der *ex post Betrachtung* zeigt sich, dass die herausgearbeiteten Risiken (Ungewissheiten) des Trichtermodells die Fundamentalrisiken (-ungewissheiten) des Teammanagements darstellen. Diese können sich über den Trichtereffekt in allen Phasen der aufgezeigten zeitlich differenzierten Problemstruktur des Teammanagements in vielfältiger Form reproduzieren. Welche Ausprägungen dies im Einzelnen sein können, ist im Anschluss zu untersuchen.

### *3.1.2 Teambildung bei mehrwertigen Erwartungen als Baustein des Teammanagements*

#### 3.1.2.1 Aufgaben- und personalbedingtes Risiko

##### 3.1.2.1.1 Nachfragerisiko

Abbildung 10 zeigt die Risikostruktur der Teambildung durch das *Nachfrage-*, das *Akquisitions-* und das *Auswahlrisiko* (vgl. 2.3.4.3.1), die nun erläutert werden. In Kapitel 3.1.2.3 fasst Abbildung 12 diese abschließend zusammen. Anhang 2 zeigt deren Kausalstruktur in einer Übersicht.

Die Teamleistung ist bei der Teambildung unter Risiko geringer als die Summe individueller Einzelleistungen, wenn die Teamnachfrage *fehlerhaft ermittelt* wird.

Um langfristig ein funktionsfähiges Team zu bilden, müssen die Teamtätigkeiten nicht nur konkretisiert, sondern auch gegenüber den anderen Teammitgliedern sinnvoll abgrenzbar und mit ihnen koordinierbar sein (vgl. Drumm 1987, 966; Rosenstiel 2003b, 229-254). Bei Risiko kann die Teamnachfrage allerdings nicht wertfrei und eindeutig ermittelt werden. Besonders negative Effekte der affektiven Ebene werden vor der konkreten Zusammenarbeit im Team kaum sichtbar, da sie regelmäßig unkontrolliert auftreten. Dieses *Nachfragerisiko* ist ein gebündeltes Folgerisiko und entspricht in seiner Ursachenstruktur dem Risiko einer unzureichenden Informationsverarbeitung (vgl. 3.1.1.1.1.3). Es setzt sich zusammen aus begrenzten Analyse- (vgl. A4), subjektiven Prognose- (vgl. APA5) und mäßigen Präzisionsmöglichkeiten (vgl. APA4). Dieses Folgerisiko wird durch eine Vielzahl auftretender Mess- und Zurechnungsrisiken beeinflusst, die das Kontrollrisiko in Kapitel 3.1.4.1.2 präzisiert.

##### 3.1.2.1.2 Akquisitionsrisiko

Die Teamqualifikation ist geringer als die Summe individueller Qualifikationen, wenn sie bei der Teambildung *nicht anforderungsgerecht akquiriert* wird.

Die gewünschte Teamqualifikation ist bei den potenziellen Teammitgliedern wahrheitsgetreu zu identifizieren. Das Risiko dieser Eignungsfeststellung entspricht dem zuvor erläuterten Nachfragerisiko und damit dem Informationsverarbeitungsrisiko (vgl. 3.1.1.1.1.3). Im Gegensatz zum Nachfragerisiko ist die Informationsverarbeitung personenspezifisch, da die Ermittlungsgrundlage nicht mehr die Aufgabe, sondern das Personal ist. Für das zukünftige Lernen und Kooperieren im Team die Kenntnisse, Fähigkeiten und Motive des Personals vollkommen zu ermitteln ist nicht erreichbar (vgl. Drumm 2003c, 16).

Darüber hinaus identifizieren die amtlichen Statistiken zur Erwerbstätigkeit in Deutschland und insbesondere das IAB-Betriebspanel in Kombination mit der Beschäftigungsstatistik der Bundesanstalt für Arbeit auf dem Arbeitsmarkt einen Bedarf an qualifizierten Fachkräften, wie z. B. Ingenieurwesen, Informatik und Mathematik (vgl. Kölling 2002, 8; Kölling 2003, 6-14). Dieser Engpass entspricht einem Kenntnismangel und führt dazu, dass kein geeignetes Fachpersonal für die Arbeit im Team am Arbeitsmarkt gefunden werden kann. Ein Ausbildungsmangel kann auch in Bezug auf die Fähigkeiten verzeichnet werden. Denn wie bereits in 2.2.2.2 zur Teamfähigkeit herausgearbeitet wurde, sind infolge einer individualisierten, gesellschaftlichen und betrieblichen Sozialisation viele Bewerber gar nicht oder nur begrenzt teamfähig. Dementsprechend stellen auch teamfähige Mitarbeiter einen entscheidenden Engpass in Unternehmungen dar. Das personalbedingte Akquisitionsrisiko ist eine mögliche negative Äquivalenzabweichung aufgrund einer nicht ausgebildeten Teamqualifikation (P4).

Auch sind von Anfang an Aufgabenbestandteile durch die Teambildung vollständig mit geeigneten Teammitgliedern abzudecken, um zukünftig ein positives Zusammengehörigkeitsgefühl im Team entwickeln und dies für eine effektive und effiziente Teamarbeit nutzen zu können. Sind aber potenzielle Teammitglieder mit ihren speziellen Qualifikationen zeitlich nicht sofort verfügbar, muss das Teammanagement antizipieren und berücksichtigen, dass die Integration und Einbindung eines neuen Teammitglieds in ($t_1$), d. h. in den fortgeschrittenen Prozess der Problemlösung, wegen der teamspezifischen Normen und Regelungen konfliktträchtig und zeitintensiv sein kann. Das personalbedingte Risiko ist eine mögliche negative Äquivalenzabweichung von Aufgabenstellung und Teamqualifikation anlässlich gegenwärtig zeitlich nicht verfügbaren Einzelqualifikationen (P5).

#### 3.1.2.1.3 Auswahlrisiko

Die Teamdynamik ist bei der Teamsteuerung weniger als die Summe individueller Eigendynamik, wenn ein Team *fehlerhaft ausgewählt* wird.

Wird bei der *Teamauswahl* die Notwendigkeit der Lernfähigkeit und -bereitschaft nicht explizit dem Team kommuniziert, kann dieses die blockierende Erwartungshaltung aufbauen, dass individuelle Leistungen nicht gewertet werden und persönliche Entwicklungschancen durch die Teamarbeit eingeschränkt sind (vgl. Schawohl 1999, 57; Drumm 2003c, 16). Wegen der bereits von Anfang an fehlenden positiven Einstellung zur Teamarbeit kann eine gegenseitige Teamunterstützung unterminiert und Trittbrettfahrerverhalten (vgl. Dosis 2002) antizipiert werden. Das Team ist demotiviert (vgl. Drumm 2003c, 18). Dies bewirkt einen Leistungsabfall des Teams. Das personalbedingte Risiko ist eine mögliche negative Äquivalenzabweichung von Aufgabenstellung und Teamqualifikation aufgrund eines mangelhaften Lernbewusstseins (P6).

Ein time-lag zwischen der Ermittlung der Teamnachfrage und der -akquisition führt zu Ungenauigkeiten bei deren Abgleich, besonders bei dem der Anforderungs- und Eignungsfeststellung (vgl. Bösch 1996, 43; Hentze, Kammel 1996, 298). Die Teamaufgabe ändert sich durch die volatilen Umwelt- und Unternehmungsbedingungen und die Personalqualifikationen durch dessen fortlaufende Lernprozesse. Das allokationsbedingte Risiko ist eine mögliche negative Äquivalenzabweichung wegen zeitlicher Verzögerungen (P7).

Ein Team kann nach einem Aufgabenmerkmal spezialisiert, d. h. in der Summe seiner Teamqualifikation homogen ausgewählt werden. Dies reduziert das ganzheitliche und differenzierte Aufgabenbewusstsein des Teams (vgl. Drumm 2000a, 246). Dabei entsteht eine mögliche negative Äquivalenzabweichung aufgrund einer mangelhaften Kenntnis des Gesamtzusammenhangs (APA6).

Alternativ ist das Team nach mehreren Aufgabenmerkmalen auszuwählen. Mögliche Kriterien sind Synergien und Ganzheitlichkeit (vgl. Drumm 2000a, 246). Bei einer synergetischen Teamauswahl fasst der Teammanager Aufgaben mit ähnlichen Anforderungen zusammen. Dies kann bewirken, dass eine Restmenge schwer oder gar nicht verteilbarer Aufgaben verbleibt, für die kein geeignetes Teammitglied akquiriert werden kann. Daraus resultiert eine mögliche negative Äquivalenzabweichung aufgrund nicht verteilbarer Aufgaben (APA7). Ein Team kann weiter ganzheitlich, d. h. in der Summe seiner Qualifikationen heterogen zusammengestellt werden. Diese Generalisierung nach mehreren Aufgabenmerkmalen erfordert gegenüber der spezialisierten und synergetischen Teambildung Erfahrung bei der Teamarbeit, d. h. bei der Teaminteraktion und bei der Teamkooperation, sowie Erfahrung bei heterogenen Problemlösungen (vgl. Drumm 1987, 970; Sencar 1999, 222). Diese Teamreife kann nur ungenau abgeleitet und festgestellt (vgl. APA4, A4, APA5) und folglich selten akquiriert werden (vgl. P4, P5). Sowohl die synergetische als auch die ganzheitliche Teamauswahl lösen eine mögliche negative Äquivalenzabweichung von Aufgabenstellung und Teamqualifikation wegen hohen Qualifikationsanforderungen an das Team aus (APA8).

#### 3.1.2.2 Ungewissheit von Aufgabe und Personal

Es ist zu erwarten, dass unter Ungewissheit langfristige Akquisitions- und Teampläne scheitern. Durch eine rationale Planung der Teambildung und Steuerung von Nachfrage- und Akquisitionsungewissheiten können Fehlentscheidungen kaum vermieden, kompensiert oder kalkuliert werden. Der Versuch einer langfristig geplanten Teambildung kann einen ungerichteten Methodenaufwand bewirken, der die Entscheidungsqualität wegen unvorhersehbarer Einflussgrößen nur marginal verbessert. Dies verlangt eine reaktive Teambildung, d. h. eine Teambildung mit einer hohen Reaktionsgeschwindigkeit und einem großen Talent zur Improvisation. Je nach Teammanagementträger zeigen sich zwei alternative Ansätze.

Wird ein Teammanager eingesetzt, besitzt er das Wissen über die Teamnachfrage und -akquisition frühestens in ($t_0$), da bei ungewissen Entscheidungssituationen die Aufgabenbestandteile und die Teamqualifikation erst in der jeweiligen konkreten Teamkonstellation erkennbar werden. Die Ungewissheit als mögliche negative Äquivalenzabweichung besteht darin, bei der Teambildung auf (einzelne) Entscheidungsaktivitäten verzichten zu müssen. Dies entspricht einer mangelhaften Strukturierung der Metaentscheidung (vgl. A2).

Das Teammanagerteam besitzt gegenüber dem Teammanager einen Informationsvorsprung, wenn es bereits im Rahmen der Teambildung die Teamaufgabe kooperativ vorstrukturiert und diese, als Kern des zukünftigen Teams im Rahmen der Teamsteuerung durch weitere Qualifikationen ergänzt und weiterführt. Als Nachfrageungewissheit zeigt sich eine gebündelte Folgeungewissheit aus Zielkonflikten (vgl. P3) und Verbundeffekten. Letztere sind in Kapitel 3.1.3.1.2 näher zu untersuchen. Dies reproduziert sich in der Akquisitionsungewissheit, deren Ursachenstruktur sich analog zu der des Akquisitionsrisikos entwickelt (vgl. 3.1.2.1.2).

Ist als Extremsituation die Ungewissheit derart ausgeprägt, dass sich der Träger des Teammanagements keine Vorstellung über die zukünftigen Teamaufgaben, -qualifikationen oder Ausprägungen der Entscheidungsaktivitäten machen kann, ist gänzlich auf eine Teambildung zu verzichten. Ansonsten werden Ressourcen nur unnötig verschwendet. Die aufgaben-, personal- und allokationsbedingten Abbruchkriterien der Teambildung treten in Kraft (vgl. 2.2.2). Die allokationsbedingte Ungewissheit ist eine mögliche negative Äquivalenzabweichung wegen eines Verzichts der Teambildung.

### 3.1.2.3 Schlussfolgerungen zur Teambildung

Die Entscheidung über die Teamgröße bei der Teambildung unter *Risiko* zeigt die Interdependenzen der herausgearbeiteten Risiken. Der Teammanager kann demnach folgende vereinfachte exemplarische Risikokette erwarten: je mehr Mitglieder ein Team konstituieren, desto größer ist die Gefahr divergierender Interessen als Folge des Informationsrisikos (vgl. z. B. P3) und desto größer wird das Nachfrage- (vgl. 3.1.2.1.1) sowie das Akquisitionsrisiko (vgl. 3.1.2.1.2). Je größer das Team ist, desto wahrscheinlicher ist das Auswahlrisiko (vgl. 3.1.2.1.3) und der durch hohe Qualifikationsanforderungen verursachte Schaden.

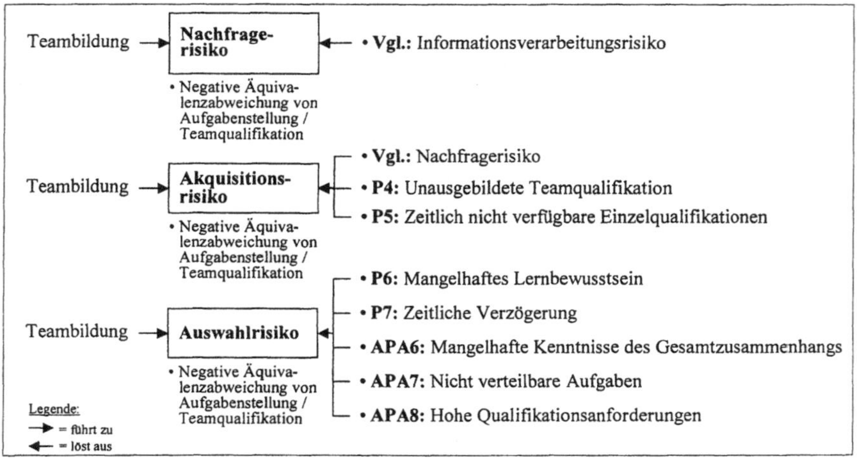


**Abbildung 12: Aufgaben- und personalbedingte Risiken der Teambildung; eigene Darstellung**

Abbildung 12 fasst die Ursachenstruktur der Risiken der Teambildung zusammen. Eine Übersicht mit den dazugehörigen Kausalzusammenhängen liefert Anhang 2.

Aus der *Risikoanalyse* der Teambildung leitet sich eine Polarität aus *äquivalenter Vorselektion* und *permanenter Wissensasymmetrie* ab. Die Vorstrukturierung der Funktionsfähigkeit einer zukünftigen Teamarbeit ist auf die bestmögliche Erfüllung des Äquivalenztheorems angewiesen, da sie die Eintrittswahrscheinlichkeit der Revisionsrisiken reduziert. Gleichzeitig erschwert die teamspezifische Entscheidungsgrundlage aus volatiler Teamaufgabe und personenabhängiger Teamqualifikation durch einen permanent asymmetrisch verteilten Wissensstand bei der Auswahlentscheidung den Abbau der Äquivalenzdifferenz.

Die *Ungewissheitsanalyse* der Teambildung zeigt eine Polarität aus *gegenwärtiger Entscheidungsnotwendigkeit* und *sukzessiver Entscheidungsfindung*. Eine bestmögliche Erfüllung des Äquivalenztheorems ist auf Information angewiesen, die der Teammanager zur Realisierung der Auswahlentscheidung in ($t_{-1}$) erarbeiten muss. Daraus resultiert ein großer Informationsbeschaffungs- und -verarbeitungsaufwand, dessen Grad der Eindeutigkeit die Entscheidungsqualität bestimmt. Demgegenüber steht der teilweise Verzicht der Entscheidungsfindung, der diese entweder auf ($t_0$) verschiebt oder zum Abbruch der Teamarbeit führt.

### *3.1.3 Teamsteuerung bei mehrwertigen Erwartungen als Baustein des Teammanagements*

#### 3.1.3.1 Aufgaben- und personalbedingtes Revisionsrisiko

##### 3.1.3.1.1 Lernrisiken im Team

Tritt das Auswahlrisiko (vgl. 3.1.2.1.3) und damit eine mögliche negative Äquivalenzabweichung von Teamnachfrage und Teamakquisition ein, kann der Teammanager den entstandenen Schaden durch die Handhabung der Folgerisiken steuern. Die aus Abbildung 10 bekannten *Lern- und Kooperationsrisiken* der Teamsteuerung setzen damit die in Abbildung 12 verdeutlichte Ursachenstruktur des Auswahlrisikos als Folgerisiken fort (vgl. 2.3.4.3.1). Deren aufgaben- und personalbedingte Ursachenstruktur ist nun zu erläutern. Abbildung 13 fasst sie in Kapitel 3.1.3.3 abschließend zusammen. Anhang 3 greift sie erneut in einer Übersicht zusammen mit ihrer Kausalstruktur auf.

- Folgerisiken eines mangelhaften Lernbewusstseins

Als allokationsbedingtes Auswahlrisiko wurde eine mögliche negative Äquivalenzabweichung wegen eines mangelhaften Lernbewusstseins (vgl. P6) identifiziert. Im Rahmen der Teamarbeit besteht es insgesamt aus folgenden Steuerungsrisiken: Motivationsverlust (P6a), mangelhafte gegenseitige Teamunterstützung (P6b), unzureichende Prozessintegration (P6c).

Ein mangelhaftes Lernbewusstsein lässt Lernerfolge ausbleiben oder Lernziele unbeachtet (vgl. Drumm 2003c, 18). Dies löst eine negative individuelle oder koopereative Lernerfahrung sowie eine negative arbeitsbezogene Bedürfnisbefriedigung aus. Das Team ist demotiviert und seine Leistungsbereitschaft sinkt (P6a).

Ein mangelhaftes Lernbewusstsein bei unzureichenden Einzelqualifikationen verhindert während der Teamarbeit eine gegenseitige Unterstützung im Team (P6b). Dies begrenzt, verzögert oder blockiert kooperative Lerneffekte (vgl. Drumm 2000b, 143; Rosenstiel 2003b, 231). Denn ein unqualifiziertes Team liefert ungenügende individuelle Lernbeiträge, wodurch der kooperative Lernprozess mangelhaft oder gar nicht ablaufen kann. Das Team profitiert nicht von dem verteilten Wissen und den Erfahrungen. Dies behindert die Kokonstruktion von Wissen und damit die Weiterentwicklung des Teams. Es werden falsche oder keine kooperativen Lernprozesse angestoßen und ungeeignete Lösungsstrategien zur Aufgabenbewältigung entwickelt. Dies bestätigen INGHAM et al. empirisch, die als Ursache für einen Produktivitätsverlust eine mangelnde Kooperationsbereitschaft der Teammitglieder nachweisen (vgl. 1974, 378).

Werden Risiken durch ein mangelhaftes individuelles oder kooperatives Lernbewusstsein ausgelöst, können sich diese über die Entscheidungsaktivitäten multiplizieren. Lern- und Entscheidungsprozesse werden unzureichend integriert, ein- oder umgesetzt (P6c). Eine fehlgeleitete Lernunterstützung des Entscheidungsprozesses kann ebenso zu Fehlentscheidungen führen wie eine fehlgeleitete Entscheidungsunterstützung durch Lernprozesse. Werden Teampotenziale bzw. Teameffekte durch Lernprozesse nicht berücksichtigt, lernt das Team nicht zu entscheiden. Erfolgt nach der Entscheidungsvorbereitung keine Reallokation über die Lernprozesse, dann entscheidet das Team nicht, um zu lernen (vgl. 2.2.2.3).

- Folgerisiken einer zeitlichen Verzögerung

Eine mögliche zeitliche Verzögerung (vgl. P7) kann während der Teamarbeit insgesamt durch vernachlässigte Lernprozesse (P7a), situationsunspezifische Prozessintegration (P7b) und eine offene Teamstruktur (P7c) ausgelöst werden.

Das Risiko einer zeitlichen Verzögerung löst Zeitdruck aus. Arbeitet das Team unter Zeitdruck zusammen werden oftmals Lernprozesse und die dafür erforderliche Teaminteraktion vernachlässigt. Wie herausgearbeitet wurde, verhindert dies aufgaben-, personal- und allokationsbedingte Leistungsvorteile (vgl. 2.2.2) und reduziert die Entscheidungsqualität des Teams. Das Risiko ist eine mögliche negative Steuerungsabweichung wegen einer vernachlässigten Teamarbeit, die sich aus der bekannten mangelhaften gegenseitigen Teamunterstützung (vgl. P6b) und aus vernachlässigten Lernprozessen zusammensetzt (P7a).

Eine zeitliche Verzögerung bei der Teambildung lässt erwarten, dass eine integrative Betrachtung von Lern- und Entscheidungsprozessen, d. h. die Berücksichtigung von Teameffekten und der Reallokation, während der Teamarbeit nicht zeitgleich erfolgt. Wird die Teamdynamik aber nicht aufgabennah und situativ reflektiert, kann keine potenzial- und lernorientierte Gestaltung der aufgabenorientierten Leistungsvorteile stattfinden. Werden die Aufgabenstellung und die Teamqualifikation nicht unmittelbar aufeinander abgestimmt, erfolgt keine Reallokation der Entscheidung über Lernprozesse. Lernen und Entscheiden sind nicht nur inhaltlich untrennbar miteinander verknüpft, sondern auch zeitlich. Fehlt diese Verknüpfung und damit eine situationsspezifische Prozessintegration (vgl. P7b), setzt die Steuerung von Teamentscheidungen nicht gezielt an den Risikoursachen an.

Das Risiko der flexiblen Mitarbeiterverpflichtung besteht darin, dass diese oft nicht verpflichtet werden können, wenn ihre Einzelqualifikationen unmittelbar benötigt werden (vgl. Oechsler 2000b, 42-49). Können keine Alternativen der Teambesetzung gefunden werden, muss das Team während der Teamarbeit wiederholt neu zusammengesetzt werden. Es entsteht eine offene Teamstruktur. Die Leistungsüberlegenheit von Teams resultiert primär aus der Qualität der Teamarbeit, die dadurch gestört werden kann, dass neue Teammitglieder sich nicht anforderungsgerecht in das bestehende Team integrieren oder von diesem akzeptiert werden. Die Ursache kann sein, dass neue Teammitglieder mangelhaft mit den Teamnormen vertraut sind, falsche Erwartungen an das Team oder die Teamaufgabe richten oder durch Sozialisationsbarrieren Zurückhaltung zeigen. Das personalbedingte Risiko ist eine mögliche negative Steuerungsabweichung als Konsequenz einer offenen Teamstruktur (P7c).

#### 3.1.3.1.2 Kooperationsrisiken im Team

- Folgerisiken mangelhafter Kenntnisse des Gesamtzusammenhangs

Für die Kooperation eines homogenen Teams wurde als allokationsbedingtes Auswahlrisiko eine mögliche negative Äquivalenzabweichung wegen mangelhaften Kenntnissen des Gesamtzusammenhangs identifiziert (vgl. APA6). Dies führt neben den bereits bekannten Folgerisiken zu negativen Groupthink-Effekten (APA6a). Negative Groupthink-Effekte wurden von JANIS 1972 empirisch bewiesen. Sie verzerren das kooperative Urteilsvermögen, verhindern eine kritische Entscheidungsfindung und bedingen Fehlentscheidungen. Die Ursachenstruktur der Groupthink-Effekte erklärt sich aus den aufgezeigten Zusammenhängen von Aufgabe, Personal und Allokation (vgl. 2.2.2) wie folgt.

Ein spezialisiertes, homogen strukturiertes Team verfügt über ähnliche Information, Erfahrung und Werte. Dies kann ein starkes Konsistenz- oder Kohäsionsstreben bewirken, denn die Bestätigung der eigenen Meinung wird höher bewertet als ein Widerspruch (vgl. Janis 1972, 5-9). Die Teamdynamik ist geringer als die Summe individueller Eigendynamik, wenn ein kohäsives Team deshalb innere Konflikte meidet (vgl. P2, P3b) oder ein falsch verstandenes Solidaritätsgefühl entwickelt (vgl. Oehmcke 1998, 3). Sachverhalte werden gleichförmig bewertet und Oppositionen nicht geduldet. Dies fördert scheinbar eine zügige konsensgestützte Entscheidung. Da die Lösungsqualität nicht hinterfragt wird, handelt es sich eher um gleichförmige Teamurteile (APA6aa) mit hinreichendem Konsens.

Für die Nutzung der Leistungsüberlegenheit von Teams ist zu berücksichtigen, dass „Das kognitive Potenzial (...) zur Entwicklung kreativer Lösungen (...) sich am besten in einem kritischen und untersuchenden Interaktionsprozeß (...)“ (Oehmcke 1998, 3) entfaltet. In einem spezialisierten Team wird allerdings eine kreative substanzielle

Anregung zur Entwicklung innovativer Problemlösungsaktivitäten blockiert. Es findet nur ein begrenzt anregender Diskurs statt (APA6ab).

Dem Erstmaligkeits-Bestätigungs-Modell von WEIZSÄCKER folgend ist durch den eingeschränkten Neuigkeitsgrad in einem homogenen Team der Informations- und Erfahrungsaustausch durch einen zu hohen Bestätigungsgrad begrenzt (vgl. 1972, 93-113). Die Informationssuche kann frühzeitig abgebrochen werden oder bessere Lösungsalternativen unberücksichtigt bleiben, weil das Team sich bereits einig oder unterfordert ist. Ein entscheidungsvorbereitender Informations- und Erfahrungsaustausch wird in seinem Potenzial eingeschränkt (APA6ac).

- Folgerisiken nicht verteilbarer Aufgaben

Das eingetretene Risiko nicht verteilbarer Aufgaben (vgl. APA7) zeigt sich während der Teamarbeit als Revisionsrisiko fehlender Lernqualifikationen (APA7a). Bekannte Folgerisiken sind der subjektive Informationsverzicht (vgl. P3) und eine subjektive Prognose (vgl. APA5).

Eine synergetische Teamarbeit erleichtert durch die Ähnlichkeiten der Einzelqualifikationen das Lehren und das Lernen neuer Kenntnisse, Fähigkeiten und Interessen (vgl. Drumm 2000a, 246). Je mehr Ähnlichkeiten und Interdependenzen allerdings innerhalb des Teams zu berücksichtigen sind, desto höher sind die Lernanforderungen. Das allokationsbedingte Risiko ist hier eine mögliche negative Steuerungsabweichung wegen einer fehlenden Lernqualifikation (APA7a).

Riskante Aufgaben sind oftmals in sich zu spezifisch, um Ähnlichkeiten aufzuweisen. Entweder der Teammanager entscheidet sich für einen subjektiven Informationsverzicht (vgl. P3) oder er basiert die Aufgabenverteilung auf einem subjektiven Wahrscheinlichkeitsurteil (vgl. APA5). In beiden Fällen sind veraltete oder das Problem verfehlende Entscheidungen eine mögliche Konsequenz.

- Folgerisiken hoher Qualifikationsanforderungen

Als allokationsbedingtes Auswahlrisiko wurde eine mögliche negative Äquivalenzabweichung wegen zu hoher Qualifikationsanforderungen an das Team (vgl. APA8) identifiziert. Während der Teamarbeit findet keine gemeinsame Konstruktion von Wissen statt, da die nötigen Qualifikationen fehlen (vgl. 2.3.4.2). Es kann kein Teamgedächtnis aufgebaut werden und das erarbeitete Wissen geht dem Team verloren. Dies lässt sich auf soziale und räumliche Distanz (APA8a), Vorurteile (APA8b) und Verständigungsschwierigkeiten (APA8c) zurückführen.

Eine ganzheitliche Teamauswahl erzeugt ein heterogenes Team. Weil es über unterschiedliches Wissen, divergierende Erfahrungen, Ansichten und Denkmuster verfügt, neigt es zu kontroversen Diskussionen (vgl. Drumm 2003c, 10). Nutzt das heterogene Team sein Wissenspotenzial, kann es die Effizienz und Effektivität der Teamarbeit erhöhen. Dies erfordert eine intensive soziale Interaktion und meist räumliche Nähe (vgl. Freudenberg 1999, 162). Fehlt diese Möglichkeit der Zusammenarbeit, kann bei

Aufgabenmängeln keine schnelle Ursachenbeseitigung durch das Team erfolgen. Der Teammanager kann Risiken aufgrund einer räumlichen und sozialen Distanz (vgl. APA8a) nicht frühzeitig erkennen.

Weiter können sich im Team negative Effekte der affektiven Ebene entwickeln, d. h. persönliche Vorurteile bzw. persönliche Antipathien (vgl. Seyfried 1994, 25) (APA8b). Dafür sind die nachfolgenden Ursachen denkbar.

Persönliche Vorurteile können z. B. hierarchisch bedingt sein. Verantwortungspositionen oder Resort-Zugehörigkeiten bewirken, dass der Betroffene die eigene Position und die damit verbundene Macht im Team durchsetzen oder verteidigen will. Das ausgeprägte Zugehörigkeitsgefühl zu seiner Verantwortungsposition oder zum Resort kann sich im „not invented here"-Syndrom manifestieren. Der Betroffene nimmt dann nur noch das wahr, was in seine bekannte Informationsstruktur passt (Wahrnehmungsverzerrung); eine effektive und effiziente Teamarbeit wird abgewertet (vgl. Picot, Reichwald, Wigand 2003, 87). Die Folge ist ein Machtkonflikt (APA8ba). Altersbedingte Vorurteile führen indessen zu einem Generationenkonflikt (APA8bb). Der wertvolle Erfahrungsschatz aus der kristallinen Intelligenz langjähriger Mitarbeiter wird dann für den Informations- und Erfahrungsaustausch nicht erkannt und nicht geschätzt, ebenso wenig wie das Innovationspotenzial jüngerer Mitarbeiter (vgl. Bendixen, Kemmler 1972, 87; Kruse 2000, 72). Das organisatorische Gedächtnis bleibt ungenutzt und veraltet.

Neben dem Vorurteilsrisiko führt die Heterogenität oftmals zu Verständigungsschwierigkeiten (APA8c). Besteht ein Team z. B. aus Fachexperten verfügt es über unterschiedliche berufliche Denkkategorien sowie über diverse Fachsprachen. Einerseits liefern diese gute Voraussetzungen, innovative Problemlösungsansätze zu entwickeln. Andererseits erzeugen diese eine große Reibungsfläche für Konflikte. Auch hierfür sind verschiedene Ursachen vorstellbar.

Ein zu hoher Erstmaligkeitsgrad (APA8ca) bzw. eine zu niedrige Bestätigung kann zu Verständigungsschwierigkeiten führen und die Handlungsfähigkeit des Teams einschränken (vgl. Weizsäcker 1972, 93-113; Drumm 2003c, 18). Findet dann ein Teamdiskurs statt, kann Information mit einem hohen Erstmaligkeitsgrad von den anderen Teammitgliedern nur selten in den Aufgabenkontext transferiert werden. Das Leistungsniveau des Teams ist reduziert, weil dem Team das potenzielle Teamwissen verschlossen bleibt.

Die Leistungsüberlegenheit eines heterogenen Teams kann nur dann vorbereitet, ausgelöst und entwickelt werden, wenn ein Wissensaustausch stattfindet. Das verteilte heterogene Teamwissen, insbesondere das implizite Wissen kann wegen Formulierungsschwierigkeiten nur schwer geteilt werden. Es ist im Unterbewusstsein der Akteure verankert, beeinflusst deren Handeln und kann nur schwer anderen Personen explizit weitergegeben werden (vgl. Nonaka, Takeuchi 1995, 59). Der kreative Informations- und Erfahrungsaustausch ist begrenzt, weshalb sich das kooperative Teamurteil kontrovers oder uneinheitlich gestaltet. Dies entspricht der Risikostruktur einer mäßigen Informationspräzision (vgl. APA4).

Ein Mangel an gemeinsamen Wertvorstellungen kann den Vertrauensaufbau während der Teamarbeit verhindern und eine Einigung im Team blockieren oder eine asymmetrische Motivationsverteilung im Team erzeugen. Die Aushandlung einer als fair empfundenen Vereinbarung wird erschwert (vgl. Arrow 1969, 62; Akerlof 1970, 490-492). Ist das Team sich sachlich nicht einig, zieht dies oft persönliche Konflikte nach sich (vgl. Streich 1987, 143; Martin 1998c, 177). Mangelt es an Vertrauen, besteht ein mögliches negatives Zugehörigkeitsgefühl im Team oder es verhält sich opportunistisch (vgl. Drumm 2003c, 20). Es fehlt die Bereitschaft das im Team verteilte Wissen zu teilen bzw. geteiltes Wissens zu analysieren, um eine effektive und effiziente Problemlösung erreichen zu können. Lernbasierte Entscheidungsprozesse können dadurch langwierig und im Ergebnis widersprüchlich oder fehlgeleitet sein und einen Diskurskonflikt auslösen (APA8cb).

Bleiben Mehrdeutigkeiten des kooperativ geteilten Wissens mehrdeutig und das Team verfügt weiterhin über einen getrennten Wissens- und Aufgabenkontext, können hieraus Kontextkonflikte (APA8cc) resultieren. Wissen kann nicht nutzenbringend in den Aufgabenkontext transferiert und der Wissensstand des Teams für die Entscheidungsfindung nicht verbessert werden.

Ein Team ist nur so stark wie seine Leistungsmajorität. Ist die Leistungsfähigkeit oder Leistungsbereitschaft bei der Mehrzahl der Teammitglieder niedrig, antizipiert das stärkere Teammitglied die niedrigere Leistungsfähigkeit oder Leistungsbereitschaft und passt daraufhin die eigene daran an, um mögliches Trittbrettfahrerverhalten zu unterbinden. So resultiert weiter aus der hohen Qualifikationsanforderung die Gefahr, dass die Teamqualifikation längere Zeit hinweg unvollständig bleibt, wenn keine hohe Leistungsmajorität im Team erreicht werden kann. Die Teamaufgaben werden innerhalb des Teams verteilt und damit auch auf schwächere Teammitglieder übertragen. Diese sind aber fachlich unzureichend geeignet oder überlastet. Das reduziert die Teamleistung und bewirkt eine mögliche negative Steuerungsabweichung infolge einer Teamüberlastung (APA8d).

#### 3.1.3.2 Revisionsungewissheit von Aufgabe und Personal

*Lern- und Entscheidungsprozesse* an das Managementteam zu *delegieren* erfordert gleichzeitig deren Verhaltensspielraum zu erweitern (vgl. Drumm 2003d, 5). Dadurch steigt die potenzielle Anzahl von Ansprache- und Beziehungsverbindungen und damit die möglichen Verhaltensalternativen der Teammitglieder gegenüber dem *Teammanagement*. Diese sind nur schwer vorhersehbar und erfordern eine grundsätzliche Bereitschaft Zielkompromisse einzugehen. Die allokationsbedingte Ungewissheit ist eine mögliche negative Steuerungsabweichung verursacht durch Abstimmungsprobleme, d. h. durch einen subjektiven Informationsverzicht (vgl. P3) und durch einen Diskurs- (vgl. APA8cb) bzw. Kontextkonflikt (vgl. APA8cc). Diese Verhaltensspielräume kann das Teammanagementteam für seine eigenen Interessen oder zu Lasten eines Dritten ausnutzen (vgl. 2.1.2). Durch die Delegation der Lern- und Kooperationsrechte erhält das Team Mitsprachemöglichkeiten, was motivierend (vgl. P6a) wirkt. Erfolgt diese partizipative Lern- und Entscheidungsfindung unter Zeitdruck, sind eine mangelhafte gegenseitige Teamunterstützung (vgl. P6b) und vernachlässigte Lernprozesse (vgl. P7a) die Folge.

Bei Ungewissheit muss das Teammanagementteam dem ergänzend akquirierten Teammitgliedern aufgrund deren spezifischen Problemnähe Verantwortung übertragen. Fühlen sich die Teammitglieder nicht verpflichtet führen sie, dem Delegationswert-Konzept folgend (vgl. 2.1.2), Lern- und Entscheidungsprozesse weder kooperativ noch gewissenhaft im Sinne des Teammanagements oder der Unternehmungsleitung aus. Oftmals verfahren die Teammitglieder nach dem Subsidiaritätsprinzip und wälzen die Entscheidung auf das Team als abstrakt Einheit oder auf andere Teammitglieder ab. Daraus kann sich das „not invented here"-Syndrom entwickeln (vgl. 3.1.3.1.2) und die Ungewissheit eines möglichen Motivationsverlusts (vgl. P6a) oder einer geringen Teamunterstützung (vgl. APA2) auslösen.

Oft werden dem Team die Verfügungsrechte begrenzt übertragen oder ungeeignet zugeteilt (vgl. Antoni 2000, 101; Picot, Dietl, Franck 2002, 55-60). Dies reduziert die Anreize für einen effizienten Ressourceneinsatz während der Teamarbeit, da das Team nicht alle Konsequenzen der Teamarbeit unmittelbar treffen. Die Teamprozesse können nicht autonom gestaltet und die Leistungsüberlegenheit des Teams nicht bewusst genutzt werden. Die Ungewissheit ist eine mögliche negative Steuerungsabweichung aufgrund eingeschränkter Handlungsfähigkeit.

Je mehr Entscheidungen an das Team delegiert werden, desto größer ist sein Informationsbedarf, um die ungewisse Teamaufgabe effektiv und effizient zu lösen (vgl. Antoni 2000, 100). Diese beschaffte und verarbeitete Informationsmenge ist anschließend von dem Team in den Aufgabenkontext zu übertragen und zu koordinieren. Die aufgabenbedingte Ungewissheit ist eine mögliche negative Steuerungsabweichung wegen eines erhöhten Informations- und Koordinationsbedarfs.

#### 3.1.3.3 Schlussfolgerungen zur Teamsteuerung

Die *Risikoanalyse* verdeutlicht für die Teamsteuerung eine Polarität aus *reziproker Abhängigkeit* und *autonomer Teamarbeit*. Das Team ist in der Teamaufgabe, in gemeinsamen lernbasierten Entscheidungsprozessen und damit von den Fachkenntnissen, Fähigkeiten und Motiven der einzelnen Teammitglieder abhängig, die wiederum personenspezifisch variieren. Damit Individuen in einem Team lernen und kooperieren sind Koordinationsmaßnahmen nötig, d. h. eine gegenseitige zielorientierte Abstimmung und eine koordinierte Wissensintegration. Der ausgelöste Koordinationsaufwand der Einsatzentscheidung kann nur reduziert werden, wenn die Abhängigkeit von Aufgabe und Personal ex ante identifizierbar ist. Dem stehen aber die Mehrwertigkeit der Aufgabe und die Individualität der Teammitglieder entgegen. Dies erfordert Selbständigkeit in der Entwicklung und Entfaltung individueller Werte sowie in der kooperativen Problemlösung durch das Team. Das Team muss gleichzeitig autonome Eigen- und reziproke Teamverantwortung tragen.

Abbildung 13 fasst die Ursachenstruktur der Revisionsrisiken zusammen. Eine Übersicht mit den dazugehörigen kausalen Zusammenhängen liefert Anhang 3.

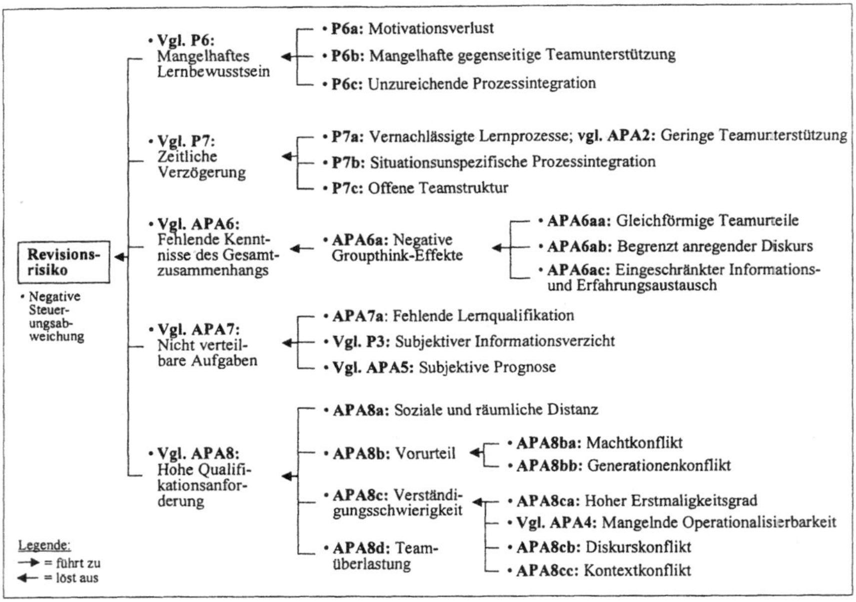


**Abbildung13: Aufgaben- und personalbedingte Revisionsrisiken der Teamsteuerung; eigene Darstellung**

Die *Ungewissheitsanalyse* der Teamsteuerung zeigt, dass die Delegation von lernbasierten Entscheidungsprozessen an das Team eine Polarität aus *gewährtem Verhaltensspielraum* und *erkannter und übernommener Verantwortung* auslöst. Je mehr Verhaltensspielraum durch die Einsatzentscheidung übertragen wird, desto größer ist die Gefahr opportunistischen Verhaltens. Daraus resultiert die Notwendigkeit, dass der Einzelne Verantwortung gegenüber sich, dem Team und Dritten erkennt und übernimmt. Je weniger Verantwortung er bereit ist zu übernehmen, desto mehr reduziert dies seinen partizipativen Entscheidungsspielraum und desto größer ist der Motivationsverlust im Team (vgl. 2.2.2.2).

### *3.1.4 Erfolgskontrolle bei mehrwertigen Erwartungen als Baustein des Teammanagements*

#### 3.1.4.1 Aufgaben- und personalbedingtes Risiko

#### 3.1.4.1.1 Qualitätsrisiko

#### 3.1.4.1.1.1 Allgemeine Überlegungen zur Teambewertung

Erneut sei an die Abbildung 10 erinnert, welche die Risikostruktur der Erfolgskontrolle durch das *Qualitäts-* und das *Kontrollrisiko* beschreibt (vgl. 2.3.4.3.1). Deren jeweilige Ursachenstruktur soll nun einzeln untersucht werden. Abschließend fasst Abbildung 14 diese in einem Überblick zusammen (vgl. 3.1.4.3). Deren kausalen Wirkungszusammenhänge strukturiert Anhang 4 in einer Übersicht.

Will man ein Team einsetzen, um bei einer mehrwertigen Aufgabe einen Leistungsvorteil gegenüber der Einzelarbeit zu erzielen, ist es nötig, den Erfolg des dafür erforderlichen Teammanagements zu bestimmen (vgl. 2.3.2). Die Beurteilung des Teammanagements nach dem Qualitätskriterium bewirkt, dass der damit verbundene Entscheidungsaufwand und -ertrag des Teammanagements bewertet werden müssen. Nur dann kann kontrolliert werden, ob der Einsatz des Teammanagers unter mehrwertiger Erwartung langfristig zum Erfolg der Unternehmung beiträgt. Entscheidungsaufwand und -ertrag können aber wegen der Teamdynamik und Reallokation nicht eindeutig und zutreffend abgebildet werden. Das aufgabenbedingte Risiko ist eine mögliche negative Qualitätsabweichung wegen ungeeigneter Bewertungsmaßstäbe (A5).

Die Betriebswirtschaft kennt verschiedene Erfolgsrechnungen, also grundsätzliche Bewertungsmöglichkeiten für positive Wertzuwächse (vgl. Scherrer 1999, 9-12; Osterheld 2001, 5-137), die auch für das Teammanagement herangezogen werden können. In Bezug auf das eben erläuterte Risiko (vgl. A5) sollen die wichtigsten kurz vorgestellt und auf ihre Eignung hin untersucht werden.

Geeignet wäre ein Bewertungskriterium, welches nur den Wertzuwachs aus dem Teammanagement und damit den Wertfaktor der Teaminteraktion, d. h. seiner Leistungsüberlegenheit durch Synergieeffekte über den Zeitraum von ($t_{-1}$) bis ($t_1$) berüksichtigt, damit später die Wirkungen des Teammanagements auf den Unternehmungserfolg zurechenbar sind. Denn nur dann kann eine Aussage getroffen werden, ob Teammanagement wertsteigernd ist, weil es die Entscheidungen in Teams unter mehrwertiger Erwartung langfristig steuert.

Die *kalkulatorische Erfolgsrechnung* definiert den Wert des Teammanagements über eine Zuordnung von Werten auf eine spezielle Bezugsbasis und erfolgt auf der Basis individueller, subjektiver Nutzenvorstellungen (vgl. Scherrer 1999, 11). Eine intersubjektive Bewertung, die ein objektives Teammanagement erfordern würde, kann sie aber nicht gewährleisten. Weiter können bei der Verwendung von Einzelkosten auch keine Synergieeffekte des Teams zugerechnet werden.

RIEBEL baut die Kostenrechung stark auf Zahlungsströme auf und bewertet sie nach dem Identitätsprinzip (vgl. 1967, 1-23, 1994, 76). Demnach kann der Güterverzehr durch ein Team auch nur dem Team als Gesamtheit zugerechnet werden, nicht aber den einzelnen Teammitgliedern. Damit entfällt das Problem der Zurechnung von Synergieeffekten. Durch die Verwendung von Zahlungsströmen wird auch eine intersubjektive Bewertung ermöglicht. Weil er aber relative, d. h. bezugsgrößenabhängige Einzelkosten zugrundelegt, kann die Preisermittlungsfunktion im Rahmen der Teamkalkulation nicht immer erfüllt werden (vgl. Coenenberg 1997, 235, 270). Können z. B. die ‚Nutzungsdauer' von Teamqualifikationen oder die Aufgabenänderungen nicht ex ante ermittelt werden, kann dies dazu führen, dass im Falle einer Abweichung der verursachende Bereich nur geringe Verantwortung für den Schaden übernimmt. Weiter löst die technische Realisierung prohibitiv hohe Aufwendungen aus und erweist sich wohl für eine reaktive Erfolgskontrolle als zu komplex oder zu träge (vgl. Coenenberg 1997, 270).

Die *pagatorische Erfolgsrechnung* teilt pagatorische Erfolgsgrößen auf mehrere Perioden auf und betrachtet die Leistung des Teams bzw. den Wert des Teammanagements zu einem bestimmten Zeitpunkt (vgl. Scherrer 1999, 2). Eine Trendberechnung, welche die Leistungsüberlegenheit durch Synergieeffekte über den Zeitraum ($t_{-1}$) bis ($t_1$) abbildet, liefert sie nicht. Auch kann die Höhe der Zahlungen, z. B. bei der Teambildung nicht zwingend als bekannt vorausgesetzt werden.

Die *Investitions- und Finanzierungsrechnung* interpretiert den Wert des Teams bzw. des Teammanagements als Summe der in das Team getätigten Investitionen. Durch die Ermittlung des objektiven Aufwandes kann ein intersubjektiver Vergleich gewährleistet werden. Eine Orientierung an dem Ertrags- bzw. Nutzenwert für das Teammanagement diskontiert die Summe der durch das Team erzielten Erträge bzw. Nutzen (vgl. Wucknitz 2002a, 6). Dies löst das grundsätzliche Problem unbekannter Ein- und Auszahlungshöhen (vgl. Scherrer 1999, 11-15). Auch zukünftige Wertentwicklungen, materielle und immaterielle Wertfaktoren sowie Synergieeffekte können wenigstens im Ansatz berücksichtigt werden, da der zukünftige Aufwand dem zukünftigen Ertrag gegenüber gestellt wird. Die Investitions- und Finanzierungsrechnung eignet sich zur Darstellung fundamentaler Zusammenhänge des Teammanagements unter mehrwertiger Erwartung (vgl. 2.1.1). Als ein kurzfristiges reaktives Beurteilungskriterium durch das Teammanagement ist sie z. B. wegen der Risiken der Informationspräzision (vgl. APA4) nicht ausreichend. Eine Monetarisierung scheint wegen fehlender Vergleichsmöglichkeiten und Bezugsbasen nahezu unmöglich (vgl. Drumm 2003c, 6).

„Es liegt deshalb nahe, den betriebswirtschaftlichen Kostenbegriff, der Bewertung von Geldeinheiten verlangt, auszuweiten auf solche Indikatoren, die einen indirekten, langfristigen oder monetär nicht ausdrückbaren Faktorverzehr anzeigen, der nur nominal oder ordinal bewertbar ist (...)“ (Picot 1982, 271). Dies leistet die Bewertung durch Transaktionskosten, da sie eine relative Einschätzung der Kostenhöhe vornimmt (vgl. Eigler 1995, 51; Picot, Schuller 2002, 1968).

###### 3.1.4.1.1.2 Transaktionskosten als Beurteilungs- und Steuerungskriterium

Da für diese Arbeit ein entscheidungstheoretischer Analyserahmen gewählt wurde (vgl. 2.3.3) soll eine transaktionskostentheoretische Darstellung des Teammanagements vernachlässigt werden (vgl. weiter 5.2). Vielmehr sind hier die Transaktionskosten als Entscheidungskriterium für das Teammanagement unter mehrwertiger Erwartung (vgl. 2.3.4.3.2) zu interpretieren. Als Beurteilungs- und Steuerungskriterium erlauben sie einen relativen Vorteilhaftigkeitsvergleich. Dadurch wird die transaktionskostenminimale Handlungsalternative zur bestmöglichen.

Als *Beurteilungskriterium* wählen sie für die Metaentscheidung des Teammanagements die beste Handlungsalternative aus und führen so zu einem transaktionskostenminimalen Teammanagement. Sie sind das Entscheidungskriterium der Qualitätsentscheidung des Teammanagements. Als *Steuerungskriterium* regeln die Transaktionskosten die Teamentscheidungen. Sie erzeugen eine transaktionskostenminimale Teamleistung, indem sie teamspezifische Lernprozesse aufzeigen. Sie fungieren dann als Entscheidungskriterium der Kontrollentscheidung.

Doch nicht der Vergleich der Erfolge, sondern deren Bestimmung ist schwierig (vgl. Engels 1962, 28). So bereiten „(...) Operationalisierung oder gar Monetarisierung von Transaktionskosten (...) erhebliche Schwierigkeiten, die jedoch bekanntlich vielen Informationsarten zu eigen sind. Gleichwohl sind sie aber real erfahrbar und von erheblicher ökonomischer Bedeutung (...)“ (Picot 1982, 271; s. a. Eigler 1995, 49-51). Inwiefern die Gütekriterien der Messung (Objektivität, Reliabilität und Validität) erfüllt werden können präzisiert das Kontrollrisiko (vgl. weiterführend APA9c).

#### 3.1.4.1.2 Kontrollrisiko

Das Kontrollrisiko besteht darin, aus dem Zielbeitrag der Entscheidung zu erkennen, ob weitere lernbasierte Entscheidungsmaßnahmen erforderlich sind. Dafür ist die Teamleistung zu messen, mit den angestrebten Zielen zu vergleichen und auf Abweichungsursachen zu untersuchen. Das allokationsbedingte Risiko ist eine mögliche negative Kontrollabweichung infolge einer mangelhaften Mess- und Zurechenbarkeit (APA9). Verschiedene Ursachen sind vorstellbar.

Es ist bereits bekannt, dass sich die Erfolgskontrolle auf Mess- und Zurechnungsprobleme in (t-1) bezieht, die eine Äquivalenzdifferenz verursachen. Als eingetretener Schaden des Auswahlrisikos erweist sich z. B. während der Teamarbeit eine ex ante ausgewählte Teamqualifikation als ungeeignet. Eine ungeeignete Teamqualifikation verlangsamt jedoch die Problemlösung und dezimiert die Qualität der Teamentscheidung. Das allokationsbedingte Risiko ist eine mögliche negative Kontrollabweichung wegen des Folgerisikos einer mangelhaften *ex ante* Mess- und Zurechenbarkeit (vgl. APA4b).

Die „(...) Tatsache, dass (...) das menschliche Verhalten nie exakt voraussehbar ist (...)“ (Jung 2003, 107), ist die Ursache von direkten Mess- und Zurechnungsproblemen. Denn Kenntnisse, Fähigkeiten und besonders Werte, Bedürfnisse oder Motive, die das menschliche Verhalten bestimmen, sind nicht eindeutig beobachtbar (vgl. 2.2.2.2; s. a. APA4b). Sie sind das Ergebnis eines individuellen kognitiven Informationsverarbeitungsprozesses. Über diesen entwickeln Individuen kognitive Muster, durch die sie eine Verbindung zwischen Umwelt und Handeln herstellen und Verhaltenserwartungen festlegen (vgl. Schreyögg 1999, 531-538). So kann z. B. für die Teamfähigkeit beobachtet werden, dass ein introvertierter Wissenschaftler in einem Forschungsteam kooperiert und interagiert, in einem Marketingteam erweist er sich hingegen als teamunfähig (vgl. Bösch 1996, 42). Das allokationsbedingte Risiko ist daher eine mögliche negative Kontrollabweichung wegen fehlenden *direkten* Beobachtungs-möglichkeiten (APA9a).

Damit dennoch ein intersubjektiver Vergleich möglich wird, ist eine hohe Abstraktion erforderlich (vgl. Franzen, Schmahl 1999, 17), die jedoch der Dynamik und Spezifität konkreter Teamkonstellationen widerspricht. Ein Team entwickelt eine eigene Dynamik sowie eigene Teamnormen, was sich in spezifischen Teameffekten manifestiert (vgl. 2.1.2). Das bedeutet, dass der Teammanager keine universellen Verhaltensmuster der Teamarbeit entwickeln kann (vgl. Seyfried 1994, 24). Denn die Wahrscheinlichkeit, die Höhe sowie der Zeitpunkt in der die Verhaltensannahmen auftreten, können stark variieren. Aus unterschiedlichen Teamkonstellationen resultieren unterschiedliche Teamsituationen und Teamprobleme (vgl. 1.1). Der Teammanager kann kein lineares Teamverhalten erfassen und damit kein allgemeingültiges Verhaltensmuster ableiten. Das allokationsbedingte Risiko ist eine mögliche negative Kontrollabweichung infolge fehlender *teamspezifischer* Beobachtungsmöglichkeiten (APA9b).

Wie aus dem Qualitätsrisiko (vgl. 3.1.4.1.1) bekannt ist, soll wegen der mangelnden Möglichkeit zur Beobachtung oder Monetarisierung der Bewertungsversuch nicht unterlassen werden. Es sind Gütekriterien der Messung aufzustellen. Diese bleiben jedoch oftmals unberücksichtigt, da sie bei Risiko nie vollkommen erfüllt werden können. Dennoch erlaubt eine hohe Objektivität, Reliabilität und Validität realistische Schlüsse über die diagnostische Aussagekraft der Messung (vgl. Lienert, Raatz 1994, 7). Das allokationsbedingte Risiko ist eine mögliche negative Qualitätsabweichung wegen einer mangelhaften Messgüte (APA9c).

Nicht nur jede neue Teamkonstellation (vgl. APA9b) führt zu einem neuen Teamwert. Auch jede Anspruchsgruppe der Organisation misst dem Team je nach individueller Präferenz einen spezifischen Wert zu. Nur selten ist gewährleistet, dass verschiedene Teammanager den Teamerfolg *objektiv* beurteilen (APA9ca), d. h. bei einem gleichen Sachverhalt und unter den gleichen Bedingungen zu den gleichen Ergebnissen gelangen (vgl. Orth 1974; Wottawa 1980, 25).

Die Zuverlässigkeit des Teammanagers zeigt sich über eine konsistente und eindeutige Erfassung der Ausprägungen, die von dem Grad der Expolierbarkeit der Vergangenheit und Gegenwart sowie der Irrtumswahrscheinlichkeit abhängt. „Da die wahren Werte nicht unmittelbar beobachtbar sind, kann die Definition der Reliabilität nicht zu einer Abschätzung der Größe der *Reliabilität* herangezogen werden (...)“ (Wottawa 1980, 66; s. a. Orth 1974). Die Folge sind positive (Überschätzung) oder negative (Unterschätzung) Messfehler (vgl. APA 3, A4, APA5).

Die *Validität* als drittes Gütekriterium hängt davon ab, wie der Teammanager das Instrument einsetzt und damit von seinen Einsatzmöglichkeiten. Einerseits können ihm hierfür die erforderlichen Methodenkenntnisse, Hilfsmittel oder Zeit fehlen, um Validität gewährleisten zu können (vgl. Wottawa 1980, 119). Andererseits können sich technische Schwierigkeiten ergeben, z. B. durch das Feststellen schwer erfassbarer Kriterien der Teamfähigkeit oder -motivation oder durch die nochmalige Untersuchung der gemessenen, unveränderten Teamqualifikation zu einem späteren Zeitpunkt unter den selben Bedingungen (vgl. Orth 1974). Dies ist nicht zuletzt auf die Teamdynamik, d. h. auf die Weiterentwicklung des Teams durch Lern- und Entscheidungsprozesse zurückzuführen. So können volatile Aufgaben und dynamische Teams gleichermaßen dazu führen, dass die Vergleichbarkeit erschwert und dadurch eine ungenügende Validität erreicht wird (APA9cb).

Zu weiteren Problemen der Mess- und Testtheorie, wie z. B. die Zusammenführung verschiedener Indikatoren, die Dimensionsproblematik, Normierung oder die Ermittlung statistischer Erwartungswerte, soll auf die einschlägige Literatur der Testtheorie und der Statistik verwiesen werden (vgl. z. B. Orth 1974; Wottawa 1980; Lienert, Raatz 1994; Pratt, Raiffa, Schlaifer 1995; Dürr, Mayer 2002).

Bedeutung erlangen diese Mess- und Zurechnungsprobleme besonders für das Personalcontrolling. Da es sich hierbei um ein Aufgabenfeld der unternehmungsweiten Personalarbeit handelt, soll auf weitere Ausführungen wie z. B. der Personalkostenrechnung verzichtet werden. Stattdessen ist auf die Literatur zu verweisen (vgl. Hentze, Kammel 1993, 184-194; Drumm 2000a, 663-689). Dies gilt ebenso für das Projektcontrolling, einschließlich der Projektbudgetierung und -kostenplanung, welches dem Aufgabengebiet des Projektmanagements zuzuordnen ist (vgl. Kupsch, Marr, Picot 1991, 1137-1140; Sokolowski 1996, 169-188).

Das Kontrollrisiko zeigt sich weiterführend über den Kontrollträger. Fremdkontrollen sind bei einer riskante Arbeitsleistung zeit- und kostenaufwendig (vgl. Schäffer 1996, 271). Ist zugleich die Kontrollentscheidung mangelhaft strukturiert (vgl. A2), wird das systematische Lernen durch Soll-Ist-Vergleiche vernachlässigt (vgl. P7a) und Teambedürfnisse bleiben unberücksichtigt. Auch kann das Team die Erfolgskontrolle eher als Einschränkung der Flexibilität (vgl. APA1) und Kreativität (vgl. APA6ab) verstehen, was demotiviert (vgl. P6a).

Die Selbstkontrolle ist bei riskanten Aufgaben systemimmanent, da die Teammitglieder ihre eigene Leistung selbst kontrollieren und somit Zeit und Kosten einsparen (vgl. Pfohl, Stölzle 1997, 257). Dies erfordert jedoch, dass das Team die notwendigen Kenntnisse (vgl. P4) besitzt und ausreichend kritisch gegenüber sich selbst ist, d. h. Kontrollen nicht unterlässt oder manipuliert (vgl. P6) (vgl. Richter 1994, 440). Durch die Selbstkontrolle lässt sich aber kein opportunistisches Verhalten oder Trittbrettfahrerverhalten aufdecken (vgl. Schäffer 1996, 277). Das allokationsbedingte Risiko ist eine mögliche negative Kontrollabweichung wegen fehlenden bindenden Vereinbarungen (vgl. Holmstrom 1982, 324-340), was der Ursachenstruktur einer geringen Teamunterstützung entspricht (vgl. APA2).

Trotzt Fremd- und Selbstkontrolle ist aber nicht gewährleistet, dass die Ursachen der Zielabweichung beseitigt werden. Erkennen der Teammanager und das Team die Ursachen nicht, können sie nicht strategisch kontrollieren. Es kann nicht entschieden werden, wann das Fortbestehen der eingetretenen oder erwarteten Risiken und der Schadenserwartungswerte (Prämissenkontrolle), wann die Wirkung gewählter Maßnahmen zur Risikoabwehr (Ergebniskontrolle) und wann der Ablauf der Risikosteuerung (Fortschrittskontrolle) zu überprüfen ist (vgl. Drumm 2000a, 404). Das allokationsbedingte Risiko ist eine mögliche negative Kontrollabweichung infolge einer verhinderten Ursachenbeseitigung.

Findet im Team gar keine Erfolgskontrolle statt, können Risiken wie kognitive Dissonanzen (vgl. P2), mangelhafte Kenntnisse des Gesamtzusammenhangs (vgl. APA6) oder subjektive Informationsrisiken (vgl. 3.1.1.1.1.3) nicht erkannt werden. Ist die gegenseitige Teamunterstützung gleichzeitig mangelhaft (vgl. P6b), ist opportunistisches Verhalten möglich, da das Team weder die Notwendigkeit seines zielgerichteten Einsatzes erkennt noch dazu motiviert ist. Antizipiert das Team diese Konsequenzen einer fehlenden Erfolgskontrolle, kann dies zu „(...) Resignation, Passivität und sogar zu psychischen und physischen Schädigungen (...)“ (Antoni 2000, 106) führen (vgl. P6a). Das allokationsbedingte Risiko ist eine mögliche negative Kontrollabweichung wegen eines Kontrollverzichtes (APA10).

#### 3.1.4.2 Ungewissheit von Aufgabe und Personal

Da der Teammanager unter Ungewissheit über einen unzureichenden Wissensstand verfügt, kann er gar nicht oder nur unter prohibitiv hohen Kosten beobachten, ob die Leistungsvorteilsabweichung zufällig ist oder ob ihre Ursache im Teamverhalten liegt. Der Schadenserwartungswert und die Erfolgsbeiträge der Teilentscheidungen des Teammanagements sind kaum schätzbar. Es fehlen alternative Vergleichsmöglichkeiten. Die Erfolgskontrolle kann auf keine soliden Erfahrungswerte zurückgreifen. „(…) probability distributions, score functions, and costs are seldom known at the time when the team is set up; rather, knowledge about them is acquired gradually, while the team already proceeds with decisions” (Marschak 1955, 137). Die allokationsbedingte Ungewissheit ist eine mögliche negative Kontrollabweichung wegen fehlender Vergleichsmöglichkeiten, die zu einer mangelhaften Mess- und Zurechenbarkeit führen (vgl. APA9).

Dadurch trägt jedes Teammitglied eine doppelte Verantwortung: die Erfüllung der eigenen Aufgabe und die Teamaufgabe (vgl. Schawohl 1999, 57). Dies kann sich positiv auf die Teammotivation auswirken, soweit es die erforderlichen Qualifikationen zur Verantwortungsübernahme besitzt. Verfügt das Team nicht über die erforderlichen Qualifikationen führt dies zu einer Ungewissheit als eine mögliche negative Kontrollabweichung wegen einer Teamüberlastung (vgl. APA8d).

Je größer der delegierte Handlungsspielraum des Teams ist, desto mehr ist zu erwarten, dass das Team eine Fremdkontrolle durch den Teammanager ablehnt oder als belastend empfindet. Infolgedessen sind die Zielgrößen der Erfolgskontrolle so festzulegen, dass das Team zu einer Leistungssteigerung veranlasst, jedoch nicht demotiviert wird (vgl. Pfohl, Stölzle 1997, 95). Die Ursache einer möglichen negativen Kontrollabweichung ist eine verhinderte Ursachenabweichung (vgl. A2, P6a, P7a, APA1, APA6ab).

Ferner erzeugt die *Delegation* der *Kontrolle* an das Team Ungewissheiten, die der Delegationsstruktur des lernbasierten Entscheidungsprozesses entsprechen (vgl. 3.1.3.2) und neben unvollkommenen Verfügungsrechten insbesondere den Motivationsverlust (vgl. P6a) als Ungewissheit der Erfolgskontrolle betont.

#### 3.1.4.3 Schlussfolgerungen zur Erfolgskontrolle

Aus der *Risikoanalyse* resultiert die Polarität einer *genauen Messung und Zurechnung* und einer zu *beurteilenden Teamdynamik*. Der Träger des Teammanagements ist in hohem Maße auf eine genaue Messung und Zurechnung angewiesen, um die Kontrollentscheidungen unter Einsatz der Transaktionskosten als Beurteilungs- und Steuerungskriterium treffen zu können. Gleichzeitig verursacht jedoch die personenspezifische und volatile Teamstruktur unter Risiko durch ungenaue Vergleichs- und Beobachtungsmöglichkeiten Messfehler. Je größer die Mess- und Zurechnungsfehler sind, desto größer ist der Schadenserwartungswert der Erfolgskontrolle und dem Regelkreis folgend der Teamrevision (vgl. 2.3.2).

Abbildung 14 fasst die Ursachenstruktur aller Risiken der Erfolgskontrolle zusammen (vgl. zu einer Übersicht ihrer kausalen Zusammenhänge Anhang 4).

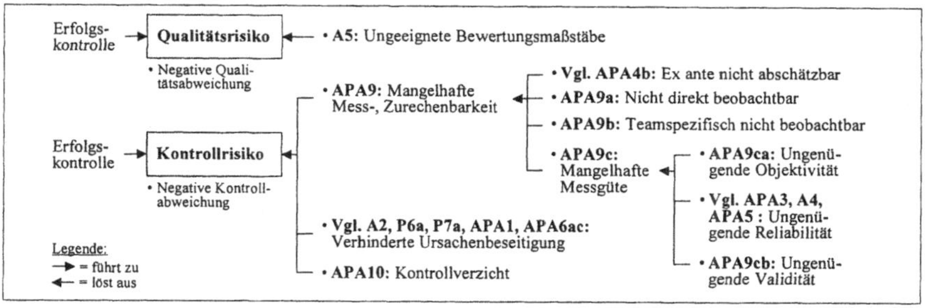


**Abbildung 14: Aufgaben- und personalbedingte Risiken der Erfolgskontrolle; eigene Darstellung**

Für die *Ungewissheitsanalyse* der Erfolgskontrolle leitet sich die Schlussfolgerung ab, dass die *notwendige Fremdsteuerung* im Gegensatz zur *motivierenden Selbststeuerung* steht. Je mehr Verhaltensspielraum durch die Kontrollentscheidung übertragen wird, desto größer ist die Gefahr opportunistischen Verhaltens und desto größer ist die zusätzliche Kontrollnotwendigkeit. Je stärker aber kontrolliert wird, desto mehr reduziert dies den autonomen Lern- und Entscheidungsspielraum und erhöht den partizipativen Motivationsverlust (vgl. 2.2.2.2). Denn es „(...) ist mit umso stärkeren positiven Effekten der Selbstregulation zu rechnen, je weniger die Entwicklung der Umweltanforderungen vorhergesagt werden kann, je komplexer und unberechenbarer der Produktionsprozess ist, je mehr technisch bedingte Kooperationsanforderungen bestehen und je stärkere soziale und Entfaltungsbedürfnisse die Gruppenmitglieder besitzen (...)" (Antoni 2000, 102).

### *3.1.5 Zwischenergebnis: Teamstrategie als aufgaben- und personalbezogenes Maßnahmenbündel*

#### 3.1.5.1 Problemstruktur mehrwertiger Bausteine

Die *Risikoanalyse* der Bausteine zeigt vier Polaritäten des Teammanagements bei mehrwertigen Erwartungen:

- Trichtermodell: Aktuelle Verfügbarkeit – Begrenzte Operationalisierbarkeit;
- Teambildung: Äquivalente Vorselektion – Permanente Wissensasymmetrie;
- Teamsteuerung: Reziproke Abhängigkeit – Autonome Teamarbeit;
- Erfolgskontrolle: Genaue Messung und Zurechnung – Zu beurteilende Teamdynamik.

Die *Ungewissheitsanalyse* verdeutlicht weitere vier Polaritäten der Bausteine des Teammanagements:

- Trichtermodell: Erforderliche Problemnähe – Zeit- und kostenintensiver Koordinationsaufwand;
- Teambildung: Gegenwärtige Entscheidungsnotwendigkeit – Sukzessive Entscheidungsfindung;
- Teamsteuerung: Gewährter Verhaltensspielraum – Erkannte und übernommene Verantwortung;
- Erfolgskontrolle: Notwendige Fremdsteuerung – Motivierende Selbststeuerung.

Im *Zeitpunkt* $(t_{-1})$ verhindern die begrenzte Operationalisierbarkeit und die permanente Wissensasymmetrie die zukünftigen Lern- und Kooperationsprozesse der Teamarbeit in den Wertschöpfungsprozess der Unternehmung effektiv und effizient einzuordnen und eine gezielte Auswahlentscheidung zu treffen. Denn die Entwicklung einer fundierten prognostischen Entscheidungsbasis ist zeitaufwendig, konfliktträchtig, koordinationsintensiv und einem potenziellen Entscheidungsverzicht ausgesetzt. Der Zeitpunkt $(t_{-1})$ weist infolgedessen eine hohe Mehrwertigkeit auf, was die in Kapitel 2.3.4.3.1 aufgestellte Hypothese bestätigt.

Für den *Zeitpunkt* $(t_0)$ gilt, dass die identifizierten mehrwertigen Erwartungen der Teamsteuerung als Folgeerwartungen des aus der Auswahlentscheidung eingetretenen Schadens ausgelöst werden. Aus dieser Kettenwirkung kann das Teammanagement mögliche Revisionserwartungen für die Einsatzentscheidung antizipieren, da es durch die aufgezeigte Kausalstruktur gegenüber mehrwertigen Erwartungen sensibilisiert ist. Als Konsequenz davon muss das Teammanagement für die Kontrollentscheidung einkalkulieren, dass die autonome Teamarbeit und die zu beurteilenden Teamdynamik unlösbaren Mess- und Zurechnungsproblemen unterliegen. Ebenso muss er erwarten, dass der Koordinationsaufwand infolge der Reziprozität, der erforderlichen Fremdsteuerung, der zwingenden Übernahme von Verantwortung und der Gewährleistung der Teammotivation steigt. Somit zeigt die Bausteinanalyse für die Hypothese aus Kapitel 2.3.4.3.1 zweierlei: einerseits sind die negativen Folgeerwartungen umso geringer, je reichhaltiger die zugrundeliegende Informationsbasis ist. Dies korreliert wiederum negativ mit dem Schadenserwartungswert der Erfolgskontrolle, da die vielfältigen Mess- und Zurechnungsprobleme kaum lösbar sind. Andererseits kann auf die unmittelbaren Lern- und Kooperationsrisiken im Team umso schneller reagiert werden, je früher sie aufgrund einer permanenten und simultanen Erfolgskontrolle erkannt werden.

Die Hypothese einer reichhaltigen Informationsbasis im *Zeitpunkt* $(t_1)$ ist nur bedingt zu bestätigen (vgl. 2.3.4.3.1). Die erschwerte Operationalisierbarkeit und die Wissensasymmetrie bzw. die zeitaufwendigen und konfliktträchtigen Lern- und Kooperationsprozesse sind ex post zwar erkennbar und ihre Ursachenstruktur für die Einordnungsentscheidung identifizierbar, aber ob der Koordinationsaufwand zukünftig reduziert, die Mess- und Zurechnungsprobleme gelöst, die Verantwortung übernommen wird und die Motivation im Team gewährleistet werden können, wenn diese Polaritäten in einer anderen Teamkonstellation auftreten, ist fraglich.

Auf diesen Erkenntnissen aufbauend ist die weitere Vorgehensweise des Metaentscheidungsprozesses (Strukturierung, Bewertung, Steuerung) zu präzisieren (vgl. 2.3.4.3.2), um ursachengerechte Steuerungsmaßnahmen für das Teammanagement unter mehrwertiger Erwartung ableiten zu können.

#### 3.1.5.2 Strukturierung, Bewertung und Steuerung mehrwertiger Erwartungen

Die zuvor ermittelte periodenübergreifende Ursachenstruktur des Trichtermodells, der Teambildung, der Teamsteuerung und der Erfolgskontrolle können jeweils nach Ursachengruppen *strukturiert* und zusammengefasst werden.

Wechselt man die Betrachtungsperspektive lassen sie sich auch als Maßnahmengruppen interpretieren.

So gehen viele der ermittelten mehrwertigen Erwartungen auf fehlende Verantwortlichkeiten oder verzerrte Entscheidungen zurück und können deshalb zu der Maßnahmengruppe *Verantwortungs- und Entscheidungsstruktur* zusammengefasst werden. Die Begründung für die fehlende oder falsche Verantwortungs- und Entscheidungsstruktur ist allerdings bei jeder dieser mehrwertigen Erwartungen unterschiedlich. Das liegt daran, dass Aufgabe, Personal und Allokation in verschiedenen Phasen der Metaentscheidung des Teammanagements einen möglichen negativen Einfluss auf diesen Metaentscheidungsprozess ausüben. Oftmals ist auch mangelnde Information, Kommunikation oder Wissen die Ursache aufgaben-, personal- oder allokationsbedingter mehrwertiger Erwartung. Diese mehrwertige Erwartungen können zu der Maßnahmengruppe *Wissensmanagement* als Beschaffung, Weitergabe und Speicherung von Wissen zusammengefasst werden.

Kompensatorische oder kumulative Risiko- bzw. Ungewissheitseffekte werden, wie die obige Bausteinanalyse verdeutlicht, bei der Strukturierung der Steuerungsmaßnahme berücksichtigt. Da sich die Steuerungsmaßnahmen auf Netto-Erwartungen beziehen, lassen sich diese in ein vernetztes risikosensibilisiertes Lern- und Entscheidungsmodell integrieren, welches als Ergebnis der Steuerungsmaßnahmen anschließend herausgearbeitet werden soll. Das Ergebnis dieser Suche von Handlungsalternativen als Strukturierung der Steuerungsmaßnahmen ist die Teamstrategie. Sie legt die weitere Vorgehensweise des Teammanagements für den Einsatz einzelner Steuerungsmaßnahmen fest. Die Auswahl des konkret zu implementierenden Maßnahmenbündels als geeignete Handlungsalternativen erfolgt über die Bewertung der einzelnen Maßnahmen nach der Möglichkeit mehrwertige Erwartungen zu steuern.

Dafür ist die mehrwertige Erwartung einer Risikosituation als Produkt der potenziellen Eintrittswahrscheinlichkeit und seiner potenziellen Mindestschadenshöhe zu *bewerten* (vgl. Hohnhorst 2002, 102; Diederichs, Reichmann 2003, 231). Diese Dimensionen bilden die Achsen des Maßnahmen- und Erwartungsportfolios und damit der Entscheidungsmatrix (vgl. Abb. 15). Wie die vorangegangenen Ausführungen zeigen, sind besonders personal- und allokationsbedingte mehrwertige Erwartungen nicht quantifizierbar, so dass nur subjektive Wirkungszusammenhänge feststellbar sind (vgl. Burger, Buchhart 2002, 103; Wucknitz 2002b, 28-32).

Deshalb kann die Risikobewertung in diesem Zusammenhang nur eine qualitative Klassifizierung der mehrwertigen Erwartung hinsichtlich ihrer abgeschätzten Wahrscheinlichkeit und Höhe über die Transaktionskosten (vgl. 3.1.4.1.1.2) leisten. Für die Eintritts- und Schadensfrequenz ist anstelle eines kardinalen folglich ein ordinales Skalierungsniveau als geringer, mittlerer und hoher Schadenserwartungswert zu wählen, um die mehrwertigen Schadenserwartungen vergleichen und unterscheiden zu können (vgl. Abb. 15). Kritisch ist jedoch, dass die Zuordnung der Risiken bzw. Ungewissheiten auf diese jeweiligen Erwartungsklassen (gering, mittel, hoch) von subjektiven Wahrscheinlichkeiten, von den identifizierten mehrwertigen Erwartungen als Stichprobe im Verhältnis zur Grundgesamtheit und von der Professionalität des Erhebenden abhängt. Je kleiner z. B. die Stichprobe gegenüber der Grundgesamtheit ist, desto subjektiver gestalten sich die potenziellen Wahrscheinlichkeiten. Je größer dagegen die Stichprobe gegenüber der Grundgesamtheit ist, desto objektiver können Wahrscheinlichkeiten gebildet werden. Diese Abhängigkeiten relativieren die Güte der Einstufung von mehrwertigen Erwartungen, so dass es sich hier lediglich um einen probabilistischen Ansatz handeln kann. Trotzdem lässt sich dadurch eine Ordnungsfunktion entwickeln, um eine Tendenzaussage für die Wahl der geeigneten Steuerungsmaßnahme zur Ableitung von Teilstrategien zu gewinnen. Der Träger des Teammanagements muss sich jedoch permanent der positiven Irrtumswahrscheinlichkeit bewusst sein und die Klassenzuordnung stets risiko- bzw. ungewissheitssensibilisiert hinterfragen.

Zur *Steuerung* der mehrwertigen Erwartung ist ein Maßnahmenbündel zu entwickeln, welches diese erstens *vermeidet*, indem das Teammanagement auf die Leistungsvorteile der Teamarbeit verzichtet (vgl. Haller 1986, 31; Wolf, Runzheimer 2003, 90). Aus der bestätigten Hypothese einer dualen Beobachtungsmöglichkeit (vgl. 3.1.5.1) leitet sich ab, dass sich zweitens mehrwertige Erwartungen zweifach *reduzieren* lassen: einerseits, indem ein direkter Einfluss auf die Eintrittswahrscheinlichkeit genommen wird, d. h. Auswirkungen durch eine Schadensverhütung gemindert werden, und andererseits, indem die Schadenshöhe direkt beeinflusst wird, d. h. durch Reservebildung vorgebeugt wird (vgl. Bühler 1998, 210-211; Burger, Buchhart 2002, 49-52; Doleczik, Drewes 2003, 1008). Das nach diesen Maßnahmen verbleibende Restrisiko (Restungewissheit) muss *akzeptiert* werden, indem es bewusst kalkuliert und eingegangen wird, da weitere Steuerungsmaßnahmen nicht mehr möglich oder unwirtschaftlich sind. „(...) Dabei muss sichergestellt werden, dass die von der Unternehmungsleitung akzeptierten (Rest-)Risiken einer fortdauernden Kontrolle unterliegen, um eine angemessene und rechtzeitige Reaktion auf unerwünschte Entwicklungen zu gewährleisten (...)“ (Hohnhorst 2002, 103).

Die zuvor verwendete Literatur nennt auch die Steuerungsmaßnahme der Überwälzung, wodurch Störungen auf andere Systeme, wie z. B. auf Versicherungen oder auf Lieferanten übertragen werden. Da dieser Arbeit die Prämisse des Teams als eigenständige Untersuchungseinheit zugrundeliegt (vgl. 2.3.4.1), soll auf die Analyse dieser Streuungseffekte verzichtet werden. Grundsätzlich verworfen werden darf diese Steuerungsmaßnahme jedoch nicht, da besonders bei Verhandlungen mit Geschäftspartnern oder bei Multi-Team-Projekten dem Teammanagement diese Möglichkeit offen steht (vgl. weiter 5.2).

Abbildung 15 verdeutlicht diese Zusammenhänge.

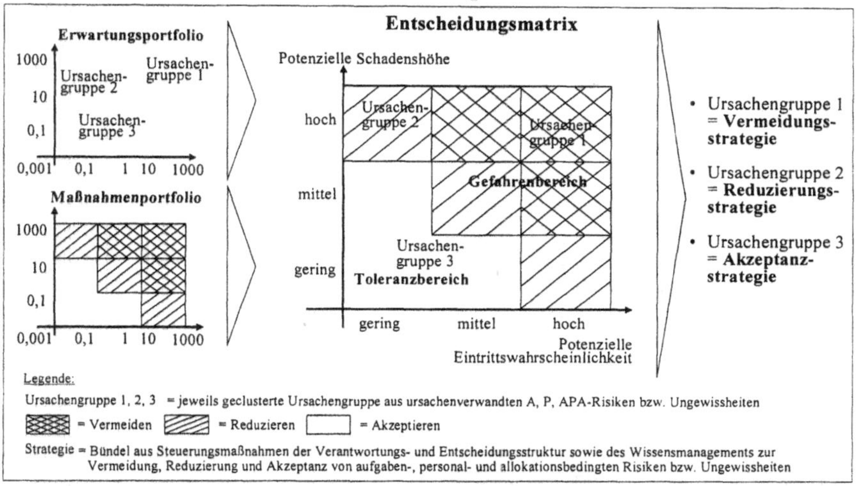


**Abbildung 15: Entscheidungsmatrix des Teammanagements; in Anlehnung an Leidinger 2002, 246; Trunk 2002, 165.**

Als *Entscheidungsregel* gilt, dass die Transaktionskosten der Steuerungsmaßnahme geringer sein müssen als die mit der Eintrittswahrscheinlichkeit gewichtete Schadenshöhe. So erhöhen Steuerungsmaßnahmen des Teammanagements langfristig die Rentabilität der Unternehmung. Die *Risikoschwelle* (Ungewissheitsschwelle) wird also überschritten, wenn die Konsequenzen des erhöhten Risikos (Ungewissheit) größer sind als die Transaktionskosten der Steuerungsmaßnahme. Sie trennt den Toleranzbereich der mehrwertige Erwartungen reduziert oder akzeptiert von dem Gefahrenbereich der sie vermeidet (vgl. Abb. 15). Dadurch wählt die Transaktionskosten-Regel (vgl. 3.1.4.1.1.2) die bestmögliche Teamstrategie aus, die anschließend zu implementieren ist.

Eine reale Implementierungssituation kennzeichnet sich durch die Gleichzeitigkeit unterschiedlicher Instrumente für ein Maßnahmenbündel, da eine unterschiedliche Teamkonstellation eine unterschiedliche Teamkultur entwickelt. Die nachfolgenden Instrumente liefern nur Ansatzpunkte für einzelne konkrete Steuerungsformen. Da über ihren Einsatz situativ zu entscheiden ist, soll für deren weitere Ausführungen an der jeweiligen Stelle auf die einschlägige Literatur verwiesen werden. Die Qualität und der Erfolg einer Steuerungsmaßnahme hängt infolgedessen von der *Professionalität* aller Beteiligten ab, d. h. von der Qualität der eingesetzten Instrumente, der fachlichen Qualifikation und der Sorgfalt. Etablieren wird sich unternehmungsspezifisch dasjenige Instrumentenbündel, welches bei gegebener Leistungsfähigkeit die geringsten Transaktionskosten verursacht.

Nachdem die Vorgehensweise des Metaentscheidungsprozesses des Teammanagements geklärt ist, soll im Anschluss die Teamstrategie für die zuvor identifizierten Ursachenstrukturen herausgearbeitet werden. Sie entwickelt sich durch die Ergebnisse der vorangegangenen Risikoanalyse zu einer Risikostrategie (vgl. 3.1.5.3) und durch die Ergebnisse der vorangegangenen Ungewissheitsanalyse zu einer Ungewissheitsstrategie (vgl. 3.1.5.4). Die Einzelmaßnahmen der Risikostrategie erläutert Kapitel 3.2 und die der Ungewissheitsstrategie Kapitel 3.3.

#### 3.1.5.3 Risikostrategie

Eine rollierende Kontextforschung sowie Maßnahmen der systematischen und kreativen Problemlösung und Strukturierung bilden bei der *Einordnung der Teamarbeit in den Wertschöpfungsprozess der Unternehmung* die informatorische Grundlage des risikosensibilisierten Metaentscheidungsprozesses des Teammanagements unter Risiko. Die Verantwortungs- und Entscheidungskoordination zur Abstimmung der Aktivitäten der Teammanager untereinander und für einen unternehmungsweiten Risikodiskurs erfolgt autonom. Das Wissensmanagement des Trichtermodells entwickelt über einen interpersonellen Kommunikationsprozess die dafür erforderliche Aufgaben- und Qualifikationstransparenz. Dafür setzt es Teampromotoren, Informations- und Kommunikationsregeln ein und pflegt das organisatorische Gedächtnis. Kapazitätserweiternd und entscheidungsunterstützend wirkt der Aufbau eines vertrauensbasierten Beziehungsnetzwerkes. Anhang 5 zeigt die Ableitung der Steuerungsmaßnahmen aus den zuvor identifizierten Risiken des Trichtermodells, die in Kapitel 3.2.1 einzeln erläutert werden.

Die Konkretisierung der bisherigen Verantwortungs- und Entscheidungsstruktur erfolgt bei der *Teambildung* über die externe Arbeitsmarktforschung und die interne Teamarbeitforschung. Ihre Ergebnisse gehen in die Teamforschung ein. Aus der Teamnachfrage und der Teamakquisition trifft der Teammanager die Auswahlentscheidung mehrstufig multikriteriell. Den Wissensstand für diese Vorauswahl potenzieller Teamkonstellationen als Beurteilungsbasis konkretisiert das Wissensmanagement über einen Pretest als vorbereitendes Teamtraining, um eine funktionale Teamgröße ableiten zu können. Pretests sind experimentell und als Planspiel zu gestalten und zwingend mit Feedbacks abzuschließen, welche das organisatorische Gedächtnis über ein Personalinformationssystem oder einen Qualifikationspool aktualisieren. Anhang 6 verdeutlicht die Steuerungsmaßnahmen zu den ermittelten Risiken der Teambildung, die in Kapitel 3.2.2 einzeln ausgeführt werden.

Über Zielvorgaben oder die Festlegung eines Anspruchsniveaus erhält das Team einen flexiblen Handlungsrahmen für die Verantwortungs- und Entscheidungsstruktur der *Teamsteuerung*. Das Wissensmanagement eröffnet durch eine anfängliche Teambeobachtung durch Anwesenheit den ersten individuellen bzw. kooperativen Teamentwicklungsbedarf oder dessen Entscheidungsoption der Revision der Teamstruktur oder der Teamauflösung. Den Weiterbildungsbedarf greifen Team- und Qualifikationsbesprechungen sowie Teamtrainingsseminare auf. Zusammen erweitern sie den Teamhorizont und lösen über das abschließende Feedback lernbasierte Entscheidungsschleifen aus, über welche die Ziele der Teamarbeit und die Steuerungsentscheidungen zu überprüfen und gegebenenfalls zu revidieren sind. Die Verantwortungs- und Entscheidungskoordination und das Wissensmanagement setzen jeweils sowohl am Kollektiv als auch am Individuum an. Ebenfalls durch ein abschließendes Feedback werden diese zusammengeführt und das Gelernte in den Teamaufgabenkontext transferiert. Die Teambesprechung ist verantwortungs- und entscheidungskoordinierend und löst partizipative Entscheidungsschleifen aus. Die Qualifikationsbesprechung des Wissensmanagements begünstigt partizipative Lernschleifen. Ihre integrierte Institutionalisierung als lernbasierte Entscheidungsschleife unter ablauforganisatorischer Trennung der Entscheidungs- und Lernbestandteile entwickelt Teamfähigkeit und eine Teamkultur aus Wahrheit, Vertrauen, gegenseitiger Unterstützung und Wissensteilung. Gestärkt wird die Teamarbeit durch ein differenziertes doppeltes Verantwortungs- und Anreizsystem. Das Erfahrungswissen geht in das Teamgedächtnis ein. Anhang 7 verdeutlicht die Steuerungsmaßnahmen der Risiken der Teamsteuerung, die in Kapitel 3.2.3 einzeln erläutert werden.

Die *Erfolgskontrolle* setzt unmittelbar bei den eben erläuterten Steuerungsmaßnahmen des Teammanagers an. In allen Phasen des Teammanagements gilt die Entscheidungsregel der Transaktionskosten als verantwortungs- und entscheidungskoordinierendes Beurteilungs- und Steuerungskriterium. Den situativen Anforderungen entsprechend empfiehlt sich ein Kontroll-Mix aus Fremdkontrolle, gegenseitiger Kontrolle im Team und Selbstkontrolle. Dem Komplementärprinzip folgend manifestieren sich diese Kontrollformen in einer Prämissen-, Ergebnis- und Fortschrittskontrolle. Sie sollen ein professionelles Teamverhalten erzeugen. Dafür ist Vertrauen als notwendiges Kontrollsurrogat aufzubauen. Für diese Verantwortungs- und Entscheidungsstruktur erzeugt das Wissensmanagement schließlich Vergleichsmöglichkeiten. Hierzu ist Wissen mehrdimensional über eine Indikatorenkontrolle zu messen. Anhang 8 zeigt eine Übersicht über die Steuerungsmaßnahmen zu den ermittelten Risiken der Erfolgskontrolle, die in Kapitel 3.2.4 einzeln ausgeführt werden.

#### 3.1.5.4 Ungewissheitsstrategie

Die Entscheidungsbasis wird bei Ungewissheit erst mit Ende der Leistungserstellung spezifiziert. Die Komplexität der Verantwortungs- und Entscheidungsstruktur lässt sich bei der *Einordnung der Teamarbeit in den Wertschöpfungsprozess* durch die Bildung partieller, unabhängiger Teilsysteme, durch Maßnahmen der systematischen und kreativen Strukturierung sowie durch eine flexible Planung reduzieren. Diese ist durch eine ad hoc Improvisation zu ergänzen. Monetäre Schäden decken Liquiditätsreserven und Finanzspielräume ab. Dies unterstützt ein unternehmungsweites Verantwortungs- und Anreizsystem. Das Wissensmanagement verbessert den Wissensstand des Teammanagements durch ein teamorientiertes Beziehungsmanagement, durch ein unabhängiges Teammanagerteam und durch unabhängige Teampromotoren und will Mitarbeiter langfristig an die Unternehmung und kurz- bis mittelfristig an das Team binden. Im Vergleich zu der Risikostrategie ist im Trichtermodell dem Feedback eine Kollegenbeurteilung vorzuschalten, um dem komplexitätsreduzierenden Kollektiv gerecht zu werden. Diese jeweiligen Einzelmaßnahmen erläutert Kapitel 3.3.1.

Das Kernteam verfügt gegenüber dem Teammanager über einen Wissensvorsprung, da es als weiteres partielles Teilsystem der Verantwortungs- und Entscheidungsstruktur sich die Kernteamfähigkeiten bereits während der *Teambildung* aneignet. Die Qualifikationen des Kernteams ergänzt ein integriertes Unterstützungsteam, welches durch das Kernteam ausgewählt wird. Das Wissensmanagement verlangt als Auswahlkriterien die Existenz und den flexiblen Einsatz von Schlüsselqualifikationen und eine Mehrfachqualifizierung, die in Kombination zu einem professionellen Teamverhalten befähigen. Diese Einzelmaßnahmen führt Kapitel 3.3.2 jeweils aus.

Das Team, bestehend aus Kern- und Unterstützungsteam, entscheidet bei Ungewissheit *während der Teamarbeit* selbständig über die Verantwortungs- und Entscheidungsoptionen der Revision der Teamstruktur, der Teamauflösung und der Teamentwicklung. Im Falle einer ungerechtfertigt empfundenen Entscheidung greift eine übergeordnete Appellationsinstanz schlichtend ein. Die Teamkoordination erfolgt über ein Schnittstellenmanagement und über einen psychologischen Kontrakt. Die flexible Aktionsplanung konkretisiert sich über die Meilensteintechnik. Das Wissensmanagement fördert im Team das informelle Lernen aus Erfahrungen und entwickelt Kommunikationskompetenz, um kontaktierende Maßnahmen für eine gegenseitige Abstimmung als ad hoc Koordinationsmechanismus realisieren zu können. Diese Steuerungsmaßnahmen erläutert Kapitel 3.3.3.

Die *Erfolgskontrolle* umfasst für die Verantwortungs- und Entscheidungsstruktur eine Kontrolle durch Meilensteine, die durch ad hoc Kontrollen ergänzt wird. Zwar erkennt das Team wegen des interaktiven Lernens und der wissensbasierten Kooperation die Notwendigkeit von Kontrollen, aber als internalisierter Unternehmungswert ist sie zusätzlich zu bestätigen und zu kommunizieren. Weil sie periodenübergreifend eingesetzt wird, wandelt das Wissensmanagement die flexible Aktionsplanung der Teamarbeit in eine rollierende flexible Aktionsplanung.

Grundsätzlich besteht die Erfolgskontrolle bei Ungewissheit aus der gegenseitigen Kontrolle mit einem großen Anteil an individueller Selbstkontrolle. Die teaminterne Fremdkontrolle durch den Teammanager reduziert sich bestenfalls auf eine Stichprobenkontrolle mit bewusster Auswahl. Die Feedforward- ergänzt die Feedback-Kontrolle und löst, integriert in ein Frühwarnsystem, zusammen mit den ad hoc Kontrollen lernbasierte Entscheidungsschleifen aus, wodurch dieser Kontroll-Mix eine Dynamisierung erfährt. Diese jeweiligen Einzelmaßnahmen führt Kapitel 3.3.4 aus.

## 3.2 Ausgewählte Steuerungsmaßnahmen des Teammanagements unter Risiko

### *3.2.1 Einordnung der Teamarbeit in den Wertschöpfungsprozess*

#### 3.2.1.1 Ex ante Betrachtung

##### 3.2.1.1.1 Verantwortungs- und Entscheidungsstruktur

Anknüpfend an die Risikostrategie (vgl. 3.1.5.3) und Anhang 5 sind die identifizierten aufgaben- (A1, A2), personal- (P1, P2) und allokationsbedingten (APA1, APA3) Risiken des Trichtermodells über die Verantwortungs- und Entscheidungsstruktur durch Maßnahmen der *Schadensverhütung* bzw. der *Reservebildung* zu *reduzieren.* Die verbleibenden Restrisiken sind zu *akzeptieren.* Erneut sei vorausgegriffen und auf die Abbildung 16 in Kapitel 3.2.1.3 verwiesen, welche die vernetzten Steuerungsmaßnahmen der Einordnung der Teamarbeit in den Wertschöpfungsprozess abschließend zusammenfasst.

- Risikoreduktionsstrategie durch Schadensverhütung

Die Wahrscheinlichkeit des Risikoeintritts bei der Einordnung der Teamarbeit in den Wertschöpfungsprozess lässt sich langfristig reduzieren, wenn die informatorische Grundlage jedes Teammanagements auf einer *Kontextforschung*, d. h. auf einer umfassenden fortlaufenden und zeitnahen Analyse und Prognose der Umwelt- und Unternehmungsbedingungen basiert (vgl. Kreikebaum 1997, 52; Welge, Al-Laham 2001, 183). Gegenstand der Umweltanalyse sind Branchenstrukturen und Konkurrentenprofile. Sie beeinflussen die Wettbewerbsintensität, -dynamik und Rentabilität der Unternehmung (vgl. Welge, Al-Laham 2001, 193-221). Auf dieser Analyse baut die Umweltprognose auf und ergänzt sie, indem sie anhand von Wahrscheinlichkeitsaussagen Information über zukünftige, relevante Unweltveränderungen gewinnt (vgl. Bea, Haas 2001, 266). Die Analyse und die Prognose der Unternehmungsbedingungen untersuchen die geografische Lage, die finanzielle Situation und die personalen Bedingungen, wie z. B. die Qualifikationen des unternehmungsinternen Personalstamms (vgl. Raab-Stahl 1998, 92-95).

Geeignete Instrumente der Kontextforschung sind z. B. Trendextrapolation, Regression, Lebenszyklus- oder Input-Output-Analyse als quantitative Prognoseverfahren. Qualitative Prognosen liefern die Systeme der Früherkennung nach den schwachen Signalen von ANSOFF (vgl. 1976, 129-152), die Gap-, Cross-Impact-, Delphi- oder Szenario-Technik (vgl. Geschka, Hammer 1986, 238-263; Pfohl, Stölzle 1997, 126-180; Welge, Al-Laham 2001, 289-298).

Besonders geeignet ist die Szenario-Technik, die als Metatechnik verschiedene Instrumente kombiniert und Risiken durch Wirkungsanalysen von Einflussgrößen berücksichtigt (vgl. Reibnitz 1989, 1980-1996). Ein Szenario bündelt Einflussfaktoren eines Bereiches, die durch Deskriptoren abgebildet werden. Indem es verschiedene Netto-Risiken kombiniert, berücksichtigt es kompensatorische oder kumulative Risikoeffekte (vgl. Burger, Buchhart 2002, 95). Da jedem Risiko eine Chance gegenübersteht, ist bei der Szenariobildung auf ein symmetrisches Risikoverständnis zu achten. Es sind Chancen-Risiko-Szenarien zu formulieren.

Aus den Ergebnissen der Kontextanalyse können erste Arbeitsmarkt- und Aufgabenszenarien mit strategischen Kriterien und Zielen zur Entscheidungskoordination von Teams, d. h. zur unternehmungsinternen Handhabung von Teams abgeleitet und ein erstes internes Qualifikationsszenario generiert werden. Diese Szenarien bilden die informatorische Basis für den risikosensibilisierten Metaentscheidungsprozess.

Zur aufgabenorientierten Präzisierung des Entscheidungsprozesses setzt der Teammanager bei der Informationsbeschaffung *Maßnahmen der systematischen und kreativen Problemspezifizierung und Strukturierung* ein. Durch sie deckt er die Kernfragen der Teamaufgabe durch systematisches und hierarchisch-strukturiertes Vorgehen auf, teilt Probleme in Teilkomplexe auf, fügt Lösungen der Teilprobleme zu einer Gesamtlösung zusammen oder bringt die Lösungsmöglichkeiten in eine logisch konsistente Struktur.

Potenzielle Instrumente für die Problemspezifizierung sind die progressive Abstraktion, Hypothesen-Matrix, epistomologische Analyse oder der Relevanzbaum. Für die Strukturierung eignen sich Ansätze der Variation (Morphologische Methoden, Suchfeldauflockerung), der Kombination (Sequenzielle Morphologie) oder der Erfassung und Gliederung (Entscheidungsbaum, Ablaufanalyse) (vgl. Pfohl, Stölzle 1997, 126-180; Welge, Al-Laham 2001, 289-298).

Weil die einzelnen Entscheidungsaktivitäten nicht zeitgleich auftreten, aber interdependent miteinander vernetzt sind, ist die Metaentscheidung des Teammanagers zu dynamisieren. Eine jeweils *rollierende Planung*, d. h. eine ständige Planrevision, gewährleistet, dass die Metaentscheidung ständig an neue Umweltentwicklungen angepasst wird (vgl. Pfohl, Stölzle 1997, 149). Sie fordert auf, den Entscheidungs- und Lernprozess des Teammanagements fortlaufend und zeitnah kritisch zu hinterfragen und sensibilisiert dadurch für Risiken.

Aus den Ergebnissen dieses *rollierenden risikosensibilisierten Metaentscheidungsprozesses* erhält der Teammanager erste Information über den Aufbau notwendiger und den Abbau überflüssiger Einzelqualifikationen. Er zeigt, welche unternehmungsinternen Tätigkeitsanforderungen auf- und welche Qualifikationsdefizite abzubauen sind. Das Ergebnis sind szenarienbasierte Kriterien und Ziele der Teambildung, der Teamsteuerung und der Erfolgskontrolle.

Diese vorgestellten Maßnahmen können aber nur selten derart umfassend eingesetzt werden, da die Ressourcen meist zeitlich, finanziell oder materiell begrenzt sind. Hier muss der Teammanager die Entscheidungsregel der Transaktionskosten einsetzen und beurteilen, ob der Nutzen des umfassenden aufgabenorientierten Maßnahmenbündels die dadurch entstandenen Kosten übersteigt. Ist dies nicht der Fall, sind sie durch ein summarisch abgeschätztes Maßnahmenbündel zu ersetzen.

Wenn die Transaktionskosten des zusätzlichen Aufwandes der Szenarioerstellung und -überprüfung größer sind als ihr Zusatznutzen (vgl. 3.1.5.2), ist eine permanente und simultane Risikoerfassung z. B. durch eine gezielte ad hoc Szenarioüberprüfung zu ersetzen, die bereits bei der Antizipation von möglichen Restriktionen einsetzt und potenzielle Auswirkungen auf Szenarien abschätzt. Die risikosensibilisierte Metaentscheidung des Teammanagers wird somit transaktionskostenminimal getroffen, so dass über das Trichtermodell die Markt- und Ertragsziele erfüllt werden können. Das Teammanagement unter Risiko trägt zum Erfolg der Unternehmung bei, wenn sein erwarteter Nettogewinn gleich dem erwarteten Bruttogewinn abzüglich der erwarteten Transaktionskosten ist. Zurückgehend auf den Beweis aus der Teamtheorie von MARSCHAK (vgl. 1954, 194; s. a. Laux, Liermann 2003, 217-225; vgl. 2.1.2) ist das Teammanagement vorteilhaft, wenn der erwartete Transaktionsertrag bei dessen Verfügbarkeit mindestens so groß ist wie der maximal erwartete Transaktionsertrag im Falle einer Entscheidung des Teams ohne Teammanagement. Daraus folgt, dass die konkreten Einzelmaßnahmen der Teamstrategie so auszuwählen sind, dass die von ihnen ausgelösten Transaktionskosten minimiert werden (vgl. Eigler 1995, 87).

Strategische Kriterien und Ziele sind bei Risiko schwer zu konkretisieren (vgl. Drumm 2003c, 11). Das Ziel- bzw. Optimierungskriterium der Maximierung (vgl. 2.3.4.2) ist durch ein satisfizierendes Anspruchsniveau als Mindestausprägung für einen Präferenzwert, mit festgelegten Entscheidungsbereichen und Verantwortlichkeiten zu ersetzen (vgl. Laux 2003, 25). Das Satisfizierungskriterium hilft Entscheidungs- und Beziehungsmuster schnell wahrzunehmen, da ein „(...) Vergleich der Ergebnisse von Alternativen (...) zur Entscheidungsfindung nicht erforderlich [ist, und somit, Anm. d. Verf.] (...) das Entscheidungssubjekt seine Aufmerksamkeit sukzessiv einzelnen Alternativen zuwenden kann (...)“ (Kirsch 1998, 22). Die Entscheidungssicherheit steigt, da es aufzeigt, wann die Informationssuche kalkuliert abgebrochen werden kann. Diese gilt ebenso für das satisfizierende Anspruchsniveau der Teambildung, der Teamsteuerung und der Erfolgskontrolle.

Diese satisfizierenden Entscheidungsbereiche und Verantwortlichkeiten sind dem Teammanager allerdings vollständig zuzuordnen, damit er *autonom* handeln kann (vgl. Höhn 1971, 748; Raab-Stahl 1998, 177).

> „Die Kopplung der Rechte, ein Gut zu nutzen und zu verändern, an die Rechte, Gewinne und Verluste einzunehmen und das Gut zu veräußern, sorgt dafür, daß den Handelnden alle Folgen seiner Handlungen selbst treffen. Weil der Handelnde von den Auswirkungen seines Umgangs mit Ressourcen nur selbst profitiert bzw. nur selbst dafür aufkommt, hat er einen starken Anreiz, die Ressourcen effizient einzusetzen (...)“ (Picot, Dietl, Franck 2002, 57-58).

Verfügt der Teammanager über diesen Gestaltungs- und Verhaltensspielraum steuert er innerhalb den von der Unternehmungsleitung vorgegebenen Zielen oder Bandbreiten Zeit, Budget oder Qualität der Teamleistung eigenverantwortlich.

- Risikoreduktionsstrategie durch Reservebildung

Als Rückversicherung eines Teammanagers kann er unternehmungsweit in ein projektübergreifendes Teammanagerteam integriert werden. Diese personelle Maßnahme fördert den Aufbau eines unternehmungsweiten *Beziehungsnetzwerkes* und ermöglicht eine zielgerichtete *Entscheidungskoordination*, indem mangelhaft strukturierte Metaentscheidungen zwischen den Teammanagern aufgedeckt und Erfahrungen unternehmungsweit ausgetauscht werden. Zusammen mit der Unternehmungsleitung entwickeln sie gemeinsam aus den Unternehmungszielen die strategischen Teamziele, die motivierenden Leitideen und die potenziellen Maßnahmen ihrer Erreichung. Ihre Aufgabe ist es, den unternehmungsinternen *Risikodiskurs* anzuregen (vgl. Obermeier 2002, 343-355; Trunk 2002, 171-177), d. h. „(...) in einen Dialog über die Risiken, die Notwendigkeit diese einzugehen und die Maßnahmen zu deren Handhabung einzutreten (...)“ (Kratzheller 1996, 99). Dies vermittelt ein symmetrisches Risiko-Chancen-Bewusstsein, die Sinnhaftigkeit von Risikoanalysen, -steuerung, -kontrollen und empfiehlt innerhalb des Beziehungsnetzwerkes eine Koordination über Normen, gemeinsame Werte und geteilte Einstellungen (vgl. Obermeier 2002, 345-354; s. a. weiterführend 3.3.1.1.2).

Sind z. B. die Interessensunterschiede innerhalb des Teammanagerteams so groß, dass die dadurch entstandenen Transaktionskosten den zu erwartenden Transaktionsnutzen übersteigen, empfiehlt sich eine weniger umfassende Rückversicherungsstrategie. Anstelle eines Teams von Teammanagern sind vereinzelte Linking Pins einzurichten (vgl. Likert 1972, 111). Das bedeutet, dass ein Teammanager gleichzeitig Mitglied in zwei oder in mehreren Teams ist. Kooperierende Teammanager können sich über diese Teamverknüpfung laufend informieren, Koordinationsbedarf aufdecken und ihre Tätigkeiten aufeinander abstimmen.

Die letztendliche Verantwortung und Entscheidung liegt jedoch in beiden Fällen weiterhin allein bei dem zuständigen Teammanager. Das Teammanagerteam oder das Linking Pin System besitzen hier nur beratende und koordinierende Funktion.

- Risikoakzeptanzstrategie

Die entwickelten Steuerungsmaßnahmen der Verantwortungs- und Entscheidungsstruktur ordnen Rechte zu und zeigen Pflichten auf. Sie *sensibilisieren* auf strategischer Ebene für das unternehmungsspezifische Risiko der Teamarbeit, so dass der Teammanager diese frühzeitig erkennen kann. Vollkommen eliminieren können die Steuerungsmaßnahmen dieses Risiken jedoch nicht. „(...) Wettbewerbsvorteile lassen sich (...) nur erzielen, wenn man versucht ‚Chancen’ zu nutzen, die andere Wettbewerber scheuen (...)“ (Martin 1998d, 175). Daher ist über die Transaktionskosten-Regel genau zu kalkulieren, wie strategisch bedeutsam die Chance die dem Risiko gegenüber steht für die Unternehmung ist und ob es sich lohnt dieses einzugehen. Die verbleibenden Restrisiken des systemimmanenten Risikos und des Entscheidungsrisikos erhöhen das unternehmerische Risiko.

#### 3.2.1.1.2 Wissensmanagement: Information und Kommunikation

Infolge der Risikostrategie (vgl. 3.1.5.3) und Anhang 5 sind die herausgearbeiteten aufgaben- (A3, A4), personal- (P3) und allokationsbedingten Risiken (APA2, A-PA4,APA5) der Einordnung der Teamarbeit in den Wertschöpfungsprozess der Unternehmung von dem Wissensmanagement zu *reduzieren* und zu *akzeptieren.*

- Risikoreduktionsstrategie durch Schadensverhütung

Empirische Untersuchungen bestätigen, dass bei der Einführung von Teamarbeit in die Unternehmung *Teampromotoren* unternehmungsintern die Akzeptanz, die Glaubwürdigkeit und die Notwendigkeit der Teamarbeit aktiv und intensiv fördern, da sie Barrieren des Nicht-Wollens (Beziehungs- oder Machtpromotor) und des Nicht-Wissens (Fachpromotor) überwinden (vgl. Witte 1973, 15; Hauschildt 2001, 332-337); unternehmungsextern verbessern sie das Image und fördern das Akquisitionspotenzial der Unternehmung. Für ihren Einsatz muss aber, z. B. mittels einer Risikoanalyse (vgl. 3.1), geklärt werden, ob die mangelnde Teamunterstützung auf Motivations-, Kenntnis- oder Fähigkeitsbarrieren zurückzuführen ist, um zu erkennen, ob ein Fach-, Beziehungs- oder Machtpromotor nötig ist.

Zur Überwindung der Motivations-, d. h. der Willensbarrieren kann ein *Machtpromotor* eingesetzt werden (vgl. Witte 1988, 151). Dieser nutzt sein hierarchisches Recht- und Pflichtpotenzial und setzt über positive oder negative Sanktionen bzw. deren Zusage oder Androhung Anreize für eine effektive und effiziente Teamarbeit. Dafür stellt er z. B. ein ausreichendes und angemessenes Finanzbudget für das Team bereit oder stärkt den Teamrückhalt in strategisch bedeutsamen Krisensituationen. Insbesondere auf der strategischen Ebene ist der Machtpromotor für die Akzeptanz und die Glaubwürdigkeit des Teammanagers unverzichtbar.

Ein *Fachpromotor* eignet sich, den Lösungsprozess aufgabenbezogen zu fördern und zu verbessern, wenn er über spezifisches Fachwissen und über Erfahrungen im Umgang mit Risiken verfügt (vgl. Witte 1973, 18). Er ermittelt und kommuniziert die festgelegte Entscheidungskoordination, d. h. die ersten Kriterien und Ziele bzw. das Anspruchsniveau mit Abbruchkriterium zur Handhabung von Teams sowie zur Teambildung, Teamsteuerung und Erfolgskontrolle (vgl. 3.2.1.1.1).

Ein *Beziehungspromotor* tritt aufgaben-, personal- und allokationsbedingten Motivations-, d. h. Willensbarrieren entgegen (vgl. Gemünden, Walter 1995, 974). Er entwickelt ein vertrauensvolles Beziehungsnetzwerk, verfügt über einen breiten Ansprache- und Beziehungsradius und kann dadurch unterschiedliche Akteursgruppen gezielt erreichen. Er ermittelt aus der Kenntnis unternehmungsinterner Personalqualifikationen erste Kriterien und Ziele über die Teamqualifikation.

Teampromotoren müssen über hohe Qualifikationen verfügen, weshalb sich nicht jede Person eignet. Ein Beziehungspromotor z. B. muss soziale Qualifikationen und Erfahrung, also ein Gespür für Teams und ihre Probleme, besitzen, um angemessen zu reagieren (vgl. Gemünden, Walter 1995, 975). Nur wenn ein Teampromotor professionell handelt, ist er glaubwürdig. Erhöhen kann er seine Glaubwürdigkeit über bindende Selbstverpflichtungen oder Vereinbarungen (vgl. Holmstrom 1982, 326-330). Unter Berücksichtigung der Mehrperiodigkeit der Teamarbeit (vgl. 2.3.4.3.1) stärkt er seine Glaubwürdigkeit und das Vertrauen durch einen Vertrauens- oder Informationsvorschuss (vgl. Ripperger 1998, 193; Laux 2003, 409). „Dieser stellt eine personenspezifische Investition in den Vertrauensnehmer dar und wird sich vor allem bei wiederholten Transaktionen amortisieren, d. h. unter der Bedingung vertrauenswürdigen Verhaltens seitens des Vertrauensnehmers (...)“ (Ripperger 1998, 193). Wann sich welcher Promotor mit welcher Einsatzintensität eignet, können die Transaktionskosten entscheiden.

Bereits auf der Unternehmungs-, Vertrags- und Teammanagementebene ist eine intensive Kommunikation erfolgsentscheidend (vgl. Likert 1972, 124-126). Ein derart übergreifender *interpersoneller Kommunikationsprozess* erfordert Vertrauen, Offenheit und gegenseitigen Respekt für die Genauigkeit der Informationsübermittlung, die Richtung des Informationsflusses, die Menge der übermittelten Information und das Ausmaß des Zurückhaltens von Information (vgl. Loomis 1959, 305-315; Drumm 2003c, 13). Den vernetzten Kommunikationsprozess strukturieren und formalisieren *Informations- und Kommunikationsregeln,* welche die Teamstrategie unternehmungs- bzw. teammanagementweit konkretisieren und umsetzen. Sie stellen Teamstandards für die tägliche entscheidungsrelevante Teamkommunikation dar und tragen somit zur Risikosensibilisierung bei. Dennoch sind sie flexibel genug und bewahren ausreichenden Kommunikationsspielraum für eine informelle Kommunikation und für kreative Anregungen der Teammanager. Die formellen Informations- und Kommunikationsregeln sind mit der Verantwortungs- und Entscheidungsstruktur zu verbinden (vgl. 3.2.1.1.1.1), so dass die Einhaltung wegen ihrer strategischen Bedeutung wirksam belohnt, ihre Nichtenhaltung wirksam bestraft werden kann.

Für die aufgezeigten Risiken des Trichtermodells fordern Informations- und Kommunikationsregeln einerseits Angaben über die Identität, Qualifikationen und Zuständigkeiten der Kommunikationspartner, die Art des Informationskanals bzw. des Übertragungsweges oder über Referenzen der Informationsquelle. Als Konsistenzprüfung kontrollieren sie die mehrwertige Information auf ihren Wahrheitsgehalt bzw. auf ihre Glaubwürdigkeit. Die Informations- und Kommunikationsregeln liefern erste Information über Qualifikationen oder Aufgabenziele und können eine weitere Aufgaben- oder Qualifikationsnachfrage auslösen.

Andererseits können Informations- und Kommunikationsregeln Hinweise auf ein risikosensibilisiertes entscheidungs- und lernunterstützendes Aussagen- und Argumentationssystem beinhalten, um den Entscheidungsprozess transparent mit dem Lern- und dem Risikomanagementprozess zu verbinden und geeignete Fragestellungen zu implizieren. Sie erzeugen durch ihre Signalwirkung Aufgaben- und Qualifikationstransparenz und bieten die Möglichkeit zur Überprüfungen im Rahmen der Erfolgskontrolle (vgl. 3.2.4). Überdies konstatieren sie, dass eine ad hoc Risikorevision mit anschließenden Risikodiskurs bei Überschreiten der Risikoschwelle, bei Veränderungen der Eintrittswahrscheinlichkeit und Schadenshöhe sowie bei der Identifikation neuer Risikopotenziale zwingend erfolgen muss.

Die Informations- und Kommunikationsregeln z. B. lassen sich analog als Positionspapier oder digital als *inter- oder intranetbasierte Kommunikationsplattform* dokumentieren oder als Report in einem *Managementinformationssystem* speichern (vgl. Bruhn 2003, 86). Letzteres komprimiert entscheidungsrelevantes Wissen, indem es die vorhandene Information nach Managementinteressen filtert und über einen zusammenfassenden Report aufbereitet (vgl. weiterführend 4.2.1.1.1).

Damit die Unternehmung kurz- und langfristigen Nutzen aus schnell diffundierendem Wissen ziehen kann, ist dieses in einem *organisatorischen Gedächtnis* zu speichern. Das kollektive Gedächtnis der Organisation dient dazu „(...) Wahrgenommenes, Erlebtes oder Erfahrenes über die zeitliche Dauer des aktuellen Geschehens hinaus zu speichern und zu einem späteren Zeitpunkt wieder abrufen zu können (...)“ (Lehner 2000, 92). Die Wissensbasis resultiert aus dem entscheidungsrelevanten Erfahrungswissen aller Betroffenen. Daraus folgt, dass es personenabhängig ist und erst langfristig genutzt werden kann, wenn es in das personenunabhängige organisatorische Gedächtnis aussagekräftig strukturiert überführt wird. Dafür ist die Wissensbasis zu dekontextualisieren, um sie für weitere Anwendungen auswerten und nutzen zu können (vgl. Gruber 1999, 134).

Zusammen bereichern diese Instrumente des Wissensmanagements das organisatorische Gedächtnis der Unternehmung, da sie als Erfahrungswerte für die zukünftige Teamarbeit herangezogen werden können. Sie verdeutlichen den Mitarbeitern die Notwendigkeit und Bedeutung des organisatorischen Lernens (vgl. Lehner 2000, 92). Durch eine erneute Verknüpfung mit der Verantwortungs- und Entscheidungsstruktur (vgl. 3.2.1.1.2) ist das organisatorische Gedächtnis mit einer Anreizstruktur zu unterlegen, so dass es nicht nur aktiv aufgebaut oder eigenverantwortlich gepflegt, sondern auch heuristischen Nutzen für zukünftige Mustererkennungen liefern und zur Lösung innovativer Probleme beitragen kann.

- Risikoreduktionsstrategie durch Reservebildung

Das *Promotorenmodell*, das *organisatorische Gedächtnis* und das *Beziehungsnetzwerk* wirken zugleich reservebildend. Dies ist der Fall, wenn z. B. unvorhergesehen eine Umbesetzung des Teammanagers erfolgen muss oder ex ante der Teammanager oder das Team auf ihr Qualifikationspotenzial oder ihre Umsetzungschancen zu beurteilen sind. Weiter lassen sie sich für eine ad hoc Berichterstattung oder Planrevision einsetzen. Die dabei verfolgte top down-Planung gewährleistet Zielfinalität (vgl. Bea, Haas 2001, 197).

- Risikoakzeptanzstrategie

Durch die herausgearbeiteten Steuerungsmaßnahmen lassen sich Filtereffekte erzeugen, wodurch es gelingt, Information gezielt zu kanalisieren und zu bewerten. Sie stoßen entscheidungsbezogene Lerneffekte an, welche die organisatorische Wissensbasis verbessern. Es lässt sich ein Wissensvorsprung generieren, der die Marktchancen erhöht und Risiken reduziert. Dies erfordert von allen Beteiligten Professionalität. Z. B. müssen Fachpromotoren die Aufgabenlösung oder Teammanager die nötigen Managementtechniken kennen. Professionelles Verhalten ist jedoch personenspezifisch und schwer zu ermitteln, da sie unlösbaren Mess- und Zurechnungsproblemen unterliegt. Zielabweichungen lassen sich folglich nur begrenzt aktiv beeinflussen. Als Restrisiko erhöhen diese Informationsbeschaffungs- und -verarbeitungsrisiken das unternehmerische Risiko.

### 3.2.1.2 Ex post Betrachtung

Die ex post Betrachtung unterscheidet sich von der ex ante Betrachtung dadurch, dass sie über einen besseren Wissensstand verfügt als die anderen Bausteine des Teammanagements und die Stufen invers durchläuft (vgl. 3.1.5.1). Die abschließenden Steuerungsmaßnahmen aus der ex ante Betrachtung sind die Anfangsmaßnahmen in der ex post Betrachtung.

Aus der Retrospektive lassen sich die Kriterien und Ziele der Teambildung, der Teamsteuerung und der Erfolgskontrolle verifizieren und über den risikosensibilisierten Metaentscheidungsprozess gefiltert, für die strategischen Kriterien und Ziele zur zukünftigen internen Handhabung von Teams adaptieren. Auch das Arbeitsmarkt-, Aufgaben-, und Qualifikationsszenario aus der Kontextforschung und das später entwickelte Aufgaben- und Qualifikationsprofil sind zu überprüfen und gegebenenfalls anzugleichen. Wurde z. B. während der Teamarbeit erkannt, dass eine spezifische und für die Unternehmung bedeutsame Qualifikation erforderlich, aber nicht verfügbar ist, kann dies der Anlass sein, diese zukünftig langfristig auszubilden. Kurz- bis mittelfristig lässt sich die Qualifikationslücke durch Mehrfachqualifikationen und durch eine erhöhte Lernfähigkeit und -bereitschaft als Steuerungsmaßnahmen der Teamsteuerung reduzieren (vgl. weiterführend 3.2.3).

Unter dem Entscheidungskriterium der transaktionskostenminimalen Alternative tritt das Risiko langfristiger Ausbildung und Weiterentwicklung (vgl. 3.1.1.1.2) erst dann ein, wenn die Transaktionskosten der Fremderstellung, d. h. des Bezuges der Qualifikation über den externen Markt größer sind als die der internen Ausbildung. Die Einordnungsentscheidung ist also grundsätzlich danach zu treffen, ob Maßnahmen extern bezogen oder unternehmungsintern erstellt werden.

Diese bottom up-Planung löst eine problembezogene und realitätsnahe Revision der Wissensbasis und der Informations- und Kommunikationsregeln aus. Insbesondere erworbenes implizites Wissen aus der Teamarbeit geht nach Auflösung des Teams verloren, wenn dieses nicht über das Teamgedächtnis in das organisatorische Gedächtnis überführt wird. Hierauf ist in Kapitel 3.2.3.2 zurückzukommen. So lassen sich Erfahrungen und Lerneffekte aus der Teamarbeit über das Trichtermodell filtern und abstrahieren, um verallgemeinert in dem organisatorischen Gedächtnis gespeichert zu werden und für zukünftige Projekte heuristischen Nutzen liefern zu können. Zudem werden die Unternehmungsziele und -strategien an die unternehmungsinternen Veränderungen angepasst, die daraus resultieren, dass sich die Lebensdauer des Wissens durch den erhöhten Lerndurchlauf der Teamarbeit zunehmend verkürzt. Damit schließt sich der projektbezogene Kreislauf des Trichters. Er öffnet sich für das nächste Projekt mit einem erweiterten Erfahrungswissen.

### 3.2.1.3 Schlussfolgerungen zur Einordnung der Teamarbeit in den Wertschöpfungsprozess

Aus den *ex ante* Steuerungsmaßnahmen des Trichtermodells unter Risiko leitet sich die folgende Schlussfolgerung ab. Möglichkeiten der Informationsbeschaffung und -verarbeitung müssen differenziert, d. h. umfassend oder summarisch abgeschätzt, für alle Beteiligten *redundant verfügbar* sein, wenn entscheidungsrelevante Information die Verantwortungs- und Entscheidungskoordination transaktionskostenminimal fundieren soll. Bei fraglichem Wahrheitsgehalt oder Glaubwürdigkeit ist Entscheidungssicherheit durch *Konsistenzprüfungen* zu erzeugen. Formelle Kommunikationsmöglichkeiten sind durch Kommunikationsspielräume zu flexibilisieren und durch informelle Informationskanäle zu ergänzen, um dort *soziale Nähe* zu schaffen, wo qualitative Eigenschaften mit unlösbaren Mess- und Zurechnungsproblemen deren Operationalisierung verhindern.

Die *ex post* Betrachtung verdeutlicht, dass dort *Verknüpfungen* zwischen der Teamarbeit, dem risikosensibilisierten Metaentscheidungsprozess und den Umwelt-, Aufgaben- und Qualifikationsszenarien zu schaffen sind, wo Restriktionen auftreten. Das Arbeitsmarktszenario und die zukünftigen Projekte der Teamarbeit sind ihm gegenüber *abzugleichen*, die qualitativen und quantitativen Ausbildungs- und Weiterentwicklungspotenziale zu *korrigieren* und die daraus gewonnen Erkenntnisse in das organisatorische Gedächtnis zu *überführen*.

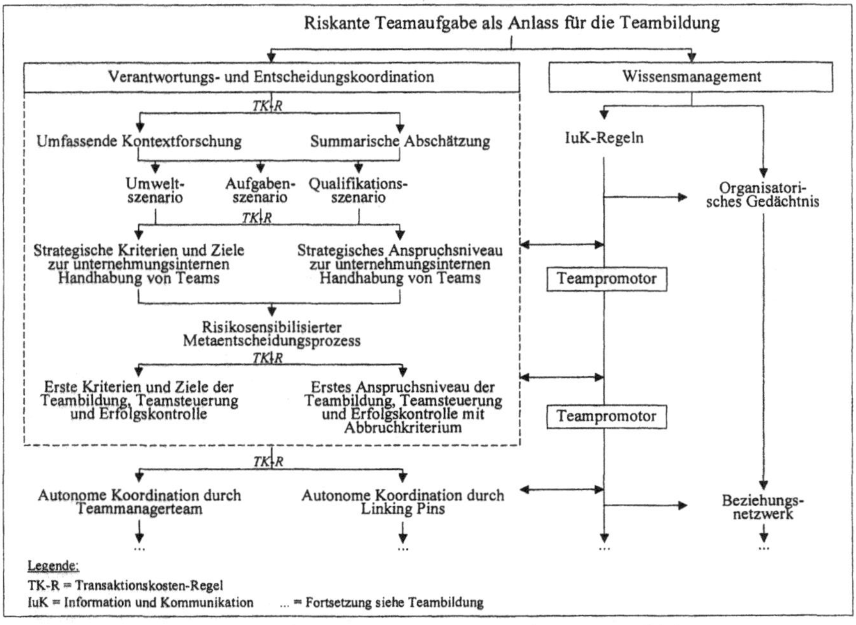


**Abbildung 16: Aufgaben- und personalbedingte Steuerungsmaßnahmen des Trichtermodells; eigene Darstellung**

Abbildung 16 fasst die Steuerungsmaßnahmen des Trichtermodells unter Risiko in einem vernetzten Prozessmodell zusammen.

Zur übergreifenden langfristigen Steuerung von Entscheidungen in Teams kombiniert das Teammanagement unter Risiko über das *Trichtermodell* die top down-Planung (vorgelagertes Trichtermodell) mit der bottom up-Planung (nachgelagertes Trichtermodell). Dieses Gegenstromverfahren gewährleistet konsistente und finale Teamaktivitäten. Das Ziel des Wissensmanagements ist die Wissensbasis der Verantwortungs- und Entscheidungskoordination transaktionskosteneffizient zu verbessern.

### *3.2.2 Teambildung*

#### 3.2.2.1 Verantwortungs- und Entscheidungsstruktur

Die bei der Teambildung durch die Verantwortungs- und Entscheidungsstruktur verursachten Risiken werden durch die eben vorgestellten Maßnahmen abgeschwächt, da sie weitgehend Folgerisiken sind. Um sie zusammen mit den identifizierten personal- (vgl. P4) und allokationsbedingten Risiken (vgl. APA6, APA7, APA8) gezielt *reduzieren* und *akzeptieren* zu können, sind die bekannten Maßnahmen – die Risikostrategie und Anhang 6 weiter- bzw. ausführend (vgl. 3.1.5.3) – kontextbezogen auszurichten und zu erweitern. Da die Steuerungsmaßnahmen der Teambildung die Erfüllung des Äquivalenztheorems direkt verantworten, sind sie von strategischer Bedeutung. Je mehr Risiken sie reduzieren können, desto äquivalenter lässt sich die Auswahlentscheidung treffen und desto weniger Revisionsrisiken treten auf. Kapitel 3.2.2.3 zeigt in Abbildung 17 das vernetzte Prozessmodell der Steuerungsmaßnahmen der Teambildung unter Risiko.

- Risikoreduktionsstrategie durch Schadensverhütung

Für den Teambildungsprozess müssen die Umwelt-, Aufgaben- und Qualifikationsszenarien durch Daten der externen *Arbeitsmarktforschung* und der internen *Teamarbeitforschung* präzisiert werden.

Die *Arbeitsmarktforschung* als Teil der Umfeldanalyse bereitet alle für die Auswahlentscheidungen relevanten arbeitsmarktbezogenen Daten, wie z. B. Bildungsumfeld oder Berufsbild auf und bewertet sie. Dadurch sollen Angebots- und Nachfragepotenziale auf dem Arbeitsmarkt unter Berücksichtigung relevanter Strukturen, Veränderungen von Rahmenbedingungen oder Einflussgrößen frühzeitig erkannt und Arbeitsbedingungen, wie z. B. die Vergütung bei Konkurrenten, analysiert werden, um daraus das unternehmungsspezifische Akquisitionspotenzial zu ermitteln. Als Instrument eignet sich erneut die Szenario-Technik, welche zweckmäßige Information oder Informationsquellen erschließt und verfügbare Information auswertet, um ein Szenario des relevanten Arbeitsmarktes ableiten zu können (vgl. Drumm 2001, 64-66). Mögliche Informationsquellen sind primäre Daten von Marktforschungsinstituten oder sekundäre Daten der Arbeitsverwaltung (Arbeitsämter, Institut für Arbeitsmarkt- und Berufsforschung). Letztere zeigen die Struktur z. B. der Arbeitslosigkeit und offener Stellen auf, um Engpässe bei der Ausbildungsrichtung aufzudecken. Dies kann zur Prognose von Arbeitskräftepotenzialen oder Bedarfsbreiten für Personalkategorien eingesetzt werden.

Die *Analyse und die Prognose der Teamarbeit* untersuchen die sozialen Beziehungen der Teamarbeit und ihre Arbeitsbedingungen, wie z. B. Arbeitsraum, -zeit und -mittel. Ein Bewertungsinstrument ist das Genfer Schema, welches die Arbeitsschwierigkeit mit ihren Anforderungen in Können, Verantwortung, Arbeitsbelastung und Umgebungseinflüsse zusammenfasst (vgl. Ridder 1993, 175).

Das Ergebnis dieser Datenpräzisierung sind Arbeitsmarkt- und Teamarbeitsszenarien, die in die *Teamforschung* eingehen. Diese ermittelt die Folgen der Szenarien mit Kosten- und Zahlungswirkungen (vgl. Drumm 2000a, 225). Für die Teamnachfrage leitet sie Kriterien und Ziele relevanter Teamqualifikationen ab und bestimmt, über welche Kenntnisse, Fähigkeiten und Motivation die Teammitglieder insgesamt verfügen müssen. Diese Teamanforderungen dienen für eine erste Vorauswahl potenzieller Kandidaten für die Teamarbeit. Für diese *Teamakquisition* bestimmt und bewertet die Teamforschung das Einsatzpotenzial verfügbarer Teammitglieder ganzheitlich, indem sie diese über Auswahlkriterien möglichst eindeutig und wertfrei abbildet. Darauf aufbauend erfasst die Teamforschung die Verwendung der Teampotenziale im Zeitablauf, indem sie das Lern- und Weiterentwicklungspotenzial des Teams ermittelt. Sie deckt Auswahlfehler und langfristige Beschaffungs- und Entwicklungspotenziale auf (vgl. Drumm 2003c, 16).

Die Auswahlentscheidung ist *mehrstufig multikriteriell*. Nicht nur die Teamqualifikation ist durch Deskriptoren abzubilden, sondern auch die jeweilige Einzelqualifikation. Die abgeleiteten Kriterien der Kenntnisse, der Fähigkeiten und der Motive sind zu verbinden, damit anhand dieser vernetzten Kriterien nicht nur die Eignung einer Person für eine ganz spezielle Aufgabe im Team eruiert werden kann, sondern auch die Teameignung in ihrer synergetischen Gesamtheit. Letztere zeigt die Teamerfahrung als Reifegrad des Teams.

Aufgrund der identifizierten Risikoursachen sind als fachliche Kriterien nicht nur personelle Stammdaten wie Name, Alter, Lebens- und Ausbildungsdaten, sondern zudem Problemlösungs- und Kreativitätstechniken, Eigeninitiative zur fachlichen Weiterbildung oder Berufserfahrung im jeweiligen Fachgebiet heranzuziehen. Fähigkeiten lassen sich über kognitive Variablen, wie z. B. Transfergeschick, individuelle und kooperative Lern- und Teamfähigkeit, Intelligenz, Diskussions- und Kommunikationstechniken abbilden. Mögliche motivationale Deskriptoren sind Lern-, Diskussions- und konstruktive Kritikbereitschaft.

Die *Vorauswahl potenzieller Teamkonstellationen als Beurteilungsbasis* kann durch unterschiedlich aufwendige und aussagekräftige Techniken erfolgen: von einfachen summarischen Beurteilungsverfahren bis hin zu aufwendigen Tests im Rahmen von Assessment-Centern. Zur Bestimmung des Qualifikationspotenzials eignen sich z. B. Personalbestands-, -bewegungsstatistiken, Testverfahren, laufende Mitarbeiterbeobachtungen, -beurteilungen, Mitarbeitergespräche, Persönlichkeitstests oder die Assessment-Center-Technik (vgl. Drumm 2000a, 99-129). Aus den beschaffbaren Qualifikationen verschiedener Teamkonstellationen resultieren die nachgefragten und akquirierbaren Qualifikationsprofile.

Je größer das Team ist, desto weniger fühlen sich die Teammitglieder verantwortlich, da sie sich auf andere oder auf das Team als abstrakte Größe berufen können. Individuelle Beiträge lassen sich nicht eindeutig messen und zuordnen. In kleinen Teams dagegen ist die Übernahme von Verantwortung meist größer (vgl. Scherke 1953, 11). Grundsätzlich ist zwischen der Mitgliederzahl und der Funktionsfähigkeit des Teams abzuwägen. Die Festlegung der Teamgröße muss in enger Abstimmung mit den Zielen bzw. dem Anspruchsniveau und in Hinblick auf die Entscheidungs- und Verantwortungswirkung der Teamarbeit erfolgen, da sich in ihr die Risiken der Teambildung bündeln (vgl. 3.1.2.1.3). „Die *Teamgröße* sollte bei fünf, sieben oder neun Personen liegen, um effiziente Arbeit zu erleichtern, um Pattsituationen bei Entscheidungen zu vermeiden und um Minoritäten von wenigstens zwei Personen zuzulassen (...)“ (Drumm 2003a, 208).

Das geeignete Verhältnis zwischen Teamgröße und Funktionsfähigkeit lässt sich nur ermitteln, wenn die kompensatorischen und kumulativen Streuungseffekte von Risiken und die Interdependenzen der eingesetzten Steuerungsmaßnahmen berücksichtigt werden. Je geringer die verbleibende Äquivalenzdifferenz in der Nettobetrachtung ist, desto geringer sind die Risiken während der Teamarbeit und umso weniger Steuerungsmaßnahmen der Erfolgskontrolle und der Teamrevision sind zukünftig einzusetzen.

Es ist zu beachten, dass der Teambildung zwar Auszahlungen aber keine Einzahlungen durch das Team zugerechnet werden können. Es fallen bislang Vorkosten an; Kosten, die unerlässlich sind zur Erhaltung und Schaffung zukünftiger Nutzungspotenziale (vgl. Kilger 1987, 52). Da empirisch belegt ist, dass die Qualität der Teamarbeit durch die Güte der Teambildung beeinflusst werden kann (vgl. Forster 1982, 168; Högl, Gemünden 2001, 57), ist die Teambildung als Investition zu verstehen und nicht als Belastung, die zu minimieren ist (vgl. 3.1.4.1.1.1). Denn in der Summe der Teamarbeit soll die Auswahlentscheidung dazu führen, dass sie Fehlentscheidungen im Team verhindert und potenzielle Steuerungsmaßnahmen der Kontrolle und Revision von Teamentscheidungen entgegenwirkt.

- Risikoreduktionsstrategie durch Reservebildung

Um die Risikohöhe der Teambildung zu reduzieren, sind die wahren Qualifikationsprofile frühestmöglich zu erkennen. Deshalb ist es notwendig, nicht bereits nach der Ermittlung der ersten relevanten Teamqualifikation eine (endgültige) Teamauswahl zu treffen, sondern potenzielle Teamkonstellationen auf ihre Risikoanfälligkeit zu überprüfen. Es sind *Pretests*, d. h. vorbereitende Teamtrainings anzusetzen (vgl. weiterführend 3.2.2.2). Durch sie können potenzielle Risiken antizipiert werden, so dass der Teammanager sein Qualifikationsprofil über die potenziellen Teamkonstellationen und damit seine Teambildungsentscheidung revidieren und sein Gesamturteil bilden kann.

Ist im Team eine Störungsminorität zu erwarten, d. h. wirkt nur ein Teammitglied als Störfaktor, hat der Teammanager die Möglichkeit die Teamstruktur zu revidieren, ohne aber mit dem Eintritt der zuvor beschriebenen Revisionsrisiken rechnen zu müssen (vgl. 3.1.3.1). Zeigen sich im Team anstelle von Störfaktoren Qualifikationsdefizite, kann er diese durch Teamentwicklung beseitigen. Ein leistungsschwaches Teammitglied wird vor der Teamarbeit weiterentwickelt und dem Leistungsniveau des zukünftigen Teams angepasst. Deren Steuerungsmaßnahmen präzisiert die Teamsteuerung (vgl. 3.2.3). Ermittelt die Erfolgskontrolle eine langfristige Störungsmajorität, ist das Team aufzulösen (vgl. weiterführend 3.2.4.1).

- Risikoakzeptanzstrategie

Das Risiko verhindert, dass die wahre Teamnachfrage und -akquisition vollkommen ermittelt werden können. Auch ein Pretest kann nicht auf alle möglichen Teamsituationen vorbereiten oder die wahren Qualifikationen des Teams erkennen. Die Festlegung der Teamqualifikationen anhand von Auswahlkriterien und ihre Beurteilung weisen zahlreiche Risiken auf, die dazu führen, dass eine Auswahlentscheidung für die Teambildung nie vollkommen äquivalent getroffen werden kann. Daher verfügt das Team (fast) nie über die gesamt erforderliche Teamqualifikation, um das Äquivalenztheorem erfüllen zu können. Restrisiken sind hier unvermeidbar. Bei der Revision der Teamstruktur verbleibt das Restrisiko, dass auch eine neue Teamkonstellation, Störungen im Team nicht zwingend abbauen oder die Teamarbeit durch neue Qualifikationen verbessern muss. Die Teamentwicklung kann den Abbau des Qualifikationsdefizits ebenfalls nicht garantieren. Bei einer Teamauflösung sind die bisher getätigten Investitionen z. B. als langfristige Personalentwicklung zu akzeptieren. Insgesamt erhöhen die Restrisiken der Nachfrage, Akquisition und Auswahl das unternehmerische Risiko.

#### 3.2.2.2 Wissensmanagement: Information und Kommunikation

An die Risikostrategie (vgl. 3.1.5.3) und Anhang 6 anknüpfend sind die identifizierten Folge- und Personalrisiken (vgl. P5, P6, P7) der Teambildung von dem Wissensmanagement zu *reduzieren* und zu *akzeptieren*.

- Risikoreduktionsstrategie durch Schadensverhütung

Durch *Planspiele* kann das Trainingsteam den Umgang mit risikoträchtigen Entscheidungssituationen praktisch einüben, indem Situationsmodelle mit unternehmungsspezifischen Problemlagen und situativen Einflüssen und Auswirkungen simuliert werden (vgl. Neumann 1995, 349). Ihre Grundlage ist der Survey-Feedback-Ansatz des Institute for Social Research (vgl. Lippitt, Watson, Westley 1958). Das Team wird vor der eigentlichen Teamarbeit für aufgabenbedingte Risiken sensibilisiert und kann mögliche Lösungstechniken anwendungsorientiert erlernen, entwickeln und seine Qualifikation unter Beweis stellen (vgl. Rohn 1992, 26; Hoffjan 1999, 133-156). Prämisse ist, dass realistische Situationen simuliert werden und das Trainingsteam sich ernsthaft damit auseinandersetzt. Obwohl Planspiele zu einem gruppenorientierten Arbeiten anleiten und z. B. das argumentative Durchsetzungsvermögen verbessern können (vgl. Heinecke 1994, 123), sensibilisieren sie für personelle Teamrisiken nur bedingt.

Um personelle Risiken beurteilen zu können, empfiehlt es sich eine anspruchsvolle soziale Interaktion *experimentell* zu erzeugen. Durch Experimente kann die Qualität des Kenntnis-, Fähigkeits- und Motivationspotenzials des Teams getestet werden. Ein personenzentriertes Teamerfahrungsexperiment zur Erweiterung der sozialen Fähigkeiten ist z. B. das Sensitivitätstraining oder Labortraining. Im Mittelpunkt des Lernens stehen somit Selbstaufklärung und -betrachtung, wodurch die Fähigkeit vermittelt werden soll, dynamisches Teamverhalten zu erkennen, Kommunikationssignale adäquat aufzunehmen und das eigene Verhalten darauf abzustimmen (vgl. Schmidbauer 1973, 24; Rosenstiel 2003a, 378-380).

Planspiele sensibilisieren primär für aufgabenbedingte Risiken, da sie die Problemlösefähigkeit des Teams erhöhen und den Umgang mit riskanten Aufgabenstellungen trainieren. Teamexperimente dagegen sensibilisieren eher für personelle Risiken (vgl. Schmidbauer 1973, 82-86). Beide Trainingsformen des Pretests sind je nach zugrundeliegendem Risikoszenario zu bewerten und zu kombinieren.

Abzuschließen ist der Pretest durch ein für die Teamarbeit *vorbereitendes Feedback*. Es eröffnet dem Team die Möglichkeit seine Denk- und Handlungsweisen während des Teamtrainings zu beurteilen. Der Teammanager oder ein dafür eingesetzter Coach beobachtet das Trainingsteam und zeigt ihm die Wirkungen der während des Pretests ausgelösten Teameffekte auf den Entscheidungsprozess auf (vgl. Neumann 1995, 351; Bay 1998, 135). Indem das Team seinen Informationsaustausch, sein kooperatives Urteilsvermögen und seine Kreativität im Rahmen des riskanten Entscheidungsprozesses kritisch und konstruktiv reflektiert, erkennt es die integrierte Wirkung von Lern- und Entscheidungsprozessen und wird zur kritischen Selbsteinschätzung befähigt.

Pretests eignen sich, dem Team die Informations- und Kommunikationsregeln zu vermitteln und ihre Bedeutung anhand der Experimente und Planspiele aufgabennah aufzuzeigen. Dieses erste Feedback klärt Risiken, die erkannt wurden und bespricht mögliche Steuerungsmaßnahmen im Trainingsteam. Der Teammanager lässt das Team dadurch an seiner Verantwortungs- und Entscheidungskoordination partizipieren und löst vorbereitend motivationale Effekte aus.

Dabei handelt der Teammanager unter Risiko nur solange rational, wie die Transaktionskosten der Teambildung kleiner gleich den eingesparten Transaktionskosten der Teamarbeit sind. Für den Fall, dass sie größer sind, basiert das Qualifikationsprofil auf Assessment-Center-Tests oder auf einer summarischen Abschätzung. Eine Verbesserung des Wissensstandes der Verantwortungs- und Entscheidungskoordination durch das Wissensmanagement unterbleibt dann.

- Risikoreduktionsstrategie durch Reservebildung

Da es sich hier um ein Trainingsteam handelt und nicht alle Probanden in die Endauswahl gelangen können, darf der interne Wettbewerb während des Teamtrainings nicht forciert werden. Denn ein zu starker Wettbewerb verhindert eine erfolgreiche Teambildung. Die Steuerungsmaßnahme muss den Charakter einer Personalentwicklungsmaßnahme als Bestandteil der unternehmungsweiten Personalplanung annehmen, welche dazu bestimmt ist, die individuelle und kooperative Karriereentwicklung innerhalb der Unternehmung zu fördern. Sie muss fester Bestandteil des organisationalen Lernens sein, um Transparenz über die unternehmungsinternen Qualifikationen und ihrer Entwicklungspotenziale zu erzeugen.

Es ist einzukalkulieren, dass das Äquivalenztheorem bei Risiko nie erfüllt werden kann. Daher ist zu empfehlen, den Pretest nicht nur zur Auswahl eines konkreten Teams einzusetzen, sondern zugleich Reservemitglieder als Ausweichmöglichkeit zu ermitteln, die optional oder fakultativ über eine Multi-Teamprojekt-Struktur (vgl. Wurst 2001, 12-16; Wurst, Högl, Gemünden 2001, 219-236) bei Bedarf in das Team integriert werden können.

Eine weitere Möglichkeit der Flexibilisierung der Teambildung ist ein *Qualifikationspool*. Dieser legt Qualifikationsprofile zusammen mit einem zeitlichen Verfügbarkeits- bzw. Kapazitätsplan offen, die bei Bedarf und Verfügbarkeit akquiriert werden können. Sie sind fortlaufend zu aktualisieren, indem das Wissen von der Vorauswahl potenzieller Teamkonstellationen und von den vorbereitenden Teamtrainings zeitnah in den Qualifikationspool transferiert wird. Prämisse ist eine standardisierte Informationsbasis, um Vergleichsmöglichkeiten zu erhalten.

Die Information für die personelle Entscheidung über das Team kann in *Personalinformationssystemen* als Teil des Managementinformationssystems gespeichert werden und in aufbereiteter Form die Entscheidung des Teammanagers unterstützen (vgl. Drumm 2000a, 147-148) (vgl. weiterführend 4.2.1.1.1.1). Zusammen entwickeln sie ein von der Person losgelöstes *organisatorisches Gedächtnis*.

- Risikoakzeptanzstrategie

Der Trainingseffekt und der Weiterbildungserfolg hängen vom Team selbst ab. Die Teamentwicklung kann nicht gewährleisten, dass das Team auch motiviert ist, sich weiterzuentwickeln. Ebenso reicht der Erwerb von Qualifikationen allein nicht aus, um eine effektive und effiziente Teamarbeit zu sichern. Sie müssen bei der Problemlösung auch erfolgreich eingesetzt werden (vgl. Drumm 2000a, 387). Das Team muss außerdem konfliktfähig sein, d. h. den Prozessablauf sachlich und personell konstruktiv reflektieren sowie formulieren können und aufgetretene Risiken offen ansprechen sowie bereit sein, Kompromisse einzugehen (vgl. Kollmannsperger 2000, 24; Glasl 2002, 83-154). Weiter ist das Personalinformationssystem zwar geeignet Information bereitzustellen, es erlaubt jedoch wegen seiner einseitigen Ausrichtung keine wechselseitige Informationsbeschaffung (vgl. Heinecke 1994, 51; s. a. weiterführend 4.2.1.1.1.1). Ebenso hängt die Qualität der Erkenntnisse aus den Pretests von der Objektivität, der Validität und der Reliabilität ab und damit von der Professionalität des Beobachters. Die Restrisiken einer fehlerhaften Ermittlung und Auswahl erhöhen das unternehmerische Risiko.

### 3.2.2.3 Schlussfolgerungen zur Teambildung

Aus den Steuerungsmaßnahmen der Teambildung unter Risiko zeigt sich, dass *differenzierte Wirkungsanalysen* über die Einflussgrößen der Teamaufgabe und der Teamqualifikation in Form von Teamqualifikationsszenarien aufzustellen sind, wenn die Teamqualifikation in ihrer synergetischen Gesamtheit unter Berücksichtigung verschiedener Umweltzustände äquivalent ermittelt werden soll. Da die Teambildung für die Erfüllung des Äquivalenztheorems direkt verantwortlich ist, erlangt sie strategische Bedeutung. Die potenzielle Teamkonstellation ist auf ihre *Risikoanfälligkeit zu überprüfen*, um deren Wahrheitsgehalt und Belastbarkeit frühzeitig zu erkennen. Erst wenn eine robuste Teamalternative, d. h. eine Teamkonstellation, die allen Umweltveränderungen standhält, oder zumindest eine dominierende Teamkonstellation, d. h. eine Teamalternative mit der höchsten Präferenzordnung aller Teammitglieder, identifiziert werden kann, ist die Auswahlentscheidung zu treffen. Die Teamqualifikationsszenarien sind durch *Beobachtungen durch Anwesenheit* zu ergänzen, wenn der asymmetrisch verteilte Wissensstand aufgrund der volatilen und qualitativen Teamaufgabe und -qualifikation die Beurteilungsbasis permanent verzerrt.

Abbildung 17 fasst die Steuerungsmaßnahmen der Teambildung zusammen.

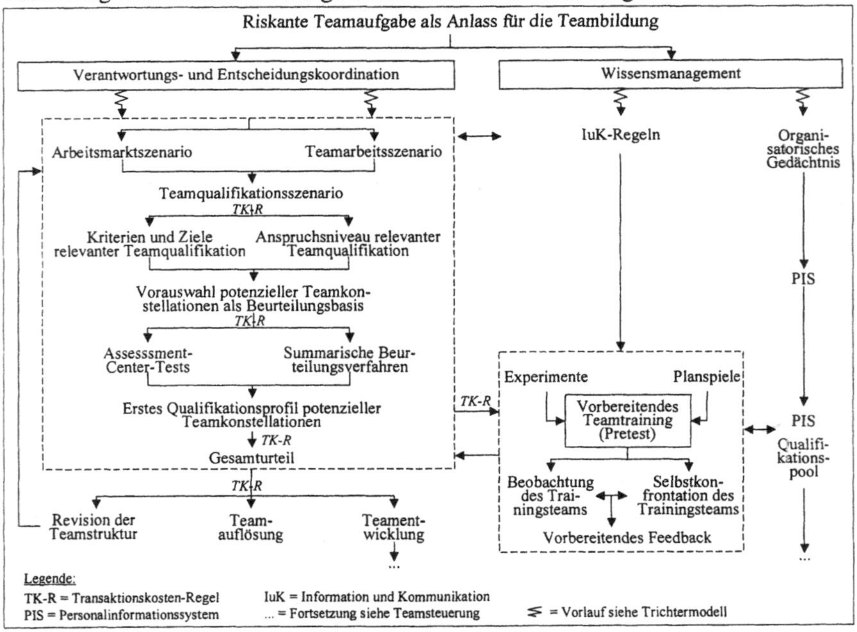


**Abbildung 17: Aufgaben- und personalbedingte Steuerungsmaßnahmen der Teambildung; eigene Darstellung**

### *3.2.3 Teamsteuerung*

#### 3.2.3.1 Verantwortungs- und Entscheidungsstruktur

Anknüpfend an die Risikostrategie (vgl. 3.1.5.3) und Anhang 7 sind die identifizierten personal- (vgl. P6a, P6b, P6c, P7a) und allokationsbedingten Risiken (vgl. APA7a, APA8ba, APA8cb, APA8cc) der Teamsteuerung von der Verantwortungs- und Entscheidungsstruktur zu *reduzieren* und zu *akzeptieren*. Abbildung 18 zeigt das vernetzte Prozessmodell der Teamsteuerung in Kapitel 3.2.3.3.

- Risikoreduktionsstrategie durch Schadensverhütung und Reservebildung

Aus der top down-Planung über das Trichtermodell und der Auswahlentscheidung lassen sich Kriterien und Ziele der konkreten Teamarbeit d. h. spezifische, messbare und realistische Endergebnisse für die Teamarbeit, ableiten (vgl. Pfohl, Stölzle 1997, 178). Klare *Zielvorgaben* erhöhen die Motivation der Teammitglieder, erleichtern die Koordination und stellen sicher, dass sich das Team an einem gemeinsamen Ergebnis orientiert. Der Teammanager steuert die Teamentscheidung über das Management by Objective (MbO) als das Führen mit Zielen (vgl. Bay 1998, 93-96; Drumm 2003c, 11). Während der Teamarbeit sind die Ziele aufgrund der riskanten Umwelt zu aktualisieren, d. h. an die gegebene Teamkonstellation und die gegenwärtigen Bedingungen anzupassen. Sind die Transaktionskosten für die Ermittlung der Zielvorgaben größer als deren Nutzen, ist für die Teamarbeit stattdessen ein Anspruchsniveau festzulegen.

Dabei ist darauf zu achten, dass das *Anspruchsniveau* stets in Bezug zu den Unternehmungs- und Teamzielen steht. Das vorgestellte top down-Verfahren verbindet den Baustein der Teamarbeit mit den vorgelagerten Bausteinen des Teammanagements. Dies verhindert einen Informationsmangel an aktuellen quantitativen Leistungszielen oder qualitativen Mindeststandards (Arbeitsqualität), die einzuhalten sind. Wenngleich empirische Untersuchungen zeigen, dass ein hohes Anspruchsniveau leistungssteigernd wirkt, sollte es nicht überhöht oder unrealistisch festgelegt werden, um die Akzeptanz und die Glaubwürdigkeit der strategischen Teamziele und der Teamarbeit langfristig zu bewahren (vgl. Erke, Jöns 2003, 49).

Indem der Teammanager die Kriterien und die Ziele bzw. das Anspruchsniveau in Beziehung zu der erfahrenen Teamqualifikation setzt, bildet er sich ein erstes konkretes Urteil über das Lernen und das Kooperieren im Team. Für deren Verifizierung greift er auf das Wissensmanagement zurück, welches die ersten Teamaktivitäten auf potenzielle Risiken beobachtet (vgl. 3.2.3.2). Auf Basis dessen bildet er sein Gesamturteil und entscheidet aus den *Optionen der Verantwortungs- und Entscheidungskoordination* zwischen einer Revision der Teamstruktur, der Teamauflösung oder dem Einsatz weiterer Steuerungsmaßnahmen der Teamentwicklung. Das Entscheidungskriterium bilden erneut die Transaktionskosten.

Eine *Veränderung der Teamstruktur* (Revision, Auflösung) erfordert grundsätzlich personalwirtschaftliche Maßnahmen der unternehmungsinternen Umverteilung, die mit dem Betriebsrat zu beraten sind (vgl. § 90 Abs. 1 BetrVG). Die Risiken der Personalfreisetzung sind bei einem Team vernachlässigbar, da es in die Organisation eingegliedert ist. Sozialpläne, d. h. ein Ausgleich der erwarteten Nachteile für das Personal durch den Arbeitgeber, werden durch den Katalog der Betriebsänderungen nach § 111 BetrVG nicht ausgelöst. Grundsätzlich ist jedoch eine antizipative Teamfreisetzung einer reaktiven zwingend vorzuziehen, um die Leerzeiten wertvoller Arbeitsqualifikationen zu minimieren. Dies erfordert ein ausgebautes Planungs- und Prognosesystem. Da dieses komplexe Aufgabenfeld der Personalfreisetzung der unternehmungsweiten Personalplanung zuzuordnen ist, ist für weitere Ausführungen auf die einschlägige Literatur zu verweisen (vgl. z. B. Drumm 2000a, 285-313; Oechsler 2000a, 299-312; Drumm 2003c, 17).

Die *Teamentwicklung* soll während der Teamarbeit auftretende Kompetenzdefizite, die einer effektiven und effizienten Problemlösung entgegenstehen, aufdecken und beseitigen. Erneut ist eine ursachenbezogene Diagnose auftretender Risiken durch z. B. eine Risikoanalyse (vgl. 3.1) unerlässlich, um situativ geeignete Steuerungsmaßnahmen ableiten zu können (vgl. Rosenstiel 2003b, 229-254).

Ein koordinierendes Instrument der Teamentwicklung während der Teamarbeit ist die *Teambesprechung*, in welcher der Teammanager weitere Verantwortlichkeiten und Teamentscheidungen zusammen mit dem Team klärt. Die integrierte Teamkoordination zur Abstimmung der Aktivitäten untereinander und für einen teaminternen Risikodiskurs erfolgt kurzfristig durch Konfliktregeln (vgl. 3.2.3.2) und mittelfristig durch Teamnormen, d. h. durch gemeinsame Standards, Werte und geteilte Einstellungen. Ihr Austausch erfolgt primär über informelle Kommunikationskanäle. Sie entwickeln sich inkrementell, denn eine gemeinsame Erfahrung entfaltet sich erst im Umgang miteinander. Die Entwicklung gemeinsamer Werte und geteilter Einstellungen erfordert Zeit und Möglichkeiten, sich gegenseitig kennen zu lernen. Gefördert werden kann dies durch räumliche Nähe oder funktionale Abhängigkeit (vgl. Böhle, Bolte 2002, 67). So entstehen vertrauensvolle Beziehungen innerhalb des Teams, wodurch z. B. die Bereitschaft wächst, entscheidungsrelevantes Wissen flexibel und schnell zu teilen (vgl. Simon 1957, 68).

Durch sie lässt sich eine *Wahrheitskultur gegenseitigen Vertrauens und gegenseitiger Unterstützung* aufbauen. Dabei ist „(...) Vertrauen (...) die freiwillige Erbringung einer riskanten Vorleistung unter Verzicht auf explizite vertragliche Sicherungs- und Kontrollmaßnahmen gegen opportunistisches Verhalten in der Erwartung, dass der Vertrauensnehmer motiviert ist, freiwillig auf opportunistisches Verhalten zu verzichten (...)" (Ripperger 1998, 45). Ohne ein Mindestmaß an Vertrauen ist das Lernen und Kooperieren im Team unmöglich, da es als informeller Kontrollmechanismus fungiert (vgl. Sydow 1996, 11; Drumm 2003c, 13). Eine gegenseitige Unterstützung im Team entsteht folglich, indem das Teammanagement bei einem stark interdependenten Lernen und Kooperieren auf das Motivationspotenzial des Wettbewerbs verzichtet (vgl. Pinto, Pinto 1990, 212; Tjosvold 1995, 86-92). Die Wahrheitskultur ist von strategischer Bedeutung, da Vertrauens-, Lern- und Kooperationsbrüche nur schwer heilbar sind (vgl. Ripperger 1998, 85). Verstöße sind zu sanktionieren, um opportunistisches Verhalten zu unterbinden und ein kooperatives Verhalten im Interesse des Teams zu sichern. Langfristig kann sich eine *Teamkultur* entwickeln. Sie stellt ein Muster von Werthaltungen und Grundannahmen dar. Dieses wurde vom Team gemeinsam entwickelt, hat sich bewährt und besitzt für alle Teammitglieder Gültigkeit (vgl. Schein 1985, 6).

*Teamkoordination* ohne *Selbstkoordination* muss jedoch scheitern, da der Teammanager als zentrale Koordinationsstelle überfordert oder das Team aufgrund fehlender Partizipationsmöglichkeiten demotiviert werden würde. Im Rahmen der Selbstkoordination liegt die Handlungsverantwortung beim Team, wobei jedes Teammitglied die Verantwortung für den ihm übertragenen Entscheidungsbereich oder die ihm übertragene Zuständigkeit trägt. Die Selbstkoordination umfasst Aufgaben wie z. B. eine aktive Teilnahme an Ziel- bzw. Anspruchsniveau-Vereinbarungsverfahren, an einer effizienten und effektiven Teamorganisation, bei der Verteilung von Teiltätigkeiten, bei der Planung der Arbeits- und Urlaubszeit oder bei der Integration neuer Teammitglieder (vgl. Franzen, Schmahl 1999, 15; Schawohl 1999, 58; Drumm 2003c, 13). Dies vergrößert den Handlungsspielraum des Teams und stärkt dessen Selbstbewusstsein, aber auch die Möglichkeit opportunistischen Verhaltens. Der Aufbau von Vertrauen mit flankierenden Sanktionsmaßnahmen bei einem Vertrauensbruch ist daher zwingend.

Für eine zielorientierte Teamarbeit, sind die Team- und Selbstkoordination durch ein *Feedback* abzuschließen, welches das koordinierende Fremdbild des Teams dem koordinierenden Selbstbild des Teammitglieds gegenüberstellt. Seine Gestaltung übernimmt das Wissensmanagement (vgl. 3.2.2.2). Unstimmigkeiten im Feedback erfordern eine Klärung im Team. Deren Schlussfolgerungen können formal in einem Aktivitätsplan für das Team als ‚letter to myself' festgehalten werden, die während der Teamarbeit als Leitrichtlinie dienen (vgl. Comelli 2003, 444). Eine stärker bindende und verpflichtende Wirkung hat eine abschließende öffentliche Erklärung der Vorsätze.

Diese Ergebnisse sind zur Präzisierung der festgelegten Kriterien und Ziele bzw. des Anspruchsniveaus mit dem zuvor getroffenen Gesamturteil zu vergleichen. Bei Abweichungen entscheidet die Transaktionskosten-Regel, ob die Kriterien und Ziele bzw. das Anspruchsniveau an die veränderten Bedingungen anzupassen sind, ob weitere Maßnahmen der Teamentwicklung anzusetzen sind, ob eine Revision der Teamstruktur nötig ist oder ob das Team aufzulösen ist. Es wird eine *partizipative Entscheidungsschleife* ausgelöst.

Die Teambesprechung ergänzt die partizipative Lernschleife der *Qualifikationsbesprechung* als Steuerungsmaßnahme des Wissensmanagements (vgl. 3.2.3.2). Zusammen manifestieren beide eine *lernbasierte Entscheidungsschleife*, die zu *institutionalisieren* sowie in regelmäßigen Zeitabständen zu durchlaufen ist. Lernbasierte Entscheidungsschleifen erhöhen sukzessiv das Leistungsniveau des Teams und verbessern mittel- bis langfristig die Entscheidungsqualität. Je wahrscheinlicher und stärker dabei die Teamsteuerungsrisiken sind, desto häufiger ist die Verantwortungs- und Entscheidungskoordination mit den lernbasierten Entscheidungsschleifen des flankierenden Wissensmanagements zu überprüfen und gegebenenfalls zu revidieren.

Teams „(...) funktionieren jedoch nur so gut, wie der Freiraum definiert ist, den man ihnen geben will (...)" (Schupp 1999, 18). Die Team- und Selbstkoordination zeigen, dass ein Team ohne Verantwortung ebenso scheitern muss, wie eine Selbstverantwortung ohne Berücksichtigung der Teamverantwortung. Dann würde Individualismus statt Kollektivismus gefördert. *Teamfähigkeit* bedeutet also nicht nur aufeinander zuzugehen, offen zu kommunizieren und sich in die Sichtweisen anderer hineinzuversetzen, sondern auch ein Gleichgewicht aus Kooperations-, Durchsetzungsfähigkeit und hohen Selbstbestimmungswerten zu finden.

Dadurch ist das Team mit einer doppelten Verantwortung belastet: es muss sich eigen- und gleichzeitig teamverantwortlich zeigen. Dafür muss erstens der Einzelne die Verantwortung für sich selbst und das Team eigenständig erkennen. Zweitens müssen ihm Anreize gesetzt werden, diese auch zu übernehmen. Die Mehrfachbelastung im

Team ist zu honorieren, weshalb ein *doppeltes Verantwortungssystem* ein *doppeltes Anreizsystem* erfordert. Ein Anreizsystem liegt vor, wenn

> „ (...) mehrere Anreize mit der Funktion von Belohnungen angeboten und so aufeinander abgestimmt werden, dass sie im Wirkungsverbund erwünschte Verhaltensweisen auslösen und unerwünschte Verhaltensweisen unterdrücken oder zurückdrängen (...) (Drumm 2000a, 525).

Anreizsysteme knüpfen gleichzeitig direkt an den Bedürfnissen des Teams und an den Bedürfnissen der Teammitglieder an. Teamanreize müssen eine Erwartung auslösen, die beide Bedürfnisse befriedigen. Sind sie zueinander konfliktär, erfolgt keine Anreizwirkung. Allgemeinverbindliche Anreiz- oder Bedürfnismuster können nicht abgeleitet werden, weil die Bedürfnisse von Individuen neben relativ objektiven Merkmalen wie Alter, Geschlecht etc. vom jeweiligen Menschenbild und individuellen Werthaltungen abhängen (vgl. Drumm 2000a, 525-532).

Somit gilt grundsätzlich, dass ein doppeltes Anreizsystem die individuellen und die kooperativen Bedürfnisse der Betroffenen kennen muss. Geeignete Anreize sind personen- bzw. teamspezifisch über die Qualifikationsbesprechung (vgl. 3.2.3.2) abzuklären. Ist die Aufgabeninterdependenz zwischen den Mitgliedern groß, sollte die individuelle Belohnung der kooperativen untergeordnet sein, da anstelle von Kooperationsanreizen Wettbewerbsanreize ausgelöst werden würden.

Das doppelte Anreizsystem ist dynamisch zu gestalten, um sich im Zeitverlauf an die Gewöhnungs- und Sättigungseffekte der Mitarbeiter anzupassen und um Bezugsgrößen, Belohnungsart- und -höhe auszuwechseln (vgl. Drumm 2000a, 526-529). Zur Ausgestaltung eignet sich das Cafeteria-System, nach dem für die Mitarbeiter die Möglichkeit zur Wahl zwischen verschiedenen Anreizleistungen innerhalb eines vorgegebenen Budgets besteht (vgl. Bading, Hausen, Lehnert 1997, 201). Die Wahl wird periodisch nach den aktuellen Bedürfnissen über die lernbasierte Entscheidungsschleife revidiert. Dabei ist zu vermeiden, dass extrinsische Motivationsanreize, die primär auf der Erfüllung indirekt mit der Arbeit verbundener Bedürfnisse beruht, intrinsische Motivation, d. h. die Befriedigung durch das Handeln selbst, nicht verdrängt (crowding-out-Effekt) (vgl. Rosenstiel 2000, 208; Frey, Osterloh 2002, 8).

- Risikoakzeptanzstrategie

Ein ausgeprägtes Management by Objective kann die Kreativität und Flexibilität des Teams bei der multipersonellen Problemlösung einschränken (vgl. Franzen, Schmahl 1999, 15). Team- und Qualifikationsbesprechungen korrigieren das Gesamturteil nicht erfolgswirksam, wenn das Team das interaktive Lernen und Kooperieren im Team nur institutionalisiert aber nicht internalisiert wahrnimmt. Eine isolierte Teamkultur innerhalb der Organisationskultur führt zu Sozialisationsbarrieren und verhindert einen für das Team leistungssteigernden Informations- und Erfahrungsaustausch. Insgesamt erhöhen die Restrisiken eines mangelnden Lernbewusstseins, einer zeitlichen Verzögerung, nicht verteilbarer Aufgaben und einer hohen Qualifikationsanforderung das unternehmerische Risiko.

#### 3.2.3.2 Wissensmanagement: Information und Kommunikation

Infolge der Risikostrategie (vgl. 3.1.5.3) und Anhang 7 *reduziert* und *akzeptiert* das Wissensmanagement die personal- (vgl. P7b, P7c) und allokationsbedingten Risiken (vgl. APA6a, APA8a, APA8bb, APA8ca, APA8d) der Teamsteuerung.

- Risikoreduktionsstrategie durch Schadensverhütung

Die ersten Aktivitäten der Teamarbeit sind sorgfältig auf potenzielle Risiken zu überprüfen, um ihre Eintrittswahrscheinlichkeiten für die zukünftige Teamarbeit abschätzen zu können. Durch eine *Beobachtung durch Anwesenheit* muss sowohl die sachliche Bewältigung der Teamaufgabe als auch der Interaktionsprozess im Team verfolgt werden (vgl. Sahm, Fröhlich 1982, 53), um gegebenenfalls auftretende Risiken im Team frühzeitig lokalisieren zu können. Die Beobachtung kann dabei durch den Betreuer des Teams, den Teamleiter oder einen Dritten erfolgen. Zur Nutzungsanalyse von Potenzialen können neben der Beobachtung Instrumente der Leistungsmessung und -beurteilung angewandt werden (vgl. Neubauer, Höfner, Waldschütz 1978, 49-54; Rosenstiel 2000, 98). Wird dadurch festgestellt, dass der Neuigkeitsgrad des Teamwissens zu groß bzw. zu gering ist, ist die Wissensdiskrepanz durch Maßnahmen der Teamentwicklung ab- bzw. aufzubauen.

In das erzielte Beobachtungsergebnis sind zusätzlich die Ergebnisse der Selbstbeobachtung und -diagnose des Teams einzubeziehen, um ein lernbasiertes Entscheiden sicherzustellen. Das Team schätzt die Teamarbeit im Rahmen des definierten Ziel- bzw. Anspruchsniveau-Vereinbarungsverfahrens selbstkritisch ein. Es beurteilt z. B. die Leistungssteigerung, die Arbeitsqualität, den Grad der Zufriedenheit, die Einarbeitung in neue Aufgaben und den wachsenden Umfang der Selbstkoordination (vgl. Sahm, Fröhlich 1982, 65-75; Schawohl 1999, 58).

Die Teambeobachtung und die Selbstdiagnose werden in einem *Feedbackgespräch* erneut zueinander ins Verhältnis gesetzt. Unstimmigkeit in dem erzielten Teamurteil erfordert eine erneute Überprüfung. Über deren Ergebnis ist dem Team wiederholt Feedback zu geben, um negative Lern- und Kooperationserfahrung zu unterminieren oder zu beseitigen. Das Ergebnis des Feedbacks sind Schlussfolgerungen, ob und inwieweit das Gesamturteil der Verantwortungs- und Entscheidungskoordination zu revidieren ist (vgl. 3.2.3.1).

Bleibt demzufolge die Teamkonstellation erhalten, trainieren *Teamentwicklungsseminare* gezielt den Risikoabbau, um die Kommunikations- oder Kooperationsfähigkeit, Methoden- oder Fachkenntnisse im Team zu verbessern und so die Effizienz und Effektivität des Teams zu steigern. Sie vermitteln auch soziale Fähigkeiten und Werthaltungen sowie Schlüsselqualifikationen, d. h. persönlichkeitsnahe Qualifikationen die das Team befähigen, neue Qualifikationen zu erlernen und die Teamreife zu erhöhen (vgl. Gebert, Rosenstiel 2002, 375-380; Drumm 2003b, 232). Teamtrainings sollen das Verständnis der Teamarbeit verbessern, indem spezifische Teameffekte oder die Notwendigkeit einer gegenseitigen Unterstützung durch zielbezogene Abhängigkeiten, z. B. zwischen kristalliner Intelligenz und Innovation, aufgezeigt werden (vgl. 3.1.3.1.2).

Ein Teamentwicklungstraining ist eine Metatechnik, die je nach situativer Risikolage des Teams unterschiedliche Instrumente kombiniert. Grundsätzlich ist zu berücksichtigen, dass Grundeinstellungen nicht durch Seminare verändert werden können.

Zur Reduzierung der oben identifizierten Risiken der Teamsteuerung geeignete Instrumente sind z. B. die Metaplantechnik zur interaktiven Ermittlung des Weiterbildungsbedarfs (vgl. Bitzer 2001, 400-403), das TALK-Modell von NEUBERGER zum Training der Kommunikations- und Kooperationsfähigkeit (vgl. Sahm, Fröhlich 1982, 55-81; Neuberger 1996), das Führungstraining für das Einüben des Zusammenspiels des Teams in Führungssituationen (vgl. Rosenstiel 2003c, 67-83), das Konflikttraining (vgl. Kollmannsperger 2000, 63) oder generelle Konfliktregeln. Auch diese Trainings sind durch ein Feedback über den Entwicklungserfolg abzuschließen (vgl. 3.2.2.2) und können eine Anpassung der Kriterien und Ziele oder des Gesamturteils auslösen. Prämissen für den Erfolg von Trainingsmaßnahmen sind das Einhalten vereinbarter Vertraulichkeitsklauseln und das Ansetzen realistischer Ziele und Meilensteine (vgl. Comelli 2003, 442).

Für die identifizierten Risiken der Teamsteuerung fordern die Informations- und Kommunikationsregeln weiterführend Konfliktregeln mit geeigneten Kompromiss- und Abstimmungsverfahren. Kompromissbereitschaft lässt sich durch gerechte Abstimmungsregeln erreichen. „(...) Die bekannteste (...) [single vote-Regel, Anm. d. Verf.] fordert, dass nur die in der individuellen Präferenzordnung ranghöchste Alternative in die Abstimmung eingebracht wird (...)“ (Drumm 2003a, 208). Die Entscheidungstheorie untersucht die Entscheidungsregeln von Gruppen als multivariates Problem der Abstimmung. Weil diese auch für ein Team uneingeschränkt gültig sind, soll für weiterführende Kompromiss- und Abstimmungsverfahren auf die einschlägige Literatur verwiesen werden (vgl. Pattanaik 1971, 97-116; Arrow, Raynaud 1986, 31-117; Zwehl 1993, 920-929; Laux 2003, 419-433; Drumm 2003c, 11).

Grundsätzlich begünstigt ein Vertrauens- bzw. Informationsvorschuss die Bereitschaft Wissen zu teilen (vgl. 3.2.1.1.2). Zusammen mit Regeln des Zuhörens und des konstruktiven selbstkritischen Hinterfragens fördert er den Aufbau einer gemeinsamen Lern- und Wissenskultur. Infolgedessen substituieren langfristig die Macht des lebenslangen Lernens, der gegenseitigen Unterstützung und des Zugriffs auf Wissen die Macht des Eingriffs durch Dritte. Dabei *differenzieren* Konfliktregeln die *Verantwortung* in eine aufgaben- und personenorientierte Entscheidungs-, Fach- und Verhaltensverantwortung (vgl. Franzen, Schmahl 1999, 16). Deren spezifische Zuweisung richtet sich nach den jeweiligen Auftrags- und Zielbedürfnissen sowie nach den Einzelqualifikationen. Als Entscheidungskriterium gelten die Transaktionskosten.

Fraglich ist, ob ein Lerntransfer von diesen Trainingssituationen auf die Teamsituation stattfindet. Empirische Untersuchungen zeigen, dass dieser für passive Verhaltensweisen, wie z. B. Zuhören, stattfinden kann, aber für aktive Verhaltensweisen, wie z. B. das unmittelbare Ansprechen von Risiken und Konflikten, nur bedingt gelingt (vgl. Rosenstiel 2000, 413). Für einen aktiven Lerntransfer muss das Wissensmanagement mit dem Anreizsystem verknüpft werden. Unterstützend kann der Teammanager bzw. ein Teampromotor während der Teamarbeit als Co-Trainer auftreten und so persönlich für die Umsetzung der Vorsätze bzw. der vereinbarten Maßnahmen motivieren. Erneut löst dies eine

Aktualisierung der Kriterien und Ziele der Teamarbeit oder des Gesamturteils der Verantwortungs- und Entscheidungskoordination aus, d. h. eine *partizipative Lernschleife*.

Eine vollkommene antizipative Berücksichtigung der Rahmenbedingungen und des Teamverhaltens durch das Teamentwicklungstraining z. B. in Form bedingter Alternativenvereinbarungen oder allgemeiner Vorkehrungen verkompliziert den Teamdiskurs und Einigungsprozess während der Teamarbeit und erhöht die Transaktionskosten der Kontrolle und Anpassung. Restriktionen, wie Zeitdruck oder finanzielle Ressourcen, lassen meist nicht zu, dass die Teamarbeit unterbrochen wird (vgl. Bösch 1996, 147-149) oder die zu erwartende Lerndauer ist größer als die Dauer der Teamarbeit. Wenn insgesamt die Bindung von Ressourcen die Einsatzvorteile der Steuerungsmaßnahmen kompensiert, empfiehlt sich als alternatives Minimum der Teamentwicklung ein regelmäßiger Erfahrungsaustausch im Team über eine *Qualifikationsbesprechung* (vgl. Drumm 2003b, 232).

Diese ist in die Teambesprechung der Verantwortungs- und Entscheidungskoordination zu integrieren (vgl. 3.2.3.1), damit der Entscheidungs- und der Lernprozess fortlaufend aufeinander abgestimmt werden können. Einen konsequenten und konsistenten Abgleich des ‚Lernen um zu entscheiden' und des ‚Entscheiden um zu lernen' zueinander (vgl. 2.2.2.3) kann eine *ablauforganisatorische Trennung* der Entscheidungsbestandteile von den Lernbestandteilen fördern.

Ein Instrument der Qualifikationsbesprechung ist der Einsatz des Multiplikatormodells (vgl. Selbach, Schneider 1994, 145). Dabei setzt das Team rollierend ein Teammitglied als Multiplikator ein, welches sich selbst qualifiziert und das Gelernte in einer Qualifikationsbesprechung an das gesamte Team weitergibt. Das Team führt sich selbst und lernt durch den Einzelnen und damit voneinander und füreinander (vgl. Heidack 2001, 13). Für die Planung und die Durchführung der Qualifizierung ist der Multiplikator selbst verantwortlich und kann somit seine Bedürfnisse einbringen (vgl. Deci, Flaste 1995, 112). Bei teaminternen Qualifikationsengpässen oder einer zu starken Teamkohäsion kann auf einen Teampromotor oder einen externen Berater zurückgegriffen werden. Den Multiplikatoreffekt steuert das Team, indem es die jeweiligen Lernziele final verknüpft und den Entscheidungszusammenhang in einem anschließenden Feedback aufzeigt. Deren Ergebnisse lösen erneut eine Aktualisierung der Kriterien und Ziele der Teamarbeit oder des Gesamturteils als *partizipative Lernschleife* aus.

*Risikoreduktionsstrategie durch Reservebildung*
Eine Rückversicherung durch eine vollkommene Wissensverteilung und Wissensteilung löst hohe Transaktionskosten aus. Dient das Multiplikatormodell für den Austausch von Erfahrungswissen oder präsenten Fachwissen wird es reservebildend genutzt. Ebenfalls rückversichernd wirken zeitlich fixierte Diskussionsforen oder Begegnungsmöglichkeiten (z. B. Kaffeemaschine, Bistro, Firmenfeiern), welche einen ungezwungenen Tausch von Wissen ermöglichen und eine *Wertekultur der Wissensteilung* signalisieren. Durch ihren Einsatz lässt sich zwar die Quantität der Kommunikation erhöhen, eine Verbesserung der ausgetauschten Information ist dabei allerdings nicht garantiert. Als flexibilisierende Maßnahme reduziert insbesondere die Wissens-

börse die Schadenshöhe der Risiken der Teamsteuerung. Dabei ist die Wissensnachfrage abhängig von der Qualität des Wissensangebots. Erneut ist für deren effektive Nutzung das Wissensmanagement mit dem Anreizsystem zu verknüpfen. Dies fördert die Entwicklung eines unternehmungsspezifischen Marktmechanismus und einer Kultur der Wissensteilung.

Das Erfahrungswissen aus den Entscheidungs- und Lernschleifen der Teamarbeit sammelt das *Teamgedächtnis*, so dass bei dem Ausscheiden eines Teammitglieds oder bei der Teamauflösung das Erfahrungswissen nicht verloren geht, sondern auch zukünftig bei Bedarf wieder aktiviert werden kann. Der Wert des Teamgedächtnisses resultiert aus der Kombination des Erfahrungswissens mit dem aktuellen innovativen Wissen. Als gleichberechtigte Teamwerte werden sie durch Teampromotoren kommuniziert und in das organisatorische Gedächtnis überführt.

- Risikoakzeptanzstrategie

Die Steuerungsmaßnahmen des Wissensmanagements der Teamarbeit erzeugen Lernschleifen, welche das Teamwissen rollierend erweitern. Nur langfristig bewirken diese eine Mehrfachqualifizierung des Teams, so dass sich ihr heterogenes Wissen schnell in den Aufgabenkontext einordnen lässt. Die herausgearbeiteten Steuerungsmaßnahmen reduzieren die Wahrscheinlichkeit eines hohen Neuigkeitsgrades bei der multipersonellen Problemlösung riskanter Teamaufgaben, der jedoch nicht vollkommen eliminierbar ist. Weiter kann der Teammanager die Bereitschaft Wissen zu teilen und eine Kultur aufzubauen fördern, nicht aber erzwingen. Insgesamt erfordern das Lernen und das Kooperieren im Team gegenseitiges Vertrauen und Erfahrung im Umgang miteinander. Grundsätzlich sind Störgrößen unvermeidbar. Als Restrisiken einer zeitlichen Verzögerung, fehlender Kenntnisse des Gesamtzusammenhangs und einer hohen Qualifikationsanforderung, die das unternehmerische Risiko erhöhen, sind sie zu akzeptieren.

#### 3.2.3.3 Schlussfolgerungen zur Teamsteuerung

Die Ausführungen zur Teamsteuerung zeigen die partizipative Entscheidungsschleife als die Konsequenz der entscheidungsorientierten Risikosensibilisierung, die über die top down-Planung der Bausteine erzeugt wird. Sie sichert eine simultane Abstimmung während der Teamarbeit. Wird eine Entscheidungsschleife ausgelöst, welche die Kriterien und Ziele der Teamarbeit oder das Gesamturteil aktualisiert, schließt sich unmittelbar eine partizipative Lernschleife an, welche den Daten-, Informations- und Wissensbestand der Unternehmung aktualisiert, der in den Diskussionsforen und im Teamgedächtnis gespeichert wird. Treten personelle, materielle oder finanzielle Restriktionen auf, müssen neue lernbasierte Entscheidungsschleifen ausgelöst werden, welche die gegenwärtige Teamarbeit überprüfen und diese gegebenenfalls an die neue Entscheidungssituation anpassen. Erst die endgültigen, abstrahierten Schlussfolgerungen aus der Teamarbeit sind letztendlich in das organisatorische Gedächtnis zu transferieren.

Aus den Ausführungen zur Teamsteuerung leitet sich eine *vernetzte Verantwortungs- und Entscheidungskoordination* ab. In Bezug auf die Transaktionskosten-Regel entscheidet sich der Teammanager für die Revision der Teamstruktur, die Teamauflösung oder den Einsatz weiterer Steuerungsmaßnahmen der Teamentwicklung. Im letzten Fall verknüpfen *situationsspezifische Koordinationsmechanismen* autonome Eigenverantwortung mit reziproker Teamverantwortung. Diese kombinierten Individual- und Kollektivmechanismen liefern heterogene Wissensdiskurse, wenn die volatile Teamaufgabe Eindeutigkeit erfordert; Flexibilität, wenn das Kollektiv zu träge ist; Zeit und räumliche Nähe, wenn das Team sich mittelfristig über Teamnormen oder langfristig über die Teamkultur abstimmt.

Abbildung 18 zeigt das vernetzte Prozessmodell der Teamsteuerung in einem Überblick.

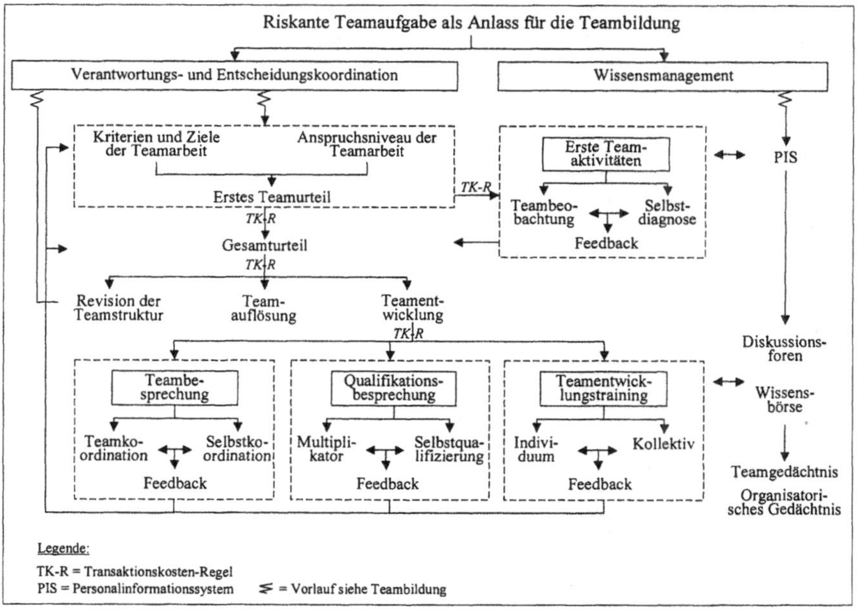


**Abbildung 18: Aufgaben- und personalbedingte Steuerungsmaßnahmen der Teamsteuerung; eigene Darstellung**

### *3.2.4 Erfolgskontrolle*

#### 3.2.4.1 Verantwortungs- und Entscheidungsstruktur

Die aufgaben- (vgl. A5) und allokationsbedingten (vgl. APA9c, APA10) Risiken der Erfolgskontrolle sind – die Risikostrategie und Anhang 8 weiter- bzw. ausführend (vgl. 3.1.5.3) – von der Verantwortungs- und Entscheidungsstruktur zu *vermeiden*, zu *reduzieren* und zu *akzeptieren*. Aus dem zuvor erarbeiteten Prozessmodell der Steuerungsmaßnahmen resultieren zahlreiche Ansatzpunkte für die Steuerungsmaßnahmen der Erfolgskontrolle. Die wichtigsten sollen nun im direkten Bezug zur Verantwortungs- und Entscheidungsstruktur entwickelt werden.

- Risikovermeidungsstrategie

Auf allen Ebenen, d. h. auf der Unternehmungs-, Vertrags- und Teammanagementebene, gilt die Minimierungsvorschrift der *Transaktionskosten.* Sind sie größer als der Transaktionsnutzen, aktiviert dies die bekannten aufgaben-, personal- und allokationsbedingten Abbruchkriterien der Teambildung (vgl. 2.2.2).

Eine Absicherung der Unternehmungsebene durch die Vertragsebene bzw. der Vertragsebene durch die Teammanagementebene und damit der Einsatz eines Teams bzw. eines Teammanagements ist dann rational, wenn die Transaktionskosten kleiner als der Nutzen der Vertragserfüllung bzw. des Teammanagements sind. Das Team ist aufzulösen, wenn der Teammanager bei der Teambildung und bei der Teamarbeit, als Schlussfolgerung aus dem Pretest bzw. aus der Beobachtung der Teamaktivitäten, erwarten muss, dass sich die Risiken im Team langfristig zu einer Störungsmajorität entwickeln, also mehrere Teammitglieder als Störfaktoren wirken und ein effektives und effizientes Lernen und Kooperieren verhindern. Die Transaktionskosten sind somit größer als der Nutzen der Teamarbeit.

Die Risiken der Teamarbeit zu vermeiden bedeutet damit auf die Teamvorteile als Chance zu verzichten.

- Risikoreduktionsstrategie durch Schadensverhütung

Zur Reduzierung der Wahrscheinlichkeit des Risikoeintrittes der Erfolgskontrolle entscheidet die *Transaktionskosten-Regel als Beurteilungskriterium* über den Umfang der zu beschaffenden Information und über ihre Eignung. Sie sichert die Erfolgswirksamkeit des Prozessmodells des Teammanagements. Als Qualitätskriterium beurteilt sie teamspezifisch, ob sich z. B. eine umfassende oder eine summarische Steuerungsmaßnahme lohnt (vgl. Abb. 16).

Kontrollen sind bei Risiko als *Kontroll-Mix* zu kombinieren. Als schadensverhütende *Fremdkontrolle* empfiehlt sich die *Ergebniskontrolle* als ex ante Kontrolle. Empirische Untersuchungen zeigen, dass sie aber nur dann einzusetzen ist, wenn sie Anreize für ein *professionelles Teamverhalten* auslöst (vgl. Wagenhofer 1992, 334) und Information für nachfolgende Entscheidungsaktivitäten liefert (vgl. Frese 1968, 65). Ein professionelles Teamverhalten ist nach HARTMANN das Ergebnis eines zunehmenden systematisierten Wissens als heuristische Vernetzung einzelner Wissensbasen und dem Erkennen ihrer Zusammenhänge im sozialen Kontext des Lernen und der Kooperation im Team. Wissensbasen können z. B. das Wissen über die Leitung und die Verwaltung, das technische Wissen, das Erfahrungswissen einer langfristigen Teamarbeit oder eine Theorie des Teammanagements sein (vgl. 1972, 40-41). Sie sind ergebnisorientiert für die Entscheidungsaktivitäten zu filtern.

- Risikoreduktionsstrategie durch Reservebildung

Als *Steuerungskriterium* kontrolliert die *Transaktionskosten-Regel* den Zielbeitrag der Steuerungsmaßnahmen, um festzustellen, ob Störungen der Teamarbeit wiederholt auftreten oder ob die Maßnahmen zu einer effektiven und effizienten Teamarbeit beitragen. In den Abbildungen kommt sie indirekt über die Rückkopplungsschleifen zum Ausdruck (vgl. z. B. Abb. 18). Für die Erfolgskontrolle beurteilt sie das optimale Verhältnis der Kontrollinstrumente des Kontroll-Mix.

Im Vorfeld der Bewertung kann der Teammanager wegen der möglichen Explorierbarkeit des Risikos und seiner Ursachen ein *ergebnisorientiertes* Toleranzintervall der einzelnen Kriterien und Ziele oder des Anspruchsniveaus bestimmen, welches konsequent zu aktualisieren ist. Liegen Merkmalsausprägungen der Teamaufgabe, des Personals und deren Allokation außerhalb des Intervalls, gilt dies für das Team als Frühwarnindikator für Risiken, woraufhin wirksame Gegenmaßnahmen einzuleiten sind (vgl. Ansoff 1976, 129-152). Zum Aufdecken von opportunistischen Verhaltensweisen empfiehlt sich die *Prämissenkontrolle* als *Fremdkontrolle*. Für die Bewertung der Teamarbeit ist sie grundsätzlich *selbstbestimmt*, um den Freiraum des Teams für ein interaktives Lernen und wissensvernetztes Kooperieren nicht zu unterminieren.

Dieses Prinzip ist auf die *Fortschrittskontrolle* zu übertragen. Als *Fremdkontrolle* soll sie Opportunismus aufdecken. Aber auch bei Risiko ist der Zusammenhang zwischen Verhalten und Leistung nicht bzw. nur eingeschränkt beschreibbar, wodurch ihre Wirkung begrenzt ist (vgl. Alderfer 1967, 457; Alchian, Demsetz 1972, 786). Wegen der teamspezifischen Zurechnungsprobleme ist die externe Fortschrittskontrolle zwingend durch eine *Selbstkontrolle* zu ergänzen .

Erfordert die riskante Teamaufgabe eine erhöhte Flexibilität, Kreativität und Motivation, ist die Fremdkontrolle auf ein Mindestmaß zu reduzieren und durch eine *gegenseitige Kontrolle* zu ergänzen. Dabei entwickelt das Team das Überwachungs- und Sanktionspotenzial selbständig und die Teammitglieder kontrollieren sich gegenseitig (vgl. Polanyi 1985, 67; Zotto 1999, 215-219; Dosis 2002, 123-130). „Die Wirksamkeit der Kontrolle wird durch das dem Prozeß der Kooperation immanente Sanktionspotential sichergestellt (...)" (Schäffer 1996, 273).

Kontrollbedingte Verhaltensänderungen generiert schließlich die *Feedback-Kontrolle*, welche als teaminterne *Fortschrittskontrolle* die zu planenden oder die gegenwärtigen Teamaktivitäten an die Sollgröße anpasst. Im vernetzten Prozessmodell zeigt sich dieses *Komplementärprinzip* dadurch, dass sich das vorbereitende Teamtraining, die erste Teamaktivität, die Team- und Qualifikationsbesprechung sowie das Teamentwicklungstraining jeweils aus einer individuellen und einer kooperativen Komponente zusammensetzen und durch ein zusammenführendes Feedback abschließen (vgl. Abb. 17, 18).

Während diese Steuerungsmaßnahmen die Informationssuche für die Erfolgskontrolle systematisch begrenzen, verzichtet *Vertrauen* als Kontrollsurrogat auf deren Beschaffung und setzt stattdessen subjektive Annahmen. Als alternativer Koordinationsmechanismus der Teamarbeit im Allgemeinen und der Teambesprechung im Speziellen fördert kalkuliertes Vertrauen einen offenen Informations- und Erfahrungsaustausch und stärkt die gegenseitige Unterstützung im Team (vgl. 3.2.3.1). Der Aufbau von Vertrauen ist jedoch zeitintensiv, denn er muss durch Erfahrung und durch wiederholte Zusammenarbeit erlernt werden (vgl. 3.2.1.1.2).

- Risikoakzeptanzstrategie

Der isolierte Einsatz der Fremd-, Selbst- oder der gegenseitigen Kontrolle versagt im Team und erfordert eine Kombination der Kontrollmechanismen. Ein Kontroll-Mix aus den erläuterten Instrumenten steuert die Schadenshöhe und die Eintrittswahrscheinlichkeit der Qualitäts- und Kontrollrisiken. Je größer das Risiko ist, desto mehr ist auf eine sorgfältige und systematische Kontrolle zu achten. Der Kontroll-Mix ist anforderungsgerecht zu gewichten und an das situative Lernen und Kooperieren anzupassen. Die Wirksamkeit der Erfolgskontrolle hängt von dem Wissensmanagement ab und seiner Qualität der Messung und Zurechnung. Die Restrisiken des Qualitätsrisikos, einer mangelhaften Mess- und Zurechenbarkeit und eines Kontrollverzichts erhöhen das unternehmerische Risiko.

#### 3.2.4.2 Wissensmanagement: Information und Kommunikation

Das Wissensmanagement *reduziert* und *akzeptiert* anknüpfend an die Risikostrategie und Anhang 8 (vgl. 3.1.5.3) die aufgaben- (A2), personal- (P6a, P7a) und allokationsbedingten (APA1, APA6ab, APA9a, APA9b) Risiken der Erfolgskontrolle, wie nachfolgend erläutert. Seine Ansatzpunkte leiten sich ebenfalls aus dem bislang herausgearbeiteten Prozessmodell ab, von denen die wichtigsten nun vor dem Hintergrund des Wissensmanagements herauszuarbeiten sind.

- Risikoreduktionsstrategie durch Schadensverhütung

Mess- und Zurechnungsrisiken lassen sich reduzieren, indem eine *mehrdimensionale Wissensmessung* vorgenommen wird (vgl. Probst, Raub, Romhardt 1998, 330-334; Drumm 2001, 68-69). Die Leistungserstellung wird über *Indikatoren* kontrolliert. Diese stellen einen Zusammenhang zwischen der relevanten Eigenschaft und dem beobachteten Merkmal her. Als formulierte und dokumentierte Korrespondenzregeln ermöglichen sie die Präzisierung der Einflussfaktoren des Teammanagements. Durch Klassenbildung wird eine ungerichtete Kombination verschiedener Indikatoren vermieden und eine Bewertungslogik entwickelt (vgl. North, Probst, Romhardt 1998, 164). Die differenzierten Indikatorenklassen bilden die Wissensbasis des Teams als Klassen des Teamgedächtnisses ab. Für die Ermittlung adäquater Indikatorengruppen und ihrer teamspezifischen Ausgestaltung liefert das zuvor herausgearbeiteten Prozessmodell des Teammanagements heuristischen Nutzen.

Ist wegen individuellen kognitiven Verarbeitungsprozessen keine Messung und Zurechnung möglich, empfiehlt es sich, Annahmen über die Zielgruppe des Teamwerts und deren Nutzenfunktionen zu treffen (vgl. Probst, Raub, Romhardt 1998, 330-334). Es ist die Aufgabe der *Prämissenkontrolle*, diese zugrundeliegenden Annahmen auf Plausibilität und Konsistenz zu überprüfen. Bei Veränderungen sind die erstellten Szenarien, wie das Absatzmarkt- (vgl. Abb. 16) oder das Teamqualifikationsszenario (vgl. Abb. 17), daran anzupassen. Die Annahmen sind spezifisch für die konkrete Teamsituation und -konstellation zu entwickeln.

- Risikoreduktionsstrategie durch Reservebildung

Kontrollen erfordern *Vergleichsmöglichkeiten*. Der Pretest, die Teambeobachtung und die Weiterentwicklungsmaßnahmen stellen als Steuerungsmaßnahmen des Wissensmanagements die zu planende oder die gegenwärtige Teamsituationen dar. Über Feedbacks werden sie verglichen und ausgewertet. Daraus abstrahierte Erfahrungswerte speichert das Teamgedächtnis, um später Vergleichsmöglichkeiten und heuristischen Nutzen für unternehmungsspezifische Aus- und Weiterbildungsmaßnahmen zu bieten.

- Risikoakzeptanzstrategie

Teamspezifische Mess- und Zurechnungsrisiken sind unlösbar, da die Synergieeffekte der Teamarbeit nicht einzeln identifizierbar sind. Auch stimmen die individuellen kognitiven Muster der Betroffenen nur selten überein. Im Falle von Präferenzen-Divergenzen bleiben sie oftmals ungeklärt. Qualifikationsbedingte Mess- und Zurechnungsrisiken sind zu akzeptieren. Daher lassen sich der Leistungsbeitrag der des Teams und der Erfolg des Teammanagements weder eindeutig messen noch zurechnen. Auch „(...) ist es unvermeidlich, daß die gewählten Indikatoren das Konstrukt nicht vollständig abdecken (...)“ (Wiswede 1995, 42). Insgesamt verbleiben Restrisiken einer mangelhaften Mess- und Zurechenbarkeit und einer verhinderten Ursachenbeseitigung. Sie erhöhen das unternehmerische Risiko.

#### 3.2.4.3 Schlussfolgerungen zur Erfolgskontrolle

Über die Transaktionskosten-Regel als Beurteilungs- und Steuerungskriterium überprüft der Baustein der Erfolgskontrolle die Erfolgswirksamkeit des Teams und des Teammanagements. Dabei hinterfragt sie nicht nur die Transaktionskosteneffizienz der Steuerungsmaßnahmen, sondern auch die der Strategienwahl. Gegenüber den anderen Bausteinen entscheidet sie als einzige über die Teamauflösung, d. h. ob die von den anderen Bausteinen verfolgte Risikoreduktions- und Risikoakzeptanzstrategie durch die Risikovermeidungsstrategie zu ersetzen ist.

Daraus leitet sich die Schlussfolgerung ab, dass die Kontrollinstrumente komplementär an den durch das vernetzte Prozessmodell aufgedeckten Zielabweichungsursachen ansetzen müssen. Dann entwickeln sie Professionalität, Sorgfalt und Systematik, wo Genauigkeit erforderlich ist; teamspezifische Messung und Zurechnung, wo das Kollektiv verschleiert; soziale Nähe, wo implizites Wissen flexibel und kreativ zu nutzen ist und qualitative Attribute zu messen und zuzurechnen sind. Die möglichen Mess- und Zurechnungsprobleme sind bekannt (vgl. 3.1.4.1.1.2 / 3.1.4.1.2). Das Team ist aufzulösen, wenn die Ungenauigkeit der Messung und Zurechnung die Teamarbeit entscheidungsrelevant verzerrt.

### *3.2.5 Zwischenergebnis: Lernbasiertes Entscheiden als außengesteuerter Prozess*

Die einzelnen Steuerungsmaßnahmen des *Teammanagements unter Risiko* knüpfen an die Risikostrategie und Anhang 5-8 an (vgl. 3.1.5.3), die auf der Ursachenstruktur der Risikoanalyse mit ihren Polaritäten aufbaut (vgl. 3.1.5.1). Die Schlussfolgerungen der Steuerungsmaßnahmen fassen sich wie folgt zusammen:

- Trichtermodell: Es sind redundante Möglichkeiten der Informationsbeschaffung und -verarbeitung sowie Verknüpfungen des Abgleichs, der Korrektur und des Transfers zu erzeugen, wenn eine permanente Verfügbarkeit entscheidungsrelevanter Information nötig ist. Ein konsistenter Entscheidungsprozess ist sicherzustellen und soziale Nähe ist zu schaffen, wo Teamarbeit schwer zu operationalisieren ist;
- Teambildung: Differenzierte Wirkungsanalysen sind aufzustellen, wenn eine riskante Umwelt die Erreichung des Äquivalenztheorems unterbindet. Potenzielle Teamkonstellationen sind durch Anwesenheit zu beobachten und auf ihre Risikoanfälligkeit zu überprüfen, wenn das Wissen über die Teamaufgabe und -qualifikation asymmetrisch verteilt ist;
- Teamsteuerung: Wo Abhängigkeiten Autonomie und Eigeninteressen Reziprozität unterbinden, ist eine vernetzte Verantwortungs- und Entscheidungskoordination zu praktizieren. Kombinierte Individual- und Kollektivmechanismen der Koordination sind situationsspezifisch gezielt einzusetzen, wenn heterogene Wissensdiskurse, Flexibilität, Zeit und räumliche Nähe risikobedingt gefordert sind;
- Erfolgskontrolle: Kontrollinstrumente setzen komplementär und ursachengerecht an dem vernetzten Prozessmodell des Teammanagements an, so dass (1) Professionalität, Sorgfalt und Systematik eine genaue Messung und Zurechnung fördern; (2) Synergieeffekte erkannt und genutzt werden; (3) implizites Wissen und Kreativität in die multipersonelle Problemlösung eingebunden werden.

Als Zwischenergebnis lässt sich festhalten, dass die vollkommene Explorierbarkeit des Risikos das Fremdmanagement des Teams durch den Teammanager und die Partizipation des Teams verlangt. Der isolierte Einsatz der vorgestellten Steuerungsmaßnahmen versagt im Team und erfordert deren Kombination in einem vernetzten Prozessmodell. Die dafür erforderlichen Instrumente sind situativ nach den jeweiligen Anforderungen auszuwählen. Eine bestmögliche Steuerungsalternative existiert in einer Risikosituation nicht. Auch sind sie isoliert kaum erfolgsversprechend. Vielmehr entscheidet die Kombination. Aus den periodenübergreifend möglichen Handlungsalternativen wählt der Teammanager über die Transaktionskosten-Regel die bestmöglichen aus. Diese Steuerungsmaßnahmen sind zu implementieren (vgl. 3.1.5.2).

Das *Wissensmanagement* des abgeleiteten vernetzten Prozessmodells unter Risiko verdeutlicht, dass eine asymmetrische Informationsverteilung für die Teamarbeit unkritisch ist, solange die Professionalität aller Beteiligten symmetrisch verteilt ist. Sie kompensiert den ungleich ver- und geteilten Wissensstand im Team. Gleichzeitig zeigt das Prozessmodell eine ausgeprägte *Entscheidungs- und Verantwortungskoordination* des Teammanagers und eine permanente Fremdkontrolle. Zwar partizipiert das Team zeitweise an der Ermittlung der Steuerungsmaßnahmen, deren Einsatz bleibt insgesamt aber außengesteuert. Dies ist jedoch letztendlich von den tatsächlich im Verlauf der

Teamarbeit sichtbar werdenden Einzelqualifikationen der Teammitglieder und deren Einsatz als gemeinsame Teamqualifikation entscheidend. Je stärker diese als gegeben angenommen werden können, desto mehr wandelt sich die Risikosituation zu einer quasi-sicheren Entscheidungssituation unter einwertigen Erwartungen (vgl. 2.3.4.2). Die Konsequenz ist, dass der Teammanager lediglich bis zur Teambildung die Entscheidungen des Teams extern steuert, da mit der Auswahl geeigneter Teammitglieder diese ihren Entscheidungsprozess zunehmend selbst determinieren können. Je größer dagegen die Risiken sind und je größer die Informationsasymmetrie zwischen dem Teammanager und dem Team ist, desto stärker ist die Außen- durch eine Innensteuerung in Form eines expliziten Managementteams zu ersetzen (vgl. hierzu auch 3.3.5). Diese Leistungsbeziehung zwischen Team und Teammanager bzw. Teammanagerteam untersucht die Principal-Agent-Theorie als Auftraggeber-Auftragnehmer-Beziehung. Aufgrund von Informationsasymmetrien kommt es zum Problem der Auswahl unerwünschter Teammitglieder (Adverse selection) und zum Problem, den entstehenden Informationsnachteil im eigenen Interesse oder opportunistisch auszunutzen (Moral hazard, Hold up) (vgl. 2.1, s. a. Picot, Dietl, Franck 2002, 85-91).

## 3.3 Ausgewählte Steuerungsmaßnahmen des Teammanagements unter Ungewissheit

### *3.3.1 Einordnung der Teamarbeit in den Wertschöpfungsprozess*

#### 3.3.1.1 Ex ante Betrachtung

##### 3.3.1.1.1 Verantwortungs- und Entscheidungsstruktur

- Ungewissheitsreduktionsstrategie durch Schadensverhütung

Die Ungewissheit erfordert eine starke *Komplexitätsreduktion.* Nach LUHMANN kann sie durch eine *partielle Unabhängigkeit der Teilsysteme* erzeugt werden (vgl. 1973, 185). Dies stützt die Ausführungen in Kapitel 3.1.1.2, wonach der Teammanager seinen begrenzten Wissensstand durch die Delegation der Entscheidungs- und Lernprozesse an ein Managementteam erweitert. Unter Berücksichtigung der zuvor erläuterten Steuerungsmaßnahmen unter Risiko (vgl. 3.2.1.1.1) und anknüpfend an die Ungewissheitsstrategie (vgl. 3.1.5.4) entspricht dies dem *Teammanagerteam,* welches bei Ungewissheit den strategischen Baustein der Einordnung der Teamarbeit in den Wertschöpfungsprozess koordiniert. Als weiteres deduziertes Teilsystem kann ein *Kernteam* als qualifizierter Managementträger der zukünftigen Teamarbeit eingesetzt werden. Ob es für die Zielerreichung dieses strategischen Bausteins über das erforderliche Wissen verfügt und den ungewissen Wissensstand des Teammanagers zusätzlich verbessern kann, ist kritisch zu hinterfragen und situativ zu entscheiden. Die dafür erforderliche Information liefert das Wissensmanagement (vgl. 3.3.1.1.2).

*Maßnahmen der systematischen und kreativen Strukturierung* fassen Umweltzustände bzw. Alternativen z. B. in Szenarien zusammen, lassen gering wahrscheinliche Entscheidungsalternativen unberücksichtigt, betrachten ausschließlich extreme Umweltzustände oder verkürzen den Planungszeitraum (vgl. Hax, Laux 1972, 330; Geschka, Hammer 1986, 238-263; Laux 2003, 390-404). Das bedeutet also, dass nur ein begrenzter

Ausschnitt der Umwelt in die Prognose eingeht. Zweckmäßig ist es daher immer, zumindest eine geringe Anzahl verschiedener Entwicklungen zu berücksichtigen. Hierfür sensibilisiert z. B. der Entscheidungsbaum oder die Szenario-Technik (vgl. 3.2.1.1.1).

Bei Ungewissheit und deren erforderlichen Komplexitätsreduktion empfiehlt es sich für Umweltprognosen auf das Planungsverfahren der *flexiblen Planung* zurückgreifen (vgl. Hart 1951, 51-87; Frese 1968, 42; Hax, Laux 1972, 318-340). Im Gegensatz zum Teammanagement bei Risiko genügt eine Überarbeitung und Anpassung des Wissensstandes durch institutionalisierte lernbasierte Entscheidungsschleifen hier nicht mehr. Vielmehr sind bei der mehrstufigen Entscheidung des Teammanagements unter Ungewissheit Revisionsmöglichkeiten einer späteren Anpassung von vorhinein zu erkennen und als bedingte Entscheidungsaktivität explizit zu berücksichtigen (vgl. Hax, Laux 1972, 319-322). Die Alternativenwahl eines gegenwärtigen Zeitpunktes beeinflusst den Entscheidungsspielraum späterer Zeitpunkte und wird mit den zukünftigen Entscheidungsaktivitäten simultan abgestimmt (vgl. Hax, Laux 1972, 322). Dadurch wird eine Wahlmöglichkeit bei verbessertem Informationsstand ex ante berücksichtigt. Zu treffen ist die letztendliche Entscheidung erst in dem endgültigen Zeitpunkt. Die lernbasierten Entscheidungsschleifen sind in Konsequenz als Eventualentscheidungen über den Einsatz des Kernteams von vorhinein einzukalkulieren.

Bei unvorhergesehenen Einflussfaktoren können strategische Vorgaben und die Ableitung zukünftiger Entscheidungsaktivitäten erst ad hoc im Realisationszeitpunkt im Verlauf des kooperativen Lernprozesses des Teammanagerteams getroffen werden. Frühzeitige, realisationsreife Lösungen sind nicht mehr möglich (vgl. Frese 2000, 290). Die konkreten aufgabenbezogenen Aktivitäten sind ad hoc mit dem Auftraggeber bzw. der Unternehmungsleitung auszuhandeln. Dabei zeigt eine strategische Entscheidung stets eine höhere Irrtumswahrscheinlichkeit, weshalb es sich empfiehlt, die flexible Planung durch eine *ad hoc Improvisation* zu ergänzen. Zwingende Prämissen für eine ad hoc Improvisation des Teams sind Mehrfach- und / oder Schlüsselqualifikationen (vgl. weiterführend 3.3.1.1.2).

- Ungewissheitsreduktionsstrategie durch Reservebildung

Bei Ungewissheit ist es erforderlich, dem Teammanagerteam die Verantwortung zu übertragen, Wissen unternehmungsweit transaktionskosteneffizient zu teilen und zu verteilen. Die Umsetzung ist durch Anreize zu fördern, wofür das Verantwortungs- und Anreizsystem *unternehmungsweit* auszurichten ist (vgl. 3.2.3.1). Die Haltung von *Liquiditätsreserven* oder das nicht volle Ausnutzen von *Finanzierungsspielräumen* ist bei Ungewissheit eine unverzichtbare Steuerungsmaßnahme der Reduktion durch Reservebildung (vgl. Hax, Laux 1972, 332; Haller 1986, 32; Burger, Buchhart 2002, 51). Es ist bewusst einzukalkulieren, dass unvorhersehbare Umweltentwicklungen eintreten, die nicht über Wahrscheinlichkeiten darstellbar sind. Sie decken die entstandenen monetären Schäden ab.

- Ungewissheitsakzeptanzstrategie

Den aufgaben-, personal- und allokationsbedingten Maßnahmen sind bei Ungewissheit Grenzen gesetzt. Je ungewisser die Entscheidungssituation des Teammanagements ist, umso schwieriger können relevante Einflüsse und Interdependenzen erfasst werden (vgl. Kreikebaum 1997, 129). Eine Komplexitätsreduktion begrenzt zugleich die Prognosebasis. Auch sind ad hoc Improvisationen nur gering kalkulierbar. Ein unternehmungsweites Verantwortungs- und Anreizsystem ist aufwendig. Schließlich deckt eine finanzielle Reservebildung nur monetäre Schäden ab, aber keine personellen. Diese verbleibenden Restungewissheiten sind zu akzeptieren. Sie erhöhen die unternehmerische Ungewissheit.

#### 3.3.1.1.2 Wissensmanagement: Information und Kommunikation

*Ungewissheitsreduktionsstrategie durch Schadensverhütung und Reservebildung*
Die *Unabhängigkeit* der Teamentscheidung gewährleisten infolge der Ungewissheitsstrategie (vgl. 3.1.5.4) die autonomen *Teammanager* und *Teampromotoren*, welche über den Risikodiskurs nicht nur für die Ungewissheit sensibilisieren, sondern zudem Erfahrungswerte des Teammanagements unter Risiko austauschen (vgl. 3.2.3.1). Durch ihre bisherige Führungsposition besitzen sie die Qualifikation, den Gesamtzusammenhang der Teamarbeit zu erkennen und, wenn erforderlich, Zielkompromisse einzugehen. Diese leiten sie aus der Gegenüberstellung des ermittelten worst case- und des ermittelten best case-Szenarios ab. Darauf aufbauend leben sie vor, wie Wissen effektiv und effizient im Team zu teilen und zu verteilen ist. Anreize dafür setzt das unternehmungsweit ausgerichtete Verantwortungs- und Anreizsystem (vgl. 3.3.1.1.1).

Dies zeigt, dass sich der Wissensstand unter Ungewissheit grundsätzlich durch Kontakte verbessern lässt. Eine effektive und effiziente Maßnahme stellt jedoch erst ein gezieltes *teamorientiertes Beziehungsmanagement* dar. Es ist auf eine dauerhafte, zielorientierte und wertschöpfende Planung, Steuerung und Kontrolle von Beziehungen in einem Netzwerk relevanter Zielgruppen durch interaktive und individuelle Kontakte ausgerichtet (vgl. Ludwig 2000, 131-136). Bei Ungewissheit ist nicht nur der Kontakt zu internen Mitarbeitern, sondern darüber hinaus zu freien Mitarbeitern als potenzielle Teammitglieder, d. h. über Telearbeit, Leiharbeit, geringfügige und befristete Beschäftigung, zu pflegen (vgl. Weinert 1998, 18; Mertens et al. 1998, 33; Kuszpa, Scherm, Ritter 2003, 49). Denn die Nähe im Netzwerk ermöglicht eine flexible Mitarbeiterverpflichtung und für den potenziellen Mitarbeiter eine aktuelle Informationsquelle. Zur Nutzung dieser beidseitigen Vorteile ist eine effektive und effiziente Kommunikation nötig, die Kapitel 3.3.3.2 weiter ausführt. Ferner liefert das Beziehungsmanagement dem Teammanagerteam Information für die Auswahl des Trainingskernteams im Rahmen des Trichtermodells sowie für das Trainingsunterstützungsteam bei der Teambildung. Zwingende Prämissen sind längerfristige Beziehungen und eine wiederholte Zusammenarbeit, wodurch der Such-, Auswahl- und Integrationsaufwand des Teammanagerteams reduziert wird (vgl. Kuszpa, Scherm, Ritter 2003, 50).

Teammitglieder mit hohen Leistungen und Potenzial sind Wissensträger und daher langfristig an die Unternehmung und kurz- bis mittelfristig an das Team zu binden. Geeignete Instrumente der *Mitarbeiterbindung* sind Anreize, die bei der Entscheidung nicht mehr am Netzwerk teilzunehmen als ein andauernder Nutzenverlust wirken. Sie werden durch persönliche Präferenzen, Eigenschaften oder Gehälter bestimmt (vgl. Ludwig 2000, 143; Rosenstiel 2003b, 250) (vgl. 3.2.3.1).

Weiter können zu hohe Wechselkosten (switching costs) den potenziellen Mitarbeiter an die Unternehmung binden (vgl. Ludwig 2000, 158-161; Besanko, Dranove, Shanley 1999, 560-567). Aufbauend auf dem Wirkungsmechanismus der Einflussgröße der Aufgabe und des Personals können diese aufgaben- und / oder personalbedingt gestaltet werden, da empirische Studien für beide Einflussgrößen motivationale Effekte bestätigen (vgl. 2.2.2). Beziehungsbedingte Wechselkosten umfassen Lernkosten z. B. für die spezifische Unternehmungs- bzw. Teamkultur, Loyalitätsprogramme (Vielfliegerprogramme, Einkaufsrabatte) oder emotionale Kosten durch einen Wechsel von Bezugspersonen wie z. B. dem bisherigen Personalberater oder qualifizierte Teammitglieder, mit denen man gerne kooperiert. Aufgabenbedingte Wechselkosten beinhalten Lernkosten für z. B. unternehmungsspezifische technische Entwicklungen oder spezifische Groupwaresysteme mit hohen Erstinvestitionskosten, veränderte Aufgabeninhalte bei verändertem Unternehmungskontext oder zusätzliche Kosten für den Bezug von Information, wie z. B. die Übertragung von Teamdaten.

Aus den Kernqualifikationen der Teamaufgabe leitet das Teammanagerteam die Nachfrage nach dem Kernteam ab. Die Beurteilung basiert auf nur schwer messbare Schlüsselqualifikationen (vgl. Eigler 1997, 167). Grundsätzlich sind sie Instrumente für deren bedingte Auswahlentscheidung bereits aus dem Risikofall bekannt (vgl. 3.2.2.2). Besondere Berücksichtigung finden im Vergleich dazu die Managementqualifikationen (vgl. Rosenstiel 2003c, 67-83). So beziehen sich die Pretests inhaltlich weniger auf potenzielle Testsituationen der Zusammenarbeit als auf das strategische Management, auf den Umgang mit der Ungewissheit und auf Erfahrungswerte aus dem Teammanagement unter Risiko. Das Feedback gestaltet sich mitgliederübergreifend, weshalb ihm, gegenüber dem Teammanagement bei Risiko, eine *Kollegenbeurteilung* vorgeschaltet ist. Als unternehmungsweit standardisiertes Einstufungsverfahren werden die Leistungen und das Verhalten der gleichberechtigten Teamkollegen NERDINGER folgend in einem Fragebogen auf einer vorgegebenen Skala anonymisiert eingestuft. Grundsätzlich empfiehlt es sich, die Beurteilten aufzudecken, die Anonymität des Beurteilenden aber zu sichern, um ein zu starkes Wettbewerbsverhalten zu unterbinden (vgl. 2003, 232-236). Soll die Kollegenbeurteilung Verhaltensänderungen bewirken, muss sich ein Feedbackgespräch anschließen (vgl. 3.2.3.1).

- Ungewissheitsakzeptanzstrategie

Die Teampromotoren, das teamorientierte Beziehungsmanagement und die Kollegenbeurteilung sind gleichermaßen von der Einflussgröße Personal abhängig (vgl. 2.2.2.2). Je qualifizierter die Betroffenen sind, desto zielgerichteter lässt sich die Steuerungsmaßnahme einsetzen. Fehlen diese Qualifikationen ist eine Ungewissheitsreduktion in diesem strategischen Baustein des Teammanagements nur stark begrenzt praktizierbar. Gegenüber dem Risikofall ist die Gefahr verbleibender Restungewissheiten und des subjektiven Informationsverzichts deutlich höher. Sie sind als unternehmerische Ungewissheit zu akzeptieren, denn es „(...) gibt keine Lösung dieses Problems in dem Sinne, daß man mit irgendeinem Kunstgriff die Ungewissheit verschwinden lassen könnte (...)“ (Hax, Laux 1972, 318).

#### 3.3.1.2 Ex post Betrachtung

Anders verhält sich dies in der ex post Betrachtung. Hier ist trotz der vorausgegangenen Ungewissheit die entscheidungsrelevante Information bekannt. Es sind keine weiteren Steuerungsmaßnahmen als die aus dem Teammanagement unter Risiko bekannten erforderlich. Nur der Informationsunterschied zwischen der ex ante und der ex post Betrachtung ist deutlich größer. Das projektabschließende Feedback wird hier folglich mehr Erfahrungswerte generieren als das unter Risiko. Gegebenenfalls müssen Anreize für deren gewissenhafte Durchführung gesetzt werden, um sicherzustellen, dass für weitere Ungewissheitssituationen kontexunabhängige Erfahrungswerte verfügbar und nutzbar sind.

### *3.3.2 Teambildung*

#### 3.3.2.1 Verantwortungs- und Entscheidungsstruktur

- Ungewissheitsreduktionsstrategie durch Schadensverhütung und Reservebildung

Die Ungewissheitsstrategie weiterführend (vgl. 3.1.5.4) besitzt das *Kernteam* gegenüber dem Teammanager einen *Wissensvorsprung*, da es sich bereits in ($t_{-1}$) während des Teambildungsprozesses als Kernteam der zukünftigen Teamarbeit kennenlernt. Teamintern erweitert es vor der konkreten Teamarbeit seinen Wissensstand, indem es bei der Teambildung über den Diskurs Kenntnisse über die potenziellen Qualifikationen des Managementteams erwirbt. Dadurch ist es möglich abzuschätzen, ob das Team flexibel einsetzbare Mehrfach- oder Schlüsselqualifikationen besitzt und fähig bzw. bereit ist, diese im Rahmen einer anforderungsgerechten Improvisation einzusetzen bzw. die Planung durch Improvisation zu ergänzen. Dies konkretisiert das Wissensmanagement (vgl. 3.3.2.2). Eine Revision der Kernteamstruktur ist bis zum Zeitpunkt ($t_0$) möglich. Danach würde sie die Stabilität der Teamarbeit gefährden und nur weitere Ungewissheit erzeugen.

Die Teambildung ist bei Ungewissheit mehrstufig. Sie erweitert sich von ($t_{-1}$) auf ($t_0$). In ($t_0$) werden die Qualifikationen des Kernteams durch ein *Unterstützungsteam* ergänzt, das in das Kernteam integriert wird. Das Kernteam wählt die Teammitglieder des Unterstützungsteams danach aus, wann welches spezielles Fachwissen in die zu treffende Entscheidung einzubringen ist (vgl. Mintzberg 1992, 340). Durch diese bedingte Teambildungsentscheidung, muss bei Ungewissheit die Auswahl des anfänglich erforderlichen Unterstützungsteams ebenfalls auf Schlüssel- oder Mehrfachqualifikationen (vgl. 3.3.2.2) basieren. Diese fortlaufende und zeitnahe Revision der Teamstruktur ermöglicht es, Qualifikationen anforderungsgerecht nachzufragen und freizusetzen und verhindert während der Teamarbeit eine wissensbeschränkende Teamkohäsion. Über selbständige Freelancer, Teilzeitbeschäftigte oder begrenzt verfügbare Mitarbeiter aus dem Qualifikationspool (vgl. 3.3.1.1.2), erhöht sich die Beschaffungsflexibilität.

Die Rechte und die Pflichten sind je nach Art der zu treffenden Entscheidung auf das Kern- und Unterstützungsteam gleichermaßen verteilt. „(...) Entscheidungsbefugt ist (...) ein jeder, der Fachwissen aufzuweisen hat, ungeachtet seiner Position (...)" (Mintzberg 1992, 345) oder seiner organisatorischen Zuordnung zu dem Kern- bzw. Unterstützungsteam. Das Team muss insgesamt fähig sein, sich selbst zu koordinieren und über das Wissensmanagement zu qualifizieren (vgl. 3.3.2.2).

- Ungewissheitsakzeptanzstrategie

Wegen der Autonomie der Teams besteht bei Ungewissheit kaum die Möglichkeit die Entscheidungsaktivitäten, insbesondere die des Kernteams über ein Testteam zu beobachten. Die Verhandlungsmacht der hoch qualifizierter potenzieller Teammitglieder ist gestiegen. Eine gewissenhafte und partizipative Auswahl sowie eine flexible vorbereitende Teamaus- und -weiterbildung des Unterstützungsteams kann zwar die Ungewissheit reduzieren, aber eine Prognosebasis kann sie nicht liefern. Daher ist eine positive Irrtumswahrscheinlichkeit unvermeidbar.

#### 3.3.2.2 Wissensmanagement: Information und Kommunikation

- Ungewissheitsreduktionsstrategie durch Schadensverhütung und Reservebildung

Wegen der schlechten Planbarkeit der Teamaufgabe sind konkrete Qualifikationsmerkmale der Teamnachfrage und -akquisition kaum zu ermitteln. Infolge der Ungewissheitsstrategie (vgl. 3.1.5.4) ist das Anspruchsniveau relativer Teamqualifikationen aus den *Schlüsselqualifikationen* zur multipersonellen Problemlösung abzuleiten.

> „Schlüsselqualifikationen befähigen zu selbständigem und selbstverantwortlichen Handeln und betreffen z. B. die Fähigkeit zur Problemerkennung und -analyse, zum Erkennen von und Denken in Grundzusammenhängen, zur Lernfähigkeit, zum heuristischen Wissenstransfer und zur Zusammenarbeit mit anderen (...)" (Drumm 2000a, 392).

Da sie keinen direkten Bezug zu praktischen Tätigkeiten aufweisen, befähigen sie zu vielen alternativen Teampositionen und -funktionen sowie zu flexiblen Verhaltensreaktionen bei unerwarteten Veränderungen (vgl. Mertens 1977, 111). Anreize für deren Aneignung lassen sich über eine Verknüpfung mit der Verantwortungs- und Entscheidungskoordination erzeugen, welche differenzierte Anreize für verschiedene Kategorien von Schlüsselqualifikationen setzt. Dies sind z. B. Basisqualifikationen für einen vertikalen Wissens- und Anwendungstransfer (z. B. vernetztes Denken, Anpassungsfähigkeit, Teamfähigkeit), Horizontalqualifikationen für die Informationsbeschaffung und -verarbeitung (z. B. Lern- bzw. Kooperationsbereitschaft, -fähigkeit), Breitenelemente zur ubiquitären Aus- und Weiterbildung oder Vintage-Faktoren als generationsbedingtes Qualifikationsdefizit (z. B. Medienkompetenz) (vgl. Mertens 1977, 113).

Verfügt ein Team über verschiedene Schlüsselqualifikationen, besitzt es das Potenzial zur *Mehrfachqualifizierung*. Mit ihnen kann auf Vorgaben durch andere Teilpläne oder auf Veränderungen aus Entscheidungs- oder Lernschleifen flexibel reagiert werden. Nutzt und verbessert das Team seine Mehrfachqualifizierung konsequent, gewinnt es den Status eines *professionellen Teams*. Seine Fachqualifikation und die dadurch ausgelöste Nachfrage in der Unternehmung stärken seine Verhandlungsposition für eine autonome Verantwortungs- und Entscheidungskoordination zusätzlich (vgl. Mintzberg 1992, 265). Als kompetente Verhandlungspartner können hochqualifizierte Teams den Abschluss von verbindlichen Normen erzwingen (vgl. Martin 1998d, 172). Ein professionelles Team charakterisiert sich also durch Erfahrung und durch ein hohes Qualifikationsniveau. Es ist verantwortungsbewusst, hochmotiviert und verpflichtet sich seiner Arbeit (vgl. Mintzberg 1992, 277). Dieses professionelle und autonome Teamverhalten erhöht die Reaktionsgeschwindigkeit auf Veränderungen und steigert die Entscheidungsgeschwindigkeit (vgl. Deci, Flaste 1995, 142). Belohnende und fördernde *Anreize* sind nötig, um eine Abwanderung bzw. Auflösung des professionellen Teams oder den Verlust seiner positiven Einstellung zum lebenslangen Lernen zu verhindern. Zwar ist das professionelle Team über die Tätigkeit intrinsisch motiviert, ein angemessenes Gehalt setzt es aber voraus (vgl. Thom, Friedli 2003, 71).

- Ungewissheitsakzeptanzstrategie

Insgesamt steigen bei Ungewissheit die Anforderungen an das Kern- und Unterstützungsteam, da sie Managementfunktionen autonom verantworten und einem professionellen Teamverhalten gerecht werden müssen. Durch die Aufteilung in ein Kern- und in ein Unterstützungsteam wird die Ungewissheit zwar gestreut, aber die Anforderungen setzen sich zu einem idealistischen Menschenbild zusammen. Das Äquivalenztheorem erfüllen zu wollen ist bei Ungewissheit kaum realistisch. Zukünftig ist eine Teamüberlastung zu erwarten. Die Restungewissheit geeignete Qualifikationen der Teammitglieder zu erkennen oder zu akquirieren ist kurzfristig zu akzeptieren. Mittelfristig ist sie teamintern und langfristig durch die unternehmungsweite Personalentwicklung abzubauen.

### *3.3.3 Teamsteuerung*

#### 3.3.3.1 Verantwortungs- und Entscheidungsstruktur

- Ungewissheitsreduktionsstrategie durch Schadensverhütung

Anknüpfend an die Ungewissheitsstrategie (vgl. 3.1.5.4) *entscheidet* das Team bei Ungewissheit *selbständig* über die Optionen der Verantwortungs- und Entscheidungskoordination (Revision der Teamstruktur, Teamauflösung, Teamentwicklung). Da jede Teamkonstellation individuell ist, zeigt es sich als unerheblich, ob die rollierende Revisionsentscheidung auf einseitigen Kriterien und damit auf einer macht- und einflussbasierten politischen Entscheidung des Teams basiert. Denn das Team muss für eine effektive und effiziente Teamarbeit selbständig erkennen, welche Qualifikationen das Team ergänzen und welche nicht, unabhängig davon, ob die Entscheidung ausschließlich aufgaben- oder personalbezogen getroffen wird. Dabei ist zu betonen, dass die Teamrevision nur klärt, ob alle Teammitglieder (weiterhin) die für die Teamaufgabe erforderlichen Qualifikationen besitzen und ob sie diese in die spezifische Teamkonstellation einbringen können oder nicht. Ein revidiertes Teammitglied wertet die Teamrevision nicht als teamunfähig, denn seine speziellen Qualifikationen können in einer anderen Teamkonstellation mit einer veränderter Aufgaben-Personal-Allokation unentbehrlich sein. Dies bestätigt erneut, dass Teamfähigkeit sich im jeweiligen Kontext unterschiedlich auswirkt und darstellt (vgl. 3.1.4.1.2).

Um zu verhindern, dass die Revisionsentscheidung Mitglieder von der Teamarbeit abschreckt oder die Karriere schädigt, ist dieser Wert durch den Teampromotor, durch den Teammanager und durch das Kernteam vorzuleben und unternehmungsweit klar und deutlich zu kommunizieren. Die Teamrevision wird zum Bestandteil der Unternehmungskultur. Eine stärkere bindende und verpflichtende Wirkung hat eine explizite Regelung über Richtlinien oder über Verträge.

Im Falle einer als ungerechtfertigt empfundenen Entscheidung durch das Team ist eine *Appellationsinstanz* einzurichten. Indem die inhaltliche Entscheidung des Teams entzogen wird, werden Widersprüche geschlichtet und dem Team wird geholfen aus Konflikten zu lernen und Kompromisse einzugehen. Wird die Appellationsinstanz mit einem Machtpromotor besetzt (vgl. 3.2.1.1.2), wirkt sie abschreckend für die zukünftige Teamarbeit und die Teams werden versuchen sich selbständig zur Bewältigung von Entscheidungskonflikten zu befähigen (vgl. Glasl 2002, 390-393). Wiederholen sich die teaminternen Beschwerden, ist als eine letzte Möglichkeit zu erwägen, den Handlungsspielraum des Teams zu beschränken, indem diesem das Vorschlags- und dem Teammanager das Entscheidungsrecht eingeräumt wird.

Eine nicht-hierarchische Koordinationsform zwischen dem Kernteam und dem Unterstützungsteam für die Teamsteuerung ist das *Schnittstellenmanagement* (vgl. Brockhoff 1989; Brockhoff, Hauschildt 1993, 396-403). Entscheiden und lernen die Teams autonom, d. h. fehlt ein direkter gemeinsamer Vorgesetzter, fördert es die koordinierende Team- oder Qualifikationsbesprechung. Schnittstellen sind Transferpunkte zwischen den Teams respektive zwischen den Teammitgliedern, an denen unterschiedliche Prioritäten und Zielinhalte auftreten können und daher zielgerichtet zu kanalisieren sind. Die Aufgabe des Schnittstellenmanagements ist eine Vermittlung der gegenwärtig erreichten Arbeitsergebnisse oder des Wissensstandes von und zwischen den Teams. Das Schnittstellenmanagement soll alle Betroffenen auf ein gemeinsames Unternehmungsziel ausrichten.

Potenzielle Instrumente des Schnittstellenmanagements von und zwischen den Teams sind Anreize zur Kooperation, Schulungen zum Abbau von Wahrnehmungs- und Wissenskonflikten, Tätigkeits- bzw. Zeitpläne oder die gegenseitige Distanzgestaltung (vgl. Brockhoff, Hauschildt 1993, 400; Kollmannsperger 2000, 63). Dabei bestimmt die Distanzgestaltung als räumliche Zuordnung die Qualität der Kommunikation (vgl. Brockhoff 1989, 77-79). „Immer noch bietet räumliche Nähe (...) zusätzliche Gelegenheiten zum sozialen ‚face to face'-Kontakt, der vielfältige und ungeplante (...) Koordinationspotenziale aktivieren kann (...)" (Duschek, Ortmann, Sydow 2001, 204).

Diese Instrumente des Schnittstellenmanagements sind heuristisch nutzbar, um vergleichbare Problemlösungsmuster zu erkennen (vgl. Scholz 2000b, 105-109). Je größer aber die Zahl der Betroffenen ist, desto höher ist die Gefahr von Veto-Positionen Einzelner, die das Beziehungsnetzwerk blockieren (vgl. Messner 1995, 217; s. a. 3.2.2.1, 3.3.1.1.2). Schnittstellen besitzen eine Filterfunktion, da sie entscheiden müssen, welche

Information für den Empfänger wichtig ist und daher kommuniziert werden sollte und welche nicht. Jedwede Information ungefiltert zu transferieren ist kosten- und zeitintensiv und lässt den Blick für das Wesentliche verlieren. Die Transaktionskosten-Regel hilft das angemessene Verhältnis zu ermitteln. Um Information filtern zu können, müssen die Teams bzw. die Teammitglieder Kenntnisse, Denkweisen und ein Verständnis der Problemstellung sowie gegenseitiges Vertrauen in den Interaktionspartner besitzen, da Schnittstellen sich in Aufgabe, Ziel, Zeithorizont, Sprache oder Selbstverständnis der jeweiligen Interaktionspartner unterscheiden (vgl. Brockhoff, Hauschildt 1993, 399).

Da es sich in dem vorgestellten Ungewissheitsfall lediglich um zwei Teams handelt, die ineinander integriert sind, ist die Gefahr unterschiedlicher teambezogener Werthaltungen als gering einzustufen. In dem Fall, dass z. B. bei einem Großprojekt mehrere Teams an einer gemeinsamen Problemlösung arbeiten (Multi-Team-Projekt), muss berücksichtigt werden, dass jede Teamkonstellation für sich individuell ist, d. h. dass jedes Team eine eigene Mikrokultur verwirklicht. Interdependenzen zwischen den Teams sind daher aufgrund unterschiedlich entwickelter Teamnormen, die sich langfristig in Teamkulturen manifestieren, konfliktträchtig. Wegen des begrenzten Umfangs dieser Arbeit muss an dieser Stelle offen bleiben, worin die Besonderheiten des Teammanagements bei Multi-Team-Projekten liegen. Die Literatur liefert erste Ansätze für eine teamübergreifende Problemlösung (vgl. Wurst 2001, 47-53; Wurst, Högl, Gemünden 2001, 219-236), die vor dem vorgestellten Hintergrund mehrwertiger Erwartung und des Medieneinsatzes weiterentwickelt werden können (vgl. 5.2).

Zur flexiblen Erfüllung der Kommunikationsanforderungen bei Ungewissheit empfiehlt es sich ferner, den Leistungsaustausch auf einer informellen, impliziten Verpflichtung zur Gegenleistung in und zwischen den Teams zu basieren. Deren Grundlage ist der Abschluss eines *psychologischen Kontraktes* (vgl. Schein 1965, 10-13; Drumm 2000a, 438-440), dessen Ziel es ist, die Mitarbeiterloyalität zu erhöhen und professionelle Teams bzw. Teammitglieder mit hohen Leistungen und hohem Potenzial als Wissens- und Innovationsträger an die Unternehmung bzw. an das Team zu binden. Zugrunde liegt ihm die Anreiz-Beitrag-Theorie, welche die Ursache von Beitritts- und Verbleibentscheidungen untersucht (vgl. Barnard 1938, 139-160; March, Simon 1958, 84-88). In dem Ausmaß, wie die Leistungs- und Verhaltenserwartung des Teammanagers bzw. des Teams erfüllt wird, kann den individuellen und kooperativen Bedürfnissen entsprochen werden (vgl. Drumm 2000a, 438; Marr, Fliaster 2003, 277-305).

Aus den zuvor identifizierten Ungewissheiten verpflichtet sich das Team z. B. als Gegenleistung für das Entgelt und die Arbeitsplatzsicherheit verbindlich auf Vertrauensbrüche und opportunistisches Verhalten zu verzichten, entscheidungsrelevante Information und Wissen zu teilen und zu verteilen sowie bei konfliktären Interessen einen ausgewogenen Kompromiss einzugehen. Grundsätzlich sind die Einflussgrößen des Leistungsverhaltens individuelle und kooperative Motive, Anreize und Werthaltungen (vgl. Drumm 2000a, 439). Erneut gilt die Prämisse, dass die individuellen und kooperativen Bedürfnisse des Teams (vgl. 3.2.3.1) und das von ihm erwartete Leistungsverhalten bekannt sein müssen.

Insgesamt zeigt sich, dass der zu leistende Verantwortungs- und Entscheidungsbeitrag des Teams bei Ungewissheit höher ist als bei Risiko. Das Team ist eigenverantwortlich für die Teamkoordination und die Teamqualifikation. Der Einzelne ist verantwortlich für die Selbstkoordination und Selbstqualifikation. Ein intensiviertes symmetrisches und doppeltes Verantwortungs- und Anreizsystems muss folgen. Die optimale Anreizintensität liefert erneut die Transaktionskosten-Regel.

- Ungewissheitsreduktionsstrategie durch Reservebildung

Da sich bei Ungewissheit die Entscheidungsaktivitäten erst im Verlauf der Teamarbeit über den individuellen und kooperativen Lernprozess im Team konkretisieren (vgl. Mintzberg 1992, 351), kann während der Teamarbeit nur eine allgemeine Aktionsplanung mit groben, flexiblen Richtlinien erfolgen, in deren Rahmen die Teamkonstellation dann weitere, spezifische Entscheidungen ad hoc trifft.

Ein für die interaktive Teamsteuerung geeignetes Instrument der *flexiblen Aktionsplanung* zwischen den Teams (vgl. 3.3.1.1.1) ist die *Meilensteintechnik* zur Festlegung kurz- bis mittelfristiger, motivierender und überprüfbarer Handlungsziele. Ein Meilenstein gleicht einer bedingten Entscheidung, da das Projekt nur weitergeführt wird, wenn eine Entscheidung über die vorgelagerten Ergebnisse getroffen wird (vgl. Kraus, Westermann 1998, 54). Die Konsequenz der Teilentscheidung ist die Auflösung des Teams, die Revision der Teamstruktur oder die Weiterentwicklung des Teams in seiner bestehenden Konstellation. Das Erreichen der Meilensteine wird motiviert durch das doppelte Anreiz- und Verantwortungssystem. Um Verhaltensänderungen zu bewirken oder Zielabweichungen zu korrigieren, ermöglicht ein anschließendes Feedbackgespräch mit dem Auftraggeber oder der Unternehmungsleitung, die Teamaufgabe bzw. weitere Entscheidungsaktivitäten zu präzisieren. Je größer das Leistungsniveau des Teams ist, desto weniger Meilensteine sind zu vereinbaren und desto größer ist der Freiraum, den das Teammanagement dem Team einräumt (vgl. Kraus, Westermann 1998, 59).

Das Unterstützungsteam ist aufzustocken oder das Kernteam ist weiterzuentwickeln, wenn die flexible Planung einen aufgabenbedingten Nachfrageüberschuss der Teamqualifikation als eine Teamüberforderung feststellt. Ermittelt sie einen Akquisitionsüberschuss als eine Teamunterforderung, ist das Unterstützungsteam abzubauen oder die Kriterien und Ziele bzw. das Anspruchsniveau sind zu erhöhen. Mitarbeiter sind unternehmungsintern anderweitig einzusetzen und vorhandene Zeitverträge zu unterbrechen oder nicht weiter zu verlängern.

Indessen wirkt der Einsatz des Kernteams durch das Teammanagerteam stabilisierend auf die Teamarbeit, da es während der ständigen Veränderungen der Teamarbeit in seiner Konstellation unverändert bleibt. Es gewährleistet, dass ein konstanter Ansprechpartner, der den Gesamtzusammenhang und den bisherigen Teamverlauf kennt, konsequent verfügbar ist. Das Kernteam bewahrt das Teamgedächtnis und ist für deren Entpersonalisierung zuständig (vgl. 3.2.1.1.2).

Eine flexible ad hoc Reaktion auf Veränderungen ist über schnelle informell verlaufende lernbasierte Entscheidungsprozesse möglich, wobei nach MINTZBERG Schlüssel- und

Mehrfachqualifikationen die Basis der Entwicklung neuer Potenziale sind. Prinzipiell sollte die klassische Koordinationsform der Führung keinen Einfluss auf die Zusammenarbeit nehmen, da Teams per definitionem hierarchiefrei zusammenarbeiten. Durch den ad hoc Koordinationsmechanismus der gegenseitigen Abstimmung wird eine starke Spezialisierung und ein hoher Neuigkeitsgrad unterbunden (vgl. 1992, 336-338). Er lässt sich jedoch über kontaktierende Maßnahmen des Wissensmanagements initiieren (vgl. 3.3.3.2).

- Ungewissheitsakzeptanzstrategie

Das Schnittstellenmanagement und die flexible Aktionsplanung basieren beide auf dem Prinzip der gegenseitigen Abstimmung. Die Qualität des Wissensmanagements entscheidet, in welchem Ausmaß diese die Ungewissheit reduzieren und welcher Ungewissheitsgrad letztendlich zu akzeptieren ist.

#### 3.3.3.2 Wissensmanagement: Information und Kommunikation

- Ungewissheitsreduktionsstrategie durch Schadensverhütung

So wie „(...) die Aufgaben selbst erst schrittweise erlernt werden müssen (...)“ (Drumm 2000a, 238-239), sind auch die anforderungsgerechten Teamqualifikationen sukzessive zu entwickeln bzw. über die Teamrevision neu zu beschaffen. Die Ungewissheitsstrategie weiterführend (vgl. 3.1.5.4) fördern bei Ungewissheit die partizipativen Lernschleifen die *gegenseitige Abstimmung*. Gleichzeitig müssen sie jedoch schnell durchlaufen werden, um Restriktionen oder ihren Indikatoren zeitnah gegensteuern zu können.

Die Bewältigung ungewisser Probleme ist ohne ein umfangreiches aus Erfahrungen gebildetes Vorwissen nicht möglich (vgl. Goldstein, Papert 1977, 84-123). Das Erfahrungswissen des Teammanagerteams, welches über das Trichtermodell als strategisches Wissen eingeht, ist aber nicht ausreichend. Es bedarf darüber hinaus während der Teamarbeit implizite und informelle Lernprozesse, die in die lernbasierte Entscheidungsschleife eingehen (vgl. Rosenstiel 2003c, 68). Neben der offenen Teamstruktur des Unterstützungsteams als informeller Lernprozess der job rotation, ergänzt die praktische *Erfahrung* als situatives Wissen das Teamwissen und entwickelt so eine qualifizierte Gedächtnisleistung für die Kokonstruktion von Wissen und deren Anwendung (vgl. Gruber 1999, 9). Denn Erinnern beruht auf Erfahrung, d. h. auf einer *wiederholten Bewältigung komplexer Anforderungen unter wechselnden Nebenbedingungen* und kann fehlendes formelles Wissen kompensieren (vgl. Gruber 1999, 29, 47). Diese Risiko- und Ungewissheitssensibilisierung ist frühzeitig zu fördern und bei der Teamauswahl explizit zu berücksichtigen.

Nach GRUBER lässt sich Erfahrung als individuelle Voraussetzung professionellen Verhaltens gezielt herausbilden, indem das Team lernbasierte Entscheidungssituationen wiederholt erlebt und ihnen subjektive Bedeutsamkeit beimisst, indem sein Interesse geweckt wird (vgl. 1999, 13). Das nötige Vorwissen für die Erfahrungsbildung während der Teamarbeit liefern die Maßnahmen des Teammanagements unter Risiko (vgl. 3.2) und die Ungewissheitsanalyse (vgl. 3.2.1.1.2). Darauf aufbauend entwickelt das Team gezielt reflexiv Ideen zur Problemlösung. Indem die Lösungsansätze auf ihre Eignung überprüft werden, klärt sich die Anwendbarkeit und das Team erkennt den Wert der Steuerungsmaßnahme unter Ungewissheit (vgl. 1999, 132). Die lernbasierte Entscheidungsumgebung muss auf das Vorwissen Bezug nehmen. Die Lernziele (z. B. multipersonelle Problemlösung der ungewissen Teamaufgabe, Teamqualifizierung), der Lernstil (z. B. interaktives oder direktes Lernen, Lernkontrolle), die Lernsequenzen (z. B. strukturiert, explorativ) und die Instrumente sind mit dem Fach- und Erfahrungswissen systematisch zu verknüpfen (vgl. Gruber 1999, 137; Rosenstiel 2000, 201; 2003c, 75-77).

Instrumente des informellen Erfahrungslernens sind z. B. learning by doing, die Reflexion im Team sowie das praktische Lernen durch Versuch und Irrtum (vgl. Rosenstiel 2000, 97; Gruber 1999, 134-136). Ein flexibler Handlungs- und Kommunikationsspielraum und eine fehlertolerante Teamkultur sind zwingende Prämissen, um die Einstellungen zu modifizieren und das Verhaltensrepertoire zu erweitern. Fehler dürfen nicht unmittelbar zum Ausschluss des Teammitglieds führen, sondern müssen als Lernquellen weitere Lernschleifen anstoßen.

Abschließend ist das gewonnene Erfahrungswissen erneut zu reflektieren und zu generalisieren, d. h. vom unmittelbaren Kontext zu lösen und auf übergeordnete Zusammenhänge zu übertragen. Erst nach dieser Transformation bereichert das Erfahrungswissen das Teamgedächtnis und kann letztendlich in das organisatorische Gedächtnis transferiert werden.

- Ungewissheitsreduktionsstrategie durch Reservebildung

Für den kooperativen Lernprozess über formell ausgelöste Lernschleifen, für informelle Lernprozesse sowie für ihre Verknüpfung mit dem zugrundeliegenden Entscheidungsprozess, ist die Qualität der Kommunikation als Informations- und Erfahrungsaustausch entscheidend (vgl. Krcmar 2003, 197). Das Team muss über *Kommunikationskompetenz* verfügen, um sich in verschiedene Denkmuster hineinversetzen und situationsangepasst sowie zielorientiert mitteilen zu können (vgl. Meier, Herrmann, Hüneke 2001, 13). Die Anzahl der Kontakte allein steigert aber nicht die Qualität der Kommunikation (vgl. Witt, Rosenkranz 2002, 98). Die Qualität der Teamarbeit ist abhängig von der Kommunikationsform, d. h. von

- „(...) der Art (persönliche versus unpersönliche Kommunikation),
- der Intensität (intensive versus sporadische Kommunikation),
- der Häufigkeit (einmalige versus mehrmalige Kommunikation),
- der Wirkung (affektive, kognitive oder konative Kommunikation) (...)“ (Bruhn 2003, 74).

Da bei Ungewissheit eine neue und / oder hoch komplexe Problemlösung zu finden ist, ist die Intensität und Häufigkeit der Teaminteraktion über formelle und informelle *kontaktierende Steuerungsmaßnahmen* zu steigern. Weil Probleme ad hoc zu lösen sind, ist über die Art und die Wirkung der Kommunikation deren Flexibilität und Entscheidungsgeschwindigkeit zu erhöhen. Diese sind allerdings nicht beliebig, sondern anforderungsgerecht und bewusst auszuwählen, indem ihre Informationsreichhaltigkeit (Media Richness) in Beziehung zu der Komplexität der Kommunikationsbeziehung gesetzt wird (vgl. Daft, Lengel 1984, 199). Hierauf ist bei dem Einsatz von Medien in Kapitel 4.1 zurückzukommen. Die Auswahl des geeigneten Kommunikations-Mix bestimmt die Transaktionskosten-Regel.

Kontaktierenden Steuerungsmaßnahmen umfassen interpersonelle Kommunikationsprozesse, die bei Ungewissheit weniger der Berichterstattung, der Erklärung oder der Kontrolle dienen. Sie sind vielmehr Mittel zur Entwicklung eines Wissensdiskurses, zur Kokonstruktion von Wissen und für dessen Transfer in den Aufgabenkontext. Als Kommunikations-Mix empfiehlt sich eine Kombination formeller und informeller Kommunikationsalternativen unter Berücksichtigung der vorgestellten Kommunikationsformen. Er ist aufgaben- und teamspezifisch auszugestalten. Als zwingende Prämisse gilt, dass die erforderlichen Rahmenbedingungen parallel verfügbar und einsetzbar bzw. nutzbar sein müssen.

Eine informelle Kommunikation unterstützen z. B. flexibel intensivierbare Arbeitsplätze. Sie können sich über einen ‚silent room' für konzentriertes Arbeiten im Team, über einen ‚newsroom' zum Austausch von Ideen oder über informelle Kommunikationsgelegenheiten an der Kaffeemaschine gestalten. Die formellen Informations-, Kommunikations- und Konfliktregeln sind bei Ungewissheit überlegt zu nutzen, da sie die für die multipersonelle Problemlösung nötige Kreativität unterminieren. „(...) Konflikt und Aggressivität sind notwendige Elemente in der Adhokratie; Aufgabe (...) [des Teammanagements, Anm. d. Verf.] ist es, diese in Produktivität umzusetzen (...)" (Mintzberg 1992, 266). Weitere bereits bekannte kontaktierende Maßnahmen sind der Teampromotor, Wissensforen, -plattformen oder -börsen. Ein weiteres spezialisierendes Subsystem manifestiert der Experten-Pool, aus dem das Kernteam die wechselnden Teammitglieder des Unterstützungsteams flexibel und anforderungsgerecht auswählt.

- Ungewissheitsakzeptanzstrategie

„Mit steigender Komplexität des anstehenden Problems steigt die Wichtigkeit der Koordination und Kooperation verschiedener Spezialisten im Team (...)" (Streich 1987, 142). Kann eine Extrapolation der Situation wegen fehlender Prognosemöglichkeiten nicht erfolgen, erweitern die vorgestellten Steuerungsmaßnahmen die Informationsbeschaffungs- und Informationsverarbeitungskapazität des Teams. Doch letztendlich stößt das Team an seine Lern- und Kommunikationsgrenzen. Solide und wertbeständige Vertrauensbeziehungen können sich bei dezentralen Strukturen in oberflächliche Verbindungen wandeln, da oftmals „(...) vorherrschende Vertrauensbeziehungen an bürokratische Strukturen gebunden sind, in denen Stellen hierarchisch angeordnet sind (...)" (Heisig, Littek 1995, 285). Folglich unterliegen der psychologische Kontrakt und die kontaktierenden Steuerungsmaßnahmen unlösbaren Mess- und Zurechnungsproblemen. Diese verbleibende Restungewissheit des Wissensmanagements verursachen Restrisiken der Verantwortungs- und Entscheidungsstruktur. Zusammen erhöhen sie die unternehmerische Ungewissheit.

### *3.3.4 Erfolgskontrolle*

#### 3.3.4.1 Verantwortungs- und Entscheidungsstruktur

- Ungewissheitsvermeidungsstrategie

Analog zum Fall des Risikos ist die Ungewissheitsvermeidungsstrategie eine ausschließliche Strategie der Erfolgskontrolle (vgl. 3.1.5.4). Über die Transaktionskosten-Regel als Beurteilungs- und Steuerungskriterium entscheidet sie über das weitere Fortbestehen des Teams oder seine Auflösung (vgl. 3.2.4.1).

- Ungewissheitsreduktionsstrategie durch Schadensverhütung

Infolge des Wissensvorsprungs des Teams ist nicht nur die Lern- und Kooperationsverantwortung, sondern auch die Kontrollverantwortung an das Team zu delegieren (vgl. Hayek 1937, 33-54). Die *Kontrolle durch Meilensteine* als eine Form der Fortschrittskontrolle formuliert kurz- bis mittelfristige Handlungsziele und strukturiert die Kontrollaktivitäten in überschaubare Zeiträume (vgl. 3.3.3.1). Sie löst eine zielgerichtete gegenseitige Teamkontrolle aus, die weniger überwacht als vielmehr Ungewissheiten kooperativ klärt. Die Meilensteintechnik berücksichtigt jedoch keine unvorhergesehenen Restriktionen, weshalb *ad hoc Kontrollen* diese ergänzen müssen. Ad hoc Kontrollen untersuchen, ob neu auftretende Restriktionen eine Veränderung der Entscheidungssituation unter Ungewissheit bewirken und lösen, falls erforderlich, eine Anpassung über die Teamrevision aus. Die Notwendigkeit der Erfolgskontrolle erkennt das Team aus interaktivem Lernen und wissensvernetzter Kooperation.

- Ungewissheitsreduktionsstrategie durch Reservebildung

Für eine reservebildende Wirkung empfiehlt es sich, dem Team zusätzlich zu kommunizieren, dass die Kontrolle keine Überwachungsmaßnahme, sondern eine Notwendigkeit für einen zielgerichteten Informations- und Erfahrungsaustausch darstellt. Ist sich das Team der gegenseitigen Kontrolle bewusst und akzeptiert diese, ist zu erwarten, dass es motiviert ist, die Teamaufgabe effektiv zu erfüllen (Verhütungseffekt); empfindet das Team die Beurteilung durch Kontrolle als gewissenhafte Beurteilung der individuellen und kooperativen Qualifikationen und der Einsatzbereitschaft Einzelner, steigert dies die Leistungsbereitschaft des Teams (Rechtfertigungseffekt) (vgl. Laux, Liermann 2003, 460).

- Ungewissheitsakzeptanzstrategie

Weil die Irrtumswahrscheinlichkeit bei Ungewissheit groß ist, ist der Wissensstand des Teammanagements permanent und simultan zu verbessern, um den Schaden aus den eingetretenen Ungewissheiten bestmöglich zu reduzieren. Die Aufgabe des Wissensmanagements ist es, die erzielte Information für künftige personalpolitische Entscheidungen zu nutzen (vgl. Laux, Liermann 2003, 458).

### 3.3.4.2 Wissensmanagement: Information und Kommunikation

- Ungewissheitsreduktionsstrategie durch Schadensverhütung und Reservebildung

Die Ungewissheitsstrategie weiterführend (vgl. 3.1.5.4) setzt die Erfolgskontrolle periodenweise an dem Trichtermodell, an der Teambildung und an der Teamsteuerung an, so dass je nach eingetretenen Entwicklungen die Aktionsplanung verworfen, revidiert oder neu erstellt wird. Der periodenübergreifende Einsatz der Erfolgskontrolle verursacht, dass die flexible Aktionsplanung sich zu einer *rollierenden flexiblen Aktionsplanung* wandelt (vgl. Laux, Liermann 2003, 485).

Bei Ungewissheit ist zu prüfen, ob das Team seinen Entscheidungsspielraum effektiv nutzt und das Anspruchsniveau erfüllt (vgl. Laux, Liermann 2003, 466). Die Information über die das Teammanagement verfügt ist für eine Fremdkontrolle nur wenig aussagekräftig. Soweit ein Teammanager eingesetzt wird, kann dieser nur die Rahmenbedingungen kontrollieren. Die *Fremdkontrolle* reduziert sich auf eine selektive Kontrolle mit einer bewussten Auswahl der Stichprobe (vgl. Schäffer 1996, 271).

Die Qualität der Teamarbeit kann der Teammanager aber nur mittelbar beurteilen. Deshalb ist die Kontrollfunktion als individuelle *Selbstkontrolle* von dem Team an die einzelnen Teammitglieder zu delegieren, so dass bei unvorhergesehenen Einflüssen das Teammitglied selbständig zielgerichtet intervenieren kann (vgl. Pfohl, Stölzle 1997, 257). Durch die Selbstkontrolle kann der Einzelne Selbstverwirklichungsmotive aktivieren, so dass seine intrinsische Motivation die Leistungsbereitschaft steigert. Extrinsisch motivierte Teammitglieder sind über Belohnungswerte des doppelten Verantwortungs- und Anreizsystems zu fördern (vgl. Osterloh, Rota 2002, 125-138).

Da weiterführend *Feedback-Kontrollen* ergebnisorientiert sind, wirken sie korrektiv (vgl. Schreyögg, Steinmann 1985, 393). Sie vergleichen die Teamaktivitäten mit festgelegten Kriterien und Zielen bzw. mit einem festgelegten Anspruchsniveau. Korrektive Maßnahmen eignen sich allerdings nur, solange die nötige Revision der Teamstruktur oder die erforderliche Teamentwicklung rechtzeitig umgesetzt werden können oder Pläne nur marginal von ihrer Zielsetzung abweichen, wie das bei der vollkommenen Explorierbarkeit des Risikos der Fall ist.

Bei Ungewissheit können diese Annahmen nicht getroffen werden (vgl. 2.3.3). Es treten unvorhergesehene Einflussgrößen auf. Folglich ist die Feedback-Kontrolle durch die *Feedforward-Kontrolle* zu ergänzen (vgl. Schreyögg, Steinmann 1985, 403). Diese will Steuerungsmaßnahmen möglichst früh im Entscheidungsprozess bereitstellen, indem sie zukünftige Entwicklungen antizipatorisch und probabilistisch abschätzt (vgl. Groth, Kammel, Voukelatos 1993, 326). Die Feedforward-Kontrolle ist prämissenorientiert und erzeugt Information über die strategische Gesamtausrichtung und Eignung der eingesetzten Instrumente. Sie hinterfragt die der Planung zugrundeliegenden Annahmen auf ihre Übereinstimmung mit der Realität. Prämisse ist, dass das Team über den nötigen Spielraum für strategische Veränderungen verfügt. Insgesamt muss die Intensivierung der Kontrollverantwortung mit der Intensivierung der Verantwortungs- und Entscheidungskoordination positiv korrelieren und durch das doppelte Anreizsystem gefördert werden.

*Frühwarnsysteme* gelten als eine präventive Kontrollmaßnahme. Sie gehen auf das Prinzip der schwachen Signale von ANSOFF zurück. Treten erste schwache Signale auf, ist eine gestufte Reaktionsbereitschaft zu implementieren (vgl. Ansoff 1976, 129-152). Ein Frühwarnsystem soll auf Basis verfügbarer Information die Zukunft von Variablen, die für die Unternehmung relevant sind, möglichst früh, präzise und nachvollziehbar vorhersagen (vgl. Wolf, Runzheimer 2003, 157-169). Es verschafft dem Team bei Ungewissheit Zeit für adäquate Gegenmaßnahmen und trägt damit zu einer Reduzierung der Zielabweichungen, also der Ungewissheit bei (vgl. Drexel 1984, 89; Gleißner, Füser 2000, 933).

Die Feedforward- und die Feedback-Kontrollen integriert in ein Frühwarnsystem lösen zusammen mit der ad hoc-Kontrolle lernbasierte Entscheidungsschleifen aus und wirken dynamisierend. Sie sind die Instrumente des organisationalen Lernens. Durch den Kontroll-Mix gewonnene Erkenntnisse sind vom Aufgaben- und Personenkontext zu lösen. Sie sind in das Teamgedächtnis als Bestandteil des organisatorischen Gedächtnisses einzustellen. Die Kontrollintensität legt die Transaktionskosten-Regel fest.

- Ungewissheitsakzeptanzstrategie

Teamarbeit unter Ungewissheit ist schwer zu kontrollieren. Die Ergebnis- und Fortschrittskontrollen scheitern an einem unzureichenden Wissensstand, da bis zur Fertigstellung der Teamaufgabe nur eine prämissenbasierte Planung existiert. Unter dem Einsatz der herausgearbeiteten Instrumente muss „(...) eine sorgfältige persönliche Überprüfung der Projekte erfolgen, um sicherzustellen, daß diese den inhaltlichen Spezifikationen entsprechend, termingerecht und zu den vorgegebenen Kosten (...) zum Abschluß gebracht werden (...)“ (Mintzberg 1992, 352). Dabei ist zu akzeptieren, dass der Kontroll-Mix aus Feedforward-, Feedback- und ad hoc Kontrollen integriert in ein Frühwarnsystem aufwendig ist und unlösbaren Mess- und Zurechnungsproblemen unterliegt. Ermessensentscheidungen, die sich an subjektiven Zweckmäßigkeitsvorstellungen orientieren sind unvermeidbar. Diese Restungewissheiten erhöhen die unternehmerische Ungewissheit.

### *3.3.5 Zwischenergebnis: Lernbasiertes Entscheiden als innengesteuerter Prozess*

Die Steuerungsmaßnahmen des *Teammanagements unter Ungewissheit* knüpfen an die Ungewissheitsstrategie an (vgl. 3.1.5.4). Sie baut auf der Ursachenstruktur der Ungewissheitsanalyse mit ihren Polaritäten auf (vgl. 3.1.5.1). Für die Steuerungsmaßnahmen lassen sich folgende Schlussfolgerungen ableiten:

- Trichtermodell: Die Entscheidung ist ex ante an verschiedene Teams zu übertragen, wenn eine differenzierte Problemnähe erforderlich ist. Das Managementteam übernimmt auf der Unternehmungs- und Vertragsebene das Teammanagerteam. Auf der Teammanagementebene ist es das Kernteam, deren Teamqualifikation während der Teamarbeit ein Unterstützungsteam ergänzt. Nimmt die

Anzahl kooperierender Teams zu, steigt deren Hierarchisierung und damit der Koordinationsaufwand zwischen den Teams. Ein vernetzter Instrumenteneinsatz erfordert von den Teams multitasking-Fähigkeiten, da er zeit- und konfliktintensiv ist. Für die Umsetzung der Maßnahmen sind Verantwortungs- und Entscheidungsspielräume zu gewähren und zu akzeptieren. Ex post sind analog zu den Ausführungen unter Risiko redundante Informationsbeschaffungs-, Informationsverarbeitungsmöglichkeiten und Verknüpfungen des Abgleichs, der Korrektur und des Kulturtransfers zu erzeugen (vgl. 3.2.5);

- Teambildung: Es ist eine mehrstufige Teambildung für das Kernteam im Zeitpunkt ($t_{-1}$) und für das Unterstützungsteam in ($t_0$) umzusetzen, um nicht auf entscheidungsrelevante Information verzichten zu müssen. Qualitative Auswahlkriterien (z. B. Schlüssel-, Mehrfachqualifikationen, Teamerfahrung) sind zu verifizieren, wenn die Professionalität des Teams über die Qualität der Kommunikation bei einer sukzessiven Entscheidungsfindung entscheidet. Persönliche Kontakte sind zwingend, wo eine qualitative Auswahlentscheidung entscheidungsrelevante Information, soziale Fähigkeiten und individuelle Motive erfordert;
- Teamsteuerung: Lern- und Kooperationsverantwortung sind zu streuen, um Verhaltensspielräume zu ermöglichen. Professionalität und face to face-Kontakte sind zu schaffen, wenn implizites und kreatives Wissen zu (ver)teilen ist. Lernbasierte Entscheidungsschleifen als Eventualentscheidungen müssen durch den Einsatz des Kernteams bei der Teambildung von Beginn an einkalkuliert werden, wenn Verantwortung erkannt werden soll. Teams mit hoher Leistung und hohem Potenzial sind als werthaltige Wissens- und Innovationsträger an die Unternehmung zu binden, wenn das Team Verantwortung aus Verhaltensspielräumen wahrnehmen soll;
- Erfolgskontrolle: Die Vermeidungsstrategie bei Ungewissheit übernimmt die Erfolgskontrolle. Die Kontrollverantwortung ist vernetzt wahrzunehmen, wenn Kontrollaktivitäten in überschaubare Zeiträume zu strukturieren, Prämissen zu verifizieren und ad hoc Restriktionen zu erfassen sind. Es ist ein Bewusstsein kooperativer Leistungsabhängigkeit zu entwickeln, wenn die Kontrollnotwendigkeit einen Verlust der Teammotivation bewirkt.

Als Zwischenergebnis ist festzuhalten, dass bei Ungewissheit die Kombination der Steuerungsmaßnahmen die Qualität der langfristigen Steuerung von Entscheidungen in Teams beeinflusst. Das vernetzte Prozessmodell verteilt die zunehmende *Verantwortungs- und Entscheidungskoordination* auf mehrere Teams, so dass sie in ihrer Gesamtheit geteilt wird. Die Teams intensivieren die Anforderungen an informelle

Informations- und Kommunikationsprozesse des Wissensmanagements. Sie veranlassen über lernbasierte Entscheidungsschleifen informelle Entscheidungsprozesse. Die Qualität des *Wissensmanagements* bestimmt das Einsatzpotenzial der Verantwortungs- und Entscheidungsstruktur. Periodenübergreifend verlangt die fehlende Explorierbarkeit der Ungewissheit für die Teamsteuerung ein Selbstmanagement des Teams und gleichzeitig die Unterstützung durch den Teammanager bei dem Trichtermodell, bei der Teambildung und bei der Erfolgskontrolle (vgl. 2.3.4.3.1). Verbessert das Wissensmanagement den Informationsstand des Trägers des Teammanagements und des Teams schrittweise, wird die Bildung von subjektiven Wahrscheinlichkeitsverteilungen wahrscheinlich. Durch diese Wissensexplorationsprozesse nähert sich die Teamarbeit unter Ungewissheit der Risikosituation, so dass die Annahme einer statischen Ungewissheitssituation aufzuheben ist. Die Steuerungsmaßnahmen unter Ungewissheit werden dann von denen unter Risiko fortgeführt. Besteht für das Teammanagement jedoch keine Möglichkeit der Wissensexploration zu den Teammitgliedern und deren Aufgaben existiert die Ungewissheitssituation weiter. Bei einer Ungewissheitssituation partizipiert der Teammanager zeitweise, so dass die lernbasierte Entscheidung insgesamt innengesteuert bleibt. Je stärker das Wissensdefizit abgebaut werden kann und sich die Ungewissheits- zu einer Risikosituation wandelt, desto stärker ist die Innen- durch die Außensteuerung zu ersetzen.

## 3.4 Erstes Teilergebnis: Teammanagement als vernetzter lernbasierter Entscheidungskreislauf

Als erstes Teilergebnis zeigt sich für das *Teammanagement unter mehrwertiger Erwartung ohne Medieneinsatz*, dass jeder einzelne Zeitpunkt der Teamarbeit sich durch spezielle Polaritäten charakterisiert, die durch ursachenbezogene Steuerungsmaßnahmen reguliert werden. Deren erneute Beschreibung soll vernachlässigt und dafür auf die Zwischenergebnisse in 3.1.5.1, 3.2.5 und 3.3.5 verwiesen werden. Dies erfolgt zugunsten einer zeitlichen Darstellung der Zusammenhänge. Abbildung 19 stellt die Polaritäten der *Bausteinanalyse* (kursiv gekennzeichnet) den Schlussfolgerungen der *Steuerungsmaßnahmen* (durch Aufzählungszeichen markiert) zusammenfassend gegenüber.

Die *Bausteinanalyse* ohne Medieneinsatz verdeutlicht, dass bei Risiko insbesondere die Leistungsvorteile des Personals (vgl. 2.2.2.2) die Genese der allokationsbedingten Leistungsvorteile (vgl. 2.2.2.3) verhindert. Die kritische Einflussgröße ist das Personal. Bei Ungewissheit kommt die aufgabenbedingte Wissensasymmetrie hinzu. Aufgabe (vgl. 2.2.2.1) und Personal sind gleichermaßen kritisch.

Für die *Steuerungsmaßnahmen* ist zu konstatieren, dass sie in ihrer Gesamtheit ein vernetztes Prozessmodell darstellen, welches in einer periodenübergreifenden Betrachtung einen vernetzten lernbasierten Entscheidungskreislauf abbildet. Je nach den Bedingungen, mit denen das Teammanagement ohne Medieneinsatz konfrontiert wird, müssen unterschiedliche Schwerpunkte gesetzt, d. h. eine unterschiedliche Kombination von Handlungsalternativen ausgewählt werden.

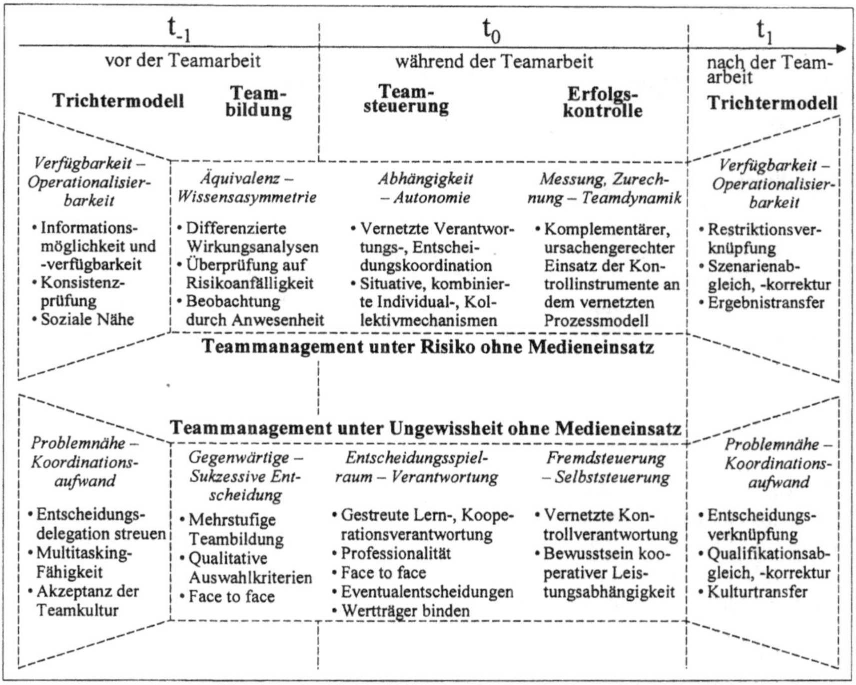


**Abbildung 19: Zeitstruktur des Teammanagements unter mehrwertiger Erwartung ohne Medieneinsatz; eigene Darstellung**

Dabei steuert die *Verantwortungs- und Entscheidungsstruktur* nicht nur das arbeitsteilige Handeln, sondern zusätzlich die gemeinsame Entscheidungsfindung, indem sie Prämissen für den Umgang miteinander setzt und den Abstimmungsleistungen des Teammanagements Stabilität verleiht. Die Verantwortungs- und Entscheidungsstruktur *unter Risiko* ist ausgeprägt und manifestiert einen durch den Teammanager außengesteuerten Prozess und der Partizipation des Teams. Demgegenüber bestimmt *unter Ungewissheit* die Qualität des Wissensmanagements das Einsatzpotenzial der Verantwortungs- und Entscheidungsstruktur. Dies stellt hohe Qualifikationsanforderungen an das Kern- und Unterstützungsteam und löste informelle Entscheidungsprozesse aus. Die Konsequenz ist ein innengesteuerter Prozess mit einer Partizipation des Teammanagers.

Das *Wissensmanagement unter Risiko* entwickelt formelle und informelle Strukturen der Wissens(ver)teilung. Eine symmetrische Verteilung der Professionalität aller Beteiligten kompensiert den ungleichen Wissensstand im Team. Da diese Annahme *bei Ungewissheit* nicht mehr gilt, lösen zusätzliche Informations- und Kommunikationsmaßnahmen über die lernbasierten Entscheidungsschleifen informelle Entscheidungsprozesse aus. Es entwickeln sich formelle und informelle Prozesse der

Wissens(ver)teilung und Beziehungsstrukturen. Dadurch bestimmt das Wissensmanagement das Einsatzpotenzial der Verantwortungs- und Entscheidungsstruktur und intensiviert die Qualifikationsanforderungen. Die Statik der Ungewissheitssituation ist aufzuheben, wenn das Teammanagement und das Team den Informationsstand sukzessiv verbessern und subjektive Wahrscheinlichkeitsverteilungen bilden können. Die Ungewissheitssituation wandelt sich zu einer Risikosituation, so dass die Steuerungsmaßnahmen unter Risiko die der Ungewissheitssituation ablösen.

Insgesamt zeigt sich, dass der vernetzte lernbasierte Entscheidungskreislauf die mehrwertigen Erwartungen nicht eliminieren kann. Das Teammanagement muss die bausteinspezifischen Restrisiken bzw. Restungewissheiten akzeptieren und eingehen. Die Entscheidungssituationen mehrwertiger Erwartung ohne Medieneinsatz erfordern daher ein Teammanagement, welches die Markt- und Ertragsziele der Unternehmung satisfiziert, Zielkompromisse für mehrfach final miteinander verbundene Ziele und die daraus resultierenden Zielkonflikte entwickelt und das Team derart steuert, dass die Minimalanforderungen einer erfolgswirksamen Teamarbeit erfüllt und bestmögliche Entscheidungssicherheit generiert wird.

Die Ausführungen zu den Bausteinen des Teammanagements unter mehrwertiger Erwartung verdeutlichen weiter, dass das Teammanagement unter Ungewissheit nicht von dem Management unter Risiko losgelöst angewendet werden darf. Ohne letzterem ist das Teammanagement unter Ungewissheit nur kurzfristig, nicht aber mittel- bis langfristig lernfähig, da kein wissensbasierter Erfahrungsschatz zugrundeliegt. Die Erfahrungswerte aus dem Teammanagement unter Risiko bilden die informatorische Grundlage für das Teammanagement unter Ungewissheit. Voraussetzung für die Teamreife unter Ungewissheit ist die Teamreife unter Risiko. Das Teammanagement unter Risiko ist das Teamgedächtnis des Teammanagements unter Ungewissheit. Können aus den Erfahrungswerten, wie z. B. aus dem Ausbau von Qualifikationen der Teammitglieder subjektive Wahrscheinlichkeitsverteilungen über die Leistungsfähigkeit des Teams und des Trägers des Teammanagements bei der Lösung von Teamaufgaben formuliert werden, kann die Ungewissheits- in eine Risikosituation und die Risiko- in eine quasisichere Entscheidungssituation unter einwertigen Erwartungen überführt werden.

Eine Reduzierung des gesamten vernetzten Prozessmodells auf die *Entscheidungen des Teammanagements* zur langfristigen Steuerung der Entscheidung des Teams zeigt über die Zeitstruktur der Teamarbeit von ($t_{-1}$) bis ($t_1$) ein mehrstufiges Entscheidungsmodell. Die Entscheidungsoptionen sind die erläuterten Optionen der Auflösung, der Revision, der Einordnung, der Auswahl, des Einsatzes, der Aus- und der Weiterbildung sowie des Wissenstransfers. Die Kontrollentscheidung vernetzt das mehrstufige Entscheidungsmodell des Teammanagements über die Zeiträume untereinander und dynamisiert so die Metaentscheidung des Teammanagements. Diesen Zusammenhang verdeutlicht Abbildung 20.

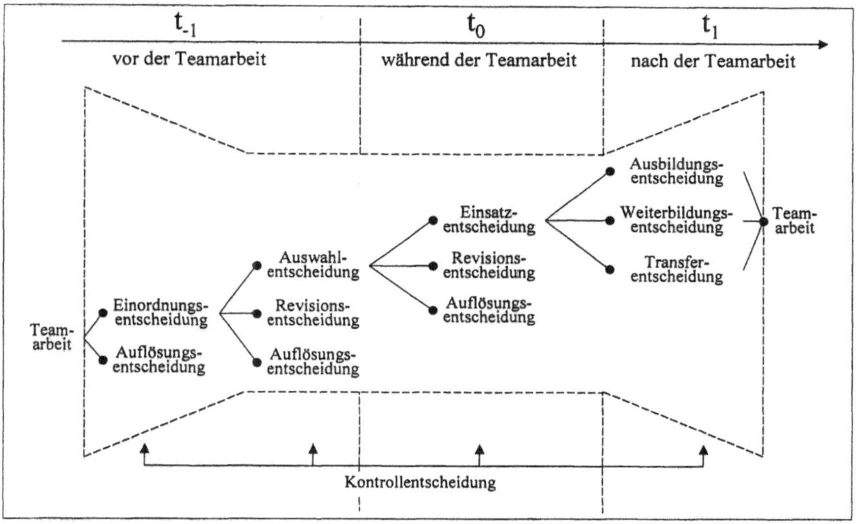


**Abbildung 20: Mehrstufiges Entscheidungsmodell des Teammanagements unter mehrwertiger Erwartung; eigene Darstellung**

Gelingt die Einordnungs- und Auswahlentscheidung, so dass ein hoch professionelles Team gebildet werden kann, sind die Folgerisiken einer Fehlauswahl gering. In einer *Risikosituation* ist zu erwarten, dass die Informationsasymmetrie reduziert und in eine quasi-sichere Entscheidungssituation überführt werden kann. Eine Außensteuerung durch den Teammanager bis zur Teambildung ist die Folge. Für die *Ungewissheitssituation* ist zu erwarten, dass sich diese in Risiko wandelt, da das Team das Wissensdefizit sukzessiv abbauen kann. Kann das Team die in einer Risikosituation bestehende Informationsasymmetrie weiterführend abbauen, tritt der zuvor erläuterte Fall ein. Ist dies jedoch nicht zu erwarten, ist eine Innensteuerung durch das Team unter Partizipation des Teammanagers zu erwarten.

Scheitert die Bildung eine hoch professionellen Teams muss das Teammanagement hohe Folgerisiken erwarten. Für die *Risikosituation* bedeutet dies, dass die Innen- zunehmend die Außensteuerung ersetzt, da der Teammanager die Wissensasymmetrie allein nicht abbauen kann. Unter *Ungewissheit* ist bei hohen Folgerisiken der Wandel von einer Ungewissheits- zu einer Risikosituation nicht zu erwarten. Der vernetzte lernbasierte Entscheidungskreislauf muss innengesteuert bleiben.

Welche Aktionsmöglichkeiten in einem Zeitpunkt zur Auswahl stehen, hängt davon ab, welche Aktionen in den früheren Zeitpunkten gewählt worden sind und welche Umweltentwicklung bis zu diesem Zeitpunkt eingetreten ist. Dieses erste Teilergebnis des Teammanagements unter mehrwertiger Erwartung bildet die theoretische Grundlage für die anschließende Entwicklung eines Ansatzes des Teammanagements zur langfristigen Steuerung von Entscheidungen in Teams unter mehrwertiger Erwartung *mit* Medieneinsatz.

# 4 Teammanagement als Ansatz zur langfristigen Steuerung von Entscheidungen in Teams bei mehrwertigen Erwartungen mit Medieneinsatz

## 4.1 Teams und Teammanagement in Abhängigkeit von Medien

Die bislang gesetzte Prämisse der Mediensicherheit ist für die nachfolgende Analyse aufzuheben (vgl. 2.3.4.1). Praktische und empirische Forschungsergebnisse zeigen, dass die Auslösung werthaltiger Teamvorteile von der zielgerichteten Auswahl und dem zielgerichteten Einsatz digitaler Mediensysteme abhängt (vgl. Lewe, Krcmar 1992, 12-15; Gappmaier 1993, 122-125; Linsinger, Kirsten 2003, 5).

Digitale Medien bezeichnen Kommunikationsmittel mit denen Information ausgetauscht wird, indem diese in digitale Einheiten, sogenannte Bits (ausgedrückt durch 0 und 1) umgewandelt wird (vgl. Döhn, Klöckner 1979, 7; Negroponte 1995, 11-74; Zerdick et al. 2001, 150). Dazu zählen z. B. E-Mail, der mobile oder stationäre Zugang zum Inter-, Intra- oder Extranet, Groupware, Audio-, Video- und Datenkonferenzen (vgl. Meier, Herrmann, Hüneke 2001, 14; Lehner 2003a, 4). Der Medieneinsatz ist die Basis der Teamarbeit und bestimmt die Informationsreichhaltigkeit, durch die das Team die jeweiligen Anforderungen bewältigen kann (vgl. Daft, Lengel 1984, 195-198; Lipnack, Stamps 1998, 30). Für das Teammanagement ist relevant, welche Medien es für die Bausteine der Einordnung der Teamarbeit in den Wertschöpfungsprozess, der Teambildung, der Teamsteuerung und der Erfolgskontrolle effektiv und effizient einsetzen kann.

Grundsätzlich ist der Medieneinsatz durch das Team bzw. durch das Teammanagement nicht effizient und nicht effektiv, wenn geeignete Möglichkeiten oder die Notwendigkeit zur medialen Interaktion fehlen, also wenn

- dem Team das erforderliche Medium bzw. die IT-Infrastruktur nicht zur Verfügung steht, d. h. die erforderlichen technischen und finanziellen Ressourcen fehlen (vgl. Lorenz, Renner, Kelkar 2003, 18-23);
- das Team oder einzelne Teammitglieder medienfeindlich eingestellt sind;
- die aus Teammitglieder keine Grundkenntnisse, -fähigkeiten und -motivation besitzen, Medien für das Lernen und das Kooperieren im Team effektiv und effizient einzusetzen;
- der Medieneinsatz die Mehrwertigkeit der Teamaufgabe derart reduziert, dass das aufgabenbedingte Abbruchkriterium eintritt (vgl. 2.2.2.1).

Diese Grundsätze manifestieren für die Teambildung unter mehrwertiger Erwartung medienbedingte Abbruchkriterien.

Der Medieneinsatz erfordert ein Team, das Medien individuell und kooperativ akzeptiert (vgl. Möslein 1999a, 5-6; Drumm 2003c, 12). In Konsequenz muss das Team über Teammitglieder verfügen, welche die räumliche, zeitliche und soziale Distanz überbrücken können. Dies verlangt ein medienkompetentes Team, das die individuellen und kooperativen Unterstützungspotenziale von digitalen Medien nutzen kann und fähig ist, durch medienvermittelte Kommunikation die Reichweite von Netzwerken zielgerichtet einzusetzen, um auf digitalen Märkten global agieren zu können.

Besitzt ein Team diese Qualifikation für die Teamarbeit unter Medieneinsatz, bestehen wegen der Bedeutung der Medien als Strukturvariable (vgl. 2.3.4.1) zwischen der Aufgaben-Personal-Struktur und dem Fortschritt der Informations- und Kommunikationstechnologie, d. h. der Geschwindigkeit des technologischen Wandels neuer Verfahren, neuer Produkte und ihrer relativen Bedeutung für die Unternehmung (vgl. Khandwalla 1975, 141), gegenseitige Wechselwirkungen. Erst ein in das Teammanagement integriertes *Medienmanagement* (vgl. 1.1) ermöglicht Synergieeffekte, die darin bestehen, dass die werthaltige Leistungsüberlegenheit eines Teams mit Medieneinsatz größer ist als ohne Medieneinsatz.

Digitale Medien besitzen *Unterstützungspotenziale*, da sie die menschliche Such-, Verarbeitungs-, Speicher- und Übertragungskapazität erweitern. Durch mediengestützte administrative Prozesse der Teamarbeit, wie z. B. Terminierung, Dokumentation großer Informationsmengen oder Anzeige von Zirkulations- oder Verarbeitungszuständen von Lern- bzw. Entscheidungsprozessen lassen sich Arbeitskräfte einsparen sowie die Effektivität und Effizienz der administrativen Teamarbeit erhöhen (vgl. Nastansky 1993a, 12). Weiter unterstützen digitale Medien die dispositive raum- und zeitübergreifende Teamarbeit (vgl. O'Hara-Devereaux, Johansen 1994, 199; Kelly 1998, 194). Durch sie kann auf gespeicherte Daten mittels mobiler Endgeräte wie z. B. Laptop, Palm oder Handy unabhängig vom Arbeitsort und von der Arbeitszeit zugegriffen werden. Medien ermöglichen einen beschleunigten digitalen Informationsfluss, so dass das Team und das Teammanagement flexibel auf eine reichhaltige, transparente Datenbasis zurückgreifen, einzelne oder kooperative Arbeitsrhythmen individualisieren und schnell auf dynamische Entwicklungen reagieren können (vgl. Lehner 2003a, 2-5).

Agieren das Team und das Teammanagement unabhängig von Raum und Zeit sind sie auf eine *medienvermittelte Kommunikation* angewiesen. Sie können synchron zur gleichen Zeit oder asynchron zu unterschiedlichen Zeiten Information über z. B. Kenntnis- und Fähigkeitspotenziale einholen und austauschen (vgl. O'Hara-Devereaux, Johansen 1994, 199). Die Media-Choice- und die Media-Impact-Forschung liefern dazu differenzierte Erkenntnisse. Auf die einzelnen Ausführungen der ihnen unterstellten Forschungsbereiche soll hier verzichtet und auf die im nachfolgenden Absatz genannte einschlägige Literatur verwiesen werden. Diese Verkürzung erfolgt zugunsten einer ergebnisvertiefenden Darstellung, indem bei der Risiko- und Ungewissheitsanalyse der einzelnen Bausteine (vgl. 4.2) ein direkter Bezug zu den Ergebnissen hergestellt wird.

Für die Auswahl des geeigneten Mediums sind nach der *Media-Choice-Forschung* neben der individuellen und kooperativen Medienakzeptanz der Komplexitätsgrad der Kommunikationsaufgabe (Media-Richness-Modell) sowie Genauigkeit, Schnelligkeit, Vertraulichkeit und Komplexität der Kommunikationsbeziehung (Konzeption der aufgabenorientierten Medienwahl) entscheidend (vgl. Daft, Lengel 1984, 191-233; Picot, Reichwald 1987, 50; Möslein 1999a, 5-9). Als Ergebnis betont sie die alternative Vorteilhaftigkeit verschiedener Medien. Demgegenüber untersucht die *Media-Impact-Forschung* die Wirkung des Medieneinsatzes auf die Zusammenarbeit in Organisationen (vgl. Grote 1994, 74; Möslein 1999a, 5-9). Im Ergebnis zeigt sie, dass der Medieneinsatz die Anzahl direkter und paralleler Kommunikationskanäle und Ausdrucksmöglichkeiten wie z. B. Tonfall, Mimik, Gestik oder Körpersprache reduziert und medienspezifisch differenziert. Die medienvermittelte Kommunikation ist also eine gefilterte Kommunikationsform (vgl. Picot, Reichwald 1987, 46; Grote 1994, 74; Lehner 2003b).

Gegenüber dem raum- und zeitpräsenten Teammanagement entfällt durch die Unabhängigkeit von Raum und Zeit die Möglichkeit einer aufwandsarmen Koordination durch Anwesenheit. Erst ein *vernetzter* Medieneinsatz kann die Kosten senken und Information an mehrere Personen gleichzeitig adressieren (vgl. Möslein 1999b, 23; Weigle, Krcmar 2000, 3). Eine unternehmungsübergreifende technische Vernetzung unterschiedlicher Standorte oder verschiedener Zeitzonen erhöht die Reichweite und eröffnet einen breiten Ansprache- bzw. Beziehungsradius. Die Vernetzung erlaubt gleichzeitig eine gezielte, individuelle und kostenminimale Fokussierung unterschiedlicher Akteursgruppen, ohne jedoch, wie bei dem nicht medienbasierten Teammanagement, einen trade-off mit der Zahl der Empfänger zu erfahren (vgl. Evans, Wurster 1997, 72; Kollmann 2000, 8).

Die Vernetzung beschleunigt die multipersonelle Problemlösung durch die gesteigerte Interaktionsmöglichkeit (vgl. Lehner 2003c). Dabei verursacht die erstmalige Produktion digitaler Information hohe Fixkosten (first-copy-costs), die als sunk cost einzuordnen sind, da sie vor Produktionsbeginn anfallen (vgl. Zerdick et al. 2001, 165). Die Grenzkosten weiterer digitaler Kopien tendieren gegen Null, da ihre Vervielfältigung und ihr Vertrieb durch die Parallelität vernetzter Kommunikationskanäle nur geringe variable Kosten bei großer Reichweite erzeugt; bei Einsatz z. B. des Internets als globales Netzwerk betragen sie nahezu Null (vgl. Zerdick et al. 2001, 166). Netzeffekte stellen eine heterogene Schnittstelle besonders organisatorischer, personalwirtschaftlicher und strategischer Forschungsfelder dar und weisen zahlreiche interdependente Variablen auf. Wegen des begrenzten Umfangs dieser Arbeit soll auf eine weitere Ausführung verzichtet und stattdessen auf die einschlägige Literatur verwiesen werden (vgl. Shapiro, Varian 1999, 103-134; Sydow 2002, 118-126, 281-307).

Insgesamt findet nicht nur eine technische Vernetzung statt. Netzwerke sind zugleich „(...) soziale Systeme, die sich vor allem durch die Qualität der Beziehung (...) auszeichnen und deren Systemverhalten wesentlich von der Qualität des Beziehungszusammenhangs abhängt (...)" (Sydow, Windeler 2000, 4).

Infolge zunehmender Vernetzung entstehen globale *digitale Märkte*, die internationale Differenzierungspotenziale eröffnen (vgl. Picot, Neuburger 2000, 33-41). Über gemeinsam nutzbare, virtuelle Informationsräume oder -plattformen arbeitet das Team auf Distanz zusammen. Dabei erhöhen mobile Informations- und Kommunikationsnetze die Effizienz der Anbindung von Anwendungssystemen (vgl. Lehner 2003a, 2-3). Der ökonomische Nutzen von digitalen Märkten muss jedoch durch Größe, Internationalisierung oder unternehmungsweite, bzw. -übergreifende Kooperationsaktivitäten gerechtfertigt sein.

Dieser erläuterte Einfluss der Strukturvariable der Medien verdeutlicht, dass sich eine *flexible Teamarbeit* entwickeln kann, die eine *effektive und effiziente Aufgabenlösung mit Medieneinsatz* bewirkt. Abbildung 21 illustriert diesen Fundamentalzusammenhang.

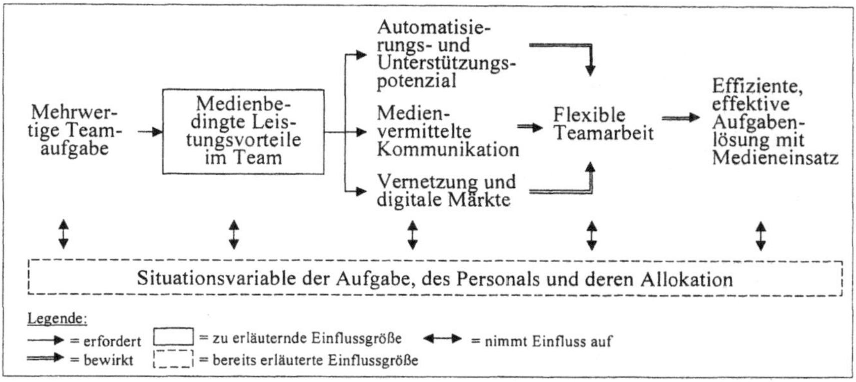


**Abbildung 21: Medien als Einflussgröße; eigene Darstellung**

Insgesamt zeigt sich, dass die Unternehmung die Aktivitäten des Teammanagements nicht unüberlegt durch Medien ergänzen sollte. Denn der Einfluss des Medieneinsatzes auf die bekannten Einflussgrößen der Aufgabe, des Personals und deren Allokation verändert die Aufgaben-Personal-Struktur des Teams. Dies wiederum verlangt eine neue Gewichtung des Äquivalenztheorems und lässt gegenüber dem Fall ohne Medieneinsatz eine veränderte Problemstruktur (Risiko- und Ungewissheitsstruktur) für das Teammanagement unter Medieneinsatz und für seine Bausteine erwarten. Dies ist nun zu untersuchen, indem die Analyse an den bereits identifizierten Risken bzw. Ungewissheiten ansetzt (vgl. 3.1) und deren Veränderung durch den Medieneinsatz und seine potenziellen Leistungsvorteile bewertet.

Bei der Analyse des Teammanagements mit Medieneinsatz resultieren die mehrwertigen Erwartungen (Risiko und Ungewissheit) aus den erläuterten Zielen und Problemen der Strukturvariable der Medien. Für eine vereinfachte Darstellung sind nachfolgend die mediale Unterstützung mit (MU), die medienvermittelte Kommunikation mit (MK) und die mediale Vernetzung und die globalen Märkte mit (MVM) gekennzeichnet.

## 4.2 Bausteine des Teammanagements bei mehrwertigen Erwartungen

### *4.2.1 Einordnung der Teamarbeit in den Wertschöpfungsprozess mit Medieneinsatz als Baustein des Teammanagements*

#### 4.2.1.1 Medienbedingtes Risiko

##### 4.2.1.1.1 Ex ante Betrachtung

###### 4.2.1.1.1.1 Systemimmanentes Risiko

Um bei Medieneinsatz die Risikoanalyse klar zu strukturieren, soll an dieser Stelle bereits auf die Abbildung 22 in dem abschließenden Kapitel 4.2.1.3 verwiesen werden. Sie liefert einen Überblick über die medienbedingten Risiken der Einordnung der Teamarbeit in den Wertschöpfungsprozess.

Die Beschaffung der Medien allein ist für eine medienbasierte *Unterstützung* des Teammanagements und des Teams nicht ausreichend. Der Einsatz von Medien als Strukturvariable ist in die Teamstrategie so zu integrieren, dass sich Veränderungen der Umwelt- und Unternehmungsbedingungen über die Unternehmungsstrategie in dem Medieneinsatz als Bestandteil der Teamstrategie reproduzieren. Der Medieneinsatz reduziert die Unternehmenshierarchie für die Einordnung der Teamarbeit in die Unternehmung, so dass sich die nötige Anpassungs- und Innovationsflexibilität (vgl. APA1) und die Teamunterstützung (vgl. APA2) über eine flexible, medienbezogene Reorganisation der Teamstruktur zeigen muss. Diese dezentrale Einordnung der Teamarbeit in den Wertschöpfungsprozess der Unternehmung vergrößert den Gestaltungs- und Verhaltensspielraum des Teammanagers. Je ausgeprägter dieser ist, desto größer ist das Risiko, dass der Medieneinsatz umgangen oder Medien opportunistisch eingesetzt werden (vgl. Ripperger 1998, 22). Indem die Unternehmungsleitung die Teamarbeit auf transparenzfördernde Medien basiert, stellt sie an die Nutzer die Erwartung das ihnen dadurch entgegengebrachte Vertrauen zu erfüllen. Das medienbedingte Risiko ist eine mögliche negative Abweichung von der Erzielung marktgerechter Unternehmungserfolge und von der Stärkung der Wettbewerbsposition aufgrund eines großen Vertrauensvorschusses (MU1).

Der Einsatz eines Management- bzw. Personalinformationssystems, wie er in 3.2.1.1.2 bzw. 3.2.2.2 erwähnt wurde, *unterstützt* die Verfügbarkeit von Information zur Konkretisierung der Teamaufgabe (vgl. A1) und erhöht die Transparenz des internen Personalstamms (vgl. P1). Diese Informationssysteme unterstützen die Personalverwaltung und können dem Teammanager die benötigte Information transferieren. Damit dieser darüber verfügen und sie z. B. als Anhaltspunkt in Beurteilungen für weitere Teameinsätze verwenden kann, ist eine permanente und simultane Weiterleitung nötig. Ein Wechsel des verwendeten Mediums beeinträchtigt die Funktionalität seiner Entscheidungsunterstützung innerhalb des Arbeitsablaufs, wenn die Mediensysteme zueinander inkompatibel sind, d. h. auf unterschiedlichen Übermittlungs- und Verarbeitungsstandards basieren. Dies kann einen Medienausfall provozieren (vgl. Drumm 2003c, 12). Zudem erzeugt der Medienwechsel durch umfangreiche Eingaben zur Digitalisierung oder Formatumwandlung einen zusätzlichen Kosten- und Bearbeitungsaufwand (vgl. Kienbaum, Zimmer 2003, 22). Bei einem anschließenden Transfer können die Daten beschädigt werden oder verloren gehen. Das medienbedingte Risiko ist eine mögliche negative Abweichung von der Leistungserstellung einzelner Wertaktivitäten in der Unternehmung wegen eines Medienbruchs (MU2).

Da ein Personalinformationssystem Module, wie z. B. die Lohn- und Gehaltsabrechnung oder das Vergütungsmanagement, aufweist, ist es dem Aufgabengebiet der unternehmungsweiten Personalarbeit zuzuordnen. Für eine nähere Ausführung soll daher auf die Literatur verwiesen werden (vgl. Heinrich, Pils 1979, 111-129; Drumm, Scholz 1983, 73; Schmeisser 1999; Drumm 2000a, 147-161).

Personaldaten unterliegen dem Betriebsverfassungsgesetz (vgl. §§ 75 (2), 80, 83, 87 (1), 94, 99 BetrVG) und dem Bundesdatenschutzgesetz (§§ 1-11 BDSG). Die Unternehmung muss bei der *Medienunterstützung*, d. h. Erfassung, Speicherung, Verwertung und Weitergabe, die Zustimmung des jeweiligen Betroffenen einholen (vgl. Jung 2003, 798-807; Lehner 2003a, 209-231). Wenn Informationszugriffs- und Informationssicherheitsstrukturen zum zuverlässigen Schutz von Personaldaten fehlen, löst dies bei den Betroffenen eine geringe Akzeptanz der Digitalisierung persönlicher Daten aus. Dies schränkt die Anpassungs- und Innovationsflexibilität (vgl. APA1) des Teammanagements sowie des Teams ein. Die Qualifikationen des Personalstamms (vgl. P1) bleiben unklar. Das medienbedingte Risiko ist eine mögliche negative Abweichung von der Erzielung marktgerechter Unternehmungserfolge, von der Stärkung der Wettbewerbsposition und von der Leistungserstellung einzelner Wertaktivitäten in der Unternehmung aufgrund eines mangelhaften internen Sicherheitskonzeptes (MU3). Voraussetzung für das Erkennen dieser Ursachenstruktur ist, dass die Einflussgrößen (Aufgabe, Personal, Medien) gemessen werden können, um die negative Zielabweichung des Leistungsvorteils der jeweiligen Einflussgröße zurechnen zu können. Deren potenziellen Mess- und Zurechnungsrisiken sind aus Kapitel 3.1.1.3 und 3.1.4.3 bekannt.

Bei einer raum- und zeitübergreifenden Teamarbeit werden face to face-Kontakte selten oder entfallen ganz. Das Vorleben der Teamstrategie sowie das Signalisieren und Kommunizieren der Teamunterstützung (vgl. APA2) durch die Unternehmungsleitung werden nur begrenzt wahrgenommen, denn der Erfolg ihrer Vermittlung ist stark von der Einflussnahme durch Anwesenheit abhängig. Die Präzisierung der unklaren Teamaufgabe (vgl. A1) bei Medien mit einer geringen Reichhaltigkeit erfolgt meist sequenziell. Der Einsatz reichhaltiger Medien ist kosten- und zeitintensiv. Von der individuellen Kommunikationsqualität hängt ab, ob die Vernetzung die Koordination des Teammanagements verbessert. Das medienbedingte Risiko ist eine mögliche negative Abweichung von der Erzielung marktgerechter Unternehmungserfolge, von der Stärkung der Wettbewerbsposition und von der Leistungserstellung einzelner Wertaktivitäten in der Unternehmung wegen eines medienungeeigneten Koordinationsmechanismus (MK1).

Die *Vernetzung* der Teammitglieder oder Teams über digitale Medien erhöht die Anpassungs- und Innovationsflexibilität (vgl. APA1), da sie neue Kontaktierungsmöglichkeiten zu externen Partnern oder Auftraggebern eröffnet (vgl. Steffens-Duch 2001, 614-615). Ein weltweit verteiltes Informationsverzeichnis über Personen und Organisationen (vgl. P1), womit vernetzte Wettbewerbs- oder Konkurrentenprofile für eine große Reichweite erstellt werden, erfordert das Vertrauen der Mitarbeiter in die Funktionsfähigkeit und -sicherheit des Mediensystems der Unternehmung (vgl. Ripperger 1998, 259-260). Das medienbedingte Risiko ist eine mögliche negative Abweichung von der Erzielung marktgerechter Unternehmungserfolge, von der Stärkung der Wettbewerbsposition und von der Leistungserstellung einzelner Wertaktivitäten in der Unternehmung aufgrund eines mangelhaften Systemvertrauens (MVM1).

4.2.1.1.1.2 Entscheidungsrisiko

Eine empirische Untersuchung zeigt, dass die Verkürzung der Transportzeit z. B. eines Dokuments durch den *unterstützenden* Einsatz von Vorgangsbearbeitungssystemen bei einer unveränderten Arbeitsorganisation oder Bearbeitungsweise zu kürzeren Liegezeiten führt, aber nicht die Produktivität erhöht (vgl. Gappmaier 1993, 123). Dies ist darauf zurückführen, dass ein spontaner Zugriff auf Information wie z. B. die Identifikation von Qualifikationen über eine Datenbank möglich ist, aufgrund von medienbedingten Hemmschwellen oder Unwissenheit aber nicht in den Arbeitsablauf integriert genutzt wird. Die Folge ist eine Verwaltung von Massendaten mit einer fehlenden Entscheidungsunterstützung (vgl. A2) und mit einer gegenüber dem raum- und zeitpräsenten Teammanagement (vgl. 3.1.1.1.1.2) verstärkten positiven Irrtumswahrscheinlichkeit (vgl. APA3). Treten diese auf, werden die Rückkopplungen der einzelnen Aktivitäten im Entscheidungsprozess kaum erkannt und produziert vermehrt kognitive Dissonanzen (vgl. P2). Das medienbedingte Risiko ist hier eine mögliche negative Auftrags- und Leistungsvorteilsabweichung wegen ungenutzter Medienpotenziale (MU4).

Bei einer intensiven Vorstrukturierung der Metaentscheidung (vgl. A2) durch Vorgangsbearbeitungssysteme, welche Zeit und Termine für die Aufgabenerledigung *medienunterstützt* vorgeben, an deren Einhaltung erinnern oder die Aufgabenerledigung kontrollieren, verdeutlicht der Teammanager als dessen Initiator dem Team das Ausmaß seines (geringen) Entscheidungsspielraums. Bei Teamwerten, wie selbständiges und gleichberechtigtes Arbeiten oder freie Raum- und Zeiteinteilung, kann der Teammanager antizipieren, dass dies während der Teamarbeit kognitive Dissonanzen (vgl. P2) auslöst. Diese Medienbestimmung steht der Selbstbestimmung des Teams entgegen und kann zu einer Abnahme der Arbeitszufriedenheit führen (vgl. Gappmaier 1993, 122). Das medienbedingte Risiko ist eine mögliche negative Auftrags- und Leistungsvorteilsabweichung aufgrund transparenter Entscheidungsspielräume (MU5).

Sind die verschiedenen notwendigen Medien wegen fehlenden Investitionen für eine flexible anforderungsgerechte *medienvermittelte Kommunikation* nicht parallel für jedes Teammitglied verfügbar oder sind Zugangsberechtigungen zu Datenbanken wegen Misstrauen oder Datenschutzrichtlinien stark begrenzt, erhöht dies das Risiko einer positiven Irrtumswahrscheinlichkeit (vgl. APA3) und kognitiver Dissonanzen (vgl. P2). Daher ist zu erwarten, dass der Wissensstand des Teammanagers trotz Medieneinsatz zu diesem Zeitpunkt hinreichend bleibt (vgl. 3.1.5.1). Bei einem parallelen oder sequenziellen Einsatz verschiedener redundanter Medien müssen die teaminterne und -externe Genauigkeit, Schnelligkeit, Vertraulichkeit und Komplexität der Kommunikationsbeziehungen situativ ausgestaltet werden (vgl. Heinecke 1994, 82). Eine ganzheitliche Berücksichtigung des Medieneinsatzes steigert allerdings die Anforderungen an die technische Ausstattung der Unternehmung und an die Medienkompetenz der Betroffenen. Das medienbedingte Risiko ist hier eine mögliche negative Auftrags- und Leistungsvorteilsabweichung wegen eines mangelhaften internen Medienkonzeptes (MK2).

Die mediale *Vernetzung* und die Entstehung *digitaler Märkte* steigern die Interaktionsmöglichkeit mit externen entscheidungsrelevanten Partnern. Z. B. können der Teammanager und der Auftraggeber gemeinsam die Metaentscheidung (vgl. A2) zeitnah strukturieren, inkrementell präzisieren und dadurch die Möglichkeit einer Zielverfehlung bzw. positiven Irrtumswahrscheinlichkeit reduzieren (vgl. APA3). Zwischenberichte über den aktuellen Stand der Problemlösung, Pläne oder Vorschlagskonzepte können schnell und kostenminimal unter den Entscheidungsträgern ausgetauscht werden. Für einen solchen unternehmungsübergreifenden, entscheidungsrelevanten Datenverbund oder Informationsaustausch sind standardisierte, international gültige Kommunikationsnormen (z. B. EDIFACT, STEP) festzulegen, die technisch praktikabel sind und branchenspezifische Besonderheiten berücksichtigen (vgl. Neuburger 2000, 177-186). Solange diese nicht effizient definiert sind, kann sich kein offenes Informations- und Kommunikationssystem zwischen den Partnern entwickeln (vgl. Heinecke 1994, 17). Das medienbedingte Risiko einer unternehmungsübergreifenden Teamarbeit besteht also weniger in einer mangelnden Technologie als vielmehr in einer mangelnden Integrationsstrategie mit unternehmungsspezifischen IT-Infrastrukturen (vgl. Fischer 1993, 31; Picot, Reichwald, Wigand 2003, 180). Das medienbedingte Risiko ist eine mögliche negative Auftrags- und Leistungsvorteilsabweichung aufgrund eines mangelhaften externen Medienkonzeptes (MVM2).

#### 4.2.1.1.1.3 Informationsrisiko

Für die softwarebasierte Abbildung der Entscheidungsaktivitäten der Teamarbeit und deren Steuerung durch das Teammanagement sind die Datenanforderungen sowie der spezifische Informationsbedarf ex ante zu ermitteln. Der Erfolg der *Unterstützung* durch Medien hängt von der Qualität der ex ante Bewertung ab (vgl. Brynjolfsson 1993, 67; Gründler 1997, 73-188). Diese ist durch die Risiken mangelhafter ex ante Messung und Zurechnung (vgl. APA4b), mäßiger Analysemöglichkeit (vgl. A4) und subjektiver Prognosen (vgl. APA5) des qualitativen In- und Outputs begrenzt. Die Ausführungen ohne Medieneinsatz zeigen, dass die Restrisiken infolge der schwer lösbaren Polarität aus aktueller Verfügbarkeit und begrenzter Operationalisierbarkeit zu akzeptieren sind (vgl. 3.4). Das medienbedingte Risiko ist eine mögliche negative Auftrags- und Leistungsvorteilsabweichung wegen nicht nutzbarer Medienpotenziale (MU6).

Die Inhalte der *unterstützenden* Datenbasis sind zu pflegen. Veränderte Daten sind zu aktualisieren und veraltete Daten zu löschen. Dieser Änderungsaufwand ist umso größer, je schneller die veröffentlichte Information an Aktualität verliert (vgl. Nastansky 2003, 84-85), von den subjektiven Prognosen abweicht (vgl. APA5) und je größer die zugrundeliegende Datenmenge ist, die wiederum einen Information Overload (vgl. P3a) auslösen kann. Durch zahlreiche Zugriffe und unterschiedliche Benutzer können unwahre Information (vgl. P3c) oder Redundanzen entstehen (vgl. Heinecke 1994, 82; Picot, Reichwald, Wigand 2003, 181). Diese lassen sich auf widersprüchlich interpretierte (vgl. APA4a), auf erneute, identische Eingaben oder auf unterschiedliche Fachsprachen verschiedener raum- und zeitverteilter Mikrokulturen der Betroffenen (z. B. Teammanager, Teampromotor, externer Partner) zurückführen. Ist die Datenbasis inkonsistent, liefert sie keinen Mehrwert für die Benutzer und ist als Wissensbasis ungeeignet. Das medienbedingte Risiko ist eine mögliche negative Auftrags- und Leistungsvorteilsabweichung aufgrund eines inkonsistenten Medienauftrittes (MU7).

Dieses Risiko verstärkt sich durch eine zunehmende *Vernetzung*, da Usersprache und -verhalten zusätzlich an unterschiedliche Fremdsprachen und Soziokulturen anzupassen sind (vgl. MU7). Ein inkonsistenter Medienauftritt und eine fehlende multikulturelle Nutzbarkeit der Medien (vgl. Krcmar 1993, 75) verhindern die Entwicklung einer Medienkultur, die über das Internet nach außen transportiert werden kann (vgl. Steffens-Duch 2001, 619). Dies wiederum schädigt die Unternehmungsreputation und reduziert deren Akquisitionspotenzial.

Für die *medienvermittelte Kommunikation* erlaubt weiterführend die einseitige Ausrichtung des Informationsflusses eines Management- oder Personalinformationssystems einen spontanen Datenzugriff, allerdings keine wechselseitige, integrierte Informationsbeschaffung (vgl. Ising 2001, 18). Die E-Mail dagegen ist zweiseitig ausgerichtet und kontaktiert über eine 1:n-Verbindung (vgl. Lehner 2003a, 149-150). Für Kurzanfragen oder -bestätigungen an einzelne oder mehrere Betroffene hat sie „(...) als Individualkomponente (...) in der Gruppenkommunikation eine wichtige Teilfunktion. Aber: Effiziente Gruppenkommunikation wird mit Anwendungen für virtuelle Team-Arbeitsumgebungen im „many-to-many"-Rahmen realisiert (...)" (Nastansky 2003, 91). Mehrfache Rückfragen und Diskurse verlangen informationsreichhaltige Medien (z. B. Conferencing-Systeme, virtuelle Informationsräume), die kostenintensiv sind. Dieser exemplarische Medieneinsatz verdeutlicht, dass der Teammanager durch einen isolierten Medieneinsatz je nach subjektiver Medienwahl auf Information verzichtet (vgl. P3), wenn er die Unterschiede verschiedener Medien nicht kombiniert wahrnimmt (vgl. P3b) oder unbewusst durch eine Verzerrung des authentischen Handlungs- und Referenzkontextes unwahre Information (vgl. P3c) produziert. Das medienbedingte Risiko ist eine mögliche negative Auftrags- und Leistungsvorteilsabweichung wegen eines isolierten Medieneinsatzes (MK3).

*Vernetzung* und *digitale Märkte* erschließen für die Teamarbeit zahlreiche Informationsquellen und -dienste zu geringen Kosten. Meist weist deren reichhaltiges Informationsangebot aber keine Quellen- oder Referenzangaben auf und es mangelt ihm an Überschaubarkeit sowie an der Wahrnehmung seines spezifischen Nutzens (vgl. P3a). Die Anonymität der Medien verstärkt das Informationsparadoxon (vgl. 3.1.1.1.1.3). Durch den begrenzten Referenzkontext lässt sich der Wahrheitsgehalt (vgl. P3c), d. h. die Informationsqualität der z. B. im Internet auffindbaren Information nicht zweifelsfrei feststellen (vgl. Steffens-Duch 2001, 617; Drumm 2003c, 12). Das medienbedingte Risiko ist eine mögliche negative Auftrags- und Leistungsvorteilsabweichung wegen einer unbekannten Informationsqualität (MVM3).

Ein *vernetzter* globaler Transfer großer Informationsmengen für die Verbesserung des Wissensstandes des Teammanagers oder des Teams erhöht die Wahrscheinlichkeit eines Datenverlustes (vgl. A3) oder einer Verfälschung (vgl. P3c), sofern Datenbanksysteme oder Datenfernübertragungsnetzwerke nicht zuverlässig sind und vor nicht berechtigten Zugriffen schützen. Das medienbedingte Risiko ist hier eine mögliche negative Auftrags- und Leistungsvorteilsabweichung wegen eines mangelhaften externen Sicherheitskonzeptes (MVM4).

#### 4.2.1.1.2 Ex post Betrachtung

Die ex post Betrachtung der Teamarbeit mit Medieneinsatz wird, im Vergleich zu dem Teammanagement ohne Medieneinsatz (vgl. 3.2.1.2), nicht mehr nur auf Schätz- oder Erinnerungswerte zurückgeführt. Der Medieneinsatz fördert die Genauigkeit der Erfassung, indem er Teilergebnisse zeitnah zu den Entscheidungsaktivitäten dokumentiert, über Deskriptoren abbildet und auf der Teamebene darstellt und auswertet. Aus der erhaltenen Datenbasis entwickelt sich ein dokumentierter Zeitverlauf der Teamarbeit, aus dem wiederum Kriterien für die langfristige Ausbildung und Weiterentwicklung der Teamqualifikation abgeleitet werden können. Eine manuelle Kriterienzuordnung entfällt, so dass sich der Teammanager auf die Auswertung der Teamergebnisse konzentrieren kann (vgl. Möcklinghoff, Fischer 1993, 115). Zwingende Prämisse ist eine aussagekräftige und wahre Datenbasis. Das medienbedingte Risiko ist eine mögliche negative Auftrags- und Leistungsabweichung wegen einer unsystematischen Dokumentation der Teamergebnisse. Seine Ursachenstruktur ist bekannt. Sie entspricht dem Ungewissheitsbündel nicht genutzter Medienpotenziale (vgl. MU4), eines inkonsistenten Medienauftrittes (vgl. MU7), einer unbekannten Informationsqualität (vgl. MVM3) und eines mangelhaften externen Sicherheitskonzeptes (vgl. MVM4).

Anschließend sind die Teilergebnisse der Teamarbeit, dem Trichtermodell folgend, auf der Vertragsebene zu verdichten (vgl. Möcklinghoff, Fischer 1993, 114). Dafür ist eine Abstrahierung und Skalierung der Teamergebnisse nötig, die wegen der Restrisiken der begrenzten Operationalisierbarkeit (vgl. 3.4) kaum einheitlich und eindeutig umzusetzen sind. Das medienbedingte Risiko ist eine mögliche negative Abweichung von der Leistungserstellung einzelner Wertaktivitäten in der Unternehmung aufgrund einer fehlenden teamübergreifenden Vergleichbarkeit. Seine Ursachenstruktur setzt sich aus dem Risiko nicht nutzbarer Medienpotenziale (vgl. MU4), eines mangelhaften externen Medienkonzeptes (MVM2) und einer unbekannten Informationsqualität (vgl. MVM3) zusammen.

Die permanente und simultane Dokumentation der Teamarbeit ist für das organisationale Lernen nutzbar (vgl. Möslein 1999b, 159). Sie wird im medialen organisatorischen Gedächtnis archiviert. Gegenüber dem Teammanagement ohne Medieneinsatz (vgl. 3.1.1.1.2) ist das Teamgedächtnis nicht mehr ausschließlich personengebunden, sondern explizit verfügbar. Damit dieses archivierte Wissen heuristischen Nutzen liefert, ist das explizite Wissen vom teamspezifischen Kontext zu abstrahieren, indem die Detailinformation verallgemeinert wird. Dies bedeutet wiederum den Verlust eventuell zukünftig entscheidungsrelevanter Information (vgl. Möslein 1999b, 237). Das medienbedingte Risiko ist hier eine mögliche negative Abweichung von der Erzielung marktgerechter Unternehmungserfolge und der Stärkung der Wettbewerbsposition wegen eines fehlenden Handlungs- und Referenzkontextes des organisatorischen Gedächtnisses. Seine Struktur setzt sich zusammen aus Vertrauensvorschuss (vgl. MU1), Medienbruch (vgl. MU2) und mangelhaftem internen Sicherheitskonzept (vgl. MU3).

#### 4.2.1.2 Ungewissheit von Medien

Der Medieneinsatz unterstützt den Teammanager oder das Managementteam, indem er die Einordnungsentscheidung durch eine Datenbasis fundiert und Auswertungen beschleunigt. Aus der Datenbasis können Heuristiken abgeleitet werden, um die Ungewissheit zu konkretisieren. Dies ist jedoch wegen der Restungewissheiten der Polarität aus erforderlicher Problemnähe und zeit- und kostenintensiven Koordinationsaufwand (vgl. 3.4) begrenzt, so dass die Ursache nicht nutzbarer Medienpotenziale (vgl. MU6) ein konstitutives Merkmale der Ungewissheit bei Medieneinsatz ist.

Verbessert der Teammanager seinen Wissensstand, indem er die Einordnung der Teamarbeit in den Wertschöpfungsprozess der Unternehmung auf das Team als Managementteam überträgt, verfolgt er das Ziel, die Ungewissheit durch eine zeitintensive gemeinsame Wissenskonstruktion zu überwinden, die daraus entsteht, dass das Managementteam in räumlicher und zeitlicher Anwesenheit zusammenarbeitet. Face to face-Kontakte gewährleisten einen sozialen und fachlichen Kontext mit subjektiven Interpretationen und unmittelbaren Wahrnehmungskorrekturen, da alle Wahrnehmungssinne nutzbar sind (vgl. Hofmann 2002, 126-129). Eine face to face-Kommunikation erlaubt Unterbrechungen, spontane Reaktionen, kritische Einwände und eine direkte, simultane Auseinandersetzung ohne Zeitverzögerungen. *Kommuniziert* das Teammanagerteam *medienvermittelt,* heben die Medien diese Leistungsvorteile – wie Kapitel 4.2.3.1 weiterführt – auf, da sie weniger reichhaltig sind als die face to face-Kommunikation. Doch erst diese rechtfertigt unter Risiko den Einsatz des Managementteams. Infolgedessen bleiben bei Ungewissheit Wissensasymmetrien, die das Teammanagerteam ohne Medieneinsatz aufheben kann, bestehen. Die Rückversicherung über die Teammitglieder greift nicht mehr, da sich kein Wir-Gefühl entwickeln kann. Zielkonflikte nehmen zu, weil die Aussagekraft der Beiträge Einzelner gefiltert ist.

Diese Ungewissheit verstärkt sich, wenn das Managementteam global *vernetzt* agiert. Zwar lässt sich spezifisches, lokal nicht verfügbares Wissen medienbasiert einbeziehen, vollkommen nutzbar ist es wegen der medienvermittelten Kommunikation aber nicht, da Vertrauen (vgl. weiterführend 4.2.3.1.2) ohne langfristige physische Kontakte nicht aufgebaut werden kann (vgl. Drumm 1998, 198). „Die Bindung an ein (...) [Team, Anm. d. Verf.] begründet sich (...) durch direkte persönliche Kontakte (...)“ (Ingenhoff, Eppler 2001, 166).

Ist der Teammanager dagegen alleiniger Träger der Einordnungsentscheidung eröffnet ihm der *vernetzte Medieneinsatz* globale Datenquellen mit den zuvor beschriebenen Risiken, die durch die fehlende Explorierbarkeit der zukünftigen Teamarbeit zu Ungewissheiten werden. Als medienbedingte Ungewissheit zeigt sich besonders das Ursachenbündel eines großen Vertrauensvorschusses (vgl. MU1), eines mangelhaften externen Medien- (vgl. MVM2) und Sicherheitskonzeptes (vgl. MVM4) sowie einer unbekannten Informationsqualität (vgl. MVM3).

#### 4.2.1.3 Schlussfolgerungen zur Einordnung der Teamarbeit in den Wertschöpfungsprozess

Die *ex ante Betrachtung* der Einordnung der Teamarbeit in den Wertschöpfungsprozess unter *Risiko* mit Medieneinsatz zeigt eine Polarität aus *medialer Informationsüberflutung* und *entscheidungsrelevantem Informationsdefizit*. Der Medieneinsatz reduziert das Informationsdefizit, da er durch die Unterstützung der Verwaltungsprozesse den dispositiven Gestaltungs- und Verhaltensspielraum des Teammanagers vergrößert. Gleichzeitig baut er Informationsdefizite durch globale Zugriffs- und Interaktionsmöglichkeiten ab, die Informationsquellen zu geringen Kosten bei einer hohen Reichweite erschließen. Aus der Vielzahl zu beschaffender und zu verarbeitender Information ist die entscheidungsrelevante Information zu selektieren. Dieser Selektion stehen fehlende Wahrnehmungs-, Übertragungs-, Filterungsmechanismen oder ein hoher Rechercheaufwand entgegen, wodurch erneut ein Informationsdefizit erzeugt wird.

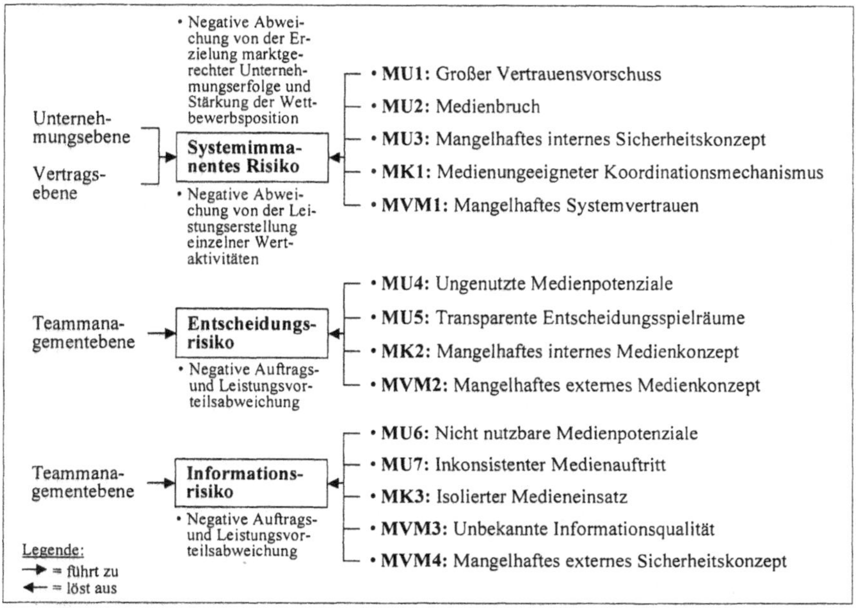


**Abbildung 22: Medienbedingte Risiken der Einordnung der Teamarbeit in den Wertschöpfungsprozess (Trichtermodell); eigene Darstellung**

Die *Ungewissheitsanalyse* verdeutlicht eine Polarität aus einem *qualifikationsspezifischen Managementteam* und einem *flexiblen Teammanager*. Konstitutives Merkmal der Unsicherheit mit Medieneinsatz ist die Risikoursache nicht nutzbarer Medienpotenziale. Eine medienvermittelte Kommunikation und ein personenvernetzter Medieneinsatz stehen dem Abbau der aufgaben- und personalbedingten Ungewissheiten (vgl. 3.1.1.2) entgegen, da der Leistungsvorteil eines Managementteams auf räumlicher und zeitlicher Anwesenheit basiert. Insofern ist der Einsatz eines Managementteams nur dann sinnvoll, wenn die erforderlichen spezifischen Einzelqualifikationen einzelner Teammanager nicht mehr lokal, sondern ausschließlich global beschaffbar und zugleich zwingend erforderlich sind.

Abbildung 22 fasst die medienbedingten Risiken des Trichtermodells zusammen. Eine Übersicht mit den kausalen Zusammenhängen zeigt Anhang 9.

Aus der *ex post Betrachtung* leitet sich eine reichhaltige und datenfundierte Entscheidungsgrundlage ab, welche eine langfristige Ausbildung und Weiterentwicklung der Teamqualifikation rechtfertigen kann. Das explizit verfügbare mediale organisatorische Gedächtnis liefert Erfahrungswerte, die für die zukünftige Teamarbeit langfristig abgerufen und heuristisch genutzt werden können. Wie sich die Erfahrungswerte der Teambildung mit Medieneinsatz gestalten, soll im Anschluss untersucht werden.

## *4.2.2 Teambildung mit Medieneinsatz als Baustein des Teammanagements*

### 4.2.2.1 Medienbedingtes Risiko

#### 4.2.2.1.1 Nachfragerisiko

Für die Zusammenfassung der anschließend zu erläuternden Risiken der Teambildung mit Medieneinsatz ist auf die Abbildung 23 in Kapitel 4.2.2.3 zu verweisen.

Der Medieneinsatz *unterstützt* die Feststellung und Ableitung des Anforderungsprofils des Teams, indem größere Datenmengen angefragt, bearbeitet und ausgewertet werden können (vgl. Heinecke 1994, 144). Die Datenmenge potenzieller Teammitglieder, die der Konkretisierung der Teamnachfrage zugrundeliegt, ist im Vergleich zu der Teamnachfrage ohne Medieneinsatz größer (vgl. 3.1.2.1.1). Bei einer riskanten Entscheidung verhindern allerdings eine mangelhafte ex ante Messung und Zurechnung (vgl. APA4b), eine begrenzte Analysemöglichkeit (vgl. A4) und subjektive Prognosen (vgl. APA5) die Erstellung der dafür erforderlichen Daten, wobei deren unlösbaren Restrisiken aus der Polarität einer äquivalenten Vorselektion und einer permanenten Wissensasymmetrie zu akzeptieren sind (vgl. 3.4). Das medienbedingte Risiko ist eine mögliche negative Äquivalenzabweichung von Aufgabenstellung und Teamqualifikation aufgrund einer begrenzt generierbaren Daten- und Wissensbasis (MU8).

Der Auftraggeber kann in den frühen Phasen der Teambildung mit den Entscheidungsaktivitäten des Teammanagers *vernetzt* werden, so dass Arbeitsziele konform durch einen medienbasierten wechselseitigen Austausch in überlappenden Arbeitsschritten festgelegt werden können (vgl. Fischer 1993, 29). Dies erfordert einen stabilen Entscheidungsprozess und stabile Schnittstellendaten, die bei einer raum- und zeitübergreifenden Teambildung unter Risiko nicht zu erwarten sind (vgl. APA4, A4, APA5). Infolgedessen ist der Partner permanent und simultan in die Entscheidungsaktivitäten einzubeziehen. Die gegenseitige Abstimmung muss sequenziell erfolgen. Dies verstärkt die Abhängigkeit des Teammanagers und des Teams gegenüber dem Auftraggeber, da dieser unmittelbar Einfluss nehmen kann (vgl. Picot, Reichwald, Wigand 2003, 313-316). Das medienbedingte Risiko ist eine mögliche negative Äquivalenzabweichung wegen eines verstärkten Abhängigkeitsverhältnisses zu externen Partnern (MVM5).

#### 4.2.2.1.2 Akquisitionsrisiko

Damit der Einsatz von digitalen Medien durch die *medienunterstützte* Vorauswahl frühzeitig die Intransparenz der angebotenen Qualifikationen als Folgerisiko der Teamnachfrage (vgl. MU8) reduziert, ist der Speicherort potenziell geeigneter, d. h. ausgebildeter (vgl. P4) und verfügbarer (vgl. P5) Teammitglieder oder weiterer akquisitionsrelevanter Information zu lokalisieren (vgl. Kienbaum, Zimmer 2003, 25). Suchmaschinen z. B. finden über die Verschlagwortung der Medieninhalte gespeicherte Information, die nur dann entscheidungsrelevant ist, wenn die Sucheingabe und das Suchergebnis einen identischen Kontext aufweisen, wofür die Schlagworte konsistent, klar und zutreffend sein müssen (vgl. Ingenhoff, Eppler 2001, 163). Ihre Benennung unterliegt wiederum der Polarität aus einer äquivalenten Vorselektion und einer permanenten Wissensasymmetrie (vgl. 3.4). Die Folge sind mehrwertige Suchergebnisse, die anschließend auszuwerten sind. Je größer dabei die zugrundeliegende Informationsmenge ist, desto zeitaufwendiger ist die Auswertung. Das medienbedingte Risiko ist eine mögliche negative Äquivalenzabweichung aufgrund einer aufwendigen Lokalisierung entscheidungsrelevanter Information (MU9).

Dieses Risiko verstärkt sich, wenn über offene Netzwerke oder über elektronische *Marktplätze* externe Informationsanbieter als Partner für die Informationsbeschaffung und -verarbeitung einbezogen werden (vgl. Steffens-Duch 2001, 614-615). Diese globale Lokalisierung (vgl. MU9) generiert eine größere Datenmenge, deren Auswertung wegen begrenzter kognitiver und zeitlicher Kapazitäten unvollkommen und zeitintensiv sein muss. Der Verzicht auf die Informationsbeschaffung in einem ungesicherten globalen Netzwerk ist als sinnvoll zu erwarten.

Der Medieneinsatz erlaubt eine multikriterielle Akquisition, da die besten Experten *weltweit* über *Datennetzwerke* in ein Team integrierbar sind. Regionale oder zeitliche Restriktionen entfallen (vgl. Wüthrich, Philipp 1998, 264). Die Einbindung kann flexibel nach spezifischen Markt-, Qualifikations- oder Aufgabenkriterien der Einzelnen erfolgen (vgl. Picot, Reichwald 1998, 54; Ackermann, Eisele, Festerling 2002, 119). Dadurch erreicht das Team mit Medieneinsatz gegenüber dem Präsenzteam ein erhöhtes Kapazitäts- und Leistungspotenzial. Dies kann das Risiko einer unausgebildeten Teamqualifikation (vgl. P4) oder zeitlich nicht verfügbarer Einzelqualifikationen (vgl. P5) reduzieren, steigert aber gleichzeitig die Akquisitionskomplexität. Denn damit das Akquisitionspotenzial genutzt werden kann, müssen die einzelnen Medien miteinander vernetzbar sein (vgl. Krcmar 1993, 75). Das medienbedingte Risiko ist eine mögliche negative Äquivalenzabweichung von Aufgabenstellung und Teamqualifikation wegen einer fehlenden multikriteriellen Nutzbarkeit der Medien (MVM6).

Die begrenzt generierbare Daten- und Wissensbasis (vgl. MU8) präzisiert sich bei der Teamakquisition über einen *medienunterstützten* respektiv standardisierten Medieneinsatz, z. B. in Form des E-Cruitings. Dies schränkt die Flexibilität des potenziellen Teams und die Individualität des Bewerbers ein (vgl. Scholz 2003, 137). Einerseits erlauben standardisierte Onlinebewerbungen oder computergestützte Eignungsinstrumente eine schnelle, einheitliche und damit vergleichbare und objektivierte Vorselektion der potenziellen Bewerber (vgl. Heinecke 1994, 102). Andererseits determiniert die standardisierte Filterung den Leistungsumfang der Auswahlinstrumente, da sie Fähigkeits- und Motivationspotenziale vernachlässigt (vgl. Ackermann, Eisele, Festerling 2002, 119). Entscheidungsrelevante Information kann nicht nach den erforderlichen individuellen, kooperativen und teamdynamischen Interessensprofilen klassifiziert werden. Eine undifferenzierte Wahrnehmung der einzelnen Qualifikationen (vgl. P5) lässt Synergien unerkannt, so dass die Teamqualifikation (vgl. P4) nicht ganzheitlich abgebildet wird. Das medienbedingte Risiko ist eine mögliche negative Äquivalenzabweichung infolge eines fehlenden Gesamteindrucks der Akquisitionsoptionen (MU10).

Eine *medienvermittelte Kommunikation* mit potenziellen Teammitgliedern verhindert die persönliche Präsentation ihrer Qualifikationen. Face to face-Kontakte sind bei global verteilten Teammitgliedern zeit- und kostenintensiv. Daraus lässt sich schlussfolgern, dass ein potenzielles Teammitglied zwar zeitlich verfügbar (vgl. P5), aber die Überprüfung seiner Eignung (vgl. MU8) zu kostenintensiv sein kann. Das medienbedingte Risiko zeigt sich hier als eine mögliche negative Äquivalenzabweichung wegen eines fehlenden persönlichen ersten Eindrucks (MK4).

Die Schnelligkeit der Kommunikationsbeziehung durch den Medieneinsatz kann zu einem komparativen Vorteil im externen und internen Wettbewerb werden, der sich über die Wahrnehmbarkeit in den Medien mit einer großen Reichweite, d. h. über *Netzwerke* und *digitale Märkte* definiert (vgl. Cushman, King 1997, 2-5; Franck 2001, 66). Die Studie von INGENHOFF und EPPLER ermittelt, dass der Einsatz des Internets die Reaktionszeit für die Rekrutierung deutlich reduziert, die Unternehmung sich wegen einer deutlich höheren Präsentationsdichte auf Marktplätzen aber weniger von anderen abhebt (vgl. MVM5) (vgl. 2001, 163; s. a. Müllauer 2003, 48-49). Information ist jedoch aufmerksam wahrzunehmen, damit sie Handlungsfähigkeit erzeugen kann (vgl. 2.2.3.3). Neben diesem externen zeigt sich auch ein interner Aufmerksamkeitsmangel, wenn zukünftig verfügbare Mitarbeiter in einem medienbasierten potenziellen Bewerberpool aufgenommen werden (vgl. P5), aber kein regelmäßiger Kontakt zwischen der Angebot- und Nachfrageseite erhalten bleibt. Das Qualifikationsprofil des Bewerbers oder das Anforderungsprofil der Unternehmung veraltern und das gegenseitige Interesse aneinander geht verloren. Das medienbedingte Risiko ist eine mögliche negative Äquivalenzabweichung von Aufgabenstellung und Teamqualifikation wegen einer fehlenden Investition in die Aufmerksamkeit (MVM7).

#### 4.2.2.1.3 Auswahlrisiko

Bei einer *medienunterstützten* Teamauswahl dominieren quantitative Auswahlkriterien, da qualitative über Medien nur begrenzt er- bzw. vermittelt werden können. Individuelle Fähigkeiten, Bedürfnisse und Motive der Bewerber können vernachlässigt oder verschleiert werden. Die Notwendigkeit einer individuellen und kooperativen

Lernfähigkeit und -bereitschaft im Team ist nur begrenzt kommunizierbar, so dass weiterhin das personenbedingte Risiko eines zukünftig mangelhaften Lernbewusstseins (vgl. P6) zu erwarten ist.

Bewerber-Bearbeitungsprozess-Software wird eingesetzt, um Bewerbungsprozesse durchgängig und konsistent zu verwalten und deren Status zu verfolgen. Aus dieser *medienunterstützten* Teamnachfrage und -akquisition resultiert eine detaillierte Datenbasis, durch die Ergebnisse im Zeitablauf verglichen und ausgewertet werden können (vgl. Steffens-Duch 2001, 616; Kienbaum, Zimmer 2003, 18). Die Durchlaufzeit der Bewerbungsunterlagen reduziert sich bei einer gleichzeitigen Erhöhung der Empfängerzahl durch eine unternehmensweite Zugriffsfreigabe auf die Bewerbungsunterlagen. Dies beschleunigt die erste Kontaktaufnahme zwischen den Betroffenen und erhöht die Wahrscheinlichkeit einer äquivalenten Zuordnung der Teamnachfrage zu der Teamakquisition. Demgegenüber bewerten Bewerber Online-Instrumente häufig als weniger verbindlich, so dass eine zeitliche Verzögerung (vgl. P7) aufgrund von spontanen Absagen erneut einzukalkulieren ist (vgl. Ingenhoff, Eppler 2001, 163).

Die bisherigen Ausführungen zur Teambildung verdeutlichen, dass die Teamauswahl unter Medieneinsatz multikriteriell erfolgt (vgl. z. B. MVM6, MVM7). Daraus lässt sich unter Bezug auf das Teammanagement ohne Medieneinsatz (vgl. 3.1.2.1.3) zunächst ableiten, dass der Medieneinsatz das Risiko einer mangelnden Kenntnis des Gesamtzusammenhangs (vgl. APA6) und nicht verteilbarer Aufgaben (vgl. APA7) reduziert und das Risiko einer hohen Qualifikationsanforderung an das Team erhöht (vgl. APA8). Das Team wird unter Medieneinsatz in seiner Gesamtheit heterogen zusammengestellt, da jedes Teammitglied idealtypisch seine jeweilige Fachqualifikation einbringt. Diese heterogene Teamauswahl führt zu einer starken Leistungsverflechtung. Innerhalb des Teams erfordert sie regelmäßige Interdependenzen, welche jedoch – wie die bisherige Risikoanalyse mit Medieneinsatz bereits im Ansatz verdeutlicht (vgl. z. B. MK4) – insbesondere unter Medieneinsatz schwer realisierbar sind. Für die Ursachenstruktur des Auswahlrisikos ist daher festzustellen, dass eine qualitative Bewertung durch die Ziele und die Probleme des Medieneinsatzes (vgl. 4.1) diese zwar neu gewichtet, aber den Grundsatz einer homogenen, synergetischen und heterogenen Teamauswahl nicht verändert. Das Auswahlrisiko bei Medieneinsatz setzt folglich die verdeutlichte Ursachenstruktur des Teammanagements ohne Medieneinsatz fort (vgl. 3.1.2.1.3). Welche Ausprägungen sich konkret für deren Folgerisiken im Rahmen der Teamsteuerung mit Medieneinsatz zeigen, ist in Kapitel 4.2.3.1 zu untersuchen.

#### 4.2.2.2 Ungewissheit von Medien

Eine reaktive Teambildung (vgl. 3.1.2.2) unter Ungewissheit wird durch die beschleunigte Reaktionsgeschwindigkeit aufgrund verbesserter Reaktionszeiten, schneller Kontaktaufnahmemöglichkeiten *unterstützt*. Das Talent zur Improvisation unterstützt der Medieneinsatz jedoch nur, wenn ihm die Datenbasis heuristische Ansatzpunkte liefert. Dafür ist jedoch erforderlich, dass der Teammanager den Speicherort (vgl. MU9) der jeweils nutzenbringenden Daten kennt und flexibel abrufen kann.

Delegiert der Teammanager die Teambildungsentscheidung an ein Managerteam, kann es ihm gegenüber nur dann einen *medienunterstützten* Wissensvorsprung generieren, wenn es auf die entscheidungsrelevanten Daten zugreifen kann. Da es sich dabei überwiegend um Personaldaten handelt, ist wiederum der Zugriff und folglich die Auswahlentscheidung durch das Team begrenzt (vgl. MU8) und daher durch den einzelnen Teammanager zu treffen. Die Auswahlentscheidung basiert auf Schlüsselqualifikationen und auf Mehrfachqualifizierung (vgl. 3.3.2.2). Zugleich sind Restungewissheiten infolge einer sukzessiven Entscheidungsfindung zu akzeptieren (vgl. 3.4). Für die Teambildung unter Ungewissheit mit Medieneinsatz ist wegen der Dominanz qualitativer Auswahlkriterien (vgl. P6) und fehlender multikriterieller Nutzbarkeit der Medien (vgl. MVM6) damit eine begrenzt generierbare Daten- und Wissensbasis (vgl. MU8) bezeichnend.

Verbundeffekte werden durch einen *vernetzten* Medieneinsatz reduziert, die in Kapitel 4.2.3.1.2 näher untersucht werden sollen.

#### 4.2.2.3 Schlussfolgerungen zur Teambildung

Aus der *Risikoanalyse* der Teambildung mit Medieneinsatz leitet sich ab, dass der Teammanager mit einer Polarität aus *zeitlicher Flexibilität* und *sozialem Kontext* konfrontiert ist. Die medial erweiterte globale Such-, Verarbeitungs-, Speicher- und Übertragungskapazität flexibilisiert die Teambildung und erhöht das Leistungspotenzial des Teams, indem sie einen objektiven Vergleich des Anforderungs- und Bewerberprofils ermöglicht, die Reaktionszeit erhöht und die Kontaktaufnahme beschleunigt. Dem steht eine medienbedingte Standardisierung der multiplen Auswahlkriterien entgegen, wodurch einzelne personenspezifische Qualifikationen unberücksichtigt bleiben können. Gleichzeitig ist der Teammanager auf die Wahrnehmung von sozialen Merkmalen, wie z. B. individuelle, kreative Fähigkeit, Bedürfnisse oder Motive, oder auf implizites Wissen angewiesen, die über Medien kaum bis gar nicht darstellbar sind.

Die *Ungewissheitsanalyse* bei Medieneinsatz verdeutlicht eine Polarität aus *zeitlicher Nähe* und *räumlicher Distanz*. Die Erfüllung des Äquivalenztheorems ist unter Ungewissheit auf eine zeitnahe Kontaktaufnahme und Reaktionsmöglichkeit angewiesen. Dem stehen jedoch eine begrenzt generierbare Daten- und Wissensbasis als konstitutive Element der Teambildung unter Ungewissheit mit Medieneinsatz entgegen. Medien können den Auswahlprozess technisch nicht umfassend darstellen und personenspezifisch verifizieren. Insofern erfordert eine bestmögliche äquivalente Auswahl von erforderlichen Schlüsselqualifikationen bzw. von Mehrfachqualifizierungen räumliche Nähe oder reichhaltige Medien.

Abbildung 23 fasst die Risiken der Teambildung mit Medieneinsatz zusammen. Eine Übersicht mit den dazugehörigen Kausalzusammenhängen zeigt Anhang 10.

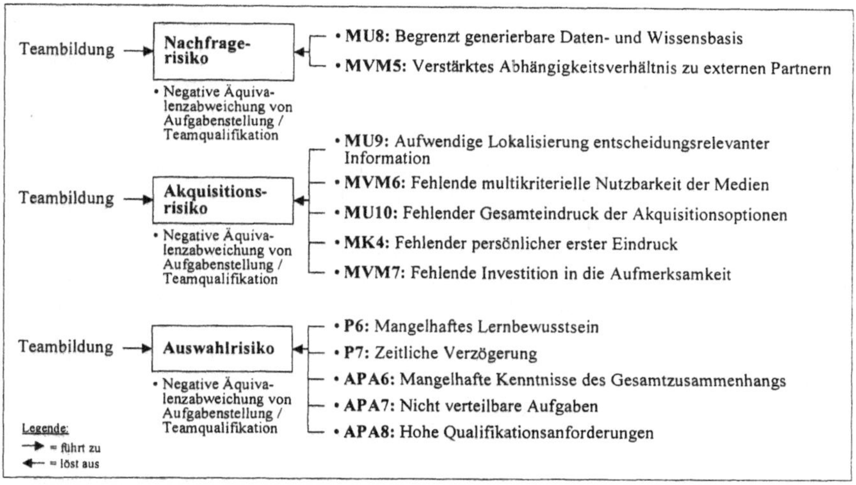


**Abbildung 23: Medienbedingte Risiken der Teambildung; eigene Darstellung**

### *4.2.3 Teamsteuerung mit Medieneinsatz als Baustein des Teammanagements*

#### 4.2.3.1 Medienbedingtes Revisionsrisiko

##### 4.2.3.1.1 Lernrisiken im Team

Aus dem medienbedingten Auswahlrisiko (vgl. 4.2.2.1.3) resultiert eine mögliche negative Äquivalenzabweichung, welcher der Teammanager durch die Handhabung seiner Folgerisiken steuert. Diese Lern- und Kooperationsrisiken der Teamsteuerung mit Medieneinsatz sind nun auszuführen. Abbildung 24 fasst sie abschließend in Kapitel 4.2.3.3 zusammen.

Die dynamische Entwicklung der Informations- und Kommunikationstechnologie verkürzt die Halbwertszeit des Wissens (vgl. Wunderer, Dick 2000, 32) und damit die lernbasierten Entscheidungsschleifen des Teams. Werden dafür Information und Wissen von dem Team nicht aktiv eingefordert, sind die Vernachlässigung von Lernprozessen (vgl. P7a) und die Auslösung der Risiken einer offenen Teamstruktur (vgl. P7c) zu erwarten. Das Team muss kritisch hinterfragen, ob ein Informationsverlust vorliegt bzw. wenn dieser erkannt wird, ob er auf den Medieneinsatz oder den Sender zurückzuführen ist. Liefert der Medieneinsatz unvollkommene oder fehlerhafte Information *unterstützt* dies die lernbasierte Teamarbeit nur mangelhaft (vgl. P6b). Das medienbedingte Risiko ist eine mögliche negative Steuerungsabweichung aufgrund eines passiven Lernverhaltens (MU11).

Grundsätzlich kann der Einsatz einer Lernsoftware die durchschnittliche Lerndauer des Teams reduzieren, da sie das Lerntempo und die Lernerfolge durch ein *medienba-*

*siertes* Feedback verbessert (vgl. Heinecke 1994, 110; Ingenhoff, Eppler 2001, 164). Die Ausrichtung der Lernsoftware auf den individuellen Lernbedarf ist kostenintensiv und daher nur standardisiert realisierbar. Zudem kann ein als unterhaltsam wahrgenommenes Lernangebot einerseits die Lernmotivation steigern (vgl. P6a) und andererseits die mentale Anstrengung sowie die individuelle und kooperative Lernleistung reduzieren (vgl. Kerres 2002, 131). Ferner sind Lernmedien – einer empirischen Untersuchung zufolge – meist wenig verhaltensorientiert ausgerichtet, da sie das soziale und kooperative Teamlernen nicht abbilden oder bedürfnisgerecht auf kooperative Informationsdefizite reagieren (vgl. Ackermann, Eisele, Festerling 2002, 120). Teameffekte bleiben unberücksichtigt und die Prozessintegration situationsunspezifisch (vgl. P7b). Dies unterbindet ein konsequentes zielorientiertes Lernen. Das medienbedingte Risiko ist hier eine mögliche negative Steuerungsabweichung wegen vernachlässigter Lernziele (MU12).

Eine flexible Anpassung der Lerninhalte und Lernziele an das Team bei mediengestützten Lernangeboten ist bei *medienvermittelt kommunizierten* Lernangeboten begrenzt, wenn die verwendete didaktische Methode nicht spezifisch auf das ausgewählte Medium ausgerichtet und in den Entscheidungsprozess integriert ist (vgl. P6c) (vgl. Kerres 2002, 131-134). Wegen der begrenzten Beobachtbarkeit der Lernenden kann der lehrenden Tutor das kooperative Lernniveau nicht umfassend ermitteln und teamspezifisch an deren Unterstützungsbedarf (vgl. P6b) anpassen. Zudem muss er die bekannten Restrisiken einer reziproken Abhängigkeit und eines gleichzeitig autonomen Lernens im Team einkalkulieren (vgl. 3.4). Das medienbedingte Risiko ist eine mögliche negative Steuerungsabweichung wegen eines unzureichenden mediendidaktischen Lernkonzeptes (MK5).

Die Raum- oder Zeitflexibilität motiviert das Team (vgl. P6a), sofern sie als individuelles oder kooperatives Anreizmotiv wirkt und das kooperative Urteilsvermögen verbessert (vgl. Möslein 1999b, 96; Kollmann 2000, 4). E-Learning-Konzepte werden allerdings wegen hoher Kosten, mangelnder Akzeptanz oder Vorbehalte durch den Betriebsrat kaum bis gar nicht in die *vernetzte* Wissensinfrastruktur bzw. in das unternehmungsübergreifende Wissensmanagement eingebunden (vgl. P6c) (vgl. Harhoff, Küpper 2003, 26). Für ein raum- und zeitverteiltes Lernen im Team, besonders bei einer offenen Teamstruktur (vgl. P7c), ist jedoch wichtig, dass jeder an jedem Ort und zu jeder Zeit Information und Wissen abfragen und sich flexibel aneignen kann (vgl. Tenbusch, Bracht 1998, 223; Harhoff, Küpper 2003, 33). Das medienbedingte Risiko ist hier eine mögliche negative Steuerungsabweichung aufgrund eingeschränkter Lernaktivitäten (MVM8).

#### 4.2.3.1.2 Kooperationsrisiken im Team

Die Benutzerfreundlichkeit der Systeme ist, empirischen Untersuchungen zufolge, notwendige Prämisse für den Teamerfolg (vgl. Gappmaier 1993, 123; Krischer, Schuwirth, Jäger 2000, 84; Janson 2003, 18-19). Muss dagegen das Team den Umgang mit dem jeweiligen *unterstützenden* Medium situativ erlernen, verzögert oder unterbricht eine zusätzliche Einarbeitungszeit den Entscheidungsablauf und verstärkt die Risiken eines subjektiven Informationsverzichtes (vgl. P3) und eines hohen Erstmaligkeitsgrades (vgl. APA8ca). Bei einem bereits bestehendem Team kann dieser Zeitverlust

Diskurskonflikte (vgl. APA8cb) provozieren, wenn der zusätzlich erforderliche Lernprozess nicht akzeptiert wird. Besonders ältere Mitarbeitern zeigen eine geringe Medienaffinität, deren Überwindung zeitverzögernd wirkt (vgl. Hohlweg 2001, 164). Dies kann sich in einem Generationskonflikt (vgl. APA8bb) manifestieren. Weiter blockiert der Medieneinsatz bei standardisierten Teamprozessen die Kreativität, da individuelles und kooperatives Fachwissen sich nicht standardisieren und auf gleiche Anwendungsbereiche übertragen lässt (vgl. Heinecke 1994, 70). Das medienbedingte Risiko ist eine mögliche negative Steuerungsabweichung wegen einer mangelhaften Ausrichtung des Medieneinsatzes auf die Teamstruktur (MU13).

Die Parallelität und gleichzeitige Synchronisierung von Wahrnehmungskanälen *unterstützen* lernbasierte Entscheidungsprozesse (vgl. Hofmann 2003, 234; Picot, Reichwald, Wigand 2003, 175). Demgegenüber steigert die Vielfalt möglicher Medienanwendungen und zahlreicher Informationsflüsse deren Komplexität. Das Team ist überlastet (vgl. APA8d), wenn diese Verschiedenartigkeit die menschlich begrenzte multitasking-Fähigkeit übersteigt. Weiter lenken formale oder rein organisatorische Aufgaben oft die Aufmerksamkeit von der inhaltlichen Problemlösung ab und verzerren die Relevanz einzelner Entscheidungsaktivitäten (vgl. APA6a). Dies verstärkt die Risiken der Polarität einer reziproken Abhängigkeit und einer autonomen Teamarbeit (vgl. 3.4). Das medienbedingte Risiko ist eine mögliche negative Steuerungsabweichung aufgrund einer Überreizung der Wahrnehmungssinne (MU14).

Neben hohen Implementierungskosten sind Medien für den Einsatz einer *medienvermittelten Kommunikation* permanent zu pflegen und zu aktualisieren. Die Teamarbeit ist technischen Störungen ausgesetzt, deren Behebung zusätzliche Arbeitskräfte erfordert. Der Einbezug eines Dritten, z. B. Webmasters oder Softwareexperten, unterbricht den Arbeitsablauf und kann zwischen dem Team und den Technikern Verständigungsschwierigkeiten (vgl. APA8c) auslösen (vgl. Krcmar 1993, 74). Bei einer raum- und zeitverteilten Teamarbeit kann eine praktische Umsetzung der inhaltlichen Entscheidungsaktivitäten und eine spontane anforderungsgerechte Weiterentwicklung der Medienumgebung durch diese nicht realisiert werden. Verfügt das Team folglich über keine technischen Medienkenntnisse, verwirklicht es die lernbasierten Entscheidungsprozesse über den Einsatz von Medien nur zögerlich, gestaltet diese aber nicht aktiv mit (vgl. Nastansky 2003, 85). Das medienbedingte Risiko ist hier eine mögliche negative Steuerungsabweichung wegen einer vorherrschenden Technik- bzw. Mediendominanz (MK6).

Empirische Untersuchungen bestätigen eine Unterstützung der Teamarbeit über Groupware-Systeme, wie z. B. Computer Supported Cooperative Work Systeme (CSCWS) nur bedingt (vgl. Gappmaier 1993, 123). Erneut sei daran erinnert, dass die Teamarbeit als Qualitätsmaß der Zusammenarbeit die Interaktion, die Kooperation und die fortlaufende gegenseitige Abstimmung des Teams umfasst (vgl. 2.1.2). Das medienbedingte Risiko, als eine mögliche negative Steuerungsabweichung aufgrund einer unzureichenden Teamarbeit (MK7), lässt sich dadurch auf verschiedene Ursachen zurückführen. Verbleibende Risiken aus der Polarität einer reziproken Abhängigkeit und einer autonomen Teamarbeit sind jeweils einzukalkulieren (vgl. 3.4).

In Brainstormingsitzungen z. B. fördert der Medieneinsatz durch seine Anonymität gleichförmige Teamurteile (vgl. APA6aa) und offene Teamdiskussionen (vgl. APA6ab) (vgl. Gappmaier 1993, 122). Er koordiniert objektiv die Entscheidungsaktivitäten im Team (vgl. Krcmar 1993, 74). Wählt das Team Medien ohne Berücksichtigung der *Interaktionskomplexität* aus oder setzt sie unkoordiniert ein, ist eine fragmentierte, ausdrucksarme Kommunikation die Folge, über die das Team keine spontane und gegenseitige Lernqualifizierung (vgl. APA7a) durch andere Teammitglieder oder Teampromotoren erfährt. Die medienerzeugte Parallelität und die verbesserte Vorbereitung auf die Sitzung bewirken empirisch verifizierte Zeitverkürzungen zwischen 60 % und 90 % (vgl. Krcmar 1993, 74). Dabei kann der Medieneinsatz nur Anregungen zur Interaktion liefern. Die inhaltliche Vorbereitung auf und Diskussionen in der Teambesprechung (vgl. APA8cb) ersetzt er aber nicht. Das medienbedingte Risiko ist eine mögliche negative Steuerungsabweichung wegen einer unvorbereiteten Teaminteraktion (MK7a).

Weiter unterstützen Medien einzelne Teambesprechungen bzw. Kontaktierungsmaßnahmen, indem sie die Verteilung von Wissen durch 1:n-Verbindungen fördern (vgl. Krcmar 1993, 75; Lehner 2003a, 16). Eine längere *Teamkooperation*, d. h. das gegenseitige Teilen des Teamwissens über einen Diskurs respektive über eine n:n-Verbindung ermöglichen Medien nur punktuell (vgl. Nastansky 2003, 100). Dies schränkt einen persönlichen Erfahrungsaustausch ein (vgl. APA6ac). Folglich kann auch die Kokonstruktion von Wissen nur punktuell, in einem sequenziellen wechselseitigen Austausch stattfinden. Generiert die multikriterielle Auswahlentscheidung ein heterogenes Team mit einem erhöhten Qualifikationsniveau, sind jedoch Verständigungsschwierigkeiten aufgrund einer hohen Erstmaligkeit (vgl. APA8ca) sowie Kontextkonflikte (vgl. APA8cc) zu erwarten. Das medienbedingte Risiko ist eine mögliche negative Steuerungsabweichung aufgrund einer unzureichenden gemeinsamen Wissenskonstruktion (MK7b).

Überdies neutralisiert der Medieneinsatz einerseits die Dominanz einzelner Teammitglieder durch den gefilterten Aufgabenkontext, lässt dadurch heterogene Meinungen zu (vgl. APA6aa) und unterstützt über die medienvermittelten Kontakte einen regelmäßigen Informationsaustausch (vgl. APA6ac) (vgl. Wunderer, Dick 2000, 32). Andererseits begrenzt der Medieneinsatz das Konfliktlösungspotenzial während der *Teamkooperation* bei gleichzeitiger Erhöhung seiner Eintrittswahrscheinlichkeit. Dies lässt sich darauf zurückführen, dass der Personenkontext durch die Medien gefiltert wird (vgl. Hofmann 2002, 134). Teamspezifisches, individuelles und kooperatives Teamverhalten sind vereinzelt beobachtbar und bleiben wegen der Raum- und Zeitdistanz lückenhaft. Der gemeinsame Personenkontext ist wenig authentisch. Vielmehr ist er mehrwertig und provoziert Kontextkonflikte (vgl. APA8cc). Ist das Team sich sachlich nicht einig zieht dies persönliche Diskurskonflikte (vgl. APA8cb) nach sich, die dadurch verstärkt werden, dass das raum- und zeitverteilte Team die persönlichen Werte und Einstellungen der anderen, insbesondere die Präferenzen des individuellen Medieneinsatzes, kaum kennt (vgl. Meier, Herrmann, Hüneke 2001, 12). Sind sich Empfänger und Sender nicht über die durch Medieneinsatz begrenzte Beobachtungsmöglichkeit des Aufgaben- und Personenkontextes bewusst und verteilen und teilen daher ihr Wissen nicht proaktiv, filtern sie Information ungeeignet und erzeugen oftmals auch ungewollt Missverständnisse. Reichhaltige Medien können nach dem Media-Richness-Modell von Daft und Lengel bei einer wenig komplexen Kommunikationsaufgabe die Kommunikation unnötig verkomplizieren (Overcomplication). Eine geringe Medienreichhaltigkeit bei komplexen Kommunikationsaufgaben kann diese unangemessen vereinfachen (Oversimplification) (vgl. 1984, 199). Infolgedessen setzen Teammitglieder mit individualistischen Wettbewerbsdenken Medien opportunistisch (APA8cb) ein. Sie inszenieren oder manipulieren den begrenzten Beobachtungskontext bewusst (vgl. Harrison et al. 1997, 298; Cascio 2000, 81-90). Die Raum- und Zeitunabhängigkeit kann somit dazu verwendet werden künstliche Intransparenzen, d. h. Informationsasymmetrien bewusst zu erzeugen und eine Vergleichbarkeit zu verhindern (vgl. Picot, Reichwald, Wigand 2003, 374). Das medienbedingte Risiko ist eine mögliche negative Steuerungsabweichung wegen eines unzureichenden gemeinsamen Handlungskontextes (MK7c).

Dieses Risiko verstärkt eine Vernetzung der Medien, da z. B. virtuelle Informationsräume (Media Spaces) die eine synchrone Kommunikationsverbindung dauerhaft aufrechterhalten kostenintensiv sind (vgl. Harrison et al. 1997, 273-300; Hofmann 2003, 234). Überdies können Marktplätze anstelle zur Schaffung von Transparenz durch ein unübersichtliches und unreferiertes Informationsangebot zur Erzeugung einer Informationsüberlastung eingesetzt werden (vgl. MK7c).

Der Medieneinsatz kann den formalen Ablaufprozess der Teamarbeit steuern, indem er einen ablauforganisatorischen Orientierungsrahmen einzelner Entscheidungsaktivitäten (vgl. 2.3.2) vorgibt bzw. während der Teamarbeit an deren Einhaltung oder Rückkopplungen erinnert. Die *Teamabstimmung* erfolgt allerdings meist spontan oder über eine raumpräsente Wahrnehmung. Reichhaltige Medien oder vielfältige Nutzungsoptionen einer heterogenen Medienumgebung können zwar Echtzeitbedingungen punktuelle simulieren. Dennoch verlangen sie eine ausdrückliche Initiierung, z. B. durch das Absenden einer E-Mail oder durch die Freischaltung einer Videokonferenz (vgl. Möslein 1999b, 160; Hofmann 2003, 233-234) oder lösen einen hohen Koordinationsbedarf aus (vgl. Gappmaier 1993, 122). Dadurch unterbinden sie eine argumentationsparallele Informationsrezeption unter Echtzeitbedingungen und erhöhen das Risiko einer sozialen und räumlichen Distanz (vgl. APA8a). Mangelt es weiter an einer hohen technischen oder personellen Verfügbarkeit, löst dies die Risiken fehlender Lernqualifikationen (vgl. APA7a) und einer Teamüberlastung (vgl. APA8d) aus. Das medienbedingte Risiko ist hier eine mögliche negative Steuerungsabweichung wegen einer eingeschränkten Medienflexibilität (MK7d).

Ein *medienvernetztes* Team benötigt Zeit sich zu formieren, um Raum, Zeit und soziale Distanz (vgl. APA8a) zu überbrücken und um Teamziele, -standards und -normen zu entwickeln (vgl. Born, Eiselin 1996, 52-54). Wird die dafür erforderliche Zeit nicht bewusst eingeräumt, sind Prozessverluste die Folge. Diese treten auch dann ein, wenn physische, vor Ort anfallende Aufgaben (unbewusst) bevorzugt und virtuelle in ihrer Bedeutung relativiert werden. Anstelle eines reziproken ist ein autonomes Teamverhalten mit seinen Restrisiken zu erwarten (vgl. 3.4). Weiter kann der Medieneinsatz die Teamaktivitäten bei einem mobilen Kommunikationsaustausch bis zur Omnipräsenz steigern. Wird die Erreichbarkeit des Teams zur Selbstverständlichkeit fragmentieren zahlreiche Spontaninteraktionen den Ablauf der Entscheidungsaktivitäten. Insgesamt führt dies zu einer geringen Qualität der Kommunikation, zu Zeitdruck und zu einer Teamüberlastung (vgl. APA8d). Das medienbedingte Risiko ist eine mögliche negative Steuerungsabweichung wegen unbestimmter Raum- und Zeitdimensionen (MVM9).

Das Risiko einer sozialen und räumlichen Distanz (vgl. APA8a) verstärkt sich bei einem *vernetzten* Medieneinsatz einerseits dadurch, dass sich das Team kaum oder gar nicht kennt. Im Falle, dass es die Notwendigkeit einer kooperativen Teamarbeit nicht aus der Abhängigkeit seiner interdependenten Leistungserstellung wahrnimmt, besteht für das Team keine Veranlassung für einen Vertrauensvorschuss. Andererseits sind über die Medien nebenläufige Wahrnehmungen und implizites Wissen nicht transferierbar (vgl. Keim 1994, 7). Kreativität und Vertrauen sind bei länger fehlenden physischen Kontakten nicht aufbaubar (vgl. Drumm 1998, 198). Eine Kooperation ist bei einem weitgehenden Verzicht auf die Institutionalisierung von Strukturen und Regeln kaum mehr möglich. Dies löst zunehmend Macht- (vgl. APA8ba), Diskurs- (vgl. A-PA8cb) und Kontextkonflikte (vgl. APA8cc) aus. Nur persönliche Kontakte können eine Basis gemeinsamer Referenzkontexte (z. B. Begriffe, Normen) und gemeinsamer Werte (z. B. Vertrauen, gegenseitige Unterstützung) erarbeiten (vgl. Gappmaier 1993, 122). Bei einem raum-zeitverteilten Team sind diese zeit- und kostenintensiv. Das medienbedingte Risiko ist eine mögliche negative Steuerungsabweichung aufgrund fehlender Möglichkeiten des Aufbaus einer Teamkultur (MVM10).

Team-Portale als *digitale Marktplätze* bei denen Information zusammen mit Employee-Self-Services (ESS) angeboten wird übertragen dem Team zusätzliche Aufgabengebiete. Sie ermöglichen die Selbstauswahl, -pflege und -steuerung teambezogener Leistungen, Funktionen und Daten durch das Teammanagement, das Team oder die Teammitglieder selbst (vgl. Ackermann, Eisele, Festerling 2002, 121). Dies kann zu einer Überlastung des Teams (vgl. APA8d) führen. Weiter ist zu erwarten, dass ein Team-Portal mit einer Schnittstelle zur Personverwaltung den persönlichen, insbesondere personalwirtschaftlichen Beratungsbedarf des Teams, wie z. B. Weiterentwicklung, Anreizstrukturen oder Abrechnungsergebnisse, nicht ausreichend abdeckt (vgl. Ising 2001, 22-23; Lapp-Thoma 2002, 44), da das Team einem hohen Erstmaligkeitsgrad (vgl. APA8ca) gegenübersteht. Das medienbedingte Risiko ist eine mögliche negative Steuerungsabweichung wegen einer nicht erreichten kritischen Masse von Netzwerknutzern (MVM11).

#### 4.2.3.2 Revisionsungewissheit von Medien

Der Medieneinsatz *unterstützt* den vergrößerten Informations- und Koordinationsbedarf bei Ungewissheit, indem er für die Teamarbeit eine breite Informationsgrundlage bereitstellt. Empirischen Untersuchungen zufolge steigert ein aktiver Medieneinsatz die Arbeitszufriedenheit im Team und ermöglicht durch seine Unterstützungsfunktion eine objektiv koordinierte Teamarbeit (vgl. Gappmaier 1993, 122; Ackermann, Eisele, Festerling 2002, 121). Doch „(...) Informationstechnologie kann nur dort sinnvoll eingesetzt werden, wo es sich um Sachverhalte handelt, die sich in Regeln fassen lassen (...)“ (Nastansky 2003, 100). Demgegenüber sind bei Ungewissheit die Teamaktivitäten auf auftretende Restriktionen zu überprüfen und außerplanmäßig Annahmen zu treffen (vgl. APA5). Dem vorgelagert ist die Polarität aus gewährtem Verhaltensspielraum und erkannter sowie übernommener Verantwortung, dessen Restrisiken einzukalkulieren sind (vgl. 3.4). Die Ursachenstruktur der medienbedingten Ungewissheit bestimmen ein passives Lernverhalten (vgl. MU11) und eine unzureichende gemeinsame Wissenskonstruktion (vgl. MK7b).

Das zu akzeptierende Restrisiko einer nicht erkannten oder wahrgenommenen Verantwortung (vgl. 3.4) erweitert die Medienverantwortung. Durch den Medieneinsatz wird der Verhaltensspielraum des Teams erweitert, da sein *Unterstützungspotenzial* von administrativen Aufgaben entlastet ist. Das Team kann die inhaltliche Entscheidungsfindung wahrnehmen, insofern ihm neben der aufgaben- und personalbezogenen Verantwortung auch die mediale Verantwortung übertragen wird. Mediale Verfügungsrechte zu übertragen bedeutet, Zugriffsberechtigungen zu erteilen und die erforderlichen Medien redundant zur Verfügung zu stellen. Hingegen bedeutet mediale Verantwortung zu übernehmen, sich nicht auf die Medien als abstrakte Einheit zu verlassen. Vielmehr muss das Team Medien gewissenhaft einsetzen und die zugrundeliegenden Routinen verstehen, um z. B. Workflow Definitionen zu entwerfen oder zu verändern (vgl. Hilpert 1993, 132). Dadurch ist es in der Lage bei einem technischen Medienausfall die Teamarbeit auch ohne Medieneinsatz fortzuführen (vgl. Drumm 2003c, 12). Eine begrenzte Übertragung von Verfügungsrechten kann zu einem ineffizienten Ressourceneinsatz führen, so dass das Team die Entscheidungsverantwortung auf das Medium als abstrakte Einheit abwälzt. Diese medienbedingte Ungewissheit entspricht der bereits bekannten Ungewissheit eingeschränkter Handlungsfähigkeit (vgl. 3.1.3.2).

*Kommuniziert* das Team *medienvermittelt* werden Verhaltensalternativen der Teammitglieder nur punktuell wahrgenommen. Im Vergleich zu dem Teammanagement ohne Medieneinsatz (vgl. 3.1.3.2) sind sie kaum bis gar nicht vorhersehbar. Der Medieneinsatz verstärkt die Abstimmungsungewissheit. Die Koordination von Entscheidungsaktivitäten, insbesondere von ad hoc-Vorgängen, ist über eine medienvermittelte Kommunikation aufwendig, da diese kurzlebig, unstrukturiert sowie unterschiedlich komplex in ihrer Aufgabenstellung ist (vgl. Hilpert 1993, 132). Die medienbedingte Ungewissheit ist eine mögliche negative Steuerungsabweichung aufgrund eines erheblichen Koordinationsaufwandes, der auf die Ursachenstruktur der unzureichenden Teamarbeit (vgl. MK7) zurückgeht.

Diese Ungewissheit verstärkt sich durch den *vernetzten* Medieneinsatz, der die potenziellen Ansprache- und Beziehungsverbindungen und damit auch die Verhaltensweisen der Teammitglieder steigert. Das „not invented here"-Syndrom (vgl. 3.1.3.1.2) verstärkt sich, wenn lokal anfallende Aufgaben gegenüber virtuellen bevorzugt werden (vgl. MVM9).

#### 4.2.3.3 Schlussfolgerungen zur Teamsteuerung

Aus der *Risikoanalyse* der Teamsteuerung mit Medieneinsatz leitet sich eine Polarität aus *fragmentierter Teamarbeit* und *reichhaltiger Wissensteilung* ab. Die Vielfalt und Reichweite möglicher autonomer Systemzustände, multimedialer Reize und Informationsflüsse fragmentieren die Teamarbeit und verlangen eine permanente und simultane Teamkoordination. Diese ist wiederum auf qualitative Merkmale angewiesen, die durch den medienvermittelten Wahrnehmungskontext nur punktuell, aber nicht vollkommen oder fortlaufend wahrgenommen werden können. Gleichzeitig erfordert dies die Verfügbarkeit redundanter Medien und lernaktive Teams. Um ein durchgehendes Lernen und Kooperieren im Team sicherzustellen, muss ein flexibler Wissenszugang existieren. Der durch die Teamabstimmung ausgelöste Koordinationsbedarf steht der Teamarbeit entgegen, da sie in ihrer genuinen Eigenart auf institutionalisierte Strukturen und organisatorische Regelungen verzichtet. Da wegen der fehlenden sozialen Nähe das Hintergrundwissen der Teamarbeit unvollkommen und in seiner Aussagekraft reduziert ist, kann dies die gemeinsame Wissenskonstruktion blockieren oder verzerren.

Abbildung 24 zeigt die Ursachenstruktur der medienbedingten Revisionsrisiken. Eine Übersicht mit den jeweiligen kausalen Zusammenhängen liefert Anhang 11.

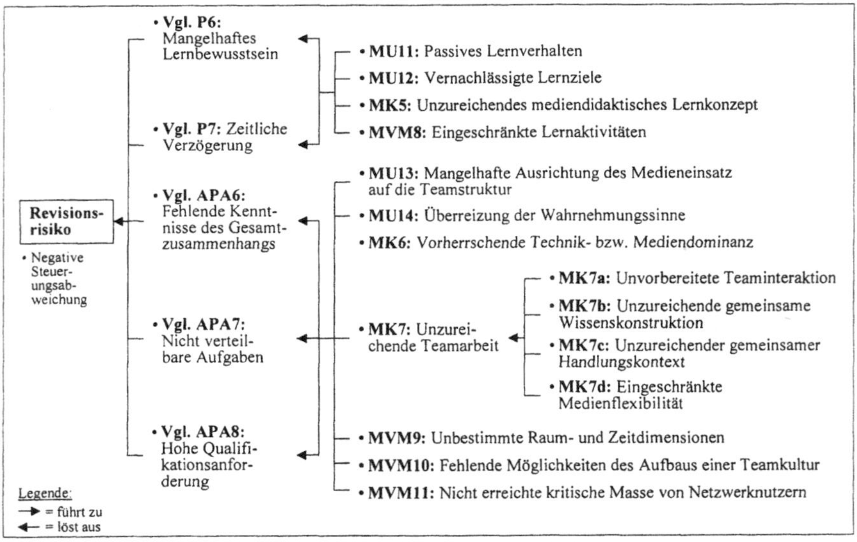


**Abbildung 24: Medienbedingte Revisionsrisiken der Teamsteuerung; eigene Darstellung**

Die *Ungewissheitsanalyse* verdeutlicht eine Polarität aus *zielbewusstem Reaktionsvermögen* und *gefilterter Wahrnehmung*. Der Teammanager und das Team sind unter Ungewissheit auf schnell abrufbare Information angewiesen, um situative Restriktionen der In- und Umwelt anforderungsgerecht bei der Teamarbeit berücksichtigen zu können. Zudem sind alle verfügbaren Wahrnehmungssinne gefordert, um die Teamaufgabe für eine aktive Informationsnachfrage, den Teamkontext zur Abschätzung des zukünftigen Teamverhaltens sowie den Mediennutzen für einen verantwortungsvollen Einsatz erkennen und nutzen zu können. Dies leisten Medien wegen ihrer Filterfunktion jedoch nur bedingt. Die Schwierigkeit liegt also weniger in der Wissensverteilung.

Das Teammanagement unter Ungewissheit mit Medieneinsatz bestimmt sich über eine schwere Wissensteilung.

### *4.2.4 Erfolgskontrolle mit Medieneinsatz als Baustein des Teammanagements*

#### 4.2.4.1 Medienbedingtes Risiko

##### 4.2.4.1.1 Qualitätsrisiko

Schließlich ist die medienbedingte Ursachenstruktur des Qualitäts- und Kontrollrisikos zu untersuchen. Abbildung 25 fasst diese in einer Übersicht abschließendend zusammen (vgl. 4.2.4.3).

Der Medieneinsatz *unterstützt* das Qualitätskriterium der Erfolgskontrolle, da er den Aufwand mit dem Ertrag der Entscheidung vergleicht und die Erfolgswirksamkeit des Teammanagements über Entscheidungsverlaufsdaten transparent darstellt. Dabei wird der Erfolg des Teammanagers von dem Erfolg des Medieneinsatzes beeinflusst, so dass die Medienbewertung Bestandteil der Qualitätskontrolle werden muss. Da allerdings die Gewinnrealisierung des Medieneinsatzes vielfach verzögert eintritt, lässt sich sein Nutzen nur begrenzt quantifizieren (vgl. Picot, Reichwald, Wigand 2003, 196-198). Zudem erlaubt neben den allgemeinen Regeln des Datenschutzes das Betriebsverfassungsgesetz (vgl. § 87 Abs. 1 Nr. 6 BetrVG) keine individuellen und datengestützten Verhaltens- und Entscheidungskontrollen. Lediglich als anonymisierte Daten sind individuelles Arbeitsverhalten und persönliche Daten des Teammanagers bzw. des Teams unter Mitbestimmung des Betriebsrates für ein unternehmungsweites Personalcontrolling (vgl. 3.1.4.1.2) einsetzbar. Dies erfordert geeignete Bewertungsmaßstäbe (vgl. A5). Deren Bestimmung unterliegt der bedingt lösbaren Polarität aus Messungs-, Zurechnungsgenauigkeit und Teamdynamik mit seinen zu akzeptierenden Restrisiken (vgl. 3.4) und löst das Risiko einer begrenzt generierbaren Daten- und Wissensbasis (vgl. MU8) aus. Das medienbedingte Risiko ist hier eine mögliche negative Qualitätsabweichung aufgrund eines reduzierten Qualitätsniveaus der Kontrolle (MU15).

##### 4.2.4.1.2 Kontrollrisiko

Der *unterstützende* Medieneinsatz überwacht die Einhaltung von Zeit-, Kosten- und Ressourcenvorgaben und zeigt den Rücklauf von Ziel- und Kriterienergebnissen oder kritischen Bereichen des Anspruchsniveaus an (vgl. Möcklinghoff, Fischer 1993, 113). Ein dokumentierter Soll-Ist-Vergleich lässt sich in kürzeren Abständen und in heterogenen Darstellungsweisen für verschiedene Ebenen der Entscheidungs- und Verantwortungskoordination periodenübergreifend darstellen, vergleichen, auswerten und transparent zurückverfolgen (vgl. Möcklinghoff, Fischer 1993, 115). Daraus kann der Teammanager Kontrollkriterien ableiten, d. h. welche weiteren Teilergebnisse ab- und welche Steuerungsmaßnahmen einzuleiten sind. Ein ausschließlich kriterienorientiertes Team richtet infolgedessen seine Aktivitäten auf die von ihm antizipierten Kontrollmerkmale aus und erzeugt das Risiko einer verhinderten Ursachenabweichung (vgl. 3.1.4.1.2). Weiter reduziert der begrenzte Beobachtungs- und Referenzkontext externe Effekte durch eine virtuelle Objektivität (vgl. APA9ca) und erhöht die Reliabilität, z. B. von Testverfahren durch eine mediengestützte Vergleichbarkeit (vgl. Heinecke 1994, 100-103; Ingenhoff, Eppler 2001, 164). Obwohl sich eine große Informationsmenge, wie z. B. die Anzahl von Bewerbern, durch den Medieneinsatz in eine potenzielle Rangfolge bringen lässt oder aus der Vielzahl der vorliegenden Daten neue Daten oder Messgrößen generierbar sind, bleibt die Validität (vgl. APA9cb) unbefriedigend. Denn über Medien kann die Informationswahrheit nicht überprüft werden. Für den Fall, dass Daten unwahr, schwer auffindbar oder nicht intuitiv nutzbar sind, ist ein Kontrollverzicht (vgl. APA10) zu erwarten. Das medienbedingte Risiko ist eine mögliche negative Kontrollabweichung wegen einer verfälschten Messung und Zurechnung (MU16).

Die Kontrolle setzt an der *medienvermittelten Kommunikation* an, indem sie auf aufgezeichnete Daten des medialen Nutzungsverhaltens zurückgreift und teamübergreifende anonymisierte Zeit- oder Leistungsprofile erstellt (vgl. Krimphove, Seitz 1999, 369). Charakteristisch für das Teammanagement mit Medieneinsatz ist, dass der Grad des Medieneinsatzes mit dem Risiko einer fehlenden direkten Beobachtungsmöglichkeit (vgl. APA9a) positiv korreliert. Der Medieneinsatz verhindert eine persönliche, anwesenheitsorientierte Kontrolle (vgl. Keferstein, Lenz, Schneider 2001, 56). Die Kontrolle als Einflussmaßnahme verlagert sich dadurch auf eine mediatisierte Ebene. Die Kontrolle durch Anwesenheit wird durch die Kontrolle von Zugriffen und Dokumentationen ergänzt. Dies unterliegt dem Risiko einer ex ante Mess- und Zurechenbarkeit (vgl. APA4b) und einer fehlenden teamspezifischen Beobachtbarkeit (vgl. APA9b). Deren Behebung unter Risiko ist aufgrund der Polarität aus Mess-, Zurechnungsgenauigkeit und Teamdynamik nicht zu erwarten; vielmehr sind deren verbleibende Restrisiken zu akzeptieren (vgl. 3.4). Die medienvermittelte Kommunikation als gefilterte Kommunikation überträgt sich folglich auf die Kontrollform und erzwingt einen Kontrollverzicht (vgl. APA10). Hinzu kommt, dass eine permanente mediatisierte Kontrolle das Team verunsichert und seine Flexibilität und Kreativität behindert (vgl. 3.1.4.1.2). Das medienbedingte Risiko ist eine mögliche negative Kontrollabweichung infolge entpersonalisierter Kontrollmöglichkeiten (MK8).

Dieses Risiko verstärkt sich bei einem *vernetzten* Medieneinsatz dadurch, dass das Team dezentral verteilt ist und sich einer direkten Beobachtung entzieht (vgl. APA9a). Face to face-Kontakte finden selten bis gar nicht statt (vgl. MK8).

Ebenso kann bei einer medienvernetzten globalen Teamarbeit die Richtigkeit der transferierten Information bzw. das teamspezifische Entscheidungsverhalten (vgl. APA9b) kaum überprüft werden, denn der Teammanager besitzt ebenso wenig wie die einzelnen Teammitglieder die erforderlichen Detailkenntnisse über die heterogenen spezialisierten Einzelqualifikationen der anderen (vgl. Scherm, Süß 2000b, 85). Da diese Kernkompetenzen nicht überprüfbar sind, fordern sie einen externen Kontrollverzicht (vgl. APA10). Hinzu kommt, dass fehlende längere physische Kontakte den Aufbau von Vertrauen unterminieren (vgl. Drumm 1998, 198). Der daraus resultierende gesteigerte Koordinationsaufwand verstärkt das Risiko einer verhinderten Ursachenbeseitigung (vgl. 3.1.4.1.2). Das medienbedingte Risiko ist eine mögliche negative Kontrollabweichung wegen einer Vernachlässigung des Beziehungsaspektes (MVM12).

#### 4.2.4.2 Ungewissheit von Medien

Der Medieneinsatz erleichtert die Überprüfung des Arbeitsfortschrittes, insofern die Kriterien und Ziele bzw. das Anspruchniveau klar definiert und formuliert werden können. Aufgrund der ungewissen Teamaufgabe können Medien diese allerdings erst im Zeitablauf sukzessiv und mit einem reduzierten Qualitätsniveau (vgl. MU15) zur Verfügung stellen. Infolgedessen entspricht die Kontrolle mit Medieneinsatz einer fragmentierten Kontrolle. Der Teamerfolg darf jedoch die einzelne Kontrollinformation nicht isoliert berücksichtigen, sondern nur im Verbund (vgl. Frese 1968, 65-75). Dabei besteht die Schwierigkeit, Kontrollsequenzen als Abfolge von einzelnen Teamaktivitäten im Zeitablauf miteinander zu verknüpfen und im Gesamtergebnis zu optimieren. Wurde ein Teilergebnis der Kontrolle medienbasiert unpräzise oder unvollständig generiert (vgl. MU16), verfälscht dies die Auswahlentscheidung der Steuerungsmaßnahmen, da es sich als Endergebnis der einen Entscheidungssituation und zugleich als Ausgangssituation der nachfolgenden darstellt. Es reproduziert sich als Folgefehler und multipliziert den Fehlergehalt des Gesamtergebnisses. Dies ist wahrscheinlich, da für die Ungewissheit bei Medieneinsatz eine begrenzt generierbare Daten- und Wissensbasis (vgl. 4.2.2.2) konstitutiv ist. Die medienbedingte Ungewissheit ist hier eine mögliche negative Qualitäts- und Kontrollabweichung aufgrund einer interdependenten Qualitäts- und Kontrollinformation.

Eine Erfolgskontrolle ist sinnvoll, wenn die Kontrollergebnisse Information für nachfolgende Teilentscheidungen liefern. Die *medienvermittelte Kommunikation* reduziert dies dadurch, dass sie Kontrollinformationen und -ergebnisse nur punktuell liefert. Die Erfolgskontrolle unter Ungewissheit charakterisiert sich bei Medieneinsatz durch eine zusätzliche, medienbedingte mangelhafte Mess- und Zurechenbarkeit (vgl. APA9). Die medienbedingte Ungewissheit ist eine mögliche negative Kontrollabweichung infolge einer dreifach (Aufgabe, Personal, Medien) begrenzten Aussagekraft der Erfolgskontrolle (vgl. MK8).

Medienbasierte Kontakte in *Netzwerken* oder auf *digitalen Marktplätzen* erlauben nur vereinzelt eine gegenseitige Kontrolle des Teams. Für das Teammanagement kann dies den Verlust der Kontrolle über Information und Arbeitsablauf bedeuten. Die Konsequenz ist, dass sich Fehlinformation über das Netzwerk beschleunigt verbreitet (vgl. Wellman 2000, 153). Ferner können über die fragmentierte Teamarbeit auf Distanz unerwünschte Kontakte oder Pflichten vermieden oder vernachlässigt werden. Für das Team kann ein Netzwerk ferner die zentrale Fremdkontrolle verstärken, wenn das Netzwerk als sternförmige Kommunikationsstruktur mit zentraler Kontrollinstanz organisiert ist (vgl. Rosenstiel 2000, 287). Aus der Polarität notwendiger Fremdsteuerung und motivierender Selbststeuerung mit seinen Restungewissheiten (vgl. 3.4) resultiert beiderseitiges Misstrauen. Die medienbedingte Ungewissheit ist eine mögliche negative Kontrollabweichung infolge fehlender gegenseitiger Vertrauensbeziehungen.

#### 4.2.4.3 Schlussfolgerungen zur Erfolgskontrolle

Die *Risikoanalyse* verdeutlicht eine Polarität der Erfolgskontrolle mit Medieneinsatz aus *simultaner und permanenter Vergleichbarkeit* und *sozialer Nähe*. Der Medieneinsatz dokumentiert zeitnah den Ablauf der Teamarbeit. Dies erlaubt nicht nur eine anonymisierte und objektivierte Vergleichbarkeit der Daten, sondern kürzere Vergleichsabstände und heterogene Darstellungsformen der Ergebnisse der Erfolgskontrolle. Obwohl der Medieneinsatz die Messung und Zurechnung der Teilleistungen erfordert, erschwert er diese zugleich. Denn er reduziert die soziale Nähe des Teams. Einerseits beeinflusst dies z. B. negative Groupthink-Effekte positiv, andererseits sind für die Teamarbeit und das gemeinsame Lernen und Kooperieren soziale Kontakte wesentlich, um aufgaben-, personal- und allokationsbedingte Leistungsdefizite des Teams erkennen und revidieren zu können.

Abbildung 25 fasst die Ursachenstruktur Risiken der Erfolgskontrolle mit Medieneinsatz zusammen. Die kausalen Zusammenhänge verdeutlicht Anhang 12.

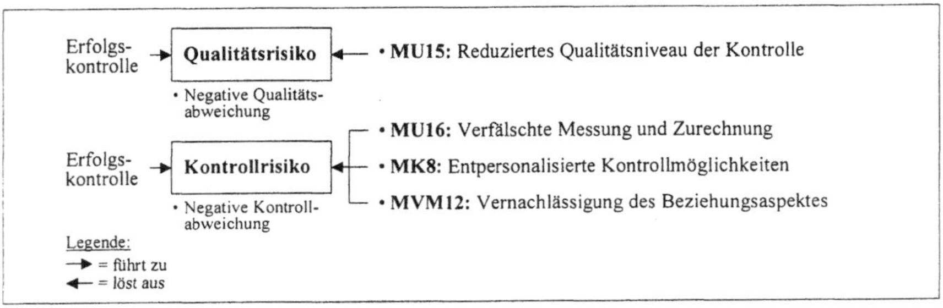


**Abbildung 25: Medienbedingte Risiken der Erfolgskontrolle; eigene Darstellung**

Die *Ungewissheitsanalyse* der Erfolgskontrolle mit Medieneinsatz verdeutlicht eine Polarität aus *zeitvernetzter Wechselwirkung* und *zeitlicher Reihenfolge*. Das Team ist auf eine vernetzte Kontrolle der Einflussgrößen Aufgabe, Personal und Medien angewiesen, da sie sich in dem vor- und rückgekoppelten Entscheidungsprozess sowohl auf der Ebene des Teammanagements als auch auf der Ebene der Teamarbeit periodenübergreifend wechselseitig bedingen (vgl. 2.3.2). Dagegen verhindern die sukzessive Informationsbeschaffung und -verarbeitung sowie der filternde Medieneinsatz das Erkennen der zu berücksichtigende Wechselwirkungen in ihrem Gesamtzusammenhang. Die festgestellten konstitutiven Elemente der vorangegangenen Bausteine der Ungewissheit bei Medieneinsatz schränken die Möglichkeiten der Erfolgskontrolle ein.

### *4.2.5 Zwischenergebnis: Teamstrategie als aufgaben-, personal- und medienbezogenes Maßnahmenbündel*

#### 4.2.5.1 Problemstruktur mehrwertiger Bausteine

Die *Risikoanalyse* der Bausteine mit Medieneinsatz zeigt vier Polaritäten des Teammanagements unter mehrwertiger Erwartung:

- Trichtermodell: Mediale Informationsüberflutung – Entscheidungsrelevantes Informationsdefizit;
- Teambildung: Zeitliche Flexibilität – Sozialer Kontext;
- Teamsteuerung: Fragmentierte Teamarbeit – Reichhaltige Wissensteilung;
- Erfolgskontrolle: Permanente, simultane Vergleichbarkeit – Soziale Nähe.

Die *Ungewissheitsanalyse* verdeutlicht vier Polaritäten der Bausteine des Teammanagements:

- Trichtermodell: Qualifikationsspezifisches Managementteam – Flexibler Teammanager;
- Teambildung: Zeitliche Nähe – Räumliche Distanz;
- Teamsteuerung: Zielbewusstes Reaktionsvermögen – Gefilterte Wahrnehmung;
- Erfolgskontrolle: Zeitvernetzte Wechselwirkung – Zeitliche Reihenfolge.

Die hohe Mehrwertigkeit des *Zeitpunktes ($t_{-1}$)* aus der begrenzten Operationalisierbarkeit und der permanenten Wissensasymmetrie kann der Medieneinsatz unter ganzheitlicher Nutzung der potenziellen Leistungsvorteile (vgl. 4.1) nicht beheben. Vielmehr besteht die Gefahr einer Verstärkung, wenn aus der Informationsflut die prognostische Entscheidungsbasis nicht oder nur anonymisiert generiert werden kann. Es verbleibt ein entscheidungsrelevantes Informations- und Sozialdefizit. Das Unterstützungspotenzial der digitalen Medien fundiert zwar die prognostische Entscheidungsbasis durch objektive Vergleiche und schnellere Auswertungen. Die medienvermittelte Kommunikation und die Vernetzung jedoch provozieren einen Entscheidungsverzicht, wenn Medien – wie die vorangegangene Identifikation mehrwertiger Erwartungen von Aufgabe, Personal und Medieneinsatz verdeutlicht – unangemessen ausgewählt oder eingesetzt werden. Wegen ihres Skalierungseffektes aufgrund der Vernetzung steigern Medien dann bei der Einordnung der Teamarbeit in den Wertschöpfungsprozess der Unternehmung und der Teambildung insgesamt den Koordinations-, Zeitaufwand und, durch den fehlenden sozialen Kontext, soziale Konflikte. Es ist zu erwarten, dass die Medien die in Kapitel 3.1.5.1 bestätigte hohe Mehrwertigkeit des Zeitpunktes ($t_{-1}$) verschärfen, wenn ihr Leistungspotenzial aus einer medienvermittelten Kommunikation und aus der Vernetzung genutzt werden soll.

Für den *Zeitpunkt ($t_0$)* ist festzuhalten, dass der Einsatz digitaler Medien die autonome Teamarbeit fördert und den Koordinationsaufwand reduziert. Gleichzeitig verstärkt er die reziproke Abhängigkeit und die Mess- und Zurechnungsprobleme, so dass neben der Übernahme von Verantwortung die Teammotivation zwingend notwendig ist. Anknüpfend an die Ergebnisse der Risiko- und Ungewissheitsanalyse ohne Medieneinsatz beeinflussen nicht die Medien selbst deren Eintrittswahrscheinlichkeit und Schadenshöhe, sondern die Qualität der dadurch generierten Informationsbasis. Ihre Qualität bestimmen die Aktualität, Genauigkeit, Wahrheit und Vollständigkeit der entscheidungsrelevanten Informationsbasis, aus der Daten miteinander verglichen werden, zeitvernetzte Wechselwirkungen einer fragmentierten Teamarbeit herausgearbeitet werden und ein zielgerichtetes Reaktionsvermögen des Teams gegenüber eingetretenen Schäden entwickelt wird.

Die Hypothese einer reichhaltigen Informationsbasis im *Zeitpunkt* $(t_1)$ kann mit Medieneinsatz zunächst besser bestätigt werden, als im Fall ohne Medieneinsatz (vgl. 3.1.5.1). Denn führt man die eben ausgeführten Argumentationsketten von $(t_{-1})$ und $(t_0)$ zusammen, sind unter Annahme einer hochwertigen Qualität der durch Medien generierten Informationsbasis objektive Vergleiche und schnellere Auswertungen möglich. Infolgedessen können aus einer großen Informationsmenge entscheidungsrelevante Information zielgerichtet identifiziert werden. Dieses dokumentierte ex post-Wissen bereichert das mediale organisatorische Gedächtnis und liefert für die zukünftige Teamarbeit in der Unternehmung heuristischen Nutzen. Die Mess- und Zurechnungsprobleme spezifischer Teamkonstellation kann der Einsatz digitaler Medien allerdings ebenfalls nicht lösen.

Dieser Argumentationskette liegt jedoch speziell für die Ungewissheit die optimistische Annahme zugrunde, dass nicht vollkommen nutzbare Medienpotenziale (vgl. 4.2.1.3), eine begrenzt generierbare Daten- und Wissensbasis (vgl. 4.2.2.3) und eine erschwerte Wissensteilung (vgl. 4.2.3.3) im Verlauf der Teamarbeit sukzessiv verbessert werden können. Ist dies nicht gegeben, kann die Hypothese im Vergleich zu dem Fall ohne Medieneinsatz nicht bestätigt werden. Wegen des konstitutiven Charakters dieser Risikoursachen ist dies wahrscheinlich.

Periodenübergreifend ist zu konstatieren, dass der Medieneinsatz durch sein Unterstützungspotenzial die Aufgabenorientierung stärkt. Durch die medienvermittelte Kommunikation bzw. die globale Vernetzung unterminiert er jedoch die Personenorientierung. Der digitale Medieneinsatz verändert folglich die Aufgaben-Personal-Struktur der Teamarbeit.

#### 4.2.5.2 Veränderte Aufgaben-Personal-Struktur der Teamarbeit mit Medieneinsatz

Die Leistungsvorteile der Medien werden vielfach dadurch kompensiert, dass zusätzliche Leistungen für den Ausgleich ihrer Leistungsnachteile zu erbringen sind (vgl. Ingenhoff, Eppler 2001, 166). Der Medieneinsatz ist nicht als Substitut des individuellen bzw. kooperativen Lernens oder der Kooperation im Team zu verstehen. Vielmehr kann der Medieneinsatz dieses unterstützen und Handlungsspielräume schaffen, um sich auf das Wesentliche der Teamarbeit, auf die Kokonstruktion von Wissen zur multipersonellen Problemlösung, zu konzentrieren. Ein medienbasiertes Team ist folglich auch kein Substitut eines konventionellen Teams, da sich die Aufgaben-Personal-Struktur verändert und damit ein neues Äquivalenzgleichgewicht bewirkt. Zuerst ist die individuelle Leistungsüberlegenheit des Teams zu evaluieren. Erst danach sind die notwendigen Umsetzungsschritte bezüglich des geeigneten Medieneinsatzes zu deren Unterstützung einzuleiten. Die Medien sind folglich auf die Leistungsvorteile des Teams auszurichten, nicht aber umgekehrt. Insgesamt zeigt sich der Teameinsatz als sinnvoll, wenn

(1) die Teamaufgabe autonom zu bearbeitende Aufgabenbestandteile beinhaltet und gleichzeitig derart fachspezifisch ist, dass vielfältige, spezielle Einzelqualifikationen für deren Problemlösung erforderlich sind. Ebenso empfiehlt sich der Medieneinsatz, wenn der Nutzen des raum- und zeitlichen Expertenwissens die reduzierten Möglichkeiten des Lernens und des Kooperierens im Team kompensiert. Die Lernanforderung des Teams basiert dann weniger auf einem gemeinsamen Erlernen des erforderlichen Wissens, sondern auf dem Voneinanderlernen, um das Fachwissen des anderen sinnvoll mit dem eigenen zu verbinden und um somit Synergieeffekte zu generieren.

(2) sich für eine gemeinsame Erarbeitung der Problemlösung lokale Subteams raum- und zeitübergreifend bilden, um das dadurch generierte Spezialwissen gemeinsam raum- und zeitunabhängig auszutauschen und zu verbinden. Die dadurch erzeugten Synergieeffekte sind durch den Einsatz kommunikationsreicher Medien der Aufgabenlösung zuzuführen.

Je stärker der Einsatz von Medien das Team und das Teammanagement inhaltlich und explizit unterstützt, desto stärker müssen diese den daraus resultierenden Interdependenzen mehrwertiger Erwartung unter Medieneinsatz gezielt und transaktionskostenminimal entgegensteuern. Dort wo der Medieneinsatz Ansatzpunkte liefert durch Unterstützung, durch medienvermittelte Kommunikation oder durch Vernetzung und digitale Märkte die mehrwertige Erwartungen zu entschärfen, muss das vernetzte Prozessmodell zur langfristigen Steuerung der Entscheidung von Teams unter mehrwertiger Erwartung und unter Medieneinsatz greifen. Diese Ansatzpunkte sind anschließend als Risikostrategie (vgl. 4.2.5.3) und als Ungewissheitsstrategie (vgl. 4.2.5.4) herauszuarbeiten. Die medienspezifischen Einzelmaßnahmen der Risikostrategie erläutert Kapitel 4.3 und die der Ungewissheitsstrategie Kapitel 4.4.

#### 4.2.5.3 Risikostrategie bei Medieneinsatz

Der Teammanager entwickelt in Eigenerstellung oder zusammen mit externen Marktpartnern, unter Einsatz individuell und teamspezifisch konfigurierter Workflow- und Group Decision Support-Systemen (GDSS), die informatorische Grundlage des risikosensibilisierten Metaentscheidungsprozesses für die *Einordnung der Teamarbeit in den Wertschöpfungsprozess der Unternehmung mit Medieneinsatz*. Diese Verantwortungs- und Entscheidungsstruktur basiert zur Abstimmung der Aktivitäten auf einer Client Server-Architektur und ist durch mehrstufige Sicherheitsmaßnahmen zu schützen. Diese können über Application Service Providing (ASP) bzw. über Sicherheits- bzw.

Vertrauensintermediäre bezogen werden. Für einen expliziten Personen- und Vertrauensbezug ist die Organisations- und Personalstruktur auf die Medien auszurichten und durch ein medienbasiertes symbolisches Management sowie durch einen risikobezogenen Mediendiskurs zu stabilisieren. Das Wissensmanagement des Trichtermodells kommuniziert das für einen medienbasierten Kommunikationsprozess erforderliche Medienbewusstsein über einen Medien- und Vertrauenspromotor und standardisiert es über Medienpläne. Anhang 9 zeigt die Ableitung der Steuerungsmaßnahmen aus den zuvor identifizierten medienbedingten Risiken des Trichtermodells, die Kapitel 4.3.1 im Einzelnen erläutert.

Der Teammanager präzisiert die Verantwortungs- und Entscheidungsstruktur für die *Teambildung* über eine multikriterielle Auswahlentscheidung. Diese basiert auf einem medienspezifischen und personalisierten Qualifikationsprofil. Wie zu zeigen sein wird, trifft der Teammanager sie standardisiert und unter der Beachtung virtueller Teamkapazitäten, um Medienprofessionalität zu entwickeln (vgl. 4.3.2). Für ein unternehmungsintern und -extern ausgerichtetes Medienkonzept nutzt er eine Präsentations-, Informations-, Kommunikations- und Interaktionsplattform. Für die Pretests der Teambildung mit Medieneinsatz setzt das Wissensmanagement computersimulierte Planspiele, medienreichhaltige bzw. face to face-Experimente sowie ein personenorientiertes Teamkultur-Assessment ein. Das Feedback-System aktualisiert das organisatorische Gedächtnis über ein aktives Informationsverhalten, einen medienbasierten Qualifikationspool mit Employee-Self-Service-Funktionen (ESS) und einer teamspezifischen Qualifikationsdatenbank. Anhang 10 verdeutlicht die Steuerungsmaßnahmen der ermittelten Risiken der Teambildung mit Medieneinsatz, die Kapitel 4.3.2 jeweils ausarbeitet.

Den Handlungsrahmen der Verantwortungs- und Entscheidungsstruktur zur *Teamsteuerung* über das Management by Objective (MbO) ergänzt bei Medieneinsatz das Management by Exception (MbE). Für die Teamarbeit sind die digitalen Medien kontextangepasst einzusetzen. Workflow-Systeme bilden die Entscheidungsoptionen (Revision der Teamstruktur, Teamauflösung, Teamentwicklung) formal ab. Workgroup-Systeme und vertrauensbildende Steuerungsmaßnahmen intensivieren die Teambesprechung. Dabei verlangt die offene Teamstruktur eine bedürfnisgerechte Medien- und Teamkonfiguration und infolgedessen die Übernahme von Medienverantwortung und -kompetenz. Die Aufgabe des Wissensmanagement ist es, die Beobachtung der anfänglichen Teamarbeit auf potenzielle mehrwertige Erwartungen durch Anwesenheit an das Team zu delegieren. Das Team kann den durch Indikatoren und durch die Teambeobachtung ermittelten Weiterentwicklungsbedarf über Seminarmanagement-Systeme einsehen und eigenverantwortlich veranlassen. Ein wissensbasiertes Teamportal löst mit den Steuerungsmaßnahmen der Qualifikationsbesprechung (Blended Learning, eigenständige und kooperative Lernmethoden) partizipative Lernschleifen aus. Fehlende Motivation kann durch eine Learning oder Knowledge Community aufgebaut werden. Anhang 11 zeigt eine Übersicht über die Steuerungsmaßnahmen zu den identifizierten medienbedingten Risiken der Teamsteuerung, die Kapitel 4.3.3 im Einzelnen erläutert.

Die *Erfolgskontrolle* setzt an den erläuterten Steuerungsmaßnahmen an und überprüft über die Transaktionskosten-Regel die entwickelte Verantwortungs- und Entscheidungsstruktur. Dabei substituieren eine sorgfältige Erstauswahl bei der Teambildung und eine permanente und simultane medienbasierte Kontrolle die aus dem Fall ohne Medieneinsatz bekannte Kontrolle durch Anwesenheit. Die medienbasierte Kontrolle basiert auf einer Kontrolldatenbank und umfasst eine Referenz- und Statuskontrolle, die durch sorgfältige und regelmäßige Untersuchungen umzusetzen sind. Da die Medieninhalte einer Kontrollpflicht unterliegen, sind Kontrollrechte zu übertragen und Anreize zu setzen. Für ein professionelles Teamverhalten bei Medieneinsatz, sind neben persönlichen Referenzen face to face-Kontakte notwendig, um Vertrauen als informellen Kontrollmechanismus aufbauen zu können. Das Wissensmanagement generiert für die Verantwortungs- und Entscheidungsstruktur Vergleichsmöglichkeiten, indem es medienspezifische Messindikatoren entwickelt, Plausibilitäts- und Referenzkontrollen als Prämissenkontrolle einsetzt, medienspezifische Auswertungsmöglichkeiten nutzt und für die Genese einer fundierten Daten- und Wissensbasis nicht auf face to face-Kontakte verzichtet. Anhang 12 verdeutlicht die Ableitung der Steuerungsmaßnahmen zu den ermittelten Risiken der Erfolgskontrolle mit Medieneinsatz, die Kapitel 4.3.4 jeweils ausarbeitet.

#### 4.2.5.4 Ungewissheitsstrategie bei Medieneinsatz

Die informatorische Grundlage der Verantwortungs- und Entscheidungsstruktur der *Einordnung der Teamarbeit in den Wertschöpfungsprozess der Unternehmung mit Medieneinsatz* leitet das Teammanagement unter Einbezug externer Marktpartner sequenziell aus verknüpften ad hoc-Heuristiken ab. Dabei gewährleistet ein simplifizierter Bezugsrahmen Transparenz. Die Kokonstruktion von Wissen mit den externen Marktpartnern ermöglichen reichhaltige Medien. Ihr integrativer Einsatz verlangt von den Betroffenen multitasking-Fähigkeiten und Vertrauen.

Das Kern- und das Unterstützungsteam konkretisieren die Verantwortungs- und Entscheidungsstruktur der *Teambildung* über eine mediale Unternehmungspräsentation, über eine medienbasierte Vorauswahl und über persönliche Kontakte. Bei einer primär medienbasierten Teamauswahl müssen die Bewerber und das Teammanagement qualitative Leistungsanforderungen nicht nur kommunizieren, sondern unmittelbar in gegenseitiger Wechselwirkungen einsetzen.

Über die Verantwortungs- und Entscheidungsstruktur der *Teamsteuerung* tragen das Kern- und das Unterstützungsteam die Lern-, Kooperations- und Medienverantwortung gemeinsam. Damit diese die zu übernehmende Verantwortung erkennen, sind sie in die Anwendungsentwicklung einzubinden. Für deren Wahrnehmung sind Anreize zu setzen. Der Arbeitshintergrund muss bei Ungewissheit Eventualentscheidungen einbinden, um über virtuelle lernbasierte Entscheidungsschleifen ein professionelles Entscheidungsverhalten gewährleisten zu können.

Die an das Kern- und Unterstützungsteam delegierte Kontrollverantwortung ist bei der *Erfolgskontrolle* mit Medieneinsatz als leistungsbezogenes Selbstverständnis zu vermitteln. Der vernetzte Kontroll-Mix integriert die medialen und persönlichen Referenzkontrollen in die Fremdkontrolle, in die gegenseitige Kontrolle und in die Selbstkontrolle. Die fragmentierten Kontrollergebnisse sind zu verbinden sowie auf Plausibilität und Konsistenz zu überprüfen.

Zusätzlich zu den Steuerungsmaßnahmen des Risikos mit Medieneinsatz besteht bei Ungewissheit die Aufgabe des Wissensmanagements darin, bausteinspezifisch eine explizite Personenorientierung und face to face-Kontakte zu entwickeln.

Diese Steuerungsmaßnahmen der Ungewissheitsstrategie erläutert Kapitel 4.4.1 im Einzelnen.

## 4.3 Ausgewählte Steuerungsmaßnahmen des Teammanagements unter Risiko

### *4.3.1 Einordnung der Teamarbeit in den Wertschöpfungsprozess*

#### 4.3.1.1 Ex ante Betrachtung

##### 4.3.1.1.1 Verantwortungs- und Entscheidungsstruktur

Anknüpfend an die Risikostrategie bei Medieneinsatz (vgl. 4.2.5.3) und Anhang 9 sind die zuvor identifizierten medienbedingten (vgl. MU1, MU2, MU3, MU7, MK1, MK2, MK3, MVM2, MVM4) Risiken des Trichtermodells über die Verantwortungs- und Entscheidungsstruktur zu *reduzieren* und zu *akzeptieren*.

- Risikoreduktionsstrategie durch Schadensverhütung

Die Wahrscheinlichkeit des medienbedingten Risikoeintrittes lässt sich langfristig reduzieren, indem Teilleistungen des Trichtermodells an *externe Marktpartner* ausgelagert oder diese in die unternehmungsinterne Wertschöpfung des Teammanagements einbezogen werden. An ein Data Warehouse z. B. kann einerseits die IT-Infrastruktur, d. h. Aufgaben des Datenschutzes, der Datensicherheit oder des technischen Schnittstellenmanagements, zur externen Pflege ausgelagert werden (vgl. Lehner 2003a). Andererseits kann ein Data Warehouse die Pflege von Medieninhalten übernehmen und insbesondere über die Kontextforschung die Entscheidungsfindung des Teammanagers durch aktualisierende Update-Dienste, durch die Verwaltung großer Datenmengen sowie durch szenarienbasierte Mess- und Reportingverfahren unterstützen. Marktrestriktionen, Kundenanforderungen, Aufgaben- oder Qualifikationsdefizite können früh erkannt werden. An diese Marktveränderungen sind die konkreten Kriterien und Ziele bzw. das Anspruchsniveau der in- und externen Handhabung von Teams fortlaufend anzupassen.

Über das Trichtermodell erfolgt der Austausch sensibler personalbezogener Daten bei Medieneinsatz nicht nur unternehmungsintern sondern auch -extern, so dass *Sicherheitsmaßnahmen mehrstufig* ansetzen müssen. Unternehmungs- und herstellerneutrale Electronic Data Interchange-Verbindungen z. B. synchronisieren den Leistungsaustausch zwischen Unternehmungen. Voraussetzung dafür sind Nachrichten- oder Internetstandards wie Web-EDI, EDI/XML oder EDIFACT (vgl. Neuburger 2000, 177-186). Die Verbindung lokaler Netzwerke auf der Unternehmungsebene erfordert Sicherheitsstandards, welche Daten verschlüsseln, authentisieren, nach Paketen filtern und vor externen unautorisierten Zugriffen z. B. über eine Firewall schützen (vgl. Mehlau 2002, 209-215; Krcmar 2003, 172-175). Interne Zugriffe lassen sich durch Kontrolllisten oder durch die Vergabe von Identifikationsnummer (ID) und Benutzernamen bestimmen. Sie authentifizieren Anwender, grenzen vertrauliche Daten ab oder legen entscheidungsrelevante offen (vgl. Grzebiela 2002, 92-95; Lehner 2003b). Für die Ermittlung logischer Datenstrukturen und Informationsflussdiagramme liefert das vernetzte Prozessmodell aus Kapitel 3.2.1 mit seinen vorgestellten Instrumenten heuristischen Nutzen, um die Teammanagement- und zukünftige Teamumgebung anforderungsgerecht abzubilden und mediengerecht umzusetzen (vgl. Behrens, Yin 1993, 52). Auf der Dokumentenebene schließlich empfiehlt es sich neben logischen Verzeichnis- und Dokumentenstrukturen bei entscheidungsrelevanten Dokumenten dem Teammanager anstelle von Veränderungsrechten Editorenrechte einzurichten. Als Komponente des Betriebssystems steuern Editoren die Aufbereitung von Texten und Grafiken, indem sie verschiedene Rechte (Mitautor, Kommentator, Leser) vergeben und neu eingegebene Daten sperren oder synchronisieren (vgl. Petrovic 1993, 100; Schwarzer, Krcmar 1999, 32). Dadurch kann ein Teammitglied auf die Arbeitsergebnisse der anderen zugreifen ohne eine redundante Dateneingabe oder eine Dokumentenverfälschung zu verursachen.

Auf eine detaillierte Ausführung des informatikspezifischen Forschungsfeldes technischer Schutzmöglichkeiten soll hier verzichtet und auf die einschlägige Literatur verwiesen werden (vgl. z. B. Lehner 2001, 57-156; Federrath 2002, 805-817; Roßnagel, Banzhaf, Grimm 2003, 82-249).

Zusammen mit den externen Marktpartnern entwickelt der Teammanager die prognostische Grundlage des risikosensibilisierten Entscheidungsprozesses. Dabei bilden *Workflow-Systeme* als Vorgangsbearbeitungssysteme den Entscheidungsprozess formal ab und erinnern z. B. durch automatische Verknüpfungen an einzelne Entscheidungsaktivitäten und deren vernetzte Zusammenhänge (vgl. Schwarzer, Krcmar 1999, 153-159). Um die Flexibilität des Teammanagers nicht einzuschränken empfiehlt sich ein teilstandardisiertes Workflow-Management, dessen parallele, semistrukturierte Vorgänge durch inhaltliche Diskussionsfreiräume, durch kontrollierte Entscheidungsaktivitäten und durch ad hoc-Modifikationen die Einordnung der Teamarbeit in den Wertschöpfungsprozess koordinieren (vgl. Scholer 1998, 52-53; Nastansky, Ott 1999, 74; Schwarzer, Krcmar 1999, 155). Neben dieser formalen Entscheidungsprozessgestaltung fördern *Group Decision Support-Systeme* (GDSS) die Steuerungsmaßnahmen der systematischen und kreativen Problemspezifizierung und Strukturierung, indem sie für den Metaentscheidungsprozess Instrumente wie z. B. Entscheidungsbaumverfahren, Risikoanalysen oder Brainwriting-Methoden medienbasiert bereitstellen (vgl. Petrovic 1993, 111; Hummeltenberg 1998, 52). In Kombination können diese CSCW-Systeme die rollierende Planung der Verantwortungs- und Entscheidungskoordination automatisieren, da einerseits Workflow-Systeme nach voreingestellten Merkmalen auf Restriktionen hinweisen bzw. diese bis zu dessen Validierung durch den Teammanager visualisiert nach Relevanz- und Bearbeitungsstatus kennzeichnen (vgl. Karduck 1993, 100-104). Andererseits erlauben Group Decision Support-Systeme eine permanente und simultane Revision oder Einsatzerinnerung des Instrumentariums der Meta-

oder Teamentscheidung. Dadurch verfügt der Teammanager über aktuelle Szenarien der Teambildung, der Teamsteuerung und der Erfolgskontrolle.

Unter Einsatz des *Client Server-Prinzips* kann der Benutzer ferner von dem Arbeitsplatz-Client Information, die durch spezielle Software auf einem Server verfügbar ist, abrufen (vgl. Lehner 2001, 191). Das Client Server-Prinzip beschleunigt und erzeugt durch seine autonome Architektur Konsistenz in verteilten Datenverbunden und schafft eine einheitliche Kerninfrastruktur (vgl. Nastansky 1993a, 6; Blecker 1998, 359). Dabei ist darauf zu achten, dass die jeweiligen Medien spezifisch auf die Mikrokulturen auszurichten und unterschiedliche Fachsprachen zu einer einheitlichen Usersprache zusammenzuführen sind. Die Einbindung von externen Marktpartner verteilt das Risiko auf mehrere Beteiligte. Doch auch „(...) der ideale Partner entbindet (...) nicht, sich mit dem Internet zu befassen und eigenes IT-Know-how zumindest in Grundzügen aufzubauen (...)" (Steffens-Duch 2001, 619). Die Medien müssen spontan nach *individuellen* und *teamspezifischen* Bedürfnissen *konfigurierbar* sein, da das Team und die Teammitglieder eine flexible Unterstützung administrativer Aufgaben in unterschiedlicher Intensität benötigen (vgl. Gappmaier 1993, 122). Dies ist bei der Teamsteuerung in Kapitel 4.3.3.1 weiter zu präzisieren.

Analog zu dem Prozessmodell in Kapitel 3.2.1 können auch diese Maßnahmen nur selten derart umfassend realisiert werden, weshalb alternative Vorgehensweisen zu entwickeln sind. Unter Verwendung der Transaktionskosten-Regel eignet sich eine Fremderstellung nur dann, wenn die Leistung eine niedrige strategische Bedeutung und Spezifität aufweist (vgl. Picot 1997, 186-190). Handelt es sich dagegen um eine strategisch bedeutende und spezifische Kernkompetenz, ist sie je nach Ausprägungsgrad in Eigenerstellung oder teilweisem Fremdbezug z. B. über Application Service Providing (ASP) zu realisieren.

Bei *Application Service Providing* (ASP) stellt ein externer Provider Applikationen über eine möglichst einheitliche Schnittstelle zur Verfügung (vgl. Hentschel 2003, 197). Medieninhalte, Softwareanwendungen oder das Hosting der gesamten IT-Infrastruktur können dann bausteinartig bezogen werden (vgl. Lehner, Berger 2001, 2). So kann die externe, meist auf der Basis von Internet Protokollen (IP) beschaffte oder verarbeitete Information von Nachrichtenagenturen, -archiven, Informationskatalogen, -datenbanken oder spezialisierten Forschungsinstituten z. B. über eine Branchen- oder Wettbewerberanalyse umgesetzt werden (vgl. Steffens-Duch 2001, 616). Auch Data Warehousing lässt sich als Application Service Providing (ASP) realisieren (vgl. Lehner 2003a, 3). Vertrauensförderliche Sicherheitsdienstleistungen wie z. B. Authentifizierung, Zertifizierung, Referenz- oder Bonitätsprüfung von Partnern, Verschlüsselungstechniken (Kryptographie) oder die Überprüfung des Wahrheitsgehalts der elektronischen Unterschrift können an *Sicherheits- bzw. Vertrauensintermediäre*, wie Data Warehouse-Organisationen, Banken oder Trust Center ausgelagert werden (vgl. Picot, Neuburger 2000, 101-102). Sie gewährleisten die Funktionsfähigkeit von Sicherheits- und Vertrauensmechanismen (vgl. Ripperger, 1998, 182-186).

- Risikoreduktionsstrategie durch Reservebildung

Die technische Medieninfrastruktur stellt über Medienkanäle Zugänge zu Wissensdatenbanken bereit, über die die Situationsvariable der Teamaufgabe konkretisiert werden kann. Das Personal als zweite Situationsvariable fungiert indessen als Schnittstelle zwischen den Betroffenen und verfügt somit über notwendiges Wissen, das für den Teammanager und das zukünftige Team erfolgswirksam ist (vgl. Picot, Neuburger 2000, 92). Neben der IT-Infrastruktur ist ein expliziter *Personen- und Vertrauensbezug* herzustellen, um die Wirkung der Aufgaben-Personal-Allokation (vgl. 2.2.2.3) sicherzustellen und Vertrauen als informellen Koordinationsmechanismus zu entwickeln, der die raum- und zeitübergreifende Teamabstimmung beschleunigt (vgl. Keferstein, Lenz, Schneider 2001, 55-63).

Als Rückversicherung der Einordnung der Teamarbeit in die Wertschöpfung der Unternehmung empfiehlt sich also ein integratives Konzept des Medien- bzw. des Multimediaeinsatzes. Dieses soll die jeweiligen medienspezifischen Leistungsvorteile in einem Synergieverbund bündeln und aufgaben-, personal-, allokations- und medienbedingte Leistungsnachteile kompensieren, damit das Teammanagement und das Team anforderungsgerecht medienvermittelt kommunizieren. Um dies zu erreichen ist die *Organisations- und Personalstruktur* neben den Entscheidungsaktivitäten des Teammanagers auf die *Medien* auszurichten. Da das Team als dezentrale Organisationseinheit in einem komplexen System organisatorischer und personalwirtschaftlicher Regeln agiert, ist es in einen ganzheitlichen Medienansatz des Organisations- und Personalmanagements zu integrieren (vgl. Heinecke 1994, 82; Picot, Reichwald, Wigand 2003, 181-182). Dafür ist jedoch zu klären, wann und in welchem Ausmaß der Medieneinsatz in organisatorischen und personalwirtschaftlichen Funktionsfeldern sinnvoll ist. Bislang können jedoch

> „(...) nur einige exemplarische Tendenzaussagen über Chancen und Risiken einer Digitalisierung des Personalmanagements gemacht werden, zumal eine beglei-tende wissenschaftliche Grundlagenforschung und einheitliche Begriffsbildung auf diesem Gebiet bisher fehlen (...)" (Ingenhoff, Eppler 2001, 159).

Dieses Erkenntnisdefizit ist über eine heterogene Schnittstelle insbesondere organisatorischer, personalwirtschaftlicher und strategischer Forschungsfelder zu schließen, die zahlreiche interdependente Variablen aufweisen. Wegen des begrenzten Umfangs dieser Arbeit kann diese Forschungslücke hier nicht geschlossen werden. Eine weiterführende Ausarbeitung ist zu vernachlässigen, obgleich sie als Ansatzpunkt für weitere Forschungsbemühungen anzusehen ist (vgl. 5.2).

Das *symbolische Management*, als weitere vertrauensbasierte personelle Maßnahme, erstellt ein verbindliches Schema, auf das sich die Betroffenen der Teamarbeit beziehen können, wenn aufgrund der Raum- und Zeitunabhängigkeit Fremdbeobachtungen und -beschreibungen fehlen (vgl. Neuberger 1989, 73). Das symbolische Management stabilisiert die Einordnung der Teamarbeit in den Wertschöpfungsprozess der Unternehmung durch einen Orientierungsrahmen, indem es Zusammenhänge vereinfacht abbildet und den Hintergrund der Teamarbeit informell abgrenzt bzw. gliedert (vgl.

Neuberger 1989, 69-81; Drumm 2000a, 516-518). Zugleich erlauben Symbole wegen ihres Interpretationsspielraums individuelle, kollektive und kreative Verhaltensweisen (vgl. Neuberger 1989, 75). Durch Symbole wird unternehmungsintern und -extern ein Wir-Gefühl erzeugt. Dies steigert das Selbstwertgefühl der Beteiligten des Teammanagements ebenso wie deren Vertrauen in die Unternehmung. Bei einer falschen Auswahl der Symbole verstellen, beschönigen oder generalisieren sie die Teamarbeit und entziehen dem Teammanager die Möglichkeit einer bewussten Reflexion der Lern- und Entscheidungsprozesse für die zukünftige Teamarbeit. Dies erfordert eine eindeutige Wirkungsbeziehung zwischen Symbol und gewünschter Verhaltensweise (vgl. Drumm 2000a, 517) sowie eine fortlaufende Reaktivierung der Symbolbedeutung (vgl. Neuberger 1989, 81; Drumm 2000a, 518). Schließlich entscheidet das Vertrauen, in welcher Weise die mehrwertigen Mediensymbole zu interpretieren sind (vgl. Neuberger 1989, 76; Drumm 2000a, 516-518).

Die aufgezeigten, medienbedingten Risiken des Trichtermodells verlangen die Entwicklung und Vergabe von Mediensymbolen durch ein unabhängiges Expertengremium. Symbolisch kann z. B. der Nutzer über die Website öffentliche Rankings gegenüber der Unternehmung oder gegenüber einzelnen Teams abgeben, während Vertrauensprädikate deren bisherige Vertrauenswürdigkeit verdeutlichen (vgl. Ripperger 1998, 189-191). Referenz- oder Reputationssymbole gestalten sich z. B. über den Aufbau virtueller Teamnamen oder über Qualitätssiegel, welche den Qualitätsstandard der Teamarbeit anheben und sichern sollen (vgl. Picot, Reichwald, Wigand 2003, 126-127). Unterlegt mit einem Hyperlink kann z. B. das Qualitätssiegel angeklickt werden, um mehr über den jeweiligen Mindeststandard und die Betroffenen zu erfahren.

Im Vergleich zu der autonomen Koordination ohne Medieneinsatz (vgl. 3.2.1.1.1) ist mit Medieneinsatz ein unternehmungsinterner und -externer *risikobezogener Mediendiskurs* von den Verantwortungs- und Entscheidungsträgern anzuregen. Er empfiehlt ein Teamverhalten nach dem personenorientierten Führungsprinzip der Subsidiarität, d. h. der Hilfe zur Selbsthilfe, demzufolge jedes Teammitglied sich zunächst selbständig koordiniert, bei auftretenden Lösungsproblemen diese auf die übergeordnete Medienkoordination überträgt und erst bei weiterbestehenden Lösungsproblemen die Fremdkoordination als weitere übergeordnete Koordinationsebene einbezieht (vgl. Golembiewski 1967, 119; Wunderer, Grundwald 1980, 89; Steinle 1992, 509). Dies soll ein ungerichtetes Networking verhindern und eine kommunikative raum- und zeitbewusste Verantwortung in einer Kultur globaler Unterstützungsbereitschaft erzeugen.

Insgesamt zeigt eine öffentliche Festlegung informeller vertrauensbasierter Koordinationsmechanismen, z. B. in einer Betriebsvereinbarung, eine stärker in- und extern bindende und verpflichtende Wirkung (vgl. Heinecke 1994, 189).

- Risikoakzeptanzstrategie

Aus den vorgestellten Steuerungsmaßnahmen des Trichtermodells lassen sich verschiedene Anwendungsszenarien realisieren, deren gewissenhafte Auswahl oftmals, z. B. aufgrund von Zeitdruck, vernachlässigt wird. Zudem sind die Implementierung, die Wartung und die Fehlerbehebung der Infrastruktur oder der Softwarekomponenten kostenintensiv. Insofern stellt die Glaubwürdigkeit der Quellen und der dort gewinnbaren Information besonders dann ein offenes Problem dar, wenn die Wahrscheinlichkeit für die Gewinnung allgemeiner Information größer ist, als diejenige für die Gewinnung spezieller, entscheidungsrelevanter Information. Hinzu kommt, dass das symbolische Management, als fiktiver Unternehmungscharakter zur Manipulation inszeniert, destabilisierend wirkt, wenn dies von den Betroffenen antizipiert wird (vgl. Neuberger 1989, 76-81). Wenngleich der Medieneinsatz Vertrauen als Koordinationsmechanismus erfordert, erschwert er gleichzeitig den Aufbau desselben durch die Raum- und Zeitunabhängigkeit. Face to face-Kontakte sind unverzichtbar. Insgesamt bleiben Restrisiken des systemimmanenten Risikos, des Entscheidungs- und des Informationsrisikos, die zu akzeptieren sind und das unternehmerische Risiko erhöhen.

#### 4.3.1.1.2 Wissensmanagement: Information und Kommunikation

Infolge der Risikostrategie bei Medieneinsatz (vgl. 4.2.5.3) und Anhang 9 sind die identifizierten medienbedingten (vgl. MU4, MU5, MU6, MVM1, MVM3) Risiken des Trichtermodells von dem Wissensmanagement zu *reduzieren* und zu *akzeptieren.* Das Wissensmanagement ist hier als Beschaffung, Weitergabe und Speicherung von Wissen dem Medienmanagement zuzuordnen.

- Risikoreduktionsstrategie durch Schadensverhütung und Reservebildung

Barrieren des Nicht-Wissens zu überwinden ist die Aufgabe des Fachpromotors (vgl. 3.2.1.1.2), der, wenn es sich um medienspezifisches Fachwissen handelt, zusätzlich zum *Medienpromotor* wird. Voraussetzung ist, dass er das erforderliche Medienwissen besitzt. Seine Zuständigkeit liegt in der Kommunikation unternehmerischer Leitlinien des Medieneinsatzes. Diese beziehen sich z. B. darauf, ob die private Nutzung von Internetzugängen und E-Maildiensten befürwortet, abgelehnt oder überwacht wird. Er klärt über unternehmungsspezifische gesetzliche oder tarifvertragliche Regelungen des Medieneinsatzes sowie über das grundsätzliche Mitbestimmungsrecht des Betriebsrates bei der Planung des Medieneinsatzes auf, wenn dieser das Mitarbeiterverhalten überwachen kann (vgl. § 87 Abs. 1. Nr. 6 BetrVG; s. a. Heinecke 1994, 188-193). Diese Aufklärungspflicht des Medienpromotors beinhaltet ferner die Beachtung der Persönlichkeits- und Individualrechte des Personals. Demnach ist die Protokollierung von E-Mails und Internetzugriffen zu Zwecken der Datensicherheit z. B. vor Viren, Würmern oder Dialermissbrauch zulässig, der Einblick in die Sendungen jedoch untersagt. Der Medienpromotor kann zudem seine Aufklärungspflicht an betriebliche Datenschutzbeauftragte delegieren. Nur sie besitzen einen Zugang zu den Daten und unterliegen daher einer Geheimhaltungspflicht (vgl. §§ 4f, 4g, 5 BDSG).

Eine medienbasierte Ausgestaltung des Beziehungspromotors ist der *Vertrauenspromotor.* Seine Aufgabe besteht darin, Systemvertrauen und Vertrauen in die Teamarbeit durch Verzicht auf opportunistisches Verhalten anstelle von blindem Vertrauen explizit zu fördern und zu entwickeln (vgl. Ripperger 1998, 139; Picot, Neuburger 2000, 92). Er muss besonders auf (medienbedingte) personelle Versäumnisse hinweisen, über die Medienerfahrungen Dritter berichten und über die Chancen und die Risiken sozialer Nähe und Distanz bei Medieneinsatz aufklären. Da Vertrauen aufzubauen ist, muss der Vertrauenspromotor die Kommunikation zwischen allen Betroffenen intensivieren und face to face-Kontakte initiieren. Über seinen globalen Ansprache- und Beziehungsradius erfährt er die Vertrauenswürdigkeit einzelner Akteure: z. B. der Unternehmungsleitung in Bezug auf die Teamstrategie, des Teammanagers in Bezug auf die jeweiligen Bausteine des Teammanagements oder der Teammitglieder in Bezug auf die Teamqualifikation.

Ferner lassen sich Informations- und Kommunikationsregeln zur Strukturierung des vernetzten raum- und zeitunabhängigen Kommunikationsprozesses in einem simplifizierenden *Medienplan* umsetzen. Dieser zeigt nicht nur die spezifischen Medienkompetenzen auf und identifiziert möglichen Weiterbildungsbedarf, sondern legt z. B. Zeitpunkte und Rahmenbedingungen für eine kooperative medienbasierte Teaminteraktion über Regeln zur Handhabung und Nutzung medialer Information transparent fest (vgl. Meier, Herrmann, Hüneke 2001, 16). Diese Regeln beziehen sich z. B. auf Dateiablage, Terminierung, Abruf- bzw. Reaktionszeiten oder Verlässlichkeiten von Fristen. Er legt darüber hinaus fest, dass eine ad hoc Risikorevision mit anschließenden Mediendiskurs bei Überschreiten der Risikoschwelle, bei Veränderungen der Eintrittswahrscheinlichkeit und Schadenshöhe sowie bei der Identifikation neuer medienbedingter Risikopotenziale zwingend erfolgen muss. Der Medienplan dimensioniert ferner die zukünftige Teamarbeit z. B. über Messenger-Services, welche die Teampräsenz anzeigen und die Erreichbarkeit garantieren (vgl. Hofmann 2003, 231). Diese Steuerungsmaßnahmen erfordern offene Kommunikationskanäle und Respekt als kommunikative Verantwortung gegenüber der Privatsphäre einzelner Teammitglieder. Dabei bedeutet kommunikative Verantwortung, dass die mediale erzeugte Omnipräsenz nicht rücksichtslos auszuschöpfen ist, sondern zielgerichtet und aufgabengebündelt für eine effiziente und effektive Arbeitsweise zu nutzen ist.

- Risikoakzeptanzstrategie

Insgesamt erfolgt die Informations- und Medienselektion des Trichtermodells subjektiv, so dass eine objektive Einordnungsentscheidung kaum erreichbar ist. Dadurch entstandene Mängel in der Datenqualität und -aktualität liefern unzuverlässige Ergebnisse (vgl. Wilkesmann, Rascher 2002, 344). Liegt keine nachprüfbare Information über die Teamstrategie potenzieller Unternehmungen oder über die Teamfähigkeit potenzieller Teams vor oder kann aus der vorliegenden Information kein Rückschluss auf die Qualität der Teamarbeit geschlossen werden, liefern die vorgestellten Maßnahmen mit ihrem Instrumentarium einen ersten vertrauensvollen Einblick in die Unternehmung und seine Teamarbeit. Unklarheit über die zukünftige Handlungsabsicht der Teamstrategie bzw. des Teams können sie dennoch nicht gänzlich beseitigen, so dass ein Vertrauensrestrisiko bleibt. Bislang kann kein Medium, wie empirisch bestätigt, die für die Vertrauensbildung wichtige face to face-Kommunikation ersetzen (vgl. Grote 1993, 125). Restrisiken des systemimmanenten Risikos, des Entscheidungs- und Informationsrisikos sind zu akzeptieren. Sie erhöhen das unternehmerische Risiko.

#### 4.3.1.2 Ex post Betrachtung

Die entwickelten Steuerungsmaßnahmen der ex ante Betrachtung mit Medieneinsatz lassen sich, durchläuft man sie invers, weitgehend auf die ex post Betrachtung übertragen. Dafür sind die vorangegangenen Ausführungen auf die der ex post Betrachtung ohne Medieneinsatz (vgl. 3.2.1.2) zu übertragen. Die Darstellung dieser inhaltlichen Zusammenführung soll zugunsten der ex post medienspezifischen Steuerungsmaßnahmen vernachlässigt werden.

Medienspezifisch für die ex post Risikosteuerung und Vorbereitung auf nachfolgende Projekte ist das *Organisational Memory-System (OMS)*, welches nicht nur quantitative, sondern auch qualitative Fakten der Teamarbeit technologisch erschließen soll (vgl. Lehner 2000, 323). Als Mischung aus den verschiedenen bereits vorgestellten Medieninstrumentarium, wie z. B. CSCW-Systemen, Data Warehousing, Intranet, Dokumentenmanagement stellt das Organisational Memory-System (OMS) ein heterogenes Anwendungssystem dar. Dies soll einen Verlust von Wissen verhindern, wenn die Betroffenen der Teamarbeit wechseln bzw. das Teams sich auflöst (vgl. Lehner 2000, 331). Auf teamübergreifende Unternehmungsabläufe richten sich auch zunehmend Workflow Management-Systeme aus (vgl. Nastansky, Ott 1999, 74). Für ihre jeweilige oder gemeinsame Umsetzung bzw. Integration sind entsprechende Schnittstellen zwischen den Systemen und den kommunizierenden Teamakteuren zu schaffen. Ebenfalls empfiehlt sich durch eine gezielte (Re-) Personalisierung des gespeicherten, organisatorischen Gedächtnisses den Bezug zum expliziten und impliziten Wissen beizubehalten bzw. wieder herzustellen (vgl. Lehner 2000, 447-448).

#### 4.3.1.3 Schlussfolgerungen zur Einordnung der Teamarbeit in den Wertschöpfungsprozess

Als Schlussfolgerung zu der Einordnung der Teamarbeit in den Wertschöpfungsprozess der Unternehmung ist festzuhalten, dass die Unternehmungs-, Vertrags-, und Teammanagementebene eine *Intensivierung der Teamarbeit* verlangen. Denn die Digitalisierung erweitert oder substituiert die traditionelle physische Wertschöpfungskette der Teamarbeit um digitale Stufen (s. a. Rayport, Sviokla 1995, 75-87). Die Teamarbeit verlagert sich zunehmend auf interorganisationale Beziehungen. Dies erfordert einen *simplifizierten Arbeitshintergrund*, wenn die entscheidungsrelevante Information aus der Vielzahl der vorliegenden Information nur schwer oder gar nicht identifiziert werden kann. Überdies ist eine *ausgleichende Personenorientierung* zu schaffen, wenn die Leistungsvorteile der Medien die Aufgaben-Struktur dominieren und dadurch deren Allokation im Vergleich zu dem Teammanagement ohne Medieneinsatz verschieben.

### *4.3.2 Teambildung*

#### 4.3.2.1 Verantwortungs- und Entscheidungsstruktur

Die eben herausgearbeiteten Steuerungsmaßnahmen schwächen die hier durch die Verantwortungs- und Entscheidungsstruktur verursachten Risiken ab, welche bei der Teambildung weitgehend als Folgerisiken auftreten können. Um sie zusammen mit den identifizierten medienbedingten (vgl. MVM5, MK4) und bekannten allokationsbedingten (vgl. APA6, APA7, APA8) Risiken gezielt *reduzieren* und *akzeptieren* zu können, sind sie, die Risikostrategie bei Medieneinsatz und Anhang 10 weiter- bzw. ausführend (vgl. 4.2.5.3) nun für die Teambildung zu konkretisieren.

- Risikoreduktionsstrategie durch Schadensverhütung und durch Reservebildung

Die identifizierten medienbedingten Risikoursachen erfordern ein *medienspezifisches Qualifikationsprofil*, d. h. Fach-, Methodenkenntnis-, Fähigkeits- und Motivationsprofil. Über diese Anforderungen sind Synergien für die multipersonelle Problemlösung zu ermitteln, um die erforderliche Teamqualifikation bestimmen zu können. Als medienspezifische Personalkategorien sind sie den Auswertungsmöglichkeiten z. B. des Data Warehouse sowie dem teamspezifischen Workflow bei dem Prozess der Teambildung zugrundezulegen (vgl. weiterführend 4.3.4.2).

Das medienspezifische Qualifikationsprofil umfasst neben den bekannten *Fachkriterien* (vgl. 3.2.2.1) EDV-Kenntnisse in Hard- und Software. Medienbezogene *Methodenkenntnisse* beziehen sich darauf, den Medieneinsatz langfristig an die Leistungsvorteile auszurichten. Dafür ist die medienvermittelte Kommunikation nach dem Grad der Aufgaben- und Kommunikationskomplexität zu strukturieren, um darauf aufbauend das geeignete Kommunikationsmedium auszuwählen (vgl. 4.1). Das Wissen sich über Medien präsentieren zu können geht in die aggregierte *Fähigkeit* der Medienkompetenz ein (vgl. dazu 4.3.3.1 ). *Motivationale* Deskriptoren beziehen sich schließlich auf die technische Lernbereitschaft oder das Bedürfnis potenzieller Teammitglieder nach Zeitsouveränität (vgl. Welsch 1997, 122).

Überdies ist bereits bekannt, dass für die mehrstufige multikriterielle Auswahlentscheidung die erforderliche Teamqualifikation geschlossen vorhanden sein muss (vgl. 3.2.2.1). Das Fehlen einer Komponente erzeugt eine mehrwertige Erwartung. Teammitglieder, die für eine raum- und zeitverteilte Teamarbeit motiviert sind und Medienkenntnisse besitzen, sind nicht zwangsläufig fähig im Team medienbasiert zu lernen und zu kooperieren. Dadurch, dass der Medieneinsatz durch seine Filterwirkung aufgabenorientiert ist, vernachlässigt er durch die entstandene räumliche und zeitliche Distanz die personelle Einflussgröße der Teamarbeit. Der *Medieneinsatz* ist zu *personalisieren* und das Anforderungsprofil erneut zu spezifizieren. Es sind Auswahlkriterien, wie z. B. Lernfähigkeit, Toleranz, mikro- oder soziokulturelle Handlungsflexibilität, Respekt oder Relativierung der eigenen Sichtweise nachzufragen, um individuelle sowie kooperative Entwicklungspotenziale feststellen zu können (vgl. Dorner 2001, 17).

Für eine medienbasierte Teambildung sind die Auswahlkriterien zu digitalisieren. Die während des Teambildungsprozesses generierte Information ist zu speichern. Oftmals liegt sie jedoch in unterschiedlichen Formaten vor, so dass eine Verwendung und Verknüpfung mit einem einheitlichen System kaum möglich ist. Daraus resultiert die Notwendigkeit von *Standards*, die erneut über externe Marktpartner (Data Warehousing, Recruiting-Softwareanbieter) zu beziehen oder alternativ in Eigenerstellung zu entwickeln sind (vgl. Bullinger, Hofmann 2002, 179). Standards bezeichnen eine Steuerung mit Hilfe genereller Regelungen (vgl. Laux, Liermann 2003, 163). Sie reduzieren allerdings die Individualität und die Persönlichkeit des Bewerbers. Über die Transaktionskosten-Regel ist abzuwägen, ob die persönliche Präsenz eines potenziellen Teammitgliedes gegenüber einer standardisierten Bewerbung medienvermittelter Kommunikation zu bevorzugen ist.

Für die Entscheidung über die zukünftige Teamgröße muss der Teammanager *virtuelle Teamkapazitäten* berücksichtigen. Er antizipiert dabei, dass das Team sich umso weniger verantwortlich fühlt, je geringer die Teamidentität ist. Diese sinkt, je größer die Autonomie und die Anzahl der raum- und zeitverteilten Teammitglieder ist. Sie verstehen dann das virtuelle Team als abstrakte Organisationseinheit und weniger als eine wechselseitig kooperierende zwischenmenschliche Zusammenarbeit, die auf jeden einzelnen Wissensbeitrag angewiesen ist. Gleichzeit kann der Teammanager erwarten, dass der Medieneinsatz durch die Möglichkeit eines parallelen Arbeitens bei computerunterstützten Sitzungen nicht nur eine Zeitverkürzung, sondern auch ein größeres Team zulässt. Denn alle Teammitglieder können gleichzeitig und spontan ihren Beitrag medienbasiert liefern, so dass die Beteiligung durch eine erhöhte Partizipation und demokratische Entscheidungsfindung gleichmäßiger wird (vgl. Schwarzer, Krcmar 1999, 143). Zu betonen ist, dass der Teammanager die Teamgröße zwingend in Bezug zu der Medienprofessionalität des Teams festlegen muss, um ein geeignetes Verhältnis zwischen Teamgröße und Funktionsfähigkeit zu ermitteln (vgl. 3.2.4.1).

Das Ziel dieser Steuerungsmaßnahmen ist die Fremdoptimierung eines professionellen Teamverhaltens mit Medieneinsatz. Die *Medienprofessionalität* ist das Ergebnis eines systematisierten Wissens über den effektiven und effizienten Medieneinsatz als heuristische Vernetzung einzelner Medien und dem Erkennen ihrer Auswirkungen auf den sozialen Teamkontext.

Ferner koordiniert die Corporate Website die externe Arbeitsmarktforschung und die interne Teamarbeitforschung. Dafür ist sie jedoch nicht nur als Präsentations-, Informations- und Kommunikationsplattform (vgl. weiterführend 4.3.2.2), sondern als *Interaktionsplattform* einzusetzen. Für eine medienbasierte Abstimmung genutzt, steuert sie den Prozess der internen Teamforschung, indem eine prozessvereinfachende technische Schnittstelle zu der Personalstammdatenbank oder dem Personalinformationssystem geschaffen wird. Diese Verbindung von der Corporate Website zu den elektronischen Datenbanken liefert digitalisierte Bewerberdaten über Diskussionsforen, Chats, Jobbörsen oder virtuelle Karrieremessen. In einem daran anschließenden automatisierten Prozess können sie untersucht, verglichen und ausgewertet werden (vgl. Ackermann, Eisele, Festerling 2002, 119).

- Risikoakzeptanzstrategie

Medienspezifische Personalkategorien, Standards und Medienplattformen erfüllen die Anforderungen zur Teambildung nur punktuell. Zwar digitalisieren sie den Prozess der Teambildung, aber die erforderliche Teamqualifikation können sie nicht vollständig nachfragen oder akquirieren. Die Kriterien- und Personenauswahl bleibt subjektiv. Zudem kann Medienprofessionalität nicht gewährleistet werden, da sie sich erst in der jeweiligen Teamkonstellation und während der langfristigen Teamarbeit konkretisiert. Ingesamt verbleiben Restrisiken der Nachfrage, der Akquisition und der Auswahl, die zu akzeptieren sind und das unternehmerische Risiko weiter erhöhen.

#### 4.3.2.2 Wissensmanagement: Information und Kommunikation

An die Risikostrategie bei Medieneinsatz (vgl. 4.2.5.3) und Anhang 10 anknüpfend sind neben den bereits bekannten personalbedingten (vgl. P6, P7) die identifizierten medienbedingten (vgl. MU8, MU9, MU10, MVM6, MVM7) Risiken der Teambildung von dem Wissensmanagement zu *reduzieren* und zu *akzeptieren*.

- Risikoreduktionsstrategie durch Schadensverhütung

Als *Präsentationsplattform* kann die Corporate Website den unternehmungsspezifischen Prozess der Teamarbeit und der Teambildung durch ein einheitliches Unternehmungsbild klar positionieren. Um die gewünschten Teammitglieder zielgerichtet anzusprechen und ihr Akquisitionspotenzial zu erhöhen, kann sie heterogene Instrumente nutzen. Das Auffinden der Teamseite erleichtert z. B. ein einprägsamer Unique Recource Locator (URL). Dieser ist wiederum in Suchmaschinen und Verzeichnissen einzutragen oder über alternative Medien, wie z. B. Radio, Fernsehen oder Produktverpackungen zu kommunizieren, um Aufmerksamkeit zu erzeugen. Einen schnellen Überblick über die Corporate Website selbst, liefert neben der Sitemap eine logische Menüführung und Gesamtstruktur des Medienauftrittes (vgl. Steffens-Duch 2001, 615-618). Teamspezifisch nachgefragte Information lässt sich schnell über website-spezifische Suchfunktionen erschließen.

Als *Informations- oder Kommunikationsplattform* genutzt können über die Corporate Website elektronische Fragebogenaktionen durchgeführt werden, welche die externe oder interne Arbeitsmarktforschung unterstützen. Dem externen Arbeitsmarkt kann sie Information über die Teamnachfrage und die Teamakquisition z. B. in Form von aktuellen Stellenangeboten oder -nachfragen anbieten. Zur Interaktionsplattform (vgl. 4.3.2.1) entwickelt sie sich wiederum dann, wenn Stellenangebote nicht nur zentral, sondern auch dezentral von den direkten Verantwortlichen mit spezifischen Zugriffsberechtigungen in das Intranet oder Internet eingestellt werden. Schließlich initiiert eine Kommunikationsplattform persönliche Kontakte, wie z. B. über call back-buttons (vgl. Steffens-Duch 2001, 619).

Die Pretests sind bereits aus der Teambildung ohne Medieneinsatz bekannt (vgl. 3.2.2). Dabei steigern *computersimulierte Planspiele* die Komplexität der risikoträchtigen Entscheidungssituationen, da sie über verschiedene parallele Wahrnehmungskanäle vernetzte Gesamtszenarien nachstellen und so die komplexe Problemlösungsfähigkeit beurteilen können (vgl. Dorner 2001, 12). Kritisch ist anzumerken, dass der Lerneffekt durch computerbasierte Planspiele begrenzt wird, wenn sich die Mitarbeiter zu sehr auf das Programm verlassen und eine kritische Selbstreflexion ihres eigenen Handelns und Denkens nicht zulassen. Ebenso hängt die erwartete Wirkung des computerbasierten Planspiels von der Struktur und der Stochastik des Spiels selbst ab.

Dagegen basiert der Erfolg von *Experimenten* auf der Beobachtung und Steuerung durch *Anwesenheit*, da sie für personelle Risiken sensibilisieren wollen. Dies gilt auch für das vorbereitende Feedback. Denn es verlangt für ein kritisches konstruktives Reflektieren reichhaltige Medien, die ein spontanes synchrones Nachfragen bei einer intensiven Kommunikation in einer vertrauensvollen Umgebung zulassen. Zusätzlich protokollieren Feedback-Systeme das Gespräch für die Bewertung der weiteren Teamarbeit und für die ex post Dokumentation (vgl. Lehner 2000, 331).

Für Pretests empfiehlt sich daher nur ein einseitiger Medieneinsatz, der dem Team über die computerbasierten Planspiele den dimensionierten Medienplan vermittelt. Personelle Verhaltensweisen und die Teamdynamik sind wiederum durch face to face- oder medienreichhaltige Experimente zu verdeutlichen. Eine reine computerbasierte Vermittlung muss scheitern, da der Pretest medienbasiert nicht ausreichend über einen Dritten beobachtet und nicht personen- oder teamdynamisch ausgewertet werden kann. Die Transaktionskosten-Regel entscheidet schließlich, wann die Präsenz eines potenziellen Teammitglieds gegenüber einer Bewerbung medienvermittelter Kommunikation zu bevorzugen ist.

Computerunterstützte (aufgaben- oder personenorientierte) Assessment-Center können Planspiele, Computer Aided Testing, Postkorb-Übungen oder andere Management-Simulationen über Medien nachahmen (vgl. Dorner 2001, 12-18). Ein rein medienbasiertes Assessment-Center ist jedoch ebenfalls als wenig erfolgsversprechend zu bewerten, da es die individuellen und kooperativen Fähigkeiten und Motive als Teil der Teamqualifikation nicht umfassend ermitteln kann. Insbesondere die Eignung der personenspezifischen Auswahlkriterien (vgl. 4.3.2.1) ist in einem *personenorientierten Teamkultur-Assessment* face to face festzustellen.

- Risikoreduktionsstrategie durch Reservebildung

Die räumliche und zeitliche Distanz erzeugt eine soziale Distanz die durch ein *aktives Informationsverhalten* abzubauen ist. Dies gestaltet sich z. B. dadurch, dass Bewerber per E-Mail Information über aktuelle Bewerber-, Aufgaben- oder Teamprofile erhalten. Dabei lässt sich eine Informationsüberflutung durch einen entsprechenden Hyperlink zu dem Stellenprofil und zu dem Ansprechpartner vermeiden (vgl. Ingenhoff, Eppler 2001, 163). Ferner können regelmäßige Kontakte zu potenziellen Bewerbern oder unternehmungsinternen Reserveteammitgliedern (vgl. 3.2.2.2) über eine elektronische Bewerberbörse aufrechterhalten werden. Sie laden die Betroffenen aktiv z. B. zu Präsenzveranstaltungen, Online-Chats, Diskussionsforen oder virtuellen Simulationsworkshops ein.

Die unternehmungsinterne Bewerberauswahl fördert ein aktives Informationsverhalten, indem dem Personal Zugriff auf exklusive Information oder Datenbanken erteilt wird oder in regelmäßigen Abständen auf die Aktualisierung von Qualifikationsprofilen hingewiesen wird. Auch die Bestätigung von gesetzlichen, datenschutzrelevanten Bestimmungen für die Speicherung und die Verarbeitung personengebundener Daten lässt sich automatisiert einholen (vgl. Kienbaum, Zimmer 2003, 21). Dabei können die

Qualifikationsprofile z. B. in einem *medienbasierten Qualifikationspool mit Employee-Self-Services-Funktionen (ESS)* verwaltet werden (vgl. weiterführend 4.3.3.1). Durch diese dezentrale Organisation kann das Personal seine zukünftige teamspezifische Karriereentwicklung selbständig auswählen, pflegen und steuern. Erteilt der Einzelne seine Erlaubnis, können seine Qualifikationsprofile unternehmungsweit abgerufen werden.

Der Qualifikationspool basiert auf einer *teamspezifischen Qualifikationsdatenbank*, welche die Einzelqualifikationen eines potenziellen Teams in einer Datenbank zur Analyse und Auswertung abbildet. Aus der Ermittlung von Synergieeffekten für die Teamarbeit leitet sich die Teamqualifikation in ihrer Gesamtheit ab (vgl. Mülder 1998, 572-573). Die Pflege und Entwicklung der Qualifikationsdatenbank kann erneut an ein Data Warehouse übertragen werden, indem es Daten über das Online Analytical Processing (OLAP) bzw. des Data Mining mehrdimensional auswertet. Die präzisiert die Erfolgskontrolle in Kapitel 4.3.4.2.

- Risikoakzeptanzstrategie

Die Corporate Website, Computersimulationen, Feedbacksysteme, teamspezifische Qualifikationsdatenbanken oder -pools können ein aktives Bewerberverhalten anregen oder eine persönliche Kontaktaufnahme initiieren. Face to face-Kommunikation oder Eigeninitiative, die notwendig sind um die erforderliche Teamnachfrage und -akquisition ermitteln und verifizieren zu können, ersetzen sie nicht. Insgesamt bleiben Risiken der Nachfrage, der Akquisition und der Auswahl, die zu akzeptieren sind und das unternehmerische Risiko erhöhen.

#### 4.3.2.3 Schlussfolgerungen zur Teambildung

Die Steuerungsmaßnahmen der Teambildung mit Medieneinsatz unter Risiko verdeutlichen, dass soziale Kontakte durch eine *zusätzliche Personenorientierung* des Medieneinsatzes dann zu fördern sind, wenn zunehmend Explizites in den Vordergrund rückt (s. a. Möslein 1999b, 249). Die potenziellen Teammitglieder müssen über *zusätzliche Qualifikationsanforderungen*, wie z. B. Medienprofessionalität, medienvermittelter Personenorientierung oder Eigeninitiative verfügen, wenn digitale Medien die zeitliche Flexibilität erhöhen. Der *Teambildungsprozess* ist *dreistufig vernetzt* zu gestalten, wenn die aufgaben-, personal-, allokations- und medienbedingte Leistungsvorteile generiert werden sollen. Dieser besteht aus einer medial unterstützten Unternehmungspräsentation über z. B. die Corporate Website, aus einer medienbasierten Vorauswahl der Kandidaten und persönlichen Kontakten im Rahmen der Endauswahl.

### *4.3.3 Teamsteuerung*

#### 4.3.3.1 Verantwortungs- und Entscheidungsstruktur

Anknüpfend an die Risikostrategie bei Medieneinsatz (vgl. 4.2.5.3) und Anhang 11 sind die identifizierten medienbedingten (vgl. MU11, MU13, MU14, MK6, MK7a, MK7c, MK7d, MVM9, MVM11) Risiken der Teamsteuerung von der Verantwortungs- und Entscheidungsstruktur zu *reduzieren* und zu *akzeptieren*.

- Risikoreduktionsstrategie durch Schadensverhütung

Der Medieneinsatz unterstützt eine objektive Ableitung von Kriterien und Zielen bzw. des Anspruchsniveaus aus der top down-Planung des Trichtermodells für das Management by Objective. Als permanentes Managementprinzip greift es jedoch nicht, da der Gesamtzusammenhang der raum- und zeitverteilten Teamarbeit nicht durchgängig wahrgenommen werden kann. Das Management by Objective ist um ein *Management bei Exception* (MbE) zu ergänzen, dem das bereits bekannte personenorientierte Führungsprinzip der Subsidiarität zugrundeliegt (vgl. 4.3.1.1.1). Demnach greift der Teammanager nur dann ein, wenn das Team nicht mehr in der Lage ist, die Probleme alleine zielorientiert und selbständig zu bewältigen. Dieses Eingreifen in Ausnahmefällen entlastet den Teammanager und sichert, dem bottom up-Prinzip folgend, den Bezug zu den Unternehmungs- und Teamzielen. Das Team entscheidet und handelt eigenverantwortlich (vgl. Raab-Stahl 1998, 74-76).

Ein erstes konkretes Urteil über das Lernen und Kooperieren kann der Teammanager sich dadurch jedoch noch nicht bilden (vgl. 3.2.3.1), da er das Team nicht unmittelbar hinsichtlich potenzieller Risiken beobachten kann. Dennoch kann er über *Workflow-Systeme* die Optionen der Verantwortungs- und Entscheidungskoordination (Revision der Teamstruktur, Teamauflösung, Teamentwicklung) abbilden. Teambeurteilungen kann er medienbasiert objektiviert vergleichen und über die Transaktionskosten-Regel bewerten. Ebenso strukturieren Workflow-Systeme den formalen Ablauf der partizipativen und lernbasierten Entscheidungsschleifen und erinnern über Agenten in regelmäßigen Zeitabständen automatisch an deren Durchlauf (vgl. weiterführend 4.3.4.1). Um die Flexibilität der Teamarbeit gewährleisten zu können, darf jedoch keine inhaltliche Standardisierung erfolgen. Über die vorgegebenen Grenzwerte des Managements by Objective berücksichtigen Workflow-Systeme ferner die Risikointensität. Sie melden deren Überschreitung visualisiert und lösen dadurch lernbasierte Entscheidungsschleifen aus. Ingesamt ist zu konstatieren, dass der Teammanager die Verhaltensweisen des Teams, zur gemeinsamen Konstruktion von Wissen für ein erstes Urteil über die Qualität der Teamarbeit, auch über Workflow-Systeme nicht ganzheitlich abschätzen kann.

Ersatzweise kann er über den Indikator eines *kontextangepassten Medieneinsatzes* individuelle und kooperative Verhaltensweisen aus dem subjektiv gewählten Medieneinsatz im Verhältnis zu der Komplexität der Kommunikationsbeziehung ableiten und dadurch auf die Qualität der Teamarbeit schließen (vgl. Nastansky 2003, 85; s. a. weiterführend 4.3.4.1). Denn ein kontextangepasster Medieneinsatz erfordert ein multimediales und funktionsangepasstes Bündel aus Kommunikation und Zusammenarbeit, welches für jede Entscheidungsaktivität von jedem Teammitglied aufs Neue verantwortungsvoll auszuwählen ist.

Ein Funktionsbündel ist z. B. die Integration eines virtuellen Büros in die Vorgangs- und Entscheidungsprozesskette. Chats erlauben dabei, durch das Lesen des vorherigen Diskussionsverlaufs die Erfassung des Arbeitskontextes (vgl. Möslein 1999b, 29-254). E-Mails eignen sich für Kurzabstimmungen. „Die Erarbeitung einer gemeinsamen kontextuellen Verständnisbasis der Zusammenhänge anhand einer Visualisierung erhöht die Qualität (...)" (Schlunegger 1993, 92) einer Teamarbeit unter Echtzeitbedingungen (s. a. Möslein 1999b, 72-86).

Für eine qualitative Kokonstruktion von Wissen ist, besonders für die Teambesprechung, entscheidungsrelevante Information gezielt vorzubereiten und zu filtern. Denn „Zentraler Gegenstand der Steuerung des Arbeitsprozesses ist die Verwaltung des Informationsflusses (...)" (Hilpert 1993, 130). Eine elektronische Mappe mit projektspezifischen Daten lässt sich dafür bedarfsweise öffnen und bearbeiten bzw. liefert neben dem Gesamtverlauf der Teamaufgabe den aktuellen Zustand der Teamarbeit (vgl. Nastansky 2003, 87). *Workgroup Systeme* unterstützen die Teambesprechung, indem sie unstrukturierte Information z. B. über intelligente Agenten verarbeiten (vgl. Petrovic 1993, 122; s. a. weiterführend 4.3.4.1). Über die teamspezifische Homepage eingesetzt, bilden sie, zusammen mit den vorangegangenen Maßnahmen, eine webbasierte, offene Groupware-Plattform mit integrierten Workflow- und Workgroup-Systemen (vgl. Nastansky 2003, 93).

Eine Veränderung der Teamstruktur, besonders deren Revision, verlangt grundsätzlich eine *bedürfnisgerechte Medienkonfiguration*. Bei einer offenen Teamstruktur müssen neue Teammitglieder schnell in den Ablauf der Teamarbeit integriert werden können. Teamrelevante Datenverbunde oder Informationsdienste sind mit individuellen Zugriffsrechten bereitzustellen. Die Benutzeroberfläche ist individuell durch Decentralised Coöperative Software Development (DCSD), d. h. eine teambegleitende Entwicklung der Teamsoftware durch raum- und zeitunabhängige Teams mit Software-Ingenieuren, zu gestalten (vgl. Schlunegger 1993, 82-95; Hofmann, Lehner 2000, 6-16). Um geringfügige Verständigungsschwierigkeiten z. B. aufgrund verschiedener Fachsprachen abzubauen, eignen sich Answer Garden-Systeme. Sie liefern Antworten auf häufige Fragen (Frequently Asked Questions) und Problemstellungen. Überdies können sie einen persönlichen Kontakt zu dem entsprechenden Experten herstellen, wodurch Answer Garden-Systeme die Verhaltensweisen des Teams koordinieren und verteiltes Wissen zusammenführen (vgl. Ackerman, Malone 1990, 31-39). Für eine intensive Kommunikation und für die Entwicklung von Akzeptanz und Verständnis gegenüber verschiedenen Mikrokulturen und -sprachen sind sie jedoch ungeeignet. „Eine solche Basis gemeinsamer Kontexte und Begriffe zu erarbeiten gelingt am Besten durch face to face-Kontakte (...)" (Schlunegger 1993, 86).

Eine *bedürfnisgerechte Teamkonfiguration* ermöglicht Employee-Self-Services-Funktionen (ESS), über die das Team seine individuellen, kooperativen und medialen Bedürfnisse formulieren kann. Aus dem medial unterlegten Cafeteria-System wählt er sein individuelles Anreizmuster aus oder ruft dokumentierte Verantwortlichkeiten ab. Dabei erfordert die dynamische Gestaltung des doppelten Anreizsystems (vgl. 3.2.3.1) eine fortlaufende Aktualisierung des Bedürfnis- und Anreizmusters, die bei Medieneinsatz in der Selbstverantwortung des Teams bzw. jedes einzelnen Teammitglieds liegt (vgl. Wilkesmann, Rascher 2002, 344).

Die bisherigen Ausführungen zur Teamsteuerung verdeutlichen, dass eine Team- und Selbstkoordination ohne Medienkoordination scheitern muss, da der Medieneinsatz die wahre Koordinationsabsicht nicht zwangsläufig authentisch abbildet. Ebenso lösen die bisher erläuterten Maßnahmen der Teamsteuerung weder einzeln noch in Kombination die Erfordernis und Praktizierung einer durchgängigen Kokonstruktion von Wissen. Denn nicht nur ein medienbasiertes Feedback verlangt nach face to face-Kontakten (vgl. 4.3.2.2), sondern auch die Ermittlung individueller, kooperativer und medienbezogener Bedürfnisse zur Ableitung verbindlicher und wirksamer Anreizmuster. Ebenso erhöht die gegenseitige Abstimmung der Entscheidungsaktivitäten im Team den Koordinationsbedarf.

Diese, durch den Medieneinsatz reduzierten, sozialen Kontakte von und zwischen Teams (vgl. 4.2.5.1) lassen sich nur durch zusätzliche *vertrauensbildende Steuerungsmaßnahmen* erhöhen. Sie konkretisieren als Koordinationsmechanismen das Urteil des Teammanagers über die Teamarbeit mit Medieneinsatz. Bevor das Team raum- und zeitunabhängig institutionalisiert wird, muss es sich persönlich kennen lernen. Nur dann kann sich eine Vertrauensbasis für die Teamarbeit entwickeln. Lässt sich kein face to face-Experiment im Rahmen der Teambildung realisieren, unterstützen langfristige Beziehungsnetzwerke den Aufbau von Vertrauen, woraus sich über digitale Medien langfristig eine Community entwickeln kann (vgl. weiterführend 4.3.3.2). Eine stärker extern gerichtete Identifikationsmaßnahme ist die teampersonalisierte Website, die das Team mit Fotos, Kontaktmöglichkeiten, Aufgaben- bzw. Entscheidungsbereichen, Verantwortlichkeiten oder Kurzprofilen vorstellt (vgl. Ingenhoff, Eppler 2001, 163). Sie vermittelt einen ersten vertrauensbasierten Eindruck über das Team in seiner personellen Gesamtheit und hilft zukünftigen Teammitgliedern oder Partnern Vertrauen gegenüber dem Team aufzubauen. Transparenzfördernde Medien erfordern zwar einen hohen Vertrauensvorschuss, fördern während der Teamarbeit aber eine vertrauensvolle Kooperation (vgl. Weigle, Krcmar 2000, 26).

Hinzu kommt, dass das Team *Medienverantwortung* übernehmen muss, um darauf aufbauend seiner Selbst- und gleichzeitigen Teamverantwortung nachkommen zu können (vgl. 3.2.3.1). Übernimmt das Team Medienverantwortung, erkennt es den Komplexitätsgrad der Kommunikationsaufgabe, d. h. es untersucht die Kommunikationsbeziehung auf Genauigkeit, Schnelligkeit, Vertraulichkeit und Strukturiertheit, um darauf aufbauend das geeignete Medium auszuwählen. Zur Wahrnehmung der Medienverantwortung sind dem Team Anreize zu setzen (vgl. 3.2.3.1). *Medienkompetenz* bedeutet infolgedessen nicht nur eine grundsätzliche technische Lernfähigkeit sowie einen zielorientierten und koordinierten Umgang mit Medien (vgl. Meier, Herrmann, Hüneke 2001, 13-15), sondern stellt auch Anforderungen an die mediale Kommunikationsfähigkeit und -bereitschaft für eine zielgerichtete Kontextualisierung und Personalisierung. Das bedeutet, sich auf das Wesentliche konzentrieren zu können, präzise formulieren zu können, seine Präsentations- und Moderationsfähigkeit über rhetorische Fähigkeiten erweitern zu können und dabei die Verschiedenartigkeit der einzelnen Kontexte, Teammitglieder und Mikrokulturen zu berücksichtigen. Das Strukturierungs- und Transferpotenzial für das individuelle und kooperative Fachwissen hängt von den jeweiligen Experten und dessen Fähigkeit ab, Wissen umzusetzen und medial zu erstellen (vgl. Heinecke 1994, 71; Hofmann 2003, 231).

- Risikoreduktionsstrategie durch Reservebildung

Für die spontane Bewältigung der Informationsvielfalt eignet sich ein *wissensbasiertes Teamportal*, wenn es als Wissensmarktplatz konstruiert wird, auf dem Vereinfachungs- und Ordnungswissen getauscht wird, um die Teamaufgabe einfach und sicher zu lösen (vgl. Stein 2003, 184). Das Teamportal generiert dadurch einen Wissensvorsprung, den das Wissensmanagement in Kapitel 4.3.3.2 präzisiert. Dabei fordert der Datenschutz und die Datensicherheit eine Portallösung die nur den Betroffenen, wie z. B. Team, Teammanager, Teampromotoren oder externen Fachexperten zugänglich ist (vgl. Ising 2001, 32). Dennoch ist zu verhindern, dass die Zahl der Teilnehmer zurückgeht, d. h. dass die Teilnehmer, die den Prozess der Ausbreitung des Netzwerkes zu einem Team-Portal formieren, sich passiv verhalten (s. a. Zerdick et al. 2001, 214-216; Ackermann, Eisele, Festerling 2002, 122). Das Teamportal verlangt eine kritische Masse an aktiven Netzwerkteilnehmern (vgl. Wilkesmann, Rascher 2002, 347). Dafür fordert die empirische Studie von ACKERMANN, EISELE und FESTERLING ein qualitativ hochwertiges und aktuelles Informationsangebot sowie eine regelmäßige Informationsnachfrage zwischen den Beteiligten (vgl. 2002, 122).

- Risikoakzeptanzstrategie

Die Steuerungsmaßnahmen des Medieneinsatzes reichen weder einzeln noch in Kombination aus, die erforderlichen Rahmenbedingungen zur gemeinsamen Wissenskonstruktion zu schaffen. War ohne Medieneinsatz die Konzentration auf das Wesentliche durch administrative Aufgaben unterbrochen, so unterbrechen diese bei Medieneinsatz die zusätzlich erforderlichen vertrauensbildenden Steuerungsmaßnahmen und face to face-Kontakte. Es verbleiben Restrisiken mangelhaften Lernbewusstseins, zeitlicher Verzögerungen, fehlender Kenntnisse des Gesamtzusammenhangs, nicht verteilbarer Aufgaben sowie hoher Qualifikationsanforderungen. Sie sind zu akzeptieren und erhöhen das unternehmerische Risiko.

#### 4.3.3.2 Wissensmanagement: Information und Kommunikation

Infolge der Risikostrategie bei Medieneinsatz (vgl. 4.2.5.3) und Anhang 11 sind die medienbedingten (vgl. MU12, MK5, MVM8, MK7b, MVM10) Revisionsrisiken von dem Wissensmanagement zu *reduzieren* und zu *akzeptieren*.

- Risikoreduktionsstrategie durch Schadensverhütung

Die Überprüfung der ersten Aktivitäten der Teamarbeit auf potenzielle Risiken durch eine unmittelbare Beobachtung entfällt bei Medieneinsatz meist vollkommen. Folglich lassen sich Risiken kaum frühzeitig lokalisieren und Wissensdiskrepanzen schwer feststellen, so dass die *Beobachtung* an das Team bzw. an das einzelne Teammitglied zu *delegieren* ist. Dadurch bleiben jedoch opportunistische Verhaltensweisen unerkannt (vgl. weiterführend 4.3.4.1). Dies reproduziert sich im Feedback der ersten Teamaktivitäten (vgl. 3.2.3.2), da eine Fremdbeobachtung nicht möglich ist und infolgedessen der Selbstbeobachtung bestenfalls die Beobachtung durch das Team gegenübergestellt werden kann. Die daraus gewonnen Erkenntnisse sind ungenügend, um ableiten zu können, ob und wie das Gesamturteil des Teammanagers im Rahmen der Verantwortungs- und Entscheidungskoordination zu revidieren ist. Zwingende Prämisse ist ein vertrauenswürdiges Team.

Das flexible Lernen im Team unterstützen weiterführend *Seminarmanagement-Systeme*, über die das Fortbildungsangebot für die Teamentwicklung ermittelt, beantragt, gebucht oder abgerechnet werden kann. Zudem kann das Teammitglied seine individuelle Laufbahn- und Karriereplanung als online career-Plan transparent abfragen oder zusammen mit dem Personalverantwortlichen zeitnah entwickeln. Für den Fall, dass der Weiterentwicklungsbedarf nicht genau ermittelt werden kann, besteht die Gefahr eines ungerichteten Teamentwicklungsseminars.

Um schließlich einen Lerntransfer von der Trainingssituation auf die Teamsituation zu erreichen und eine partizipative Lernschleife auszulösen, sollte das mediengestützte Lernen als eine Form der Teamentwicklung mit persönlichen Lernkontakten kombiniert als *Blended-Learning* initiiert werden (vgl. Sauter, Sauter 2002, 47-218). Anknüpfend an die Ergebnisse der Media-Choice-Forschung (vgl. 4.1) hängt die Auswahl des geeigneten Lernmediums von der Komplexität der Lernaufgabe ab, d. h. von der Komplexität der Zielgruppe, der Lerninhalte, der Lernziele und einer beliebigen Kombination davon. Dabei unterstützen die Medien die Sicherung der Lernaufgabe durch die Überprüfung der Anwendung, der Übung und der Kontrolle der Lernergebnisse (vgl. weiterführend 4.3.4.1). Der persönliche Lernkontakt aktiviert schließlich die kognitive, motivationale und soziale Lerninteraktion und konkretisiert die weiteren Lernziele (vgl. Kerres 2002, 137).

Für das Lernen auf Distanz existieren verschiedene asynchrone und synchrone Lernszenarien (vgl. Lehner 2002, 6-11). Das Computer-Based-Training (CBT) als Methode des *eigenständigen Lernens* unterstützt den Multiplikator bei der Vorbereitung der Qualifikationsbesprechung (vgl. 3.2.3.2) und ist nach dem individuellen Lernbedarf einsetzbar. Auch kann sich der Einzelne oder das Team seine Qualifikationen orts- und zeitunabhängig nach dem individuellen oder kollektiven Frequentierungsbedürfnis unter Einbezug von Sekundärinformation aneignen (vgl. Ackermann, Eisele, Festerling 2002, 120; Janson 2003, 16-17). Alternativ kann das Team *kooperative Lernmethoden* verwenden, wie z. B. Web-Based Training (WBT), virtuelle Klassenzimmer, Learning Communities oder Lernplattformen. Externe oder interne Fachexperten oder Teampromotoren lassen sich flexibel mediendifferenziert in die Teamarbeit einbinden (vgl. Nastansky 2003, 87). Die Weitergabe des Wissens des Multiplikators an das Team kann ferner auf Dokumentenbasis erfolgen. Dabei ist zu erwarten, dass ein geringer Lerntransfer stattfindet, wenn sich keine Diskussion anschließt, um das Wissen in die Teamarbeit einzuordnen. Die durch den Medieneinsatz erzeugte Anonymität relativiert die Lernziele und den Lernnutzen in der Notwendigkeit ihrer Umsetzung. Erfolgt alternativ die Weitergabe interaktiv über reichhaltige Medien, ist diese durch den Multiplikator oder durch explizite Verhaltensregeln zusätzlich zu koordinieren, um einen sequenziellen Lernprozess in der beabsichtigten Argumentationsreihenfolge gewährleisten und partizipative Lernschleifen auslösen zu können.

- Risikoreduktionsstrategie durch Reservebildung

Rückversichernd wirkt das *wissensbasierte Teamportal* z. B. durch elektronische Diskussionsforen, Wissensplattformen, -support oder elektronische Wissensbörsen. Über diese Instrumente kann das Wissen ungezwungen und spontan beschafft oder geteilt werden. Das Teamportal entwickelt dadurch einen Wissensvorsprung, der als Steuerungsimpuls eine zunehmende Professionalisierung des Teams fördert. Dieser bezieht sich primär auf das explizite Wissen, da das implizite meist nur in face to face-Situationen generiert werden kann (vgl. Wilkesmann, Rascher 2002, 344). Voraussetzung eines wissensbasierten Teamportals ist die Bereitschaft zur kooperativen Wissensteilung und Eigeninitiative der Teammitglieder (vgl. Nastansky 2003, 89). Als Anreizmechanismus empfiehlt sich die Bewertung von Wissen, wobei der Preis für Wissen nur selten monetärer Art ist. DAVENPORT und PRUSAK nennen als qualitative Anreize für die Wissensteilung ‚Reziprozität' als erwarteten zukünftigen Vorteil, ‚Reputation' als erwartete Steigerung der eigenen Teamreife bzw. des eigenen Marktwertes, ‚Altruismus' als intrinsische Motivation sowie ‚Vertrauen' als sichtbarer Verzicht auf opportunistisches Verhalten (vgl. 1998, 30-36; s. a. Wilkesmann, Rascher 2002, 347).

Mögliche Motivationsverluste lassen sich ferner in einer virtuellen *Learning oder Knowledge Community* wieder aufbauen und erforderliches Wissen über die zahlreichen Netzwerkbeteiligten ermitteln (vgl. Ingenhoff, Eppler 2001, 163). Eine Wissensgemeinschaft bildet sich, wenn Personengruppen über einen längeren Zeitraum an einem spezifischen Thema, wie z. B. Technologie, Methodenkenntnisse oder persönliche Erfahrungen gemeinsam interessiert sind. Dadurch entwickeln sie ein Netzwerk sozialer Beziehungen und eine gemeinsame Community-Historie, obwohl die Teilnehmenden meist einen unterschiedlichen Wissenskontext besitzen. Die Beziehungen in der Community basieren auf Reziprozität, weshalb Wissen freiwillig ausgetauscht, aufgebaut oder die Lösung von Problemen gegenseitig unterstützt wird (vgl. Wilkesmann, Rascher 2002, 347; Lehner 2003b, 2003c). Die Teilnehmer verstehen die Community als Experimentier- und Lernfeld, in der ein offener ungezwungener Wissens- und Erfahrungsaustausch stattfindet, der über die Unternehmungskultur zusätzlich zu fördern ist (vgl. Wilkesmann, Rascher 2002, 347). Dennoch ersetzt eine Community das Team nicht als Organisationsform, sondern ergänzt es, weshalb zeitgleich und die Teamarbeit überdauernd mehrere Learning oder Knowledge Communities in der Unternehmung existieren und das Team unterstützen können (vgl. Lehner 2003c).

- Risikoakzeptanzstrategie

Insgesamt zeigt sich, dass eine partizipative Lernschleife bei Medieneinsatz meist nur bei einem authenthischen Medieneinsatz unter Echtzeitbedingungen ausgelöst werden kann. Aber selbst dann bleibt fraglich, ob ein Lerntransfer stattfindet bzw. überhaupt möglich ist, da der Lernbedarf sich bei Medieneinsatz nur ungenügend ermitteln lässt. Die verbleibenden Restrisiken eines mangelhaften Lernbewusstseins, zeitlicher Verzögerungen, fehlender Kenntnisse des Gesamtzusammenhangs, nicht verteilbarer Aufgaben sowie hoher Qualifikationsanforderungen sind zu akzeptieren. Sie erhöhen das unternehmerische Risiko.

#### 4.3.3.3 Schlussfolgerungen zur Teamsteuerung

Aus den Steuerungsmaßnahmen der Teamsteuerung mit Medieneinsatz unter Risiko ist die Schlussfolgerung zu ziehen, dass ein *ganzheitlicher Kontext aktiv einzufordern* ist, wenn Medien die Teamarbeit fragmentieren und die multipersonelle Teamarbeit punktuell wiedergeben. Das Team muss eine *dreifache Verantwortung* (Eigen-, Team- und Medienverantwortung) tragen, wenn Wissen raum- und zeitverteilt nicht nur zu verteilen, sondern auch zu teilen ist. Zwingend sind *face to face-Kontakte*, da der Medieneinsatz keine durchgängige Teamarbeit erlaubt und lernbasierte Entscheidungsschleifen nicht permanent und simultan auslöst.

### *4.3.4 Erfolgskontrolle*

#### 4.3.4.1 Verantwortungs- und Entscheidungsstruktur

Die medienbedingten (vgl. MU15, MK8) Risiken der Erfolgskontrolle sind – die Risikostrategie bei Medieneinsatz und Anhang 12 weiter- bzw. ausführend (vgl. 4.2.5.3) – zu *vermeiden*, zu *reduzieren* und zu *akzeptieren*. Analog zu dem Teammanagement ohne Medieneinsatz (vgl. 3.2.4.1) resultieren aus dem vernetzten Prozessmodell zahlreiche Anknüpfungspunkte für die Steuerungsmaßnahmen. Die medienspezifischen sind nun in direktem Bezug zu der Verantwortungs- und Entscheidungsstruktur der Erfolgskontrolle zu untersuchen.

- Risikovermeidungsstrategie

Entwickelt sich im Team eine Störungsmajorität, verlangt die Minimierungsvorschrift der *Transaktionskosten* die Teamauflösung als Risikovermeidungsstrategie. Bei Medieneinsatz ist diese Störungsmajorität nicht nur aufgaben-, personal- und allokations-, sondern zugleich medienbedingt. Die medienspezifischen Polaritäten (vgl. 4.2.5.1) und die zuvor abgeleiteten Steuerungsmaßnahmen lassen erwarten, dass die Wahrscheinlichkeit der Risikovermeidungsstrategie bei Medieneinsatz zunimmt, da die digitalen Medien insbesondere den Wirkungszusammenhang der situativen Einflussgröße des Personals unterminieren.

Auf die aufgaben-, personal- und medienbedingten Teamvorteile ist als Chance zu verzichten, wenn die zusätzlich medienbedingten personellen Steuerungsmaßnahmen und face to face-Kontakte die Medienvorteile kompensieren.

- Risikoreduktionsstrategie durch Schadensverhütung

Auf die Transaktionskosten als Qualitätskriterium des Teammanagements wurde bei den vorangegangenen Ausführungen vereinzelt hingewiesen. Wenngleich Medien objektivierte Vergleiche und reliable Ergebnisse liefern können, lassen sie sich wegen der Raum- und Zeitverteiltheit des Teams nicht valide ermitteln. In Konsequenz ist zum einen die Wahrscheinlichkeit der Kontrollrisiken über eine *sorgfältige Erstauswahl* bzw. Prüfung bei der Teambildung als eine Form der Fremdoptimierung zu reduzieren. Zum anderen muss die Erfolgskontrolle für den Fall, dass Folgerisken der Teamsteuerung auftreten, auf eine *medienbasierte Kontrolle* zur Überwindung von

Raum und Zeit zurückgreifen, wenn eine Fremdkontrolle über Anwesenheit ist nicht mehr realisierbar ist.

Für die Qualitätskontrolle des Teammanagements und des Teams ist demnach das Datenbank-System mit einer *Kontrolldatenbank* zu unterlegen, welche die gespeicherte Information in zwei Klassen ordnet (vgl. Yin 1996, 86). Bestandsdaten, als erste Klasse, wie z. B. Namen- oder Pfad-Angaben, verändern sich nicht permanent. Bewegungsdaten, als zweite Kategorie, sind situations- und objektabhängig. Dazu zählen z. B. Lokationsdaten über Informationsquellen oder die Strukturierungspfade von Entscheidungsaktivitäten während der Teamarbeit.

Ferner sind Qualitätssiegel oder -prädikate als medienbasierte Qualitätskontrollen (vgl. 4.3.1.1.1) erst dann zu vergeben, wenn sich das unabhängige Expertengremium von deren Erfüllung und Einhaltung während der Teamarbeit überzeugt hat. *Sorgfältige Kontrolluntersuchungen* sind vor der Lizenzvergabe und *regelmäßige* während der Laufzeit des Qualitätssiegels vorzunehmen. Dies soll sicherstellen, dass der Teammanager und das Team den festgelegten Minimumstandard einhalten.

- Risikoreduktionsstrategie durch Reservebildung

Eine *medienbasierte Referenzkontrolle* des Zielbeitrages des Teams ist neben der Plausibilitätsprüfung und der Einhaltung des Medienplans die Zugriffskontrolle. Sie ist als Sicherheitsmechanismus auf verschiedenen Stufen zu implementieren (vgl. 4.3.1.1.1). Wird schließlich auf das Netzwerk, auf Daten oder auf Dokumente zugegriffen, aktiviert dies den Kontroll-Agenten, der durch die Analyse des Zugriffs den Benutzer identifiziert und mit den Berechtigungen vergleicht, die in einer Zugriffsliste gespeichert sind. Bei Nichtübereinstimmung verweigert er den Zugriff oder verweist an die dafür verantwortliche Stelle (vgl. Yin 1996, 123). Zusätzlich sind automatisierte Plausibilität- und Konsistenzkontrollen für zu tätigende Eingaben und handlungsleitende Benutzeroberflächen permanent und simultan zur Teamarbeit durchzuführen (vgl. Stein 2003, 187). Das Ziel des Medieneinsatzes ist nicht mehr Schnelligkeit, sondern Sicherheit zu gewährleisten.

Demgegenüber übernehmen Workflow-Agenten die *Statuskontrolle*. Sie verfolgen die Entscheidungsaktivitäten des Teams und lösen darauf basierend, über Routinen definierte Vorgänge aus (vgl. Yin 1996, 113-114; Stein 2003, 187). Als Routine können z. B. die Erinnerungen an die lernbasierten Entscheidungsschleifen mit Bearbeitungs-, Verantwortungs- und Weiterleitungshinweisen aus dem Medienplan definiert werden. Ebenso können Workflow-Agenten den Umlauf der elektronischen Teamakte als vernetzten selbststeuernden und selbstkontrollierenden Regelkreis auslösen. Die Statuskontrolle macht das Team auf Zustandsänderungen oder erkannte Kapazitätsengpässe aufmerksam (vgl. Yin 1996, 115).

Die über den Medieneinsatz dokumentierten Entscheidungsaktivitäten lassen sich überdies für eine externe Prämissenkontrolle nutzen, wodurch fehlende Teamaktivitäten zur Erreichung des Zielbeitrages identifiziert werden können. Gehen diese oder weitere Medieninhalte der medienvermittelten Kommunikation in die Entscheidung des Teams ein, erfordert das eine *Kontrollpflicht der Medieninhalte* (vgl. Schliwka 1998, 188). Deren Übernahme durch den Teammanager muss allerdings scheitern, da er die fachspezifische Richtigkeit der Medieninhalte aufgrund fehlender Detailkenntnisse nicht überprüfen kann. Die Kontrollentscheidung ist an das einzelne Teammitglied zu delegieren. Dies bedarf wiederum der Fähigkeit einer gewissenhaften Selbstbestimmung und eine freiwillige Selbstkontrolle (vgl. Schliwka 1998, 188). Infolgedessen sind mit der Kontrollentscheidung die *Kontrollrechte* an die Teammitglieder zu übertragen, so dass diese sich gegenseitig auf Fehler in den Medieninhalten, auf das Nutzungsverbot spezifischer Daten oder auf einen ungeeigneten Medieneinsatz unaufgefordert hinweisen können.

Wenn das Team raum- und zeitverteilt lernt bzw. kooperiert und face to face-Kontakte selten sind, ist es zur Überbrückung der entstandenen sozialen Distanz auf eine Vielzahl sozialer Qualifikationen angewiesen, die jedes einzelne Teammitglied besitzen muss. Zugleich erschwert der Medieneinsatz jedoch deren Feststellung und Überprüfung. Diese personelle Wissensasymmetrie ist zunächst über eine Kontrolle *persönlicher Referenzen* reduzierbar. Doch die wahre Teamqualifikation bzw. Teamreife zeigt sich letztendlich erst während einer langfristigen Teamarbeit und in Krisensituationen.

Die für eine medienbasierte Teamarbeit notwendigen Anforderungen sind z. B. Managementqualifikationen, da Managementaufgaben bei Medieneinsatz von den Teammitgliedern inter pares übernommen und umgesetzt werden müssen. Denn eine Selbstoptimierung der Teamarbeit durch das Team deckt keine opportunistischen Verhaltensweisen auf (vgl. 3.2.4.1 sowie 4.3.3.2). Ebenso ist eine gegenseitige Teamkontrolle bei stark heterogenen weltweit spezialisierter Einzelqualifikationen nicht durchführbar. Zum anderen ist dies z. B. Vertrauen als freiwilliger Verzicht auf opportunistisches Verhalten. Als beschleunigender Kontrollmechanismus ist Vertrauen bei einer raum- und zeitverteilten Teamarbeit unverzichtbar. Entstehen während der Teamarbeit weitere Anforderungen, sind sie bei Erkennen sofort an den Teammanager über Support-Systeme zu kommunizieren. Nur dadurch lassen sich Störungen der Teamarbeit frühzeitig aufdecken, Steuerungsmaßnahmen auf ihren Erfolgsbeitrag untersuchen und das Management by Exception umsetzen (vgl. Schliwka 1998, 192; s. a. 4.3.3.1). Daher sind fortlaufende Gespräche zwischen dem Teammanager und dem Team über die situativ belastenden Mehrwertigkeiten von Aufgabe, Personal und Medien unverzichtbar (vgl. Kauffeld, Grote 2001, 31). Je mehr Rückfragen unmittelbar erforderlich sind, desto reichhaltiger muss das eingesetzte Medium sein.

Besonders komplexe Auswahlverfahren, Teambeurteilungen oder Feedback-Gespräche als präventive oder korrektive Kontrollinstrumente bedingen zahlreiche Rückfragen zur gegenseitigen Abstimmung und Klärung von Wissensasymmetrien. Ist der soziale Kontakt über Medien begrenzt, kann sich kein Vertrauen entwickeln und die Mehrwertigkeit bleibt ungeklärt (vgl. Lipnack, Stamps 1998, 41; Kienbaum, Zimmer 2003, 21). *Face to face-Kontakte* sind für die Erfolgskontrolle des Teammanagements mit Medieneinsatz unverzichtbar.

- Risikoakzeptanzstrategie

Der isolierte Einsatz medienbasierter persönlicher Referenzkontrollen und face to face-Kontakte versagt und erfordert deren Kombination. Je geringer die soziale Nähe ist, desto öfter sind persönliche Referenzkontrollen durchzuführen und face to face-Kontakte zu initiieren. Der Kontroll-Mix aus Medien und face to face-Kontakten ist anforderungsgerecht zu gewichten und an das situative Lernen und Kooperieren anzupassen. Das Einsatzpotenzial der Verantwortungs- und Entscheidungsstruktur ist erneut von dem Wissensmanagement und seiner Qualität der Messung und Zurechnung abhängig.

#### 4.3.4.2 Wissensmanagement: Information und Kommunikation

Die medienbedingten (vgl. MU16, MVM12) Risiken der Erfolgskontrolle sind infolge der Risikostrategie bei Medieneinsatz (vgl. 4.2.5.3) und Anhang 12 von dem Wissensmanagement zu *reduzieren* und zu *akzeptieren*. Die Ansatzpunkte des vernetzten Prozessmodells werden in direktem Bezug zu dem Wissensmanagement erläutert.

- Risikoreduktionsstrategie durch Schadensverhütung

Die mehrdimensionale Wissensmessung muss im Vergleich zu dem Teammanagement ohne Medieneinsatz (vgl. 3.2.4.2) zusätzliche *medienspezifische Indikatoren* berücksichtigen. Die Frequentierung, d. h. die Höhe der Besucherzahl auf der Website oder die Anzahl der Zugriffe auf Datenbanken, misst z. B. wie informativ und aktuell die Medieninhalte sind (vgl. Möcklinghoff, Fischer 1993, 110). Ein weiterer Indikator ist der kontextangepasste Medieneinsatz (vgl. 4.3.3.1), der die Verhaltensweisen des Teammanagements oder des Teams beobachtet. Er setzt den subjektiv gewählten Medieneinsatz ins Verhältnis zu der Komplexität der Kommunikationsbeziehung. Dadurch überprüft er die Eignung einer situativen medienvermittelten Kommunikation und infolgedessen die Qualität der Teamarbeit.

Ein weiterer, bereits bekannter Bestandteil der Risikoreduktionsstrategie durch Schadensverhütung ist die *Prämissenkontrolle*. Im Vergleich zu dem Teammanagement ohne Medieneinsatz ist zu erwarten, dass sie aufgrund der Polarität einer permanenten und simultanen Vergleichbarkeit und einer sozialen Nähe (vgl. 4.2.5.1) die anderen herausgearbeiteten Kontrollinstrumente *dominiert*. Die Aufgabe der Prämissenkontrolle ist bei Medieneinsatz insbesondere die Durchführung permanenter und simultaner Plausibilitäts- und Referenzüberprüfungen der zugrundeliegenden Daten- bzw. Wissensbasen.

- Risikoreduktionsstrategie durch Reservebildung

Unterschiedliche *Auswertungsmöglichkeiten* dienen als Mechanismen zur Kontrolle der Informationsüberflutung, indem Daten über vielfältige Dimensionen der Teamarbeit aggregiert die Entscheidungsgrundlage des Teammanagers unterstützen (vgl. Hönig 1998, 170; Karduck 1993, 98).

Dafür erlauben relationale Datenbankabfragen wegen ihrer Reihen-Spalten-Struktur lediglich eine zweidimensionale Interpretation der Daten.

Dagegen identifiziert ein Data Warehouse durch das Online Analytical Processing (OLAP) Datenmuster aus mehrdimensionalen Abfragen. Daten werden aus verschiedenen Einflussgrößen der Unternehmung über einen sogenannten Hyperwürfel dargestellt, gespeichert, beliebig kombiniert und interpretiert (vgl. Hönig 1998, 170-171). Ein dreidimensionaler Datenausschnitt z. B. kann im speziellen Bezug zur Teambildung die Information über das face to face-Potenzial pro Einzelqualifikation und Region im Zeitablauf liefern.

Eine weitere Abfragemöglichkeit ist das Data Mining, welches Detaildaten auf deren Verknüpfungspotenzial untersucht, um Datenmuster und unbekanntes Wissen zu identifizieren. Einerseits validiert es Hypothesen, indem es auf die aktuell strukturierte und umfassende Datenbasis zurückgreift, andererseits entwickelt es aus den Daten Hypothesen (vgl. Kurz 1998, 252). Aus diesen Abfragen werden Zusammenhänge z. B. zwischen fachlichen und methodischen Kenntnissen, Fähigkeiten oder individuellen und kooperativen Motiven abgeleitet. Wird aus den Datenmustern zu den jeweiligen Bausteinen des Teammanagements eine Typisierung erkannt, lässt sich die zukünftige Teamarbeit abschätzen.

Filtermaschinen, Suchmaschinen oder Suchkataloge durchsuchen die Dokumentenbestände des Internets oder des Intranets nach Stichworten (vgl. Kienbaum, Zimmer 2003, 21). Als innovative Weiterentwicklungen werden z. B. Suchroboter eingesetzt, die als zentrale Suchmaschinen mit anderen Systemen zusammenarbeiten (vgl. Lehner 2000, 369). Ebenso werden für Abfragemöglichkeiten zunehmend intelligente bzw. persönliche Agenten genutzt, die unter Anwendung von Techniken der Künstlichen Intelligenz (KI) Verhaltensmuster der Benutzer identifizieren und fortschreiben, um den zukünftigen Informationsbedarf abzuschätzen und dem Benutzer zukünftig automatisch zukommen zu lassen (vgl. Yin 1996, 52-72; Lehner 2000, 334).

Trotz dieser Auswertungsmöglichkeiten besteht die Schwierigkeit des Teammanagements mit Medieneinsatz in der Entwicklung einer fundierten Daten- bzw. Wissensbasis. Denn wenngleich der Medieneinsatz eine genaue Messung und Zurechnung des Teamerfolges erfordert, erschwert er durch die globale Vernetzung kontrollnotwendige Vergleichmöglichkeiten. *Face to face-Kontakte* sind zwingend, um authentische Vergleichsmöglichkeiten zu generieren. Grundsätzlich ist daher für die Erfolgskontrolle festzuhalten, dass der Medieneinsatz die Reservebildung als Risikoreduktionsstrategie eher verhindert, als dass er sie unterstützt.

- Risikoakzeptanzstrategie

Die Beurteilung der Leistungstiefe der Teamarbeit, das symbolische Management, eine subjektive Kriterienauswahl oder die Richtigkeit und der Wahrheitsgehalt der verteilten und geteilten Information sind nur vage mess- und zurechenbar. Infolgedessen sind Zusammenhänge zwischen Medien und Verhaltensweisen des Teammanagements bzw. des Teams ausschließlich stochastisch darstellbar (vgl. Drumm 2000a, 518). Dies verhindert, dass die herausgearbeiteten Steuerungsmaßnahmen der Teamarbeit mit Medieneinsatz ihre Wirkung voll entfalten. Insgesamt zeigt sich, dass eine vernetzte raum- und zeitverteilte Teamarbeit auf eine Vielzahl aufgaben-, personal- und medienspezifischer Qualifikationen angewiesen ist, da sich die interne und externe Teamarbeit über digitale Medien nicht vollkommen authentisch abbilden lässt. Gleichzeitig jedoch erschweren vernetzte Strukturen durch seltene face to face-Kontakte kontrollnotwendige Vergleichmöglichkeiten und damit die genaue Feststellung und Überprüfung der erforderlichen Qualifikationen. Es entsteht ein Medienparadoxon, welches das Teammanagement unter Risiko mit Medieneinsatz charakterisiert.

Dieses Medienparadoxon verursacht Restrisiken der Qualität und der Kontrolle. Zusätzlich löst es Restrisiken der Verantwortungs- und Entscheidungsstruktur aus (vgl. 4.3.4.1). Wegen des interdependenten Entscheidungsprozesses verursacht dies gleichzeitig Restrisiken bei den anderen Bausteinen und erhöht das unternehmerische Risiko zusätzlich. Diese verbleibenden Risiken sind umso geringer, je mehr Zielabweichungen die Erfolgskontrolle feststellen und revidieren kann.

#### 4.3.4.3 Schlussfolgerungen zur Erfolgskontrolle

Die Steuerungsmaßnahmen der Erfolgskontrolle mit Medieneinsatz unter Risiko verdeutlichen, dass Daten bzw. Ergebnisse über *Medienreferenzen* zu verifizieren sind, wenn Medien eine objektivierte Vergleichbarkeit erlauben. Bei einer Beurteilung ist auf *persönliche Referenzen* zurückzugreifen, wenn Vergleichbarkeit und soziale Nähe sich gegenseitig bedingen. Verhindert der Medieneinsatz soziale Nähe, ist *Vertrauen* durch *face to face-Kontakte* aufzubauen. Das Medienparadoxon charakterisiert die Erfolgskontrolle unter Risiko mit Medieneinsatz.

### *4.3.5 Zwischenergebnis: Lernbasiertes Entscheiden als medien- und innengesteuerter Prozess*

Die Steuerungsmaßnahmen des *Teammanagements unter Risiko mit Medieneinsatz* knüpfen an die Risikostrategie bei Medieneinsatz (vgl. 4.2.5.3) und Anhang 9-12 an. Diese bauen auf der Ursachenstruktur der Risikoanalyse bei Medieneinsatz mit ihren Polaritäten auf (vgl. 4.2.5.1). Die Schlussfolgerungen der einzelnen Steuerungsmaßnahmen lassen sich wie folgt zusammenfassen:

- Trichtermodell: Die Teamarbeit ist ex ante zu intensivieren, wenn der Einsatz digitaler Medien die traditionelle physische Wertschöpfungskette der Teamarbeit erweitert oder substituiert; der Hintergrund der Teamarbeit ist zu simplifizieren, wenn entscheidungsrelevante Information aus der großen Informationsmenge nur schwer oder gar nicht identifiziert werden kann; eine ausgleichende Personenorientierung ist zu erzeugen, wenn die Leistungsvorteile der Medien die Aufgaben-Struktur dominieren. Ex post sind die dokumentierten Restriktionen periodenübergreifend zu verknüpfen, um Informationstransparenz zu gewährleisten und Szenarien abzugleichen bzw. zu korrigieren. Die aus der Teamarbeit ex post generierten Ergebnisse sind in das organisatorische Gedächtnis zu transferieren, um zukünftigen Informationsdefiziten vorzubeugen;

- Teambildung: Es bedarf einer zusätzlichen Personenorientierung, wenn soziale Kontakte unterbunden werden; zusätzliche Qualifikationsanforderungen sind an die Beteiligten zu stellen, wenn Medien die zeitliche Flexibilität erhöhen; es ist ein dreistufiger vernetzter Teambildungsprozess aus (1) einer medialen Unternehmungspräsentation, (2) einer medienbasierten Vorauswahl und (3) aus persönlichen Kontakten zu verfolgen, um Leistungsvorteile anstelle von Leistungsnachteilen bei Medieneinsatz realisieren zu können;
- Teamsteuerung: Ein ganzheitlicher Kontext ist aktiv einzufordern, wo Medien die Teamarbeit fragmentieren und punktuell abbilden; das Team muss eine dreifache Verantwortung (Aufgaben-, Personen- und Medienverantwortung) übernehmen, wenn Wissen nicht nur zu verteilen sondern zu teilen ist; face to face-Kontakte sind zwingend, da der Medieneinsatz keine durchgängige Teamarbeit erlaubt und keine lernbasierten Entscheidungsschleifen auslöst;
- Erfolgskontrolle: Daten und Ergebnisse sind über Medienreferenzen zu verifizieren, wenn eine objektivierte Vergleichbarkeit nötig ist; zugleich unterstützen persönliche Referenzen die Beurteilung des Teammanagers und ermöglichen eine soziale Vergleichbarkeit; face to face-Kontakte und Vertrauen sind zwingend, wenn der Medieneinsatz soziale Nähe abbaut.

Als Zwischenergebnis ist festzuhalten, dass der Medieneinsatz zu einer fragmentierten *Verantwortungs- und Entscheidungsstruktur* führt. Die obigen Ausführungen zeigen, dass die Teamarbeit eine medienbasierende Personalisierung und face to face-Kontakte erfordert. Ein lernbasiertes Entscheiden als ausschließlich mediengesteuerter Prozess muss infolgedessen scheitern. Das Team ist stark belastet, da nicht nur zusätzliche Qualifikationen, sondern auch zusätzliche Steuerungsmaßnahmen aktiv und verantwortungsvoll in die Teamarbeit einzubinden sind. Das Teammanagement unter Risiko mit Medieneinsatz muss über das *Wissensmanagement* Wissensdefizite und daraus resultierende Zieldivergenzen steuern. Dafür ist Information möglichst vollständig vom Sender zum Empfänger zu transferieren. Je unvollständiger die gefiltert übertragene Information ist, die über den personenspezifischen kognitiven Verarbeitungsprozess in den Arbeitskontext eingeordnet wird, desto wahrscheinlicher ist deren mehrwertige Interpretation. Diese mehrwertige Erwartungen muss das Team über formelle und informelle Beziehungsstrukturen klären, deren Möglichkeiten der Medieneinsatz gleichzeitig reduziert. Eine eindeutige Messung und Zurechnung ist bei Risiko mit Medieneinsatz wegen des konstitutiven Medienparadoxons (vgl. 4.3.4.2) als unmöglich zu erwarten. Eine Transformation der Risikosituation mit Medieneinsatz zu einer quasi-sicheren Entscheidungssituation einwertiger Erwartung ist auch bei einer gegebenen Teamqualifikation kaum vorstellbar, da die Wirkung des Medieneinsatzes nicht mit Sicherheit vorhergesagt werden kann. Daraus folgt, dass die lernbasierte Entscheidung unter Risiko mit Medieneinsatz nicht mehr außen- (vgl. 3.2.5), sondern mediengesteuert und wegen der Personenorientierung einer gegenseitigen Unterstützung innengesteuert (vgl. 3.3.5) ist. Diese gegenseitige Innensteuerung ist letztendlich erneut von der Professionalität der Beteiligten als wettbewerbsentscheidenden Vorteil der Teamarbeit und des Teammanagements abhängig. Je stärker diese gegeben ist, desto mehr kann das durch den Medieneinsatz erhöhte Risikoniveau abgebaut werden. Deren Eliminierung ist jedoch infolge des Medienparadoxons nicht zu erwarten.

## 4.4 Ausgewählte Steuerungsmaßnahmen des Teammanagements unter Ungewissheit

### *4.4.1 Einordnung der Teamarbeit in den Wertschöpfungsprozess, Teambildung, Teamsteuerung und Erfolgskontrolle*

#### 4.4.1.1 Verantwortungs- und Entscheidungsstruktur

Bevor die Steuerungsmaßnahmen der Verantwortungs- und Entscheidungsstruktur des Teammanagements *unter Ungewissheit mit Medieneinsatz* zu entwickeln sind, ist auf das Teammanagement ohne Medieneinsatz zurückzukommen, um an die Ungewissheitsstrategie bei Medieneinsatz anknüpfen zu können (vgl. 4.2.5.4). Die Unterschiede der *Risiko-Steuerungsmaßnahmen* (vgl. 3.2) von den *Ungewissheits-Steuerungsmaßnahmen* (vgl. 3.3) sind aus Kapitel 3.4 bereits bekannt. Demnach baut die Ungewissheit auf dem Risikofall auf. Die Verantwortungs- und Entscheidungsstruktur unter Risiko ist ausgeprägt und stellt einen durch den Teammanager außengesteuerten Prozess dar. Demgegenüber bestimmt unter Ungewissheit die Qualität des Wissensmanagement ihr Nutzungspotenzial und manifestiert über informelle Entscheidungsprozesse einen innengesteuerten Prozess.

Diese Risiko-Ungewissheit-Entwicklungskette lässt sich allerdings nicht auf das *Teammanagement mit Medieneinsatz* übertragen, da die raum- und zeitverteilte Teamarbeit eine zusätzliche informelle Verantwortungs- und Entscheidungskoordination mit entsprechenden Qualifikationen, die über das Wissensmanagement entwickelt werden, bereits für den Risikofall einfordert.

Vor dem Hintergrund dieser Erkenntnis kombiniert die Verantwortungs- und Entscheidungsstruktur des Teammanagements mit Medieneinsatz unter Ungewissheit unter Berücksichtigung der konstitutiven Merkmale der Ungewissheit bei Medieneinsatz (vgl. 4.2.5.1) die Verantwortungs- und Entscheidungsstruktur der Ungewissheit ohne Medieneinsatz (vgl. 3.3) mit der Verantwortungs- und Entscheidungsstruktur des Risikos mit Medieneinsatz (4.3). Es ist festzustellen, dass der Unterschied zwischen Risiko und Ungewissheit in Bezug auf den Medieneinsatz gering sind. Fehlende Wahrscheinlichkeiten für mehrwertige Erwartungen steigern lediglich die Notwendigkeit des innengesteuerten Lernens und Kooperieren im Team. Nachfolgend soll zugunsten der Wechselwirkungen der verknüpften Steuerungsmaßnahmen auf eine Wiederholung der einzelnen bereits bekannten Steuerungsmaßnahmen verzichtet werden.

- Ungewissheitsvermeidungsstrategie

Die Vermeidungsstrategie bestimmt sich bei Ungewissheit erneut ausschließlich über die Erfolgskontrolle, die mit der *Transaktionskosten-Regel* als Beurteilungs- und Steuerungskriterium über das weitere Fortbestehen des Teams oder über seine Auflösung entscheidet. Bei Ungewissheit ist insbesondere zu erwarten, dass bei der Einordnung der Teamarbeit in den Wertschöpfungsprozess der Einsatz eines Managementteams aufgrund des deutlich gestiegenen Koordinationsaufwandes zeit- und kostenintensiv ist (vgl. 4.2.1.2). Übersteigen die dadurch verursachten Transaktionskosten den Transaktionsnutzen, verlangt das Trichtermodell auf die Leistungsvorteile der Teamarbeit zu verzichten. Dies ist wahrscheinlich, wenn keine face to face-Kommunikation transaktionskostenminimal möglich ist und die Mitglieder des Managementteams sich nicht persönlich kennen und sich gegenseitig nicht vertrauen. Dann sollte die Einordnungsentscheidung von dem Teammanager *nicht* an ein Managementteam delegiert werden, sondern ausschließlich in seiner eigenen Verantwortung liegen. Fehlen diesem wiederum die, für die Komplexitätsreduktion erforderlichen Qualifikationen, d. h. besitzt er nicht ausreichend heterogene Detailkenntnisse über die Kernkompetenzen, um die Ungewissheit schrittweise zu explorieren, muss auf eine Teambildung gänzlich verzichtet werden. Auch dies ist wahrscheinlich, da ansonsten die Bildung eines Managementteams zur multipersonellen Lösung ungewisser Probleme unnötig wäre.

- Ungewissheitsreduktionsstrategie durch Schadensverhütung und Reservebildung

Die Steuerung von Entscheidungen in Teams unter Ungewissheit verlangt bei der ex ante *Einordnung der Teamarbeit in den Wertschöpfungsprozess* der Unternehmung eine Intensivierung der Teamarbeit. Das Teammanagement benötigt Zeit für Recherchen und für die sequenzielle Ableitung und Verknüpfung der Wirkungszusammenhänge von *ad hoc Heuristiken* unter Einbezug *externer Marktpartner*. Durch die Abhängigkeit in der Teamaufgabe ist eine zeitnahe Abstimmung zwingend. Die Einordnung der Teamarbeit in den fragmentierten Wertschöpfungsprozess muss auf einem leistungsbezogenen *multitasking-fähigen* Selbstverständnis des Teammanagements basieren. Mediengestützt simplifiziert das Teammanagement den Arbeitshintergrund, d. h. den Koordinations-, Kommunikations- und Vertrauensaufwand zwischen den Betroffenen, wodurch flexibel und schnell auf Veränderungen reagiert werden kann. Auf diesem *simplifizierten Bezugsrahmen* baut die Kokonstruktion von Wissen auf. Eine ganzheitliche Wahrnehmung des Aufgaben- und Personenkontextes gewährleistet das Teammanagement über den Einsatz *reichhaltiger Medien* oder über *face to face-Kontakte*. Zudem erfordert die gemeinsame Wissenskonstruktion für die Einordnung der Teamarbeit in den Wertschöpfungsprozess gegenseitiges *Vertrauen* zwischen den externen Marktpartnern und dem Teammanagement, dessen Aufbau zeitintensiv ist. Es empfiehlt sich die Zusammenarbeit mit externen Marktpartner langfristig auszurichten, damit sich bei wiederholten, von einer konkreten Teamkonstellation unabhängige Transaktionen die personenspezifische Investition in den Vertrauensnehmer amortisiert (vgl. 3.2.1.1.2). Die erforderliche explizite *Personenorientierung* als Bestandteil der Teamkultur steuert das Wissensmanagement (vgl. 4.4.1.2).

Bei Ungewissheit erfolgt die *Teambildung* mehrstufig vernetzt. Das bedeutet, dass das *Kernteam* im Zeitpunkt ($t_{-1}$) und das *Unterstützungsteam* in ($t_0$) jeweils über eine *mediale Unternehmungspräsentation*, über eine *medienbasierte Vorauswahl* und über *persönliche Kontakte* zeitliche Nähe bei räumlicher Distanz aufbauen, um die Teamnachfrage und -akquisition sukzessiv zu konkretisieren. Die persönlichen Kontakte präzisiert das Wissensmanagement (vgl. 4.4.1.2). Keinesfalls darf aber, insbesondere die medienbasierte Vorauswahl in Form von Jobbörsen oder virtuellen Karrieremessen, dazu genutzt werden, oberflächliche und distanzierte Kontakte herzustellen oder auf eine schriftliche Bewerbung bzw. den Besuch der Homepage zu verweisen. Vielmehr sind über die medienbasierte Vorauswahl die über das Kern- oder Unterstützungsteam aus der Teamaufgabe sukzessiv ermittelten, fehlenden Qualifikationen gezielt zu konkretisieren. Eine bestmögliche Äquivalenz von Teamnachfrage und Teamakquisition lässt sich infolgedessen nur erreichen, wenn alle Beteiligten sich gezielt auf den aufgaben- und personengerichteten Medieneinsatz vorbereiten und dabei jeden einzelnen Beitrag aufmerksam aufgreifen und weiterentwickeln. Dadurch stellt die Ungewissheit an den Teammanager bzw. an das Kernteam und an die Bewerber *interdependente qualitative Medienanforderungen*, wie z. B. medienbasiertes Improvisationstalent, notwendige Schlüsselqualifikationen und Mehrfachqualifizierungen. Beide Seiten sind gleichermaßen gefordert, davon unmittelbar Gebrauch zu machen, um sich anzunähern, aufeinander einzugehen und Wissensasymmetrien bei der Entscheidungsfindung im beiderseitigen aktiven Interesse bestmöglich abzubauen.

Die *Teamsteuerung* überträgt die Lern-, Kooperations- und Medienverantwortung an das Kern- und Unterstützungsteam. Dadurch vergrößern sich deren Verhaltenspielräume, die zusammen mit dem Teamwert einer gleichberechtigten Zusammenarbeit das Team motivieren. Für das Erkennen der zu übernehmenden Verantwortung empfiehlt es sich, das Team stärker in die *Anwendungsentwicklung* der Teammedien *einzubinden*. Folglich steigert eine medienbasierte Informationsverteilung durch die Beteiligung der Teammitglieder deren Verantwortung, was, einer empirischen Studie zufolge, sich positiv auf ihre Medienakzeptanz auswirkt (vgl. Ackermann, Eisele, Festerling 2002, 121). Zur Ausübung dieser Verantwortung sind *Anreize* zu setzen. Richtet sich weiterführend die aktive Einforderung des ganzheitlichen Kontextes ausschließlich auf die vergangenen und gegenwärtigen, durch Medien gefilterten Entscheidungsaktivitäten, ist die für die Eventualentscheidungen notwendige Informationsbasis allerdings unvollständig. Denn Revisionsmöglichkeiten einer späteren Anpassung der partizipativen Entscheidungs- und Lernschleife bleiben unerkannt und werden nicht als bedingte Entscheidungsaktivität explizit berücksichtigt (vgl. 3.3.1.1.1). Infolgedessen ist für eine ungewisse Entscheidungssituation zusätzlich der *zukünftige Eventualkontext* aktiv einzufordern. Über *virtuelle, lernbasierte Entscheidungsschleifen* kann ein schnelles Reaktionsvermögen für unvorhersehbare Restriktionen entwickelt werden. Diese aktive Einforderung eines ganzheitlichen, periodenübergreifenden Bezugsrahmens für die Genese einer professionellen Eventualentscheidung, erfordert jedoch eine intensivierte Bereitschaft gegenüber Zielkompromissen. Dies konkretisiert das Wissensmanagement (vgl. 4.4.1.2).

Bei der *Erfolgskontrolle* wird den Teams, neben der Lern-, Kooperations- und Medienverantwortung, die Kontrollverantwortung als *leistungsbezogenes Selbstver-*

*ständnis* übertragen. Die medialen und persönlichen Referenzkontrollen werden als *vernetzter Kontroll-Mix* in die Fremdkontrolle, die gegenseitige Kontrolle und die Selbstkontrolle integriert. Die Kontrollverantwortung ist *vernetzt* wahrzunehmen und umzusetzen, um die Wechselwirkungen zwischen Aufgabe, Personal und Medien trotzt der Raum-Zeitverteiltheit berücksichtigen zu können. Dabei kann der Medieneinsatz die Kontrollinhalte bei Ungewissheit nur dann erweitern, wenn entscheidungsrelevante Kontrollinformation auch ganzheitlich generiert und eindeutig interpretiert wird. Da jedoch die Entscheidungsbasis bei Ungewissheit erst mit Ende der Leistungserstellung spezifiziert wird und begrenzt nutzbare Medienpotenziale, eine erschwerte Wissensteilung sowie eine begrenzt generierbare Daten- und Wissensbasis konstitutive Merkmale der Ungewissheit bei Medieneinsatz sind (vgl. 4.2.5.1) sowie das Medienparadoxon (vgl. 4.3.4.2) auftritt, kann der Medieneinsatz die *fragmentierte Kontrollinformation* lediglich verbinden und auf Konsistenz und Plausibilität überprüfen.

Auch ist deshalb zu erwarten, dass die Indikatorenentwicklung, z. B. eines kontextbewussten Medieneinsatzes, bei Ungewissheit scheitert. Dies lässt sich darauf zurückführen, dass die Kommunikationskomplexität während der Teamarbeit nur verhalten konkretisiert werden kann, da die Teamaktivitäten aufgrund des gefilterten Medieneinsatzes Interpretationsspielraum zulässt. Indikatoren können lediglich ex post bei der *Einordnung der Teamarbeit in den Wertschöpfungsprozess der Unternehmung* Erkenntnisse für nachfolgende Projekte liefern, die jedoch den zuvor genannten konstitutiven Mess- und Zurechnungsproblemen unterliegen. Vielmehr sind die aufgetretenen Restriktionen und die getroffenen Teilentscheidungen zu verknüpfen. Neben der Überprüfung auf ihre Effizienz und Effektivität ist zu verifizieren, ob deren Interdependenzen während der Teamarbeit bestmöglich berücksichtigt wurden. Die erzielten Ergebnisse und erkannten Verhaltensmuster der Teamarbeit sind schließlich als Erfahrungswerte in das organisatorische Gedächtnis zu transferieren.

- Ungewissheitsakzeptanzstrategie

Die Erfüllung des Äquivalenztheorems ist bei Ungewissheit mit Medieneinsatz wegen seiner konstitutiven Merkmale (vgl. 4.2.5.1) und des Medienparadoxons (vgl. 4.3.4.2) unwahrscheinlicher als bei Risiko. Nicht nur die qualitativen Anforderungen sind als theoretische Konstrukte schwer zu ermitteln, zu messen und den Teammitgliedern zuzurechnen, sondern auch deren über Medien vermittelte Interdependenzen. Ihre Qualität zu verbessern ist Aufgabe des Wissensmanagements.

#### 4.4.1.2 Wissensmanagement: Information und Kommunikation

Die Unterschiede der Maßnahmen des Wissensmanagements bei dem Teammanagement *unter Risiko ohne Medieneinsatz* (vgl. 3.2) gegenüber denen des Teammanagements *unter Ungewissheit ohne Medieneinsatz* (vgl. 3.3) verdeutlicht Kapitel 3.4. Während der Risikofall formelle und informelle Wissensprozessstrukturen institutionalisiert, sind diese bei Ungewissheit durch formelle und informelle Beziehungsstrukturen zu ergänzen. Dies verlangt spezifische Qualifikationen, um die Lern- und Entscheidungsprozesse ad hoc aufeinander abstimmen zu können.

Die aufeinander aufbauende Risiko-Ungewissheit-Entwicklungskette lässt sich auch hier nicht auf das *Teammanagement mit Medieneinsatz* übertragen (vgl. 4.4.1.1). Denn bereits für den Risikofall sind aufgrund der Raum- und Zeitunabhängigkeit des Teams bzw. der Teammitglieder integrierte Prozess- und Beziehungsstrukturen des Wissensmanagements mit den entsprechenden Qualifikationen für eine effektive und effiziente Aufgabenlösung mit Medieneinsatz nötig.

Für die Steuerungsmaßnahmen des Wissensmanagements des Teammanagements *unter Ungewissheit mit* Medieneinsatz gilt daher ebenfalls die aus Kapitel 4.4.1.1 bekannte Kombination der Steuerungsmaßnahmen umzusetzen. Die Einzelmaßnahmen sind nun infolge der Ungewissheitsstrategie bei Medieneinsatz (vgl. 4.2.5.4) zu erläutern.

- Ungewissheitsreduktionsstrategie durch Schadensverhütung und Reservebildung

Auffällig ist bei der Zusammenführung der Steuerungsmaßnahmen des Wissensmanagements, dass alle Bausteine des Teammanagements für die langfristige Steuerung von Entscheidungen in Teams die *Personenorientierung* und *face to face-Kontakte* durchwegs fordern. Daher ist eine Teamarbeit unter Ungewissheit die ausschließlich auf dem Einsatz von Medien basiert zum Scheitern verurteilt.

*Personenorientierung* bedeutet für den Ungewissheitsfall mit Medieneinsatz die Informationsnachfrage, das Informationsangebot, die Ungewissheitskommunikation sowie die Speicherung von Wissen zielgerichtet und senderspezifisch zu steuern. Dies verlangt nicht nur die Kenntnis, wie entscheidungsrelevante Information zu filtern und nach welchen individuellen oder kooperativen Bedürfnissen diese zu verdichten ist. Vielmehr müssen die Akteure in vernetzten, individuellen und kooperativen Bedürfniszusammenhängen denken bzw. sich in die Denkweise und in die Problemlösungsmethode anderer hineinversetzen und Assoziationen bilden. Dann sind das Teammanagement, das Kern- und das Unterstützungsteam langfristig in der Lage, zeitliche Konstanten verschiedener Verhaltensmuster bei der Teamarbeit mit Medieneinsatz zu erkennen. Eingeordnet in den Bezugsrahmen der Teamarbeit, lässt sich daraus eine Typisierung ableiten, über die auf zukünftige Verhaltensweisen bei der Teamarbeit geschlossen werden kann. Erst dann können das Teammanagement und die Teams aufgaben-, personen- oder medienspezifisches Wissen oder Erfahrungen in verschiedene Kontexte transferieren ohne vermeidbare Mehrwertigkeiten zu produzieren.

Besonders die Kokonstruktion von Wissen bedarf einer expliziten Personenorientierung. Dafür müssen in die Teamarbeit individuelle Wissensbeiträge für eine ad hoc Problemlösung eingebracht werden (vgl. Lehner, Berger 2001, 10), da das kooperative Wissen an das individuelle anknüpft und über einen Vergleich des Individuums mit dem Kollektiv lernbasierte Entscheidungsschleifen auslöst (vgl. 3.1.5.3). Da individuelle und teamspezifische Interessen häufig divergieren, muss das Team bei Konflikten fähig sein, gemeinsam Kompromisse kritisch und konstruktiv herauszuarbeiten und einzugehen.

Es empfiehlt sich die Personenorientierung als expliziten Wert der Medien-Teamkultur zu internalisieren (vgl. Bullinger, Hofmann 2002, 181). Das Teammanagement kommuniziert sie über digitale Medien und initiiert sie über zusätzliche personenorientierte

Steuerungsmaßnahmen (vgl. 4.3.1.1.1). Umsetzen und verwirklichen muss sie jedoch das Team selbst. Dabei ist zu berücksichtigen, dass der Aufbau einer Teamkultur zeitaufwendig ist und von der Art (persönliche versus unpersönliche), der Intensität (intensiv versus sporadisch), der Häufigkeit (einmalige versus mehrmalige) und der Wirkung (affektiv, kognitiv, konotativ) des Kooperationsereignisses, d. h. der Interaktion im Team (vgl. 3.3.3.2) abhängt.

Folglich ist diese über Medien wahrgenommene und kognitiv verarbeitete personenorientierte Interaktion durch *face to face-Kontakte* zu ergänzen, um unterschiedliche Interpretationen zu klären (vgl. 4.2.1.2). Dies ist erforderlich, wenn personen- oder teamspezifische Verhaltensweisen für die Teambildung erkannt, Verhaltensspielräume an Teams als Wertträger zur Teamsteuerung übergeben, diese an die Unternehmung auch ex post der Teamarbeit gebunden und Vertrauen als Koordinations- und Kontrollmechanismus sowie zur Entwicklung einer Teamkultur eingesetzt werden soll. Trotz der grundsätzlichen raum- und zeitverteilten Teamarbeit ist deshalb das Bewusstsein einer face to face-Leistungsabhängigkeit zu entwickeln, von allen einzufordern und umzusetzen.

- Ungewissheitsakzeptanzstrategie

Ebenso wie face to face-Kontakte eine Personenorientierung nicht automatisch gewährleisten können, können face to face-Kontakte nicht zwangsläufig den Aufbau von Vertrauen sicherstellen. Ebenso bestehen bei der Einordnung von Mustern oder der Verknüpfung von Wissenselementen in den Kontext der Teamarbeit weiterhin unlösbare Mess- und Zurechnungsprobleme, da sie auf individuellen, kognitiven Verarbeitungsprozessen basieren und Interpretationsspielräume nicht vermeiden können. Es verbleiben Restrisiken der Einordnung der Teamarbeit in den Wertschöpfungsprozess, der Teambildung, der Teamsteuerung und der Erfolgskontrolle. Zusammen erhöhen sie das unternehmerische Risiko.

### *4.4.2 Zwischenergebnis: Lernbasiertes Entscheiden als medien- und intensivierter innengesteuerter Prozess*

Die einzelnen Steuerungsmaßnahmen des *Teammanagements unter Ungewissheit mit Medieneinsatz* knüpfen an die Ungewissheitsstrategie bei Medieneinsatz an (vgl. 4.2.5.4). Diese baut auf der Ursachenstruktur der Ungewissheitsanalyse bei Medieneinsatz mit ihren Polaritäten auf (vgl. 4.2.5.1). Insgesamt lassen sich folgende Schlussfolgerungen für die Steuerungsmaßnahmen ableiten:

- Trichtermodell: Die ex ante Teamarbeit des Managementteams ist über einen simplifizierten Arbeitshintergrund mit reichhaltigen Medien zu intensivieren, wenn die Ungewissheit sukzessiv über eine medienbasierte Kokonstruktion von Wissen zu konkretisieren ist. Dabei muss der Teammanager über professionelle multitasking-Fähigkeiten verfügen, wenn Flexibilität und Schnelligkeit gegenüber externen Marktpartnern wettbewerbsentscheidend sind. Doch erst face to face-Kontakte können langfristig eine Personen- und eine Teamkultur entwickeln. Ex post sind die restriktiven Entscheidungen zu verknüpfen und deren Ergebnisse in das organisatorische Gedächtnis und die entwickelte Kultur in die Unternehmungskultur zu transferieren;

- Teambildung: Die Bewerber und das Teammanagement müssen qualitative Leistungsanforderungen erfüllen, wenn die beidseitige personenspezifische Medienprofessionalität über den Erfolg der Auswahl entscheidet. Die Teambildung ist mehrstufig für das Kernteam im Zeitpunkt ($t_{-1}$) sowie für das Unterstützungsteam in ($t_0$) gleichzeitig vernetzt umzusetzen, um zeitliche Nähe bei räumlicher Distanz zu schaffen. Dabei sind zusätzliche Maßnahmen der Personenorientierung erforderlich, wenn der Aufgabenbezug dominiert. Auf face to face-Kontakte darf nicht verzichtet werden, da ansonsten Vertrauen als Koordinationsmechanismus bei der zukünftigen Teamarbeit nicht greift;
- Teamsteuerung: Die dreifache Verantwortung (Aufgaben-, Personal- und Medienverantwortung) ist an das Kern- und Unterstützungsteam zu delegieren, um Verhaltensspielräume zu gewährleisten. Professionelle Eventualentscheidungen sind aktiv in einem ganzheitlichen Bezugsrahmen einzufordern, um über lernbasierte Entscheidungsschleifen ein schnelles Reaktionsvermögen für unvorhersehbare Restriktionen zu entwickeln. Face to face-Kontakte sind zu schaffen, wo individuelle und kooperative Wertträger durch Verhaltensspielräume an die Unternehmung gebunden werden sollen;
- Erfolgskontrolle: Mediale und persönliche Referenzkontrollen sind in die vernetzt wahrzunehmende Kontrollverantwortung zu integrieren, wenn die Einflussgrößen (Aufgabe, Personal, Medien) zeitvernetzt und ganzheitlich zu berücksichtigen sind. Trotz einer grundsätzlichen raum- und zeitverteilten Teamarbeit sind face to face-Kontakte zu initiieren, wenn Vertrauen aufzubauen ist und unmittelbare Kontrollen die Anwesenheit oder die Teamdynamik benötigen.

Als Zwischenergebnis ist festzustellen, dass das Teammanagement unter Ungewissheit mit Medieneinsatz eine verteilte und fragmentierte *Verantwortungs- und Entscheidungskoordination* mit gesteigerten Qualifikationsanforderungen aufweist. Die Qualität des *Wissensmanagements* bestimmt das Einsatzpotenzial der Verantwortungs- und Entscheidungsstruktur in zweifacher Weise. Sie stellt intensivierte Qualifikationsanforderungen zur Bewältigung der Ungewissheit (vgl. 3.3.5) und zum Umgang mit der Mediensituation. Diese verlangt die Handhabung des Medienparadoxons (vgl. 4.3.5) vor dem Hintergrund der konstitutiven Merkmale des Teammanagements unter Ungewissheit mit Medieneinsatz (vgl. 4.2.5.1). Dies sind: nicht vollkommen nutzbare Medienpotenziale, eine begrenzt generierbare Daten- und Wissensbasis und eine erschwerte Wissensteilung. Das Wissensmanagement veranlasst dafür über lernbasierte Entscheidungsschleifen formelle und informelle Entscheidungsprozesse und Beziehungsstrukturen. Wegen des Selbstmanagement und der zwingenden face to face-Kontakte ist die lernbasierte Entscheidung nicht ausschließlich mediengesteuert. Vielmehr kombiniert sie den Prozess der Mediensteuerung (vgl. 4.3.5) mit dem der Innensteuerung (vgl. 3.3.5). Die Innensteuerung ist bei Ungewissheit intensiviert, da das Wissensmanagement sie zweifach einfordert.

Kann der Medieneinsatz über das Wissensmanagement sukzessiv Lernergebnisse erzielen und die Wissensasymmetrie derart abbauen, dass zunehmend subjektive Wahrscheinlichkeitsverteilungen gebildet werden können, ermöglicht der Medieneinsatz schrittweise den Übergang aus der Ungewissheits- in die Risikosituation mit Medieneinsatz. Durch diese Wissensexplorationsprozesse nähert sich die Teamarbeit unter Ungewissheit der Risikosituation, so dass die Annahme einer statischen Ungewissheitssituation aufzuheben ist. Der Ungewissheitsfall unterscheidet sich von dem Risikofall nur unwesentlich, so dass diese Differenzierung – die hier aus analytischen Gründen beibehalten werden soll – aufzuheben ist. Kann das Wissensmanagement diese Wissensexploration nicht erreichen, ist die Trennung beizubehalten. Die Erfolgswahrscheinlichkeit der Teamarbeit unter Ungewissheit mit Medieneinsatz sinkt jedoch erheblich.

## 4.5 Zweites Teilergebnis: Teammanagement mit Medieneinsatz als virtueller lernbasierter Entscheidungskreislauf

Als zweites Teilergebnis für das *Teammanagement unter mehrwertiger Erwartung mit Medieneinsatz* stellt Abbildung 26 die *Bausteinanalyse* (kursiv gekennzeichnet) den abgeleiteten *Steuerungsmaßnahmen* (durch Aufzählungszeichen markiert) gegenüber. Für deren detaillierte Zusammenfassung soll auf die Zwischenergebnisse in den Kapiteln 4.2.5.1, 4.3.5 und 4.4.2 verwiesen werden.

Für die *Bausteinanalyse* lässt sich insgesamt festhalten, dass der Medieneinsatz unter Risiko die Aufgabenorientierung erhöht und aufgabenbedingte Leistungsvorteile (vgl. 2.2.2.1) auslösen kann. Demgegenüber schwächt er die Personenorientierung und verhindert die Auslösung personenbedingter Leistungsvorteile (vgl. 2.2.2.2), so dass die allokationsbedingten Potenziale der Teamarbeit nicht genutzt werden können (vgl. 2.2.2.3). Unter Ungewissheit schwächt der Medieneinsatz die Aufgaben- und Personalorientierung gleichermaßen. Den konstitutiven Merkmalen der Ungewissheit bei Medieneinsatz (nicht vollkommen nutzbare Medienpotenziale, begrenzt generierbare Daten- und Wissensbasis, erschwerte Wissensteilung; vgl. 4.2.5.1) ist insbesondere die Erfolgskontrolle ausgesetzt, da sie die anderen Bausteine miteinander vernetzt (vgl. 2.3.2).

Die abgeleiteten *Steuerungsmaßnahmen* des Prozessmodells mit Medieneinsatz bauen auf dem bekannten Prozessmodell des Teammanagements ohne Medieneinsatz auf. Sie erhalten es in seiner formalen Grundstruktur, wenngleich die alternativen Gestaltungsmöglichkeiten des vernetzten Prozessmodells sich wegen der Vielzahl unterschiedlicher System- oder Medienkonstellationen differenzieren. Deshalb ist die Teammanagemententscheidung individuell auf jeder Stufe vor dem Hintergrund des medialen Marktangebotes zu treffen.

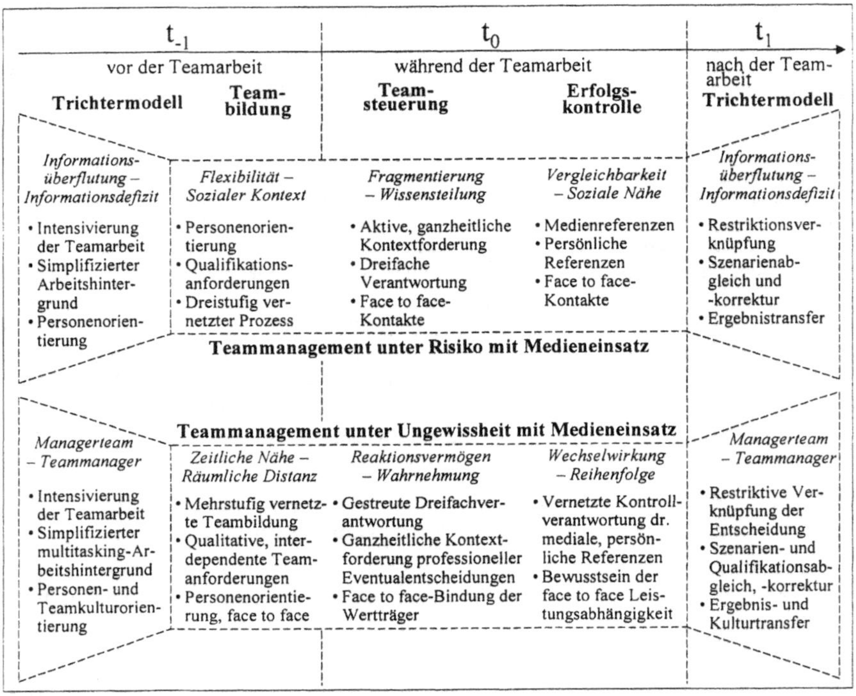


**Abbildung 26: Zeitstruktur des Teammanagements unter mehrwertiger Erwartung mit Medieneinsatz; eigene Darstellung**

Dabei verdeutlichen die zuvor aufgezeigten, ausgewählten digitalen Dienstleistungen oder Systeme lediglich Ansatzpunkte für deren Umsetzung, die keinesfalls vollständig sind. Es ist zu betonen, dass eine umfassende, weitgehend vollkommene Abbildung des Marktangebotes hier auch nicht verfolgt wird, da dieses erstens grundsätzlich situativ an den Unternehmungsbedingungen und den -anforderungen ausgerichtet werden muss und zweitens aufgrund der Dynamik der Informations- und Kommunikationstechnologie auch keine universellen Verhaltens- und Gestaltungsempfehlungen liefern kann.

Die *Verantwortungs- und Entscheidungsstruktur* ist *unter Risiko bei Medieneinsatz* fragmentiert und verlangt eine medienbasierte Personalisierung sowie face to face-Kontakte. Sie entwickelt das lernbasierte Entscheiden als einen medien- und innengesteuerten Prozess. Demgegenüber ist sie *unter Ungewissheit bei Medieneinsatz* fragmentiert und auf mehrere Teams verteilt. Die Qualität des Wissensmanagements bestimmt das Einsatzpotenzial der Verantwortungs- und Entscheidungsstruktur in zweifacher Weise. Dies stellt intensivierte Qualifikationsanforderungen an das Kern- und Unterstützungsteam und löst informelle Entscheidungsprozesse aus. Die Konsequenz ist ein medien- und intensivierter innengesteuerter Prozess.

Das *Wissensmanagement* intensiviert *unter Risiko bei Medieneinsatz* die Qualifikationsanforderungen an das Teammanagement und das Teams. Dafür sind formelle und informelle Prozesse der Wissens(ver)teilung sowie formelle und informelle Beziehungsstrukturen zu entwickeln, deren Möglichkeiten jedoch durch das Medienparadoxon reduziert sind. Eine symmetrische Verteilung der Professionalität bei allen Beteiligten (vgl. 3.4) kann nicht mehr erwartet werden. Dies gilt auch für die *Ungewissheit mit Medieneinsatz*. Hierbei lösen zusätzliche personelle, medienbasierte Steuerungsmaßnahmen und face to face-Kontakte über die lernbasierten Entscheidungsschleifen informelle Entscheidungsprozesse aus. Es entwickeln sich formelle und informelle Prozesse der Wissens(ver)teilung sowie Beziehungsstrukturen. Dadurch bestimmt das Wissensmanagement die Verantwortungs- und Entscheidungsstruktur. Die intensivierten Qualifikationsanforderungen sind bei Ungewissheit mit Medieneinsatz zweifach verursacht. Das Wissensmanagement verlangt von dem Kern- und dem Unterstützungsteam spezifische Qualifikationen zur Bewältigung der Ungewissheit und zum Umgang mit der Mediensituation. Die Mediensituation bestimmt sich über das Medienparadoxon und über die konstitutiven Merkmale des Teammanagements unter Ungewissheit.

Dabei gewinnt die Rückkopplung der Teamprozess über die lernbasierten Entscheidungsschleifen und der ex ante und ex post Einordnung der Teamarbeit in den Wertschöpfungsprozess der Unternehmung an Bedeutung. Bei mehrwertigen Erwartungen lernt das Team nicht nur im Team, sondern über das Team hinaus. Je größer der Lernerfolg ist, desto mehr ist eine Wandlung der Ungewissheits- zur Risikosituation zu erwarten, da Wissensasymmetrien zunehmend abgebaut werden können. Dies führt dazu, dass die Annahme einer statischen Ungewissheitssituation aufzuheben ist. Für den Fall, dass der Medieneinsatz die Wissensasymmetrie derart abbauen kann, dass eine Risikosituation entsteht, geht der Ungewissheitsfall mit Medieneinsatz vollständig in dem Risikofall mit Medieneinsatz auf. Eine Trennung zwischen Risiko und Ungewissheit ist dann – wie sie hier aus analytischen Zwecken weiter vorgenommen wird – nicht mehr erforderlich. Kann das Wissensmanagement jedoch keine weitere Wissensexploration erreichen sinkt die Erfolgswahrscheinlichkeit der Teamarbeit mit Medieneinsatz erheblich.

Insgesamt zeigt sich, dass der virtuelle lernbasierte Entscheidungskreislauf die bei Medieneinsatz erhöhte mehrwertige Erwartung nicht vollkommen klären kann. Deshalb erfordert der Einsatz von Medien bei der Teamarbeit ein Teammanagement, welches als Minimalanforderung der Teamarbeit mit Medieneinsatz einen Mindestqualitätsstandard für die global generierte, gespeicherte und medienvermittelte Information festlegt. Dieser muss sich auf Aktualität, Genauigkeit, Wahrheit, Vollständigkeit, Schnelligkeit und Vertraulichkeit beziehen.

Die Mehrwertigkeit der Erwartungen erhöht sich bei Medieneinsatz, je unklarer die Teamaufgabe ist, je weniger zusätzliche personelle Steuerungsmaßnahmen oder face to face-Kontakte initiiert werden und je unspezifischer die digitalen Medien der Komplexität der Kommunikationsbeziehung angepasst werden. Kann das Team diese Anforderungen nicht erfüllen, ist die Teamarbeit weder effektiv noch effizient umsetzbar, da die Teamarbeit bei Medieneinsatz eine verstärkte enge inhaltliche Verknüpfung der Lern- und Entscheidungsprozesse erfordert. Neben einer begrenzten authentischen

Darstellung des Aufgaben-, Personen- und Medienkontextes reduziert dieser Kooperationsaufwand die Eignung der Teamarbeit und damit des Teammanagements. Bei einer hohen mehrwertigen, d. h. insbesondere ungewissen Entscheidungssituation empfiehlt es sich daher, auf deren Einsatz gänzlich zu verzichten, sofern spezifische und strategisch bedeutende Fachqualifikationen einzelner raum- und zeitlich verteilter Teammitglieder die Transaktionskosten der identitätsstiftenden Kooperation nicht kompensieren.

Für das auf die *Entscheidungen des Teammanagements* reduzierte vernetzte Prozessmodell (vgl. 3.4) steigert der *Medieneinsatz* den Komplexitätsgrad der Entscheidung. Denn jeder einzelnen Entscheidungsoption der Teamarbeit sind die weiteren Entscheidungsoptionen des Medieneinsatzes, der Personenorientierung, der face to face-Kontakte oder einer situativ anforderungsgerecht gewichteten Kombination davon unterzuordnen und bei der Entscheidungsfindung einzubeziehen.

# 5 Gesamtergebnis und offene Probleme

## 5.1 Vergleich des Teammanagements bei mehrwertigen Erwartungen unter Einschluss von Medieneinsatz

Die vorliegende Arbeit präzisiert das entscheidungsorientierte Teammanagement bei mehrwertigen Erwartungen unter Berücksichtigung von Medieneinsatz als vergleichende Konzeption über vier Analyseschritte (vgl. Abb. 27).

**Risiko ohne Medieneinsatz (vgl. Kapitel 3.2.5)**

- *Verantwortungs- und Entscheidungsstruktur*
  - Ausgeprägt
  - Permanentes Fremdmanagement
  - Partizipatives Team
- *Wissensmanagement*
  - Symmetrische Verteilung der Professionalität auf alle Beteiligten
  - (In)formelle Prozesse der Wissens(ver)teilung

⇨ **Außengesteuerter Prozess**

**Risiko mit Medieneinsatz (vgl. Kapitel 4.3.5)**

- *Verantwortungs- und Entscheidungsstruktur*
  - Fragmentiert
  - Medienbasierte Personalisierung
  - Face to face-Kontakte
- *Wissensmanagement*
  - Reduzierten Möglichkeiten der (in)formellen Wissensprozesse und Beziehungsstrukturen wegen Medienparadoxon
  - Intensivierte Qualifikationsanforderungen

⇨ **Medien- und innengesteuerter Prozess**

**Ungewissheit ohne Medieneinsatz (vgl. Kapitel 3.3.5)**

- *Verantwortungs- und Entscheidungsstruktur*
  - Verteilt auf mehrere Teams
  - Informelle Entscheidungsprozesse über lernbasierte Entscheidungsschleifen
  - Partizipatives Fremdmanagement
  - Permanentes Selbstmanagement
- *Wissensmanagement*
  - Qualität bestimmt Einsatzpotenzial der Verantwortungs- und Entscheidungsstruktur
  - (In)formelle Beziehungsstrukturen
  - Hohe Qualifikationsanforderungen

⇨ **Innengesteuerter Prozess**

**Ungewissheit mit Medieneinsatz (vgl. Kapitel 4.4.2)**

- *Verantwortungs- und Entscheidungsstruktur*
  - Verteilt und fragmentiert
  - Informelle Entscheidungsprozesse über lernbasierte Entscheidungsschleifen mit medienbasierter Personalisierung und face to face
- *Wissensmanagement*
  - Qualität bestimmt Einsatzpotenzial der Verantwortungs- und Entscheidungsstruktur zweifach
  - Reduzierten Möglichkeiten der (in)formellen Wissensprozesse und Beziehungsstrukturen wegen Ungewissheit und Mediensituation
  - Mediensituation: Medienparadoxon und konstitutiven Merkmalen
  - 2-fach intensivierte Qualifikationsanforderung

⇨ **Medien- und intensivierter innengesteuerter Prozess**

**Abbildung 27: Lernbasierte Entscheidungssituationen des Teammanagements; eigene Darstellung**

Untersucht wurden die Bausteine des Teammanagements zur langfristigen Steuerung von Entscheidungen in Teams unter Risiko ohne Medieneinsatz, unter Ungewissheit ohne Medieneinsatz, unter Risiko mit Medieneinsatz sowie unter Ungewissheit mit Medieneinsatz.

Für jeden Baustein des Teammanagements (Trichtermodell, Teambildung, Teamsteuerung, Erfolgskontrolle) wurden spezifische mehrwertige Erwartungen (Risiken und Ungewissheiten) identifiziert und Steuerungsmaßnahmen als Ansatzpunkte für Lösungsmöglichkeiten mit ihren Grenzen der Lösbarkeit abgeleitet. Abbildung 27 fasst die erarbeiteten Unterschiede der jeweiligen lernbasierten Entscheidenssituationen für die Verantwortungs- und Entscheidungsstruktur und für das Wissensmanagement zusammen. Für deren detaillierte Zusammenfassung soll auf die Teilergebnisse in den Kapiteln 3.4 und 4.5 verwiesen werden.

Das bisher schrittweise Erreichte ist nun für das *Teammanagement bei mehrwertigen Erwartungen* zusammenzuführen. Dafür ist jeweils der Risiko- bzw. Ungewissheitsfall ohne Medieneinsatz mit dem Risiko- bzw. Ungewissheitsfall mit Medieneinsatz vor dem Hintergrund der obigen Teilerkenntnisse zu vergleichen.

- Teammanagement unter Risiko ohne Medieneinsatz versus Teammanagement unter Risiko mit Medieneinsatz

Im ersten Vergleichsfall unterscheidet sich das Teammanagement unter Risiko ohne Medieneinsatz von dem mit Medieneinsatz dadurch, dass die zuerst getroffene *Prämisse* der Mediensicherheit bei einem hinreichenden Wissensstand des Teammanagements über Aufgabe und Personal aufgehoben wird.

Für die *Risikoanalyse* bedeutet die Auflösung der Annahme der Mediensicherheit, dass die Risiken ohne Medieneinsatz in einem positiven (negativen) Zusammenhang zu den Risiken mit Medieneinsatz stehen und den Erwartungswert des Gesamtrisikos erhöhen (reduzieren) können. Auf aggregiertem Niveau des Gesamtrisikos sind Netto-Risiken auszuweisen, um kompensatorische oder kumulative Risikoeffekte zu berücksichtigen (vgl. Burger, Buchhart 2002, 95). Der Medieneinsatz als Strukturvariable verstärkt (reduziert) folglich die zuvor identifizierten Polaritäten ohne Medieneinsatz. Das Unterstützungspotenzial der Medien korreliert zumeist positiv, da es die Aufgabenorientierung und damit die Genese aufgabenbedingter Leistungsvorteile stärkt. Demgegenüber unterminiert der Medieneinsatz die Personenorientierung und damit nicht nur die Genese personal- sondern auch allokationsbedingter Leistungsvorteile. Ist zugleich ein hoher Schadenswert der personalbedingten Gesamtrisiken ohne Medieneinsatz zu erwarten, wird eine erfolgreiche Teamarbeit mit Medieneinsatz unwahrscheinlich.

Ferner wird durch einen Vergleich mit der Literatur sichtbar, dass viele Leistungsnachteile, wie z. B. der kooperative Abstimmungsbedarf oder die Verifizierung von Qualifikationen, ausschließlich auf die Einflussgröße der Medien zurückgeführt werden. Oft sind sie jedoch durch die Einflussgrößen der Aufgabe oder des Personals verursacht (vgl. 2.2.2). Als Folge dieser undifferenzierten Zuordnung können für die Maßnahmen falsche Ansatzpunkte gesetzt werden. Die vorangegangenen Ausführungen stellen eine erste Strukturierung und Vorüberlegung dar. Sie sensibilisieren für eine medienvergleichende Differenzierung. Dies löst zwingend weiteren Forschungsbedarf aus (vgl. 5.2).

Ein *Vergleich der Risikosteuerungsmaßnahmen* zeigt, dass zusätzliche Steuerungsmaßnahmen für eine medienbasierte Personalisierung und face to face-Kontakte die Leistungsvorteile der Medien kompensieren können (vgl. Abb. 27). Je stärker dabei der Medieneinsatz und je höher der Grad der Vernetzung ist, desto mehr personenorientierte Steuerungsmaßnahmen sind erforderlich. Auf eine globale Vernetzung ist wegen ihres Multiplikatoreffekts umso eher zu verzichten, je größer der Erwartungswert der medienbedingten Gesamtrisiken aus der Unterstützung des Medieneinsatzes ist. Dadurch, dass das lernbasierte Entscheiden sich von einem außengesteuerten zu einem medien- und innengesteuerten Prozess wandelt sind zusätzlich formelle und informelle Beziehungsstrukturen zu entwickeln. Diese sowie die ohne Medieneinsatz entwickelten Prozesse der Wissens(ver)teilung werden jedoch durch den Medieneinsatz infolge des Medienparadoxons reduziert. Durch diese medienbedingte Veränderung stellt das Wissensmanagement intensivierte Qualifikationsanforderungen an das Teammanagement und das Team, um das Einsatzpotenzial des vernetzten Prozessmodells der Verantwortungs- und Entscheidungsstruktur nutzen zu können.

- Teammanagement unter Ungewissheit ohne Medieneinsatz versus Teammanagement unter Ungewissheit mit Medieneinsatz

Das Teammanagement unter Ungewissheit ohne Medieneinsatz unterscheidet sich von dem mit Medieneinsatz dadurch, dass die zuerst getroffene *Prämisse* der Mediensicherheit bei einem unzureichenden Wissensstand des Teammanagements über Aufgabe und Personal aufgehoben wird.

Für die *Ungewissheitsanalyse* ist festzustellen, dass die Ungewissheit den Wirkungszusammenhang der Einflussgröße der Aufgabe und des Personals unterbindet, so dass mit dem durch den Medieneinsatz reduzierten Leistungspotenzial die Auslösung allokationsbedingter Leistungsvorteile unwahrscheinlich wird. Die digitalen Medien können die Entwicklung insbesondere aufgabenorientierter Leistungsvorteile durch sein Unterstützungspotenzial fördern, wenn eine wahre Informationsbasis geschaffen werden kann. Dem stehen jedoch das Medienparadoxon und die konstitutiven Merkmale der Ungewissheit bei Medieneinsatz entgegen. Dadurch sind Medienpotenziale nicht vollkommen nutzbar, ist eine fundierte Daten- und Wissensbasis lediglich begrenzt generierbar und ist Wissen schwer kooperativ zu teilen. Über die Erfolgskontrolle wirken diese Restriktionen vernetzt auf das lernbasierte Entscheiden. Die durch das Medienparadoxon ausgelösten Mess- und Zurechnungsprobleme sind bekannt.

Die Auflösung der Sicherheitsannahme der Medien bewirkt für die *Ungewissheitssteuerungsmaßnahmen*, dass nicht nur zusätzliche Steuerungsmaßnahmen für eine medienbasierte Personalisierung und face to face-Kontakte, sondern auch für eine sukzessive Aufgabenexploration nötig sind (vgl. Abb. 27). Dies manifestiert sich darüber, dass das Wissensmanagement über die lernbasierten Entscheidungsschleifen die Verantwortungs- und Entscheidungsstruktur nicht nur unterstützt sondern bestimmt, indem es informelle Entscheidungsprozesse auslöst. Wird dabei vernachlässigt, dass der Ungewissheitsfall auf den Erfahrungswerten des Risikofalls aufbauen muss, kann das Teammanagement nicht ad hoc auf Veränderungen reagieren. Das Teammanagement ist gegenüber dem ungewissen Entscheidungsprozess nicht medienspezifisch sensibilisiert. Die reduzierten Möglichkeiten der (in)formellen Wissensprozesse und Beziehungsstrukturen aufgrund der unvollkommenen Explorierbarkeit, des Medienparadoxons und der medienspezifischen konstitutiven Ungewissheitsmerkmale zeigen ferner, dass der Teamerfolg individuumsabhängig ist. Denn das zwingend team- und medienfähige Individuum gestaltet die zwischenmenschlichen Beziehungen bei der multipersonellen Problemlösung selbst. Dies verhindert die beliebige Austauschbarkeit von geeigneten Teammitgliedern oder professionellen Teams. Voraussetzung ist jedoch, dass sie die dafür erforderlichen intensivierten Qualifikationsanforderungen erfüllen können. Je stärker sich der innengesteuerte Prozess des lernbasierten Entscheidens zu einem medien- und intensivierten innengesteuerten Prozess verändert, desto höher sind die Anforderungen an das Team und das Teammanagement und desto mehr ist in die Einflussgröße des Personals zu investieren.

- Konsequenzen für das entscheidungsorientierte Teammanagement

Diese Gegenüberstellung verdeutlicht, dass einerseits bei zunehmender Risikosituation die Innensteuerung verstärkt die Außensteuerung ersetzt. Es sind also umso weniger explizite Teammanagement-Eingriffe erforderlich, je geringer die Risiken sind. Je größer andererseits die Ungewissheitssituation ist, desto mehr wandelt sich die Ungewissheitssituation in eine Risikosituation. Mit abnehmender Ungewissheitsexploration reduziert sich jedoch gleichzeitig auch die Erfolgswahrscheinlichkeit der Teamarbeit.

Unter Berücksichtigung des Medieneinsatzes lassen sich folgende Schlussfolgerungen ableiten: Kann der Medieneinsatz bei einer ungewissen Entscheidungssituation über das Wissensmanagement insbesondere im Rahmen der Einordnungs- und Auswahlentscheidung sukzessiv Lernergebnisse erzielen, können Wissensasymmetrien abgebaut werden. Infolge dessen können subjektive Wahrscheinlichkeiten gebildet werden, womit sich der Ungewissheitsfall nur unwesentlich von dem Risikofall unterscheidet. Die Differenzierung in Risiko- und Entscheidungssituation ist schließlich aufzuheben (vgl. Abb. 28).

Abgesehen von der Aufgabe, dem Personal und den Medien als intervenierende Variablen wurden für die vorangegangene Analyse weitere Annahmen getroffen. Deren schrittweise Aufhebung lässt offene Probleme erkennen, die im Anschluss kurz zu erläutern sind.

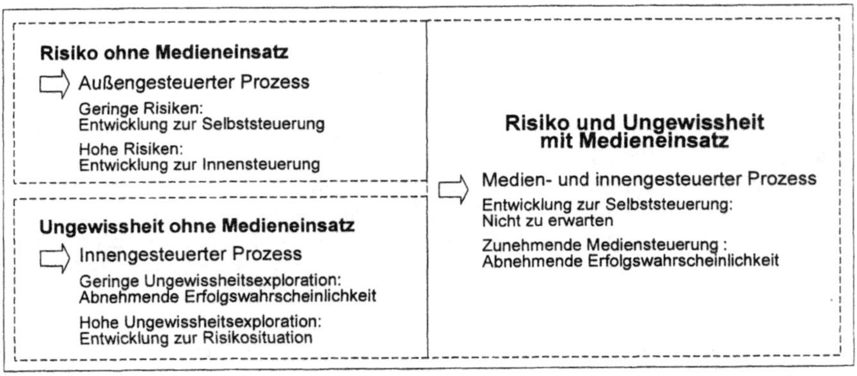


**Abbildung 28: Reduzierte lernbasierte Entscheidungssituationen des Teammanagements; eigene Darstellung**

## 5.2 Offene Probleme

Die Ergebnisse dieser Arbeit basieren auf der Annahme eines exemplarischen Entscheidungsmusters (vgl. 2.3.4.1). Die vergleichende Konzeption des Teammanagements zur langfristigen Steuerung von Entscheidungen in Teams unter mehrwertiger Erwartung ohne und mit Medieneinsatz baut daher weniger auf einer selektiven Ermittlung einzelner mehrwertiger Erwartungen zur Ableitung einzelner geeigneter Steuerungsmaßnahmen auf. Vielmehr wurde aus deren Clusterung ein vernetztes Prozessmodell des Teammanagements abgeleitet. Es kann daher nicht ausgeschlossen werden, dass Risiken oder Ungewissheiten bei diesem exemplarischen Entscheidungsmuster unbeachtet bleiben. Gleichzeitig wurde die Annahme getroffen das Team als eigenständige Untersuchungseinheit zu verstehen. Diese Prämisse wurde bereits während der Analyse für die Zusammenarbeit des Kern- und des Unterstützungsteams aufgehoben. Wenngleich dieser Zwei-Team-Fall noch kein Multi-Team-Projekt darstellt, wurde für deren Zusammenarbeit mit Medieneinsatz bereits ein hoher Koordinationsaufwand festgestellt (vgl. 4.4.1). Weil sich teamspezifische Kooperationen bei Medieneinsatz zunehmend unternehmungsübergreifend gestalten, ist zu erwarten, dass auch der Koordinationsaufwand bei Multi-Team-Projekten zunimmt. Hierzu liefert die Literatur erste Ansätze für eine teamübergreifende Problemlösung (vgl. Wurst 2001, 47-53; Wurst, Högl, Gemünden 2001, 219-236), die vor dem vorgestellten Hintergrund mehrwertiger Erwartung und des Medieneinsatzes weiterentwickelt werden können. Wie der hohe Koordinationsaufwand schließlich gehandhabt werden kann, wenn die Teams z. B. in einer Netzwerkkonstellation rechtlich unabhängiger Unternehmen zusammenarbeiten, stellt bislang ebenfalls ein offenes Problem dar. Zudem können in diesem Analyserahmen die Steuerungsmaßnahmen der Teamstrategie durch die Steuerungsmaßnahme der Überwälzung ergänzt werden (vgl. 3.1.5.2), wodurch Störungen auf andere Systeme, wie z. B. auf Versicherungen oder auf Lieferanten übertragen werden. Offen ist, wie diese Streuungseffekte z. B. die eigene Verhandlungsposition gegenüber Geschäftspartnern beeinflussen können. In diesem Zusammenhang ist auch der festgestellte Forschungsbedarf von Netzeffekten als heterogene Schnittstelle organisatorischer, personalwirtschaftlicher und strategischer Forschungsfelder (vgl. 4.1) einzuordnen.

Eine weiter erkannte Konsequenz der zunehmenden Vernetzung sind globale Märkte und international agierende Unternehmungen (vgl. 4.1). Löst man weiterhin die Annahme des Teams als eigenständige Untersuchungseinheit auf, verlangt dieses globale Wachstum zusätzlich soziokulturelle Untersuchungen. Zu analysieren sind für das Management soziokulturell gemischter Teams z. B. die soziokulturellen Einflüsse auf den Medieneinsatz oder auf die Teamkultur. Dabei darf jedoch die Teamdynamik nicht vernachlässigt werden, die durch lernbasierte Entscheidungsschleifen im Zeitablauf ausgelöst wird. Es ist ergänzend zu untersuchen, ob, und wenn ja wie die Teamentwicklung den Wachstumsprozess der Unternehmung bestimmt.

Weiter verfolgt die vorliegende Arbeit nicht das Ziel eine Konzeption des Risikomanagements zu entwickeln, weshalb auf Frühwarnsysteme nur vereinzelt hingewiesen wurde (vgl. 3.2.1.1.1, 3.2.4.1, 3.3.4.2). Dennoch lässt sich weiterführend die vorausgegangene Bausteinanalyse in eine Konzeption des Risikomanagements integrieren. Dies erfordert eine differenzierte Beobachtung von Frühwarnindikatoren für die aufgaben-, personal- und medienbedingten Risiken bzw. Ungewissheiten (vgl. Drumm 2003c, 4). Dafür sind die Risiko- bzw. Ungewissheitsursachen konsequent mit Frühwarnindikatoren zu verknüpfen. Insbesondere deren Eignung sollte empirisch verifiziert werden. Die Bewertung der mehrwertigen Erwartung (vgl. 3.1.5.2) kann z. B. weitergeführt werden, indem die mehrwertige Erwartung als Produkt der potenziellen Eintrittswahrscheinlichkeit der mehrwertigen Erwartung und seiner potenziellen Mindestschadenshöhe zusätzlich mit der subjektiven Wahrscheinlichkeit der Erkennung der mehrwertigen Erwartung multipliziert wird (vgl. Kempkes, Bindhardt 2003, 52).

Überdies zeigt die obige Analyse, dass der Teammanager oder das Team nur Lösungsbeiträge liefern können, wenn sie den Lösungsweg kennen. Sie müssen über überdurchschnittliche Lernfähigkeiten und -bereitschaft verfügen und für die aufgaben-, personal- und medienbedingten Risiken sensibilisiert sein. Damit wird die aufgaben-, personal- und medienbedingte Lernfähigkeit und -bereitschaft zum konstitutiven und gleichzeitig zum mehrwertigen Element des Teamerfolges. Daher ist die Personalentwicklung – wie die Steuerungsmaßnahmen des vernetzten Prozessmodells insbesondere bei Ungewissheit zeigen – auf die bei Ungewissheit noch unbekannten Entscheidungsaktivitäten und Verhaltensweisen des Personals auszurichten. In diesem Zusammenhang steht auch das bekannte Erkenntnisdefizit eines ganzheitlichen Prozessansatzes (vgl. 4.3.1.1.1), der verschiedene organisatorische oder personalwirtschaftliche Funktionsfelder vernetzt berücksichtigt und die Auswirkungen eines differenzierten Medieneinsatzes aufzeigt.

Auf diesen Erkenntnissen aufbauend kann erneut die Annahme des Teams als eigenständige Untersuchungseinheit aufgelöst werden. Dadurch werden die einzelnen Teammitglieder mit ihren Werten, Interessen und teamspezifischen Verhaltensweisen und deren Veränderung im Zeitablauf durch Lernprozesse zum Analysegegenstand.

Dies verlangt u. a. die Untersuchung von Führungsmaßnahmen. Obwohl die Führung in dieser Arbeit ausgeklammert wurde, lässt sich aus den abgeleiteten Ergebnissen schlussfolgern, dass traditionelle Führungsinstrumente nur unzureichende Führungsmöglichkeiten bieten. Weiterführend können spezifische Mechanismen einer vernetzten Teamführung oder Selbstführung mit individuellen medienspezifischen Anreizen aus verhaltenswissenschaftlicher Perspektive entwickelt werden.

Da dieser Arbeit ein entscheidungstheoretischer Analyserahmen zugrundeliegt, übernehmen die Transaktionskosten die Funktion einer Entscheidungsregel (vgl. 3.1.4.1.1.2). Aus Perspektive der Institutionenökonomik entstehen Transaktionskosten durch Verträge zwischen Marktpartnern die Vereinbarungen über eine wechselseitige Aufgabenerfüllung unvollkommen erfassen und gegen Mängel abgesichert werden müssen (vgl. Coase 1937, 386-405; Williamson 1975, 82-263; Picot 1982, 270; Eigler 1995, 83; Drumm 2000a, 19). Der Teamarbeit liegt demnach ein Vertrag zwischen Auftraggeber und Teammanagement zugrunde, der gegen Fehlfunktionen abzusichern ist. Dafür ist das Teammanagement nach den verschiedenen Arten der Transaktionskosten zu klassifizieren. Beispielsweise lässt sich der Zeitpunkt ($t_{-1}$) durch die Transaktionskosten der Anbahnung und der Vereinbarung abbilden, während der Zeitpunkt ($t_0$) sich primär durch die Transaktionskosten der Abwicklung, der Kontrolle und der Anpassung kennzeichnet. Der Zeitpunkt ($t_1$) lässt sich schließlich einerseits projektabschließend interpretieren, wodurch die Anpassungskosten relevant werden. Andererseits dienen diese Bemühungen der ex ante Teamarbeit der indirekten Vorbereitung der zukünftigen Teamarbeit, so dass die Transaktionskosten der Anbahnung hinzukommen.

Die vorgenommene Analyse zeigt zudem, dass das Teammanagement unter mehrwertiger Erwartung das Äquivalenztheorem nie erfüllen kann. Ein Team kann nur unvollkommen gebildet werden. Als Ursache lassen sich folgende offene Probleme aufzeigen, die nur schwer lösbar sind.

Eine Ursache der Äquivalenzdifferenz liegt in den Mängeln zielorientierter individueller und kooperativer Lernprozesse. Infolge des entwickelten vernetzten Prozessmodells des Teammanagements unter mehrwertiger Erwartung lässt sich eine Schlussfolgerung über den Lernerfolg nur über einen Vergleich des beobachteten Verhaltens vor und nach dem Lernereignis ziehen. Lernprozesse sind zwar zwingend mit den Entscheidungsaktivitäten zu verknüpfen, jedoch ist die zielgerichtete Steuerung dieser Lernprozesse infolge individueller kognitiver Verarbeitungsprozesse kaum möglich.

Als weitere Ursache sind die hohen Anforderungen an die Professionalität des Teamverhaltens und die Teamreife zu nennen. Diese hohen Qualifikationsanforderungen setzen sich zu einem idealistischen Menschenbild zusammen, dem das Teammanagement und das Team gerecht werden müssen. Die vielfältigen, teilweise kaum lösbaren Mess- und Zurechnungsprobleme sind bekannt. Sie erschweren die Abschätzung der Erfolgswirksamkeit des Teammanagements.

Die zuvor erläuterten Interdependenzen zu den anderen Forschungsbereichen sowie die kaum lösbaren Steuerungs-, Mess- und Zurechnungsprobleme verdeutlichen, dass eine Theorie des Teammanagements unter mehrwertiger Erwartung nicht zweifelsfrei vorgestellt werden kann. Allerdings bietet die analytische entscheidungstheoretische Bausteinanalyse sowie das innovative, umfassend vernetzte Prozessmodell des Teammanagements mit seinen ungewissheitsspezifischen Steuerungsmaßnahmen sinnvolle und plausible Gestaltungs- und Verhaltensalternativen zur langfristigen Steuerung von Entscheidungen in Teams ohne und mit Medieneinsatz. End- oder allgemeingültige Aussagen kann es dennoch nicht liefern, da sie auf Plausibilitätsüberlegungen mit spezifisch getroffenen Annahmen basieren. Die Auflösung einer Prämisse verändert bereits – wie die vorangegangenen Ausführungen verdeutlichen – die Entscheidungsaktivitäten des Teammanagements nachhaltig. Ohne Berücksichtigung der kausalen Zusammenhänge der Bausteinanalyse und des Prozessmodells bleiben die erzielten Ergebnisse des Teammanagements unter mehrwertiger Erwartung jedoch zufällig. Letztendlich sind die gewonnen Ergebnisse über die unternehmungsspezifische Entscheidungssituation zu konkretisieren und an diese anzupassen.

# Anhang

**Anhang 1:** Übersicht über die Risiken des *Trichtermodells* unter Risiko ohne Medieneinsatz

| **Einfluss-größe** | **Ebene** | **Kausalkette** | **Risiko** | **Ursachen-gruppe** |
|---|---|---|---|---|
| APA1 | Unterneh-mung | Komplexe, dynamische Umwelt → keine fortlaufende und zeitnahe Anpassung der Unternehmungsstrategie → keine anforderungsgerechten strategischen Vorgaben zur Teamsteuerung → finaler Zielbezug begrenzt möglich → mangelnde Akzeptanz und Durchsetzungskraft | Systemimmanentes Risiko → negative Abweichung von der Erzielung marktgerechter Unternehmungserfolge und Stärkung der Wettbewerbssituation wegen mangelhafter Anpassungs- und Innovationsflexibilität | Verantwortungs- und Entscheidungsstruktur |
| APA2 | Unterneh-mung | Komplexe, dynamische Umwelt → mangelnde unternehmungsweite Kommunikation der Teamstrategie → keine anforderungsgerechten strategischen Vorgaben zur Teamsteuerung → mangelnde Akzeptanz und Durchsetzungskraft | Systemimmanentes Risiko → negative Abweichung von der Erzielung marktgerechter Unternehmungserfolge und Stärkung der Wettbewerbssituation aufgrund einer geringen Teamunterstützung | Wissens-management |
| A1 | Vertrag | Relationale Arbeitsverträge → Interpretationsspielraum bzgl. der Tätigkeiten → unklare Teamaktivitäten | Systemimmanentes Risiko → negative Abweichung von der Leistungserstellung einzelner Wertaktivitäten wegen einer unklaren Teamaufgabe | Verantwortungs- und Entscheidungsstruktur |
| P1 | Vertrag | Relationale Arbeitsverträge → Interpretationsspielraum bzgl. der Qualifikationen → unklare Qualifikationen des Teams | Systemimmanentes Risiko → negative Abweichung von der Leistungserstellung einzelner Wertaktivitäten infolge unklarer Qualifikationen des internen Personalstamms | Verantwortungs- und Entscheidungsstruktur |
| APA3 | Team-management | Mehrwertigkeit der Richtigkeit der Handlungen sowie der Situation → Zielverfehlung möglich | Entscheidungsrisiko → negative Auftrags- und Leistungsvorteilsabweichung wegen einer positiven Irrtumswahrscheinlichkeit | Verantwortungs- und Entscheidungsstruktur |
| A2 | Team-management | Mehrwertige Metaentscheidung → ungenaue zeitliche und sachliche Strukturierung der Teamaufgabe → nicht alle Entscheidungsaktivitäten ausreichend berücksichtigt | Entscheidungsrisiko → negative Auftrags- und Leistungsvorteilsabweichung aufgrund einer mangelhaft strukturierten Metaentscheidung | Verantwortungs- und Entscheidungsstruktur |

| Einflussgröße | Ebene | Kausalkette | Risiko | Ursachengruppe |
|---|---|---|---|---|
| P2 | Teammanagement | Rückkopplung der Metaaktivitäten → neue Information nach der Entscheidung → mit der Information vor der Entscheidung dissonant → Entscheidungsfehler werden bewusst übersehen und verschleiert | Entscheidungsrisiko → negative Auftrags- und Leistungsvorteilsabweichung infolge kognitiver Dissonanzen | Verantwortungs- und Entscheidungsstruktur |
| P3 | Teammanagement | Informationsbeschaffung→ hinreichender Wissensstand → Information kostet → bewusster Informationsverzicht → A-Priori-Präferenz → habituelle oder voreingenommene Entscheidung | Informationsrisiko → Beschaffungsrisiko → negative Auftrags- und Leistungsvorteilsabweichung wegen eines subjektiven Informationsverzichts | - |
| P3a | Teammanagement | Subjektiver Informationsverzicht → Vielzahl beschaffter Information → falsche oder keine Wahrnehmung / Strukturierung von Entscheidungs- und Beziehungsmustern | Informationsbeschaffungsrisiko → negative Auftrags- und Leistungsvorteilsabweichung aufgrund eines Information Overload | Wissensmanagement |
| P3b | Teammanagement | Subjektiver Informationsverzicht → entscheidungsrelevante Information wird nicht erkannt → wichtige Information wird übersehen | Informationsbeschaffungsrisiko → negative Auftrags- und Leistungsvorteilsabweichung wegen Fühlbarkeitsschwellen | Wissensmanagement |
| P3c | Teammanagement | Subjektiver Informationsverzicht → entscheidungsrelevante Information ist nicht zutreffend, richtig oder vollständig → fehlerhafte oder unwahre Information als Entscheidungsgrundlage | Informationsbeschaffungsrisiko → negative Auftrags- und Leistungsvorteilsabweichung infolge unwahrer Information | Wissensmanagement |
| A3 | Teammanagement | Informationsbeschaffung → ungesicherter Informationstransfer → strategische Information kann vor Entscheidungsfindung bekannt werden | Informationsrisiko → Beschaffungsrisiko → negative Auftrags- und Leistungsvorteilsabweichung wegen eines Informationsverlusts | Wissensmanagement |
| APA4 | Teammanagement | Informationsverarbeitung → keine vollständige, richtige, einheitliche Darstellung möglich → tradeoff aus Genauigkeit und jederzeitiger Verfügbarkeit der Ergebnisse | Informationsrisiko → Verarbeitungsrisiko → negative Auftrags- und Leistungsvorteilsabweichung aufgrund einer mäßigen Informationspräzision | - |

| Einfluss-größe | Ebene | Kausalkette | Risiko | Ursachen-gruppe |
|---|---|---|---|---|
| APA4a | Team-management | Mäßige Informationspräzision → Formulierung einzelner Entscheidungsaktivitäten → konnotative Wirkung von Information | Informationsverarbeitungsrisiko → negative Auftrags- und Leistungsvorteilsabweichung wegen widersprüchlicher Interpretation | Wissens-management |
| APA4b | Team-management | Mäßige Informationspräzision → qualitative Information nicht ex ante beobachtbar → tatsächliche Menge und Qualität nicht möglich zu ermitteln | Informationsverarbeitungsrisiko → negative Auftrags- und Leistungsvorteilsabweichung wegen einer mangelhaften ex ante Messung und Zurechnung | Wissens-management |
| A4 | Team-management | Informationsverarbeitung mittels Analysen → begrenzter Grad der Extrapolierbarkeit der Vergangenheit und Gegenwart | Informationsrisiko → Verarbeitungsrisiko → negative Auftrags- und Leistungsvorteils-abweichung wegen einer begrenzten Analysemöglichkeit | Wissens-management |
| APA5 | Team-management | Informationsverarbeitung mittels Prognosen → begrenzter Grad der Extrapolierbarkeit → subjektive Wahrscheinlichkeitsurteile | Informationsrisiko → Verarbeitungsrisiko → negative Auftrags- und Leistungsvorteils-abweichung aufgrund von subjektiven Prognosen | Verantwortungs- und Entschei-dungsstruktur |

**Anhang 2:** Übersicht über die Risiken der *Teambildung* unter Risiko ohne Medieneinsatz

| Einflussgröße | Ebene | Kausalkette | Risiko | Ursachengruppe |
|---|---|---|---|---|
| P4 | Teambildung | Bedarf qualifizierter Fachkräfte → Ausbildungsmangel an Fachkenntnissen und an Teamfähigkeit → Qualifikationsengpass | Akquisitionsrisiko → negative Äquivalenzabweichung wegen nicht ausgebildeter Teamqualifikation | Verantwortungs- und Entscheidungsstruktur |
| P5 | Teambildung | Fehlende unmittelbare Verfügbarkeit qualifizierten Personals → spätere Integration und Einbindung neuer Teammitglieder in bestehende Teamnormen und -regelungen → konfliktträchtig und zeitintensiv | Akquisitionsrisiko → negative Äquivalenzabweichung aufgrund zeitlich nicht verfügbarer Einzelqualifikationen | Wissensmanagement |
| P6 | Teambildung | Keine explizite Kommunikation erforderlicher Lernbereitschaft, -fähigkeit → fehlende positive Einstellung zur Teamarbeit | Auswahlrisiko → negative Äquivalenzabweichung aufgrund eines mangelhaften Lernbewusstseins | Wissensmanagement |
| P7 | Teambildung | Statische Teambildung bei validen Qualifikationen → kein situativer Abgleich von Teamakquisition und Teamnachfrage → ungenaue, verzerrte Auswahl | Auswahlrisiko → negative Äquivalenzabweichung wegen zeitlicher Verzögerungen | Wissensmanagement |
| APA6 | Teambildung | Spezialisierte Teamauswahl → homogenes Team → Ganzheitlichkeit der Aufgabe fehlt → kein differenziertes Aufgabenbewusstsein des Teams | Auswahlrisiko → negative Äquivalenzabweichung durch mangelhafte Kenntnisse des Gesamtzusammenhangs | Verantwortungs- und Entscheidungsstruktur |
| APA7 | Teambildung | Synergetische Teamauswahl → ähnliche Aufgabenanforderungen innerhalb des Teams → nicht alle Aufgaben auf geeignete Teammitglieder verteilbar | Auswahlrisiko → negative Äquivalenzabweichung aufgrund nicht verteilbarer Aufgaben | Verantwortungs- und Entscheidungsstruktur |
| APA8 | Teambildung | Ganzheitliche Teamauswahl → heterogenes Team → erfordert Erfahrung der Teamarbeit und der Problemlösung → Teamreife erforderlich | Auswahlrisiko → negative Äquivalenzabweichung wegen hohen Qualifikationsanforderungen an das Team | Verantwortungs- und Entscheidungsstruktur |

**Anhang 3:** Übersicht über die Risiken der *Teamsteuerung* unter Risiko ohne Medieneinsatz

| **Einfluss-größe** | **Ebene** | **Kausalkette** | **Risiko** | **Ursachen-gruppe** |
|---|---|---|---|---|
| P6a | Team-steuerung | Mangelndes Lernbewusstsein → Lernerfolge im Team bleiben aus → negative Lernerfahrung → negative arbeitsbezogene Bedürfnisbefriedigung → Leistungsbereitschaft im Team sinkt | Revisionsrisiko → Lernrisiko → negative Steuerungsabweichung wegen eines Motivationsverlusts | Verantwortungs- und Entschei-dungsstruktur |
| P6b | Team-steuerung | Mangelndes Lernbewusstsein bei unzureichenden Einzelqualifikationen → begrenzt, verzögert und blockiert Lerneffekte → keine Kokonstruktion von Wissen → keine Weiterentwicklung des Teams | Revisionsrisiko → Lernrisiko → negative Steuerungsabweichung aufgrund einer mangelhaften gegenseitigen Teamunter-stützung | Verantwortungs- und Entschei-dungsstruktur |
| P6c | Team-steuerung | Mangelndes Lernbewusstsein → fehlgeleitete Lernunterstützung → Teampotenziale werden durch Lernprozesse nicht berücksichtigt → fehlgeleitete Entscheidungsunterstützung → keine Entscheidungsreflexion über Lernprozesse | Revisionsrisiko → Lernrisiko → negative Steuerungsabweichung wegen einer unzureichenden Prozessintegration | Verantwortungs- und Entschei-dungsstruktur |
| P7a | Team-steuerung | Zeitliche Verzögerung → Zeitdruck → keine be-wussten Lernprozesse → reduziert Entscheidungs-qualität → aufgaben-, personalbezogene Team-vorteile verhindert → Leistungsnachteile möglich | Revisionsrisiko → Lernrisiko → negative Steuerungsabweichung wegen vernach-lässigter Lernprozesse | Verantwortungs- und Entschei-dungsstruktur |
| P7b | Team-steuerung | Zeitliche Verzögerung → keine gleichzeitige Berücksichtigung von Team-, Reallokationseffekten → keine potenzial- und lernorientierte Gestaltung → keine situationsspezifische Reflexion | Revisionsrisiko → Lernrisiko → negative Steuerungsabweichung wegen einer situationsunspezifischen Prozessintegration | Wissens-management |
| P7c | Team-steuerung | Zeitliche Verzögerung → Neubesetzung bei beste-henden Teamnormen → fehlende Integration, Akzeptanz neuer Mitglieder → Qualität reduziert | Revisionsrisiko → Lernrisiko → negative Steuerungsabweichung als Konsequenz einer offenen Teamstruktur | Wissens-management |
| APA6a | Team-steuerung | Zu starke Teamspezialisierung → unkritische Entscheidungsfindung → verzerrtes kollektives Urteilsvermögen | Revisionsrisiko → Kooperationsrisiko → negative Steuerungsabweichung wegen negativer Groupthink-Effekte | - |

| Einfluss-größe | Ebene | Kausalkette | Risiko | Ursachen-gruppe |
|---|---|---|---|---|
| APA6aa | Team-steuerung | Groupthink-Effekte → stärkeres Kohäsionsstreben → innere Konflikte werden vermieden → falsch verstandenes Solidaritäts- und Zugehörigkeits-gefühl → keine Oppositionen geduldet | Revisionsrisiko → Kooperationsrisiko → negative Steuerungsabweichung verursacht durch gleichförmige Teamurteile | Wissens-management |
| APA6ab | Team-steuerung | Groupthink-Effekte → kein kritischer Interaktions-prozess → substanzielle Anregungen blockiert → kreative Lösungsaktivitäten verhindert | Revisionsrisiko → Kooperationsrisiko → negative Steuerungsabweichung wegen eines begrenzt anregenden Diskurses | Wissens-management |
| APA6ac | Team-steuerung | Groupthink-Effekte → eingeschränkter Neuigkeits-grad → bessere Lösungsalternativen bleiben unberücksichtigt, Suche frühzeitig abgebrochen | Revisionsrisiko → Kooperationsrisiko → negative Steuerungsabweichung aufgrund eines eingeschränkten Informations- und Erfahrungsaustausches | Wissens-management |
| APA7a | Team-steuerung | Nicht verteilbare Aufgaben → Ähnlichkeit der Teamqualifikationen → viele Interdependenzen zu berücksichtigen → hohe Lernanforderung | Revisionsrisiko → Kooperationsrisiko → negative Steuerungsabweichung aufgrund einer fehlenden Lernqualifikation | Verantwortungs- und Entschei-dungsstruktur |
| APA8a | Team-steuerung | Hohe Qualifikationsanforderung → heterogene Wissensbasis, divergierende Erfahrungen und Denkmuster → Möglichkeit der Zusammenarbeit fehlt → keine flexible Ursachenbeseitigung | Revisionsrisiko → Kooperationsrisiko → negative Steuerungsabweichung wegen einer sozialen und räumlichen Distanz | Wissens-management |
| APA8b | Team-steuerung | Hohe Qualifikationsanforderung → negative Effekte der affektiven Ebene → persönliche Antipathie → Streitgespräche | Revisionsrisiko → Kooperationsrisiko → negative Steuerungsabweichung infolge von Vorurteilen | - |
| APA8ba | Team-steuerung | Vorurteile → unterschiedliche Verantwortungsposi-tionen der Teammitglieder, Resortzugehörigkeit → Tendenz eigene Machtposition durchzusetzen | Revisionsrisiko → Kooperationsrisiko → negative Steuerungsabweichung aufgrund von Machtkonflikten | Verantwortungs- und Entschei-dungsstruktur |
| APA8bb | Team-steuerung | Vorurteile → Wert kristalliner Intelligenz langjähriger Teammitglieder unerkannt, Innovationspotenzial jüngerer Teammitglieder ungenutzt → organisatorisches Gedächtnis ungenutzt und veraltet | Revisionsrisiko → Kooperationsrisiko → negative Steuerungsabweichung als Konsequenz eines Generationenkonfliktes | Wissens-management |

| **Einfluss-größe** | **Ebene** | **Kausalkette** | **Risiko** | **Ursachen-gruppe** |
|---|---|---|---|---|
| APA8c | Team-steuerung | Hohe Qualifikationsanforderung → unterschiedliche Denkkategorien und Fachsprachen → große Reibungsfläche für Konflikte | Revisionsrisiko → Kooperationsrisiko → negative Steuerungsabweichung wegen Verständigungsschwierigkeiten | - |
| APA8ca | Team-steuerung | Verständnisschwierigkeiten → neue Information → schwieriger Transfer in Aufgabenkontext → potenzielles Teamwissen bleibt dem Team verschlossen | Revisionsrisiko → Kooperationsrisiko → negative Steuerungsabweichung aufgrund eines hohen Erstmaligkeitsgrades | Wissens-management |
| APA8cb | Team-steuerung | Verständnisschwierigkeiten → fehlendes Vertrauen, opportunistisches Verhalten → Bereitschaft Wissen zu teilen und zu analysieren fehlt | Revisionsrisiko → Kooperationsrisiko → negative Steuerungsabweichung infolge eines Diskurskonfliktes | Verantwortungs- und Entscheidungsstruktur |
| APA8cc | Team-steuerung | Verständnisschwierigkeiten → Mehrdeutigkeiten ungeklärt → getrennter Wissens-, Aufgabenkontext → Risikoursachenbeseitigung wird verhindert | Revisionsrisiko → Kooperationsrisiko → negative Steuerungsabweichung durch einen Kontextkonflikt | Verantwortungs- und Entscheidungsstruktur |
| APA8d | Team-steuerung | Hohe Qualifikationsanforderung → keine Leistungsmajorität → Aufgabenverteilung auf schwächere Teammitglieder | Revisionsrisiko → Kooperationsrisiko → negative Steuerungsabweichung wegen einer Teamüberlastung | Wissens-management |

**Anhang 4:** Übersicht über die Risiken der *Erfolgskontrolle* unter Risiko ohne Medieneinsatz

| **Einflussgröße** | **Ebene** | **Kausalkette** | **Risiko** | **Ursachengruppe** |
|---|---|---|---|---|
| A5 | Erfolgskontrolle | Leistungsvorteile → Bestimmung des Erfolges des Teammanagements → Entscheidungsaufwand und -ertrag nach Qualität bewerten | Qualitätsrisiko → negative Qualitätsabweichung aufgrund ungeeigneter Bewertungsmaßstäbe | Verantwortungs- und Entscheidungsstruktur |
| APA9 | Erfolgskontrolle | Teamleistung messen → Vergleich mit angestrebter Zielerfüllung → Abweichung auf Ursachen untersuchen | Kontrollrisiko → negative Kontrollabweichung infolge einer mangelhaften Mess- und Zurechenbarkeit | - |
| APA9a | Erfolgskontrolle | Mangelhafte Mess- und Zurechenbarkeit → Kenntnisse, Fähigkeiten und Motivation → kognitive Prozesse → nicht zuverlässig beobachtbar → keine Verallgemeinerung möglich | Kontrollrisiko → negative Kontrollabweichung wegen fehlender direkter Beobachtungsmöglichkeiten | Wissensmanagement |
| APA9b | Erfolgskontrolle | Mangelhafte Mess- und Zurechenbarkeit → hohe Abstraktion zur quantitativen Darstellung qualitativer Information erforderlich → widerspricht Teamdynamik und Teamspezifität | Kontrollrisiko → negative Kontrollabweichung infolge fehlender teamspezifischer Beobachtungsmöglichkeiten | Wissensmanagement |
| APA9c | Erfolgskontrolle | Mangelhafte Mess- und Zurechenbarkeit → Messkriterien der Objektivität, Reliabilität, Validität → Messkriterien nicht vollkommen erfüllbar | Kontrollrisiko → negative Kontrollabweichung wegen einer mangelhaften Messgüte | - |
| APA9ca | Erfolgskontrolle | Mangelhafte indirekte Mess- und Zurechenbarkeit → jede Teamkonstellation besitzt eigenen Teamwert → verschiedene Anspruchsgruppen ordnen unterschiedlichen Wert zu | Kontrollrisiko → negative Kontrollabweichung wegen einer ungenügenden Objektivität | Verantwortungs- und Entscheidungsstruktur |

| **Einflussgröße** | **Ebene** | **Kausalkette** | **Risiko** | **Ursachengruppe** |
|---|---|---|---|---|
| APA9cb | Erfolgskontrolle | Mangelhafte indirekte Mess- und Zurechenbarkeit → fehlende technische und qualitative Möglichkeiten des Teammanagers → Team- und Aufgabendynamik → Vergleichbarkeit erschwert | Kontrollrisiko → negative Kontrollabweichung wegen einer ungenügenden Validität | Verantwortungs- und Entscheidungsstruktur |
| APA10 | Erfolgskontrolle | Fehlende Kontrolle → keine Offenlegung von Risiken → fehlende gegenseitige Unterstützung → Team antizipiert Konsequenzen einer fehlenden Kontrolle → physische und psychische Schäden | Kontrollrisiko → negative Kontrollabweichung infolge eines Kontrollverzichts | Verantwortungs- und Entscheidungsstruktur |

**Anhang 5:** Übersicht über die Steuerungsmaßnahmen des *Trichtermodells* unter Risiko ohne Medieneinsatz

| **Einflussgröße** | **Risiko** | **Ursachengruppe** | **Steuerungsmaßnahmen:** Vermeidung, Reduktion durch Schadensverhütung und durch Reservebildung, Akzeptanz |
|---|---|---|---|
| APA1 | Mangelhafte Anpassungs- und Innovationsflexibilität | Verantwortungs- und Entscheidungsstruktur | - Kontextforschung<br>- Rollierende Planung<br>- Rollierender risikosensibilisierter Metaentscheidungsprozess<br>- Zielgerichtete Entscheidungskoordination<br>- Entscheidungsautonomie |
| APA2 | Geringe Teamunterstützung | Wissensmanagement | - Team-, Machtpromotor<br>- Interpersoneller Kommunikationsprozess<br>- Informations- und Kommunikationsregeln<br>- Beziehungsnetzwerk |
| A1 | Unklare Teamaufgabe | Verantwortungs- und Entscheidungsstruktur | - Kontextforschung<br>- Maßnahmen der systematischen, kreativen Problemspezifizierung, Strukturierung<br>- Rollierender risikosensibilisierter Metaentscheidungsprozess |
| P1 | Unklare Qualifikationen des internen Personalstamms | Verantwortungs- und Entscheidungsstruktur | - Kontextforschung<br>- Rollierende Planung<br>- Beziehungsnetzwerk |
| APA3 | Positive Irrtumswahrscheinlichkeit | Verantwortungs- und Entscheidungsstruktur | - Maßnahmen der systematischen, kreativen Problemspezifizierung, Strukturierung<br>- Beziehungsnetzwerk<br>- Risikodiskurs, -sensibilisierung |
| A2 | Mangelhaft strukturierte Metaentscheidung | Verantwortungs- und Entscheidungsstruktur | - Maßnahmen der systematischen, kreativen Problemspezifizierung, Strukturierung<br>- Zielgerichtete Entscheidungskoordination |
| P2 | Kognitive Dissonanzen | Verantwortungs- und Entscheidungsstruktur | - Maßnahmen der systematischen, kreativen Problemspezifizierung, Strukturierung<br>- Risikodiskurs, -sensibilisierung |

| **Einfluss-größe** | **Risiko** | **Ursachengruppe** | **Steuerungsmaßnahmen:** Vermeidung, Reduktion durch Schadensverhütung und durch Reservebildung, Akzeptanz |
|---|---|---|---|
| P3a | Information Overload | Wissensmanagement | - Fachpromotor<br>- Informations- und Kommunikationsregeln<br>- Managementinformationssystem<br>- Organisatorisches Gedächtnis |
| P3b | Fühlbarkeitsschwellen | Wissensmanagement | - Fachpromotor<br>- Informations- und Kommunikationsregeln<br>- Managementinformationssystem |
| P3c | Unwahre Information | Wissensmanagement | - Beziehungspromotor<br>- Informations- und Kommunikationsregeln<br>- Beziehungsnetzwerk |
| A3 | Informationsverlust | Wissensmanagement | - Fachpromotor<br>- Informations- und Kommunikationsregeln<br>- Beziehungsnetzwerk<br>- Organisatorisches Gedächtnis |
| APA4 | Mäßige Informations-präzision | - | - |
| APA4a | Widersprüchliche Inter-pretation | Wissensmanagement | - Informations- und Kommunikationsregeln<br>- Managementinformationssystem<br>- Beziehungspromotor, -netzwerk |
| APA4b | Mangelhafte ex ante Messung und Zurechnung | Wissensmanagement | - Teampromotor<br>- Managementinformationssystem<br>- Beziehungsnetzwerk<br>- Organisatorisches Gedächtnis |
| A4 | Begrenzte Analyse-möglichkeit | Wissensmanagement | - Fachpromotor<br>- Interpersoneller Kommunikationsprozess<br>- Managementinformationssystem |
| APA5 | Subjektive Prognosen | Verantwortungs- und Entscheidungsstruktur | - Kontextforschung<br>- Maßnahmen der systematischen, kreativen Problemspezifizierung<br>- Rollierender risikosensibilisierter Metaentscheidungsprozess<br>- Risikodiskurs, -sensibilisierung |

**Anhang 6:** Übersicht über die Steuerungsmaßnahmen der *Teambildung* unter Risiko ohne Medieneinsatz

| **Einfluss-größe** | **Risiko** | **Ursachengruppe** | **Steuerungsmaßnahmen:** Vermeidung, Reduktion durch Schadensverhütung und durch Reservebildung, Akzeptanz |
|---|---|---|---|
| - | Ableitungs- und Feststellungsrisiko als gebündeltes Folgerisiko | Verantwortungs- und Entscheidungsstruktur/ Wissensmanagement | - Arbeitsmarktforschung<br>- Interne Forschung der Teamarbeit<br>- Planspiele, Experimente, vorbereitendes Feedback |
| P4 | Nicht ausgebildete Teamqualifikation | Verantwortungs- und Entscheidungsstruktur | - Arbeitsmarktforschung<br>- Interne Forschung der Teamarbeit<br>- Mehrstufige, multikriterielle Auswahlentscheidung |
| P5 | Zeitlich nicht verfügbare Qualifikationen | Wissensmanagement | - Qualifikationspool<br>- Personalinformationssystem |
| P6 | Mangelhaftes Lernbewusstsein | Wissensmanagement | - Planspiele<br>- Experimente<br>- Vorbereitendes Feedback |
| P7 | Zeitliche Verzögerung | Wissensmanagement | - Planspiele<br>- Qualifikationspool<br>- Organisatorisches Gedächtnis |
| APA6 | Mangelhafte Kenntnisse des Gesamtzusammenhangs | Verantwortungs- und Entscheidungsstruktur | - Vorauswahl potenzieller Teamkonstellationen als Beurteilungsbasis<br>- Teamgröße<br>- Pretests |
| APA7 | Nicht verteilbare Aufgaben | Verantwortungs- und Entscheidungsstruktur | - Teamnachfrage<br>- Teamakquisition<br>- Mehrstufige, multikriterielle Auswahlentscheidung |
| APA8 | Hohe Qualifikationsanforderungen an das Team | Verantwortungs- und Entscheidungsstruktur | - Teamakquisition<br>- Vorauswahl potenzieller Teamkonstellationen als Beurteilungsbasis<br>- Mehrstufige, multikriterielle Auswahlentscheidung<br>- Pretests |

**Anhang 7:** Übersicht über die Steuerungsmaßnahmen der *Teamsteuerung* unter Risiko ohne Medieneinsatz

| **Einfluss-größe** | **Risiko** | **Ursachengruppe** | **Steuerungsmaßnahmen:** Vermeidung, Reduktion durch Schadensverhütung und durch Reservebildung, Akzeptanz |
|---|---|---|---|
| P6a | Motivationsverlust | Verantwortungs- und Entscheidungsstruktur | - Zielvorgaben (MbO) bzw. Anspruchsniveau der Teamarbeit<br>- Partizipative Entscheidungsschleife<br>- Doppeltes Anreizsystem |
| P6b | Mangelhafte gegenseitige Teamunterstützung | Verantwortungs- und Entscheidungsstruktur | - Teambesprechung<br>- Qualifikationsbesprechung<br>- Teamentwicklungstraining<br>- Wahrheitskultur gegenseitigen Vertrauens und gegenseitiger Unterstützung<br>- Teamkultur<br>- Teamfähigkeit |
| P6c | Unzureichende Prozess-integration | Verantwortungs- und Entscheidungsstruktur | - Team- und Selbstkoordination<br>- Feedback<br>- Institutionalisierung der lernbasierten Entscheidungsschleife<br>- Doppeltes Verantwortungs- und Anreizsystem |
| P7a | Vernachlässigte Lern-prozesse | Verantwortungs- und Entscheidungsstruktur | - Teamentwicklungstraining<br>- Teambesprechung<br>- Qualifikationsbesprechung<br>- Feedback |
| P7b | Situationsunspezifische Prozessintegration | Wissensmanagement | - Unmittelbare Teambeobachtung<br>- Partizipative Lernschleifen<br>- Qualifikationsbesprechung |
| P7c | Offene Teamstruktur | Wissensmanagement | - Feedback<br>- Differenzierte Verantwortung<br>- Lerntransfer<br>- Partizipative Lernschleife |
| APA6a | Negative Group-think-Effekte | - | - |

| **Einfluss-größe** | **Risiko** | **Ursachengruppe** | **Steuerungsmaßnahmen:** Vermeidung, Reduktion durch Schadensverhütung und durch Reservebildung, Akzeptanz |
|---|---|---|---|
| APA6aa | Gleichförmige Teamurteile | Wissensmanagement | - Teambeobachtung<br>- Partizipative Lernschleife<br>- Teamentwicklungsseminare<br>- Differenzierte Verantwortung<br>- Lerntransfer |
| APA6ab | Eingeschränkter Informations- und Erfahrungsaustausch | Wissensmanagement | - Feedback<br>- Partizipative Lernschleife<br>- Teamentwicklungsseminare<br>- Differenzierte Verantwortung |
| APA6ac | Begrenzt anregender Diskurs | Wissensmanagement | - Feedback<br>- Partizipative Lernschleife<br>- Differenzierte Verantwortung<br>- Lerntransfer |
| APA7a | Fehlende Lernqualifika-tion | Verantwortungs- und Entscheidungsstruktur | - Veränderung der Teamstruktur<br>- Teamentwicklung<br>- Qualifikationsbesprechung<br>- Lernbasierte Entscheidungsschleifen |
| APA8a | Soziale und räumliche Distanz | Wissensmanagement | - Feedback<br>- Qualifikationsbesprechungen<br>- Ablauforganisatorische Trennung<br>- Lerntransfer |
| APA8b | Vorurteile | - | - |
| APA8ba | Machtkonflikte | Verantwortungs- und Entscheidungsstruktur | - Doppeltes Verantwortungs- und Anreizsystem<br>- Partizipative Entscheidungsschleife<br>- Teamfähigkeit<br>- Wahrheitskultur gegenseitigen Vertrauens und gegenseitiger Unterstützung |

| **Einfluss-größe** | **Risiko** | **Ursachengruppe** | **Steuerungsmaßnahmen:** Vermeidung, Reduktion durch Schadensverhütung und durch Reservebildung, Akzeptanz |
|---|---|---|---|
| APA8bb | Generationenkonflikte | Wissensmanagement | - Differenzierte Verantwortung<br>- Partizipative Lernschleife<br>- Teamgedächtnis |
| APA8c | Verständigungs-schwierigkeiten | - | - |
| APA8ca | Hoher Erstmaligkeitsgrad | Wissensmanagement | - Feedback<br>- Teamentwicklung<br>- Qualifikationsbesprechung<br>- Teamgedächtnis |
| APA8cb | Diskurskonflikt | Verantwortungs- und Entscheidungsstruktur | - Optionen der Verantwortungs- und Entscheidungskoordination<br>- Feedback<br>- Teamfähigkeit<br>- Wahrheitskultur gegenseitigen Vertrauens und gegenseitiger Unterstützung |
| APA8cc | Kontextkonflikt | Verantwortungs- und Entscheidungsstruktur | - Optionen der Verantwortungs- und Entscheidungskoordination<br>- Teambesprechung<br>- Qualifikationsbesprechung<br>- Institutionalisierung der lernbasierten Entscheidungsschleife<br>- Teamfähigkeit |
| APA8d | Überlastung des Teams | Wissensmanagement | - Teamentwicklungsseminar<br>- Qualifikationsbesprechung<br>- Ablauforganisatorische Trennung<br>- Differenzierte Verantwortung |

**Anhang 8:** Übersicht über die Steuerungsmaßnahmen der *Erfolgskontrolle* unter Risiko ohne Medieneinsatz

| **Einfluss-größe** | **Risiko** | **Ursachengruppe** | **Steuerungsmaßnahmen:** Vermeidung, Reduktion durch Schadensverhütung und durch Reservebildung, Akzeptanz |
|---|---|---|---|
| A5 | Ungeeignete Bewertungs-maßstäbe | Verantwortungs- und Entscheidungsstruktur | - Transaktionskosten-Regel als Beurteilungs- und Steuerungs-kriterium<br>- Ergebnisorientiertes Toleranzintervall<br>- Fortschrittskontrolle |
| APA9 | Mangelhafte Mess-, Zurechenbarkeit | - | - |
| APA9a | Fehlende direkte Beobach-tungsmöglichkeiten | Wissensmanagement | - Mehrdimensionale Wissensmessung<br>- Risikoindikatoren<br>- Prämissenkontrolle |
| APA9b | Fehlende teamspezifische Beobachtungsmöglich-keiten | Wissensmanagement | - Risikoindikatoren<br>- Prämissenkontrolle<br>- Vergleichsmöglichkeiten |
| APA9c | Mangelhafte Messgüte | - | - |
| APA9ca | Ungenügende Objektivität | Verantwortungs- und Entscheidungsstruktur | - Professionelles Teamverhalten<br>- Fremdkontrolle<br>- Gegenseitige Kontrolle |
| APA9cb | Ungenügende Validität | Verantwortungs- und Entscheidungsstruktur | - Professionelles Teamverhalten<br>- Komplementärprinzip<br>- Vertrauen |
| APA10 | Externer Kontrollverzicht | Verantwortungs- und Entscheidungsstruktur | - Professionelles Teamverhalten<br>- Selbstkontrolle<br>- Gegenseitige Kontrolle |

**Anhang 9:** Übersicht über die Risiken des *Trichtermodells* unter Risiko mit Medieneinsatz

| **Situative Einfluss-größen** | **Strukturelle Einfluss-größe** | **Kausalkette** | **Risiko** | **Ursachen-gruppe** |
|---|---|---|---|---|
| APA1<br>APA2 | MU1 | Integration der Medien in die Teamstrategie → reduzierte Leitungsspanne des Trichtermodells → vergrößerter Gestaltungs- und Verhaltensspielraum → (in-) transparenzfördernder Medieneinsatz | Systemimmanentes Risiko → negative Abweichung von der Erzielung marktgerechter Unternehmungserfolge und von der Stärkung der Wettbewerbssituation aufgrund eines großen Vertrauensvorschusses | Verantwortungs- und Entscheidungsstruktur |
| A1<br>P1 | MU2 | Personalinformationssystem als Informationsbasis des Teammanagements → Datenweiterleitung über inkompatible Medien → zusätzlicher Kosten- und Bearbeitungsaufwand durch Digitalisierung | Systemimmanentes Risiko → negative Abweichung von der Leistungserstellung einzelner Wertaktivitäten wegen eines Medienbruchs | Verantwortungs- und Entscheidungsstruktur |
| APA1<br>P1 | MU3 | Sensible Personaldaten → Einverständnis der Betroffenen erforderlich → fehlende Informationszugriffs- und Informationsschutzstrukturen → fehlende Bereitschaft und Akzeptanz der Digitalisierung persönlicher Daten | Systemimmanentes Risiko → negative Abweichung von der Erzielung marktgerechter Unternehmungserfolge, von der Stärkung der Wettbewerbssituation und von der Leistungserstellung einzelner Wertaktivitäten aufgrund eines mangelhaften internen Sicherheitskonzeptes | Verantwortungs- und Entscheidungsstruktur |
| APA2<br>A1 | MK1 | Fehlende face to face-Kontakte → geringe Medienreichhaltigkeit führt zu einer sequentiellen und zeitaufwendigen Kommunikation → hohe Medienreichhaltigkeit ist kostenintensiv | Systemimmanentes Risiko → negative Abweichung von der Erzielung marktgerechter Unternehmungserfolge, von der Stärkung der Wettbewerbssituation und von der Leistungserstellung einzelner Wertaktivitäten wegen eines medienungeeigneten Koordinationsmechanismus | Verantwortungs- und Entscheidungsstruktur |

| **Situative Einflussgrößen** | **Strukturelle Einflussgröße** | **Kausalkette** | **Risiko** | **Ursachengruppe** |
|---|---|---|---|---|
| APA1<br>P1 | MVM1 | Neue Kontaktierungsmaßnahmen zu externen Partnern → vernetzte Wettbewerbs- und Konkurrentenprofile mit großer Reichweite → Funktionsfähigkeit und -sicherheit als Prämisse | Systemimmanentes Risiko → negative Abweichung von der Erzielung marktgerechter Unternehmungserfolge, von der Stärkung der Wettbewerbssituation und von der Leistungserstellung einzelner Wertaktivitäten wegen eines mangelhaften Systemvertrauens | Wissensmanagement |
| A2<br>APA3<br>P2 | MU4 | Spontaner Zugriff auf Daten möglich → medienbedingte Hemmschwelle oder Unwissenheit → Verwaltung von Massendaten | Entscheidungsrisiko → negative Auftrags- und Leistungsvorteilsabweichung aufgrund ungenutzter Medienpotenziale | Wissensmanagement |
| A2<br>P2 | MU5 | Mediale Vorstrukturierung der Metaentscheidung durch Vorgangsbearbeitungssysteme → autonome Teamarbeit → Fremdbestimmung widerspricht der Selbstbestimmung des Teams | Entscheidungsrisiko → negative Auftrags- und Leistungsvorteilsabweichung infolge transparenter Entscheidungsspielräume | Wissensmanagement |
| APA3<br>P2 | MK2 | Fehlende Investition in IT-Infrastruktur → begrenzte Zugangsberechtigung → Genauigkeit, Schnelligkeit, Vertraulichkeit und Komplexität der Kommunikationsbeziehung unberücksichtigt → mangelhafter paralleler oder sequentieller Medieneinsatz | Entscheidungsrisiko → Beschaffungsrisiko → negative Auftrags- und Leistungsvorteilsabweichung wegen eines mangelhaften internen Medienkonzeptes | Verantwortungs- und Entscheidungsstruktur |
| APA3<br>A2 | MVM2 | Gesteigerte Interaktionsmöglichkeit → Austausch großer Informationsmengen → fehlende standardisierte internationale Kommunikationsnormen → mangelnde Integrationsstrategie in die unternehmungsspezifische IT-Infrastruktur | Entscheidungsrisiko → negative Auftrags- und Leistungsvorteilsabweichung aufgrund eines mangelhaften externen Medienkonzeptes | Verantwortungs- und Entscheidungsstruktur |
| APA4b<br>A4<br>APA5 | MU6 | Softwarebasierte Abbildung → Datenanforderungen sind ex ante zu ermitteln → Mess- und Zurechnungsparadoxon | Informationsrisiko → negative Auftrags- und Leistungsvorteilsabweichung wegen nicht nutzbarer Medienpotenziale | Wissensmanagement |

| Situative Einfluss-größen | Strukturelle Einfluss-größe | Kausalkette | Risiko | Ursachen-gruppe |
|---|---|---|---|---|
| P3a<br>P3c<br>APA4a<br>APA5 | MU7 | Pflege der Datenbasis → Redundanzen → inkonsistente Datenbasis ohne Mehrwert → als Wissensbasis nicht geeignet | Informationsrisiko → negative Auftrags- und Leistungsvorteilsabweichung aufgrund eines inkonsistenten Medienauftritts | Verantwortungs- und Entscheidungsstruktur |
| P3<br>P3b<br>P3c | MK3 | Informationsbeschaffung → subjektiver Medieneinsatz → gefilterte Information → subjektiver Informationsverzicht | Informationsrisiko → Beschaffungsrisiko → negative Auftrags- und Leistungsvorteilsabweichung wegen eines isolierten Medieneinsatzes | Verantwortungs- und Entscheidungsstruktur |
| P3a<br>P3c | MVM3 | Zahlreiche Informationsquellen → mangelhafte Wahrnehmung des spezifischen Informationsnutzens → Anonymität verstärkt Informationsparadoxon | Informationsrisiko → Verarbeitungsrisiko → negative Auftrags- und Leistungsvorteilsabweichung aufgrund einer unbekannten Informationsqualität | Wissens-management |
| A3<br>P3c | MVM4 | Vernetzter globaler Informationstransfer → fehlende Sicherheitsstandards → Datenbanksysteme oder Datenfernübertragungsnetzwerke unzuverlässig | Informationsrisiko → negative Auftrags- und Leistungsvorteilsabweichung wegen eines mangelhaften externen Sicherheitskonzeptes | Verantwortungs- und Entscheidungsstruktur |

**Anhang 10:** Übersicht über die Risiken der *Teambildung* unter Risiko mit Medieneinsatz

| Situative Einfluss-größen | Strukturelle Einfluss-größe | Kausalkette | Risiko | Ursachen-gruppe |
|---|---|---|---|---|
| APA4b<br>A4<br>APA5 | MU8 | Anfragen, Bearbeiten, Auswerten großer Datenmengen → Informationsverarbeitungsrisiko reduziert deren Qualität | Nachfragerisiko → negative Äquivalenzabweichung wegen einer begrenzt generierbaren Daten- und Wissensbasis | Wissens-management |
| APA4<br>A4<br>APA5 | MVM5 | Vernetzte Einbindung externer Partner in die Entscheidungsfindung → unter Risiko keine stabilen Entscheidungsprozesse und Schnittstellen | Nachfragerisiko → negative Äquivalenzabweichung aufgrund eines verstärkten Abhängigkeitsverhältnisses zu externen Partner | Verantwortungs- und Entscheidungsstruktur |
| MU8<br>P4<br>P5 | MU9 | Speicherorte akquisitionsrelevanter Information lokalisieren → Verschlagwortung inkonsistent, unklar, unzutreffend → Informationsverarbeitungsparadoxon | Akquisitionsrisiko → negative Äquivalenzabweichung wegen einer aufwendigen Lokalisierung entscheidungsrelevanter Information | Wissens-management |
| P4<br>P5 | MVM6 | Multikriterielle Akquisition → gesteigerte Akquisitionskomplexität → erfordert multimediale Vernetzbarkeit | Akquisitionsrisiko → negative Äquivalenzabweichung aufgrund einer fehlenden multikriteriellen Nutzbarkeit der Medien | Wissens-management |
| MU8<br>P5<br>P4 | MU10 | Standardisierter Medieneinsatz → Auswahlinstrumente eingeschränkt → undifferenziertes Qualifikationsprofil → heterogene Synergieeffekte unerkannt | Akquisitionsrisiko → negative Äquivalenzabweichung wegen eines fehlenden Gesamteindrucks der Akquisitionsoptionen | Wissens-management |
| MU8<br>P5 | MK4 | Persönliche Qualifikationspräsentation → bei raum- und zeitverteilten Teammitgliedern zeit- und kostenintensiv | Akquisitionsrisiko → negative Äquivalenzabweichung aufgrund eines fehlenden persönlichen ersten Eindrucks | Verantwortungs- und Entscheidungsstruktur |
| MVM5<br>P5 | MVM7 | Schnelligkeit als komparativer Wettbewerbsvorteil → fehlende Wahrnehmung und Differenzierung → Schnelligkeit bedingt Aktualität | Akquisitionsrisiko → negative Äquivalenzabweichung wegen einer fehlenden Investition in die Aufmerksamkeit | Wissens-management |

**Anhang 11:** Übersicht über die Risiken der *Teamsteuerung* unter Risiko mit Medieneinsatz

| Situative Einfluss-größen | Strukturelle Einfluss-größe | Kausalkette | Risiko | Ursachen-gruppe |
|---|---|---|---|---|
| P6b<br>P7a<br>P7c | MU11 | Verkürzung der Halbwertszeit des Wissens → Verkürzung lernbasierter Entscheidungsschleifen → keine Eigeninitiative, Informationsverlust zu erkennen und auf Ursprung zurückzuführen | Revisionsrisiko → Lernrisiko → negative Steuerungsabweichung wegen eines passiven Lernverhaltens | Verantwortungs- und Entscheidungsstruktur |
| P6a<br>P7b | MU12 | Standardisierte Lernsoftware → unterhaltsames Lernangebot mit reduzierter mentaler Anstrengung → kein bedürfnisgerechter Lernprozess | Revisionsrisiko → Lernrisiko → negative Steuerungsabweichung aufgrund vernachlässigter Lernziele des Teamverhaltens | Wissens-management |
| P6b<br>P6c | MK5 | Didaktische Methode inkompatibel mit ausgewähltem Medium → begrenzter Beobachtungskontext → Lernniveau nicht teamspezifisch angepasst | Revisionsrisiko → Lernrisiko → negative Steuerungsabweichung wegen eines unzureichenden mediendidaktischen Lernkonzeptes | Wissens-management |
| P6a<br>P6c<br>P7c | MVM8 | Zeitliche Verzögerung → Zeitdruck → keine bewussten Lernprozesse → reduzierte Entscheidungsqualität → aufgaben- und personalbezogene Teamvorteile verhindert → Leistungsnachteile möglich | Revisionsrisiko → Lernrisiko → negative Steuerungsabweichung wegen eingeschränkter Lernaktivitäten | Wissens-management |
| P3<br>APA8bb<br>APA8ca<br>APA8cb | MU13 | Fehlende Benutzerfreundlichkeit → zusätzliche Einarbeitungszeit und geringe Medienaffinität stören Ablauf der Teamarbeit → standardisierter Medieneinsatz unterdrückt Kreativitätspotenzial | Revisionsrisiko → Kooperationsrisiko → negative Steuerungsabweichung wegen einer mangelhaften Ausrichtung des Medieneinsatzes auf die Teamstruktur | Verantwortungs- und Entscheidungsstruktur |
| APA8d<br>APA6a | MU14 | Vielfalt möglicher Systemzustände, multimedialer Reize, Informationsflüsse → menschlich begrenzte multitasking-Fähigkeit → Ablenkung, Verzerrung der Relevanz einzelner Entscheidungsaktivitäten | Revisionsrisiko → Kooperationsrisiko → negative egative Steuerungsabweichung aufgrund einer Überreizung der Wahrnehmungssinne | Verantwortungs- und Entscheidungsstruktur |

| Situative Einflussgrößen | Strukturelle Einflussgröße | Kausalkette | Risiko | Ursachengruppe |
|---|---|---|---|---|
| APA8c | MK6 | Permanente Pflege und Weiterentwicklung der Medien erforderlich → potenzielle technische Störungen → Einbezug Dritter begrenzt realisierbar → keine aktive Pflege und Weiterentwicklung | Revisionsrisiko → Kooperationsrisiko → negative Steuerungsabweichung wegen einer vorherrschenden Technik- bzw. Mediendominanz | Verantwortungs- und Entscheidungsstruktur |
| - | MK7 | Groupware-Systeme → bedingte Unterstützung der Interaktion, der Kooperation und der fortlaufenden gegenseitigen Abstimmung | Revisionsrisiko → Kooperationsrisiko → negative Steuerungsabweichung aufgrund einer unzureichenden Teamarbeit | - |
| APA6aa<br>APA6ab<br>APA7a<br>APA8cb | MK7a | Anonymität und Objektivität → unberücksichtigte Interaktionskomplexität, unkoordinierter Medieneinsatz → keine spontane und gegenseitige Unterstützung → lediglich Anregung zur Interaktion | Revisionsrisiko → Kooperationsrisiko → negative Steuerungsabweichung aufgrund einer unvorbereiteten Teaminteraktion | Verantwortungs- und Entscheidungsstruktur |
| APA6ac<br>APA8ca<br>APA8cc | MK7b | Verteilen von Wissen gefördert → keine längere Unterstützung der Teamkooperation → punktuelle Wissensteilung | Revisionsrisiko → Kooperationsrisiko → negative Steuerungsabweichung wegen einer unzureichenden gemeinsamen Wissenskonstruktion | Wissensmanagement |
| APA6aa<br>APA6ac<br>APA8cb<br>APA8cc | MK7c | Gefilterter Aufgabenkontext neutralisiert negative Teameffekte → Teamverhalten nur vereinzelt beobachtbar aufgrund gefiltertem Personenkontext → opportunistischer Medieneinsatz bei Teammitgliedern mit individualistischem Wettbewerbsdenken | Revisionsrisiko → Kooperationsrisiko → negative Steuerungsabweichung aufgrund eines unzureichenden gemeinsamen Handlungskontextes | Verantwortungs- und Entscheidungsstruktur |
| APA7a<br>APA8a<br>APA8d | MK7d | Spontane Teamabstimmung, nebenläufige Wahrnehmung technisch nicht abbildbar → Initiierungsaufwand → Simulation von Echtzeitbedingungen erfordert heterogene Medienumgebung | Revisionsrisiko → Kooperationsrisiko → negative Steuerungsabweichung wegen einer eingeschränkten Medienflexibilität | Verantwortungs- und Entscheidungsstruktur |

| Situative Einfluss-größen | Strukturelle Einfluss-größe | Kausalkette | Risiko | Ursachen-gruppe |
|---|---|---|---|---|
| APA8a<br>APA8d | MVM9 | Fehlende Zeit zur Teamformierung, physische Aufgaben bevorzugt → Prozessverluste → Omnipräsenz → fragmentierte Teamentscheidungen | Revisionsrisiko → Kooperationsrisiko → negative Steuerungsabweichung aufgrund unbestimmter Raum- und Zeitdimensionen | Verantwortungs- und Entscheidungsstruktur |
| APA8a<br>APA8ba<br>APA8cb<br>APA8cc | MVM10 | Team kennt sich kaum oder gar nicht → kein Vertrauensvorschuss → nebenläufige Wahrnehmung, implizites Wissen nicht transferierbar → Kreativität, Vertrauen nicht aufbaubar → kein sozialer Kontakt | Revisionsrisiko → Kooperationsrisiko → negative Steuerungsabweichung wegen fehlender Möglichkeiten des Aufbaus einer Teamkultur | Wissens-management |
| APA8d<br>APA8ca | MVM11 | Team-Portale mit ESS → Datenschutz und Datensicherheit begrenzen Zugriff → Einbezug aller Betroffenen in das Netzwerk → Beratungsbedarf durch Dritte weiter erforderlich | Revisionsrisiko → Kooperationsrisiko → negative Steuerungsabweichung aufgrund einer nicht erreichten kritischen Masse von Netzwerknutzern | Verantwortungs- und Entscheidungsstruktur |

**Anhang 12:** Übersicht über die Risiken der *Erfolgskontrolle* unter Risiko mit Medieneinsatz

| **Situative Einfluss-größen** | **Strukturelle Einfluss-größe** | **Kausalkette** | **Risiko** | **Ursachen-gruppe** |
|---|---|---|---|---|
| A5<br>MU8 | MU15 | Vergleich von Entscheidungsverlaufsdaten → Medien als Bestandteil der Erfolgsbewertung → begrenzt quantifizierbarer Nutzen → fehlende geeignete Bewertungsmaßstäbe | Qualitätsrisiko → negative Qualitätsabweichung aufgrund eines reduzierten Qualitätsniveaus der Kontrolle | Verantwortungs- und Entscheidungsstruktur |
| APA9ca<br>APA9cb<br>APA10 | MU16 | Objektive, reliable, kurze, periodisierte Soll-Ist-Vergleiche → kriterienorientierte Teamarbeit → begrenzter Beobachtungs- und Referenzkontext → geringe Validität → Informationswahrheit nicht überprüfbar | Kontrollrisiko → negative Kontrollabweichung wegen verfälschter Messung und Zurechnung | Wissens-management |
| APA9a<br>APA4b<br>APA9b<br>APA10 | MK8 | Dokumentierte, anonymisierte Zeit- und Leistungsprofile → keine direkte oder teamspezifische Beobachtung → mediatisierte, gefilterte Kontrolle | Kontrollrisiko → negative Kontrollabweichung infolge entpersonalisierter Kontrollmöglichkeiten | Verantwortungs- und Entscheidungsstruktur |
| APA9b<br>APA9a<br>APA10 | MVM12 | Fehlende Detailkenntnisse des Teammanagements über heterogene Einzelqualifikationen → Kontrollverzicht → erschwerter Vertrauensaufbau → Koordinationsaufwand → geringe Ursachenbeseitigung | Kontrollrisiko → negative Kontrollabweichung wegen einer Vernachlässigung des Beziehungsaspektes | Wissens-management |

**Anhang 13:** Übersicht über die Steuerungsmaßnahmen des *Trichtermodells* unter Risiko mit Medieneinsatz

| **Einfluss-größe** | **Risiko** | **Ursachengruppe** | **Steuerungsmaßnahmen:** Vermeidung, Reduktion durch Schadensverhütung und durch Reservebildung, Akzeptanz |
|---|---|---|---|
| MU1 | Großer Vertrauensvor-schuss | Verantwortungs- und Entscheidungsstruktur | - Mehrstufige Sicherheitsmaßnahmen<br>- Sicherheits- und Vertrauensintermediär<br>- Symbolisches Management |
| MU2 | Medienbruch | Verantwortungs- und Entscheidungsstruktur | - Client-Server-Prinzip<br>- Mehrstufige Sicherheitsmaßnahmen<br>- Medienintegrierte Organisations- und Personalstruktur |
| MU3 | Mangelhaftes internes Sicherheitskonzept | Verantwortungs- und Entscheidungsstruktur | - Mehrstufige Sicherheitsmaßnahmen<br>- Sicherheits- und Vertrauensintermediär |
| MK1 | Medienungeeigneter Ko-ordinationsmechanismus | Verantwortungs- und Entscheidungsstruktur | - Sicherheits- und Vertrauensintermediär<br>- Symbolisches Management<br>- Risikobezogener Mediendiskurs |
| MVM1 | Mangelhaftes System-vertrauen | Wissensmanagement | - Medienpromotor<br>- Vertrauenspromotor |
| MU4 | Ungenutzte Medien-potenziale | Wissensmanagement | - Medienpromotor<br>- Medienplan |
| MU5 | Transparente Entschei-dungsspielräume | Wissensmanagement | - Medienpromotor<br>- Vertrauenspromotor |
| MK2 | Mangelhaftes internes Medienkonzept | Verantwortungs- und Entscheidungsstruktur | - Workflow<br>- Group Decision Support-System<br>- Medienintegrierte Organisations- und Personalstruktur |
| MVM2 | Mangelhaftes externes Medienkonzept | Verantwortungs- und Entscheidungsstruktur | - Externe Marktpartner<br>- Mehrstufige Sicherheitsmaßnahmen<br>- Sicherheits- und Vertrauensintermediär |
| MU6 | Nicht nutzbare Medien-potenziale | Wissensmanagement | - Medienpromotor<br>- Medienplan |

| **Einfluss-größe** | **Risiko** | **Ursachengruppe** | **Steuerungsmaßnahmen:** Vermeidung, Reduktion durch Schadensverhütung und durch Reservebildung, Akzeptanz |
|---|---|---|---|
| MU7 | Inkonsistenter Medien-auftritt | Verantwortungs- und Entscheidungsstruktur | - Client Server-Prinzip<br>- Symbolisches Management<br>- Risikobezogener Mediendiskurs |
| MK3 | Isolierter Medieneinsatz | Verantwortungs- und Entscheidungsstruktur | - Workflow<br>- Group Decision Support-System<br>- Medienintegrierte Organisations- und Personalstruktur |
| MVM3 | Unbekannte Informations-qualität | Wissensmanagement | - Medienpromotor<br>- Medienplan |
| MVM4 | Mangelhaftes externes Sicherheitskonzept | Verantwortungs- und Entscheidungsstruktur | - Mehrstufige Sicherheitsmaßnahmen<br>- Sicherheits- und Vertrauensintermediär<br>- Externe Marktpartner |

**Anhang 14:** Übersicht über die Steuerungsmaßnahmen der *Teambildung* unter Risiko mit Medieneinsatz

| **Einfluss-größe** | **Risiko** | **Ursachengruppe** | **Steuerungsmaßnahmen:** Vermeidung, Reduktion durch Schadensverhütung und durch Reservebildung, Akzeptanz |
|---|---|---|---|
| MU8 | Begrenzt generierbare Daten- und Wissensbasis | Wissensmanagement | - Face to face-Experimente<br>- Personenorientiertes Teamkultur-Assessment<br>- Aktives Informationsverhalten |
| MVM5 | Verstärktes Abhängigkeitsverhältnis zu externen Partnern | Verantwortungs- und Entscheidungsstruktur | - Personalisierter Medieneinsatz<br>- Standards<br>- Virtuelle Teamkapazitäten |
| MU9 | Aufwendige Lokalisierung entscheidungsrelevanter Information | Wissensmanagement | - Präsentationsplattform<br>- Medienbasierter Qualifikationspool mit ESS<br>- Teamspezifische Qualifikationsdatenbank |
| MVM6 | Fehlende multikriterielle Nutzbarkeit der Medien | Wissensmanagement | - Informations- und Kommunikationsplattform<br>- Face to face-Experimente<br>- Aktives Informationsverhalten |
| MU10 | Fehlender Gesamteindruck der Akquisitionsoptionen | Wissensmanagement | - Informations- und Kommunikationsplattform<br>- Computersimulierte Planspiele<br>- Face to face-Experimente<br>- Feedback-System<br>- Teamspezifische Qualifikationsdatenbank |
| MK4 | Fehlender persönlicher erster Eindruck | Verantwortungs- und Entscheidungsstruktur | - Medienspezifisches Qualifikationsprofil<br>- Personalisierter Medieneinsatz<br>- Medienprofessionalität<br>- Interaktionsplattform |
| MVM7 | Fehlende Investition in die Aufmerksamkeit | Wissensmanagement | - Präsentationsplattform<br>- Aktives Informationsverhalten<br>- Medienbasierter Qualifikationspool mit ESS |

**Anhang 15:** Übersicht über die Steuerungsmaßnahmen der *Teamsteuerung* unter Risiko mit Medieneinsatz

| **Einfluss-größe** | **Risiko** | **Ursachengruppe** | **Steuerungsmaßnahmen:** Vermeidung, Reduktion durch Schadensverhütung und durch Reservebildung, Akzeptanz |
|---|---|---|---|
| MU11 | Passives Lernverhalten | Verantwortungs- und Entscheidungsstruktur | - Workflow-Systeme<br>- Workgroup-Systeme<br>- Bedürfnisgerechte Medien- und Teamkonfiguration |
| MU12 | Vernachlässigte Lernziele des Teamverhaltens | Wissensmanagement | - Seminarmanagement-Systeme<br>- Blended Learning<br>- Kooperative Lernmethoden<br>- Learning und Knowledge Community |
| MK5 | Unzureichendes mediendidaktisches Lernkonzept | Wissensmanagement | - Seminarmanagement-Systeme<br>- Blended Learning<br>- Kooperative Lernmethoden |
| MVM8 | Eingeschränkte Lernaktivitäten | Wissensmanagement | - Blended Learning<br>- Eigenständige und kooperative Lernmethoden<br>- Learning und Knowledge Community |
| MU13 | Mangelhafte Ausrichtung des Medieneinsatzes auf die Teamstruktur | Verantwortungs- und Entscheidungsstruktur | - Kontextangepasster Medieneinsatz<br>- Workflow-Systeme<br>- Workgroup-Systeme<br>- Bedürfnisgerechte Medien- und Teamkonfiguration |
| MU14 | Überreizung der Wahrnehmungssinne | Verantwortungs- und Entscheidungsstruktur | - Kontextangepasster Medieneinsatz<br>- Bedürfnisgerechte Medienkonfiguration<br>- Medienverantwortung<br>- Medienkompetenz |
| MK6 | Vorherrschende Technik- bzw. Mediendominanz | Verantwortungs- und Entscheidungsstruktur | - Bedürfnisgerechte Teamkonfiguration<br>- Vertrauensbildende Steuerungsmaßnahmen<br>- Wissensbasiertes Teamportal |
| MK7 | Unzureichende Teamarbeit | - | - |
| MK7a | Unvorbereitete Teaminteraktion | Verantwortungs- und Entscheidungsstruktur | - Kontextangepasster Medieneinsatz<br>- Medienverantwortung<br>- Medienkompetenz |

| **Einfluss-größe** | **Risiko** | **Ursachengruppe** | **Steuerungsmaßnahmen:** Vermeidung, Reduktion durch Schadensverhütung und durch Reservebildung, Akzeptanz |
|---|---|---|---|
| MK7b | Unzureichende gemeinsame Wissenskonstruktion | Wissensmanagement | - Blended Learning<br>- Eigenständige Lernmethoden<br>- Kooperative Lernmethoden<br>- Learning und Knowledge Community |
| MK7c | Unzureichender gemeinsamer Handlungskontext | Verantwortungs- und Entscheidungsstruktur | - Workflow-Systeme<br>- Kontextangepasster Medieneinsatz<br>- Workgroup-Systeme<br>- Medienverantwortung |
| MK7d | Eingeschränkte Medienflexibilität | Verantwortungs- und Entscheidungsstruktur | - Kontextangepasster Medieneinsatz<br>- Vertrauensbildende Steuerungsmaßnahmen<br>- Wissensbasiertes Teamportal |
| MVM9 | Unbestimmte Raum- und Zeitdimensionen | Verantwortungs- und Entscheidungsstruktur | - Workflow-Systeme<br>- Workgroup-Systeme<br>- Bedürfnisgerechte Teamkonfiguration<br>- Medienverantwortung |
| MVM10 | Fehlende Möglichkeiten des Aufbaus einer Teamkultur | Wissensmanagement | - Delegation der Beobachtung durch Anwesenheit an das Team<br>- Wissensbasiertes Teamportal<br>- Learning und Knowledge Community |
| MVM11 | Nicht erreichte kritische Masse von Netzwerknutzern | Verantwortungs- und Entscheidungsstruktur | - Bedürfnisgerechte Medienkonfiguration<br>- Bedürfnisgerechte Teamkonfiguration<br>- Wissensbasiertes Teamportal |

**Anhang 16:** Übersicht über die Steuerungsmaßnahmen der *Erfolgskontrolle* unter Risiko mit Medieneinsatz

| **Einfluss-größe** | **Risiko** | **Ursachengruppe** | **Steuerungsmaßnahmen:** Vermeidung, Reduktion durch Schadensverhütung und durch Reservebildung, Akzeptanz |
|---|---|---|---|
| MU15 | Reduziertes Qualitätsniveau der Kontrolle | Verantwortungs- und Entscheidungsstruktur | - Sorgfältige Erstauswahl<br>- Medienbasierte Kontrolle<br>- Kontrolldatenbank<br>- Sorgfältige und regelmäßige Kontrolluntersuchungen<br>- Statuskontrolle<br>- Face to face-Kontakte |
| MU16 | Verfälschte Messung und Zurechnung | Wissensmanagement | - Medienspezifische Indikatoren<br>- Dominierende Prämissenkontrolle<br>- Auswertungsmöglichkeiten<br>- Face to face-Kontakte |
| MK8 | Entpersonalisierte Kontrollmöglichkeiten | Verantwortungs- und Entscheidungsstruktur | - Medienbasierte Referenzkontrolle<br>- Kontrollpflicht der Medieninhalte<br>- Kontrollrechte delegieren<br>- Persönliche Referenzkontrolle<br>- Face to face-Kontakte |
| MVM12 | Vernachlässigung des Beziehungsaspektes | Wissensmanagement | - Medienspezifische Indikatoren<br>- Face to face-Kontakte |

## Literaturverzeichnis

# A

ACKERMANN, Karl-Friedrich; EISELE, Daniela S.; FESTERLING, Sonja (2002): Empirische Daten zur EDV-gestützten Personalarbeit. Trends und Perspektiven elektronischer Personalarbeit in den Bereichen Recruiting, Qualifizierung, Administration, HR-Portale. In: Personalführung, 35. Jg., Heft 6, 2002, S. 118-122.

ACKERMAN, Mark S.; MALONE, Thomas W. (1990): Answer Garden: A Tool for Growing Organizational Memory. In: Proceedings of the Association for Computing Machinery (ACM) Conference on Office Information Systems, Cambridge 1990, p. 31-39.

AKADEMIE-STUDIE 2002 (2002): Mythos Team auf dem Prüfstand. Teamarbeit in deutschen Unternehmen. Befragung von 376 Führungskräften durch die Akademie für Führungskräfte der Wirtschaft GmbH. Bad Harzburg 2002.

AKERLOF, George A. (1970): The Market for Lemons: Qualitative Uncertainty and the Market Mechanism. In: Quarterly Journal of Economics, Vol. 84, N° 1, 1970, p. 488-500.

ALCHIAN, Armen A.; DEMSETZ, Harold (1972): Production, Information Costs and Economic Organization. In: The American Economic Review, Vol. 62, N° 1, 1972, p. 777-795.

ALDERFER, Clayton P. (1967): An Organizational Syndrom. In: Administrative Science Quarterly, Vol. 12, N° 1, 1967, p. 440-460.

ALDRICH, Howard E.; ROSEN, Ben; WOODWARD, William (1987): The impact of social networks on business foundings and profit: A longitudinal study. In: Frontiers of Entrepreneurship Research 1987. Proceedings of the seventh annual Babson College Entrepreneurship Research Conference, edited by N. C. Churchill, J. A. Hornaday et al., Vol. 7, Wellesley 1987, p. 154-168.

ANSOFF, Igor (1976): Managing Surprise and Discontinuity – Strategic Response to Weak Signals. In: Zeitschrift für betriebswirtschaftliche Forschung (zfbf), 28. Jg., Heft 1, 1976, p. 129-152.

ANTONI, Conny H. (2000): Teamarbeit gestalten. Grundlagen, Analysen, Lösungen. Weinheim, Basel 2000.

ARROW, Kenneth J. (1962): Economic Welfare and the Allocation of Resources for Invention. In: The Rate and Direction of Inventive Activity: Economic and Social Factors. A Conference of the Universities-National Bureau Committee for Economic Research and the Committee on Economic Growth of the Social Science Research Council, Vol. 13, Princeton 1962, p. 609-625.

ARROW, Kenneth J. (1969): The Organization of Economic Activity: Issues Pertinent to the Choice of Market versus Nonmarket Allocation. In: Analysis and Evaluation of Public Expenditure, 91st Congress, Joint Economic Committee, Vol. 1, Part. 1, Section A, Washington 1969, p. 47-64.

ARROW, Kenneth J.; RAYNAUD, Hervé (1986): Social Choice and multicriterion decision-making. Cambridge 1986.

ASCH, Solomon E. (1969): Änderung und Verzerrung von Urteilen durch Gruppendruck. In: Texte aus der experimentellen Sozialpsychologie, hrsg. v. M. Irle, Neuwied, Berlin 1969, S. 57-73.

# B

BADING, Alexandra; HAUSEN, Iris; LEHNERT, Corinna (1997): Teammanagement – Erfolgsfaktor des Projektmanagement. In: Fit für den globalen Markt? Leitfaden für das Qualitätsmanagement und Projektmanagement – Lösungsansätze, Umsetzungsbeispiele, Methoden, hrsg. v. Verband deutscher Maschinen- und Anlagenbau e. V. (VDMA), Frankfurt a. M. 1997, S. 158-255.

BAMBERG, Günter; COENENBERG, Adolf G. (2000): Betriebswirtschaftliche Entscheidungslehre. 10. Aufl., München 2000.

BARNARD, Chester (1938): The Function of the Executives. Chambridge 1938.

BARTSCHER-FINZER, Susanne (2001): Teamarbeit und die veränderte Rolle des Meisters. In: Personal, 52. Jg., Heft 4, 2001, S. 224-230.

BATTEGAY, Raymond (1968): Der Mensch in der Gruppe. Bd. I: Sozialpsychologische und dynamische Aspekte. 2. Aufl., Bern, Stuttgart 1968.

BAY, Rolf H. (1998): Teams effizient führen: Teamarbeit – Teamentwicklung – TQM im Team. Würzburg 1998.

BEA, Franz Xaver; HAAS, Jürgen (2001): Strategisches Management. 3. Aufl., Stuttgart 2001.

BECHTEL, Roman (2003): Wertschöpfung durch Personalführung. In: Webbasierte Personalarbeit: Theorie – Konzeption – Praxis, hrsg. v. C. Scholz, J. Gutmann, Wiesbaden 2003, S.159-175.

BECKMANN, Martin J. (1958): Decision and Team Problems in Airline Reservations. In: Econometrica, Vol. 26, N° 1, 1958, p. 134-145.

BEHRENS, Olav; YIN, Min (1993): Konzepte für Security Management in Groupware-Umgebungen. In: Workgroup Computing: computergestützte Teamarbeit (CSCW) in der Praxis; neue Entwicklungen und Trends, hrsg. v. L. Nastansky, Hamburg 1993, S. 49-59.

BENDER, Harald (2000): Zwei Welten in einem System. In: Networking Computing – Die technische IT-Zeitung für das Unternehmen, o. Jg., Heft 22, 2000, S. 13-14.

BENDIXEN, Peter (1980): Teamorientierte Organisationsformen. In: Handwörterbuch der Organisation (HWO), hrsg. v. E. Grochla, 2. Aufl., Stuttgart 1980, Sp. 2227-2236.

BENDIXEN, Peter; KEMMLER, Heinz W. (1972): Planung: Organisation und Methodik innovativer Entscheidungsprozesse. Berlin, New York 1972.

BESANKO, David; DRANOVE, David; SHANLEY, Mark (1999): Economics of Strategy. 2. Aufl., New York u. a. 1999.

BESEMER, Ingrid; DÜRR, Peter; FRANK, Anne et al. (1998): TEAM(S) LERNEN TEAMARBEIT. Lernkonzepte für Gruppen- und Teamarbeit. Ein Projekt der Bildungspartnerschaft der pädagogischen Hochschulen mit Unternehmen in Baden-Württemberg. Weinheim 1998.

BETRIEBSVERFASSUNGSGESETZ (BetrVG) (2001). In: Arbeitsrecht. Sammlung aller wichtigen in der Bundesrepublik geltenden arbeitsrechtlichen Vorschriften. Beck'sche Textsammlung, hrsg. v. H. C. Nipperdey, München 2003.

BEVERIDGE, William I. B. (1950): The Art of Scientific Investigation. London 1950.

BITZER, Bernd (2001): Personalentwicklung als Aufgabe der direkten Führungskräfte. In: Personal, 52. Jg., Heft 7, 2001, S. 400-403.

BLECKER, Thorsten (1998): Unternehmung ohne Grenzen. Konzepte, Strategien und Gestaltungsempfehlungen für das strategische Management. Diss., Wiesbaden 1999.

BLEICHER, Knut (1991): Organisation. Strategien – Strukturen – Kulturen. 2. Aufl., Wiesbaden 1991.

BÖHLE, Fritz; BOLTE, Annegret (2002): Die Entdeckung des Informellen. Der schwierige Umgang mit Kooperation im Alltag. Frankfurt a. M., New York 2002.

BÖSCH, Thomas (1996): Beurteilung individueller Teamfähigkeiten – Ein prozessorientierter Ansatz. Diss., St. Gallen 1996.

BOLLINGER, Günter; GREIF, Siegfried (1983): Innovationsprozesse. Fördernde und hemmende Einflüsse auf kreatives Verhalten. In: Methoden und Anwendungen in der Marktpsychologie, Enzyklopädie der Psychologie D III., Bd. 5, hrsg. v. M. Irle, Göttingen 1983, S. 396-482.

BORN, Marius; EISELIN, Stefan (1996): Teams – Chancen und Gefahren: Grundlagen. Anwendung am Beispiel von Lean Management. Bern u. a. 1996.

BREALEY, Richard A.; MYERS, Stuart C. (2003): Principles of Corporate Finance. 7. Aufl., Boston, Massachusetts 2003.

BROCKHOFF, Klaus (1989): Schnittstellen-Management: Abstimmungsprobleme zwischen Marketing und Forschung und Entwicklung. Stuttgart 1989.

BROCKHOFF, Klaus; HAUSCHILDT, Jürgen (1993): Schnittstellen-Management – Koordination ohne Hierarchie. In: Zeitschrift Führung + Organisation (zfo), 62. Jg., Heft 6, 1993, S. 396-403.

BRONNER, Rolf (1989): Planung und Entscheidung. Grundlagen – Methoden – Fallstudien. 2. Aufl., München, Wien 1989.

BRONNER, Rolf; APPEL, Wolfgang; WIEMANN, Volker (1999): Empirische Personal- und Organisationsforschung. Grundlagen – Methoden – Übungen. München 1999.

BRUHN, Manfred (2003): Kommunikationspolitik. Systematischer Einsatz der Kommunikation für Unternehmen. 2. Aufl., München 2003.

BRYNJOLFSSON, Erik (1993): The Productivity Paradoxon of Information Technology. In: Communications of the Accociation for Computing Machinery (ACM), Vol. 36, N° 12, 1993, p. 67-77.

BÜHLER, Wolfgang (1998): Risikocontrolling in Industrieunternehmen. In: Controlling und Rechnungswesen im internationalen Wettbewerb, hrsg. v. C. Börsig, A. Coenenberg, Stuttgart 1998, S. 205-233.

BULLINGER, Hans-Jörg; HOFMANN, Josephine (2002): Medienkompetenz – zur erfolgreichen Zusammenarbeit in E-Teams. In: Medienkultur im digitalen Wandel, hrsg. v. S. Spoun, W. Wunderlich, Bern u. a. 2002, S. 167-184.

BUNDESDATENSCHUTZGESETZ (BDSG) (2003). In: Arbeitsrecht. Sammlung aller wichtigen in der Bundesrepublik geltenden arbeitsrechtlichen Vorschriften. Beck'sche Textsammlung, hrsg. v. H. C. Nipperdey, München 2003.

BURGER, Anton; BUCHHART, Anton (2002): Risiko-Controlling. München, Wien 2002.

## C

CASCIO, Wayne F. (2000): Managing a Virtual Workspace. In: The Academy of Management Executive, Vol. 14, N° 3, 2000, p. 81-90.

COASE, Ronald H. (1937): The Nature of the Firm. In: Economica, Vol. 4, N° 1, 1937, p. 386-405.

COASE, Ronald H. (1960): The Problem of Social Costs. In: The Journal of Law and Economics, Vol. 3, N° 1, 1960, p. 1-44.

COENENBERG, Adolf G. (1997): Kostenrechnung und Kostenanalyse. 3. Aufl., Landsberg a. L. 1997.

COMELLI, Gerhard (2003): Qualifikation für Gruppenarbeit: Teamentwicklungstraining. In: Führung von Mitarbeitern: Handbuch für erfolgreiches Personalmanagement, hrsg. v. L. v. Rosenstiel, E. Regnet, M. Domsch, 5. Aufl., Stuttgart 2003, S. 415-445.

CONRADI, Walter (1983): Personalentwicklung. Stuttgart 1983.

CONRY, John; CHAMBERS, James (1978): Intrinsic Motivation and the Process of Learning. In: The Hidden Costs of Rewards: New Perspectives on the Psychology of Human Motivation, hrsg. v. M. R. Lepper, D. Greene, New Jersey 1978, p. 61-84.

CORSTEN, Hans (1995): Lexikon der Betriebswirtschaftslehre. 3. Aufl., München, Wien 1995.

CUSHMAN, Donald P.; KING, Sarah S. (1997): Continuously Improving an Organization's Performance. High-Speed Management. New York 1997.

## D

DAFT, Richard; LENGEL, Robert (1984): Information Richness: A New Approach to Managerial Behavior and Organization Design. In: Research in Organizational Behavior, Vol. 6, N° 1, 1984, p. 191-233.

DAVENPORT, Thomas H.; PRUSAK, Laurence (1998): Working Knowledge. How Organizations Manage What They Know. Boston 1998.

DECI, Edward L.; FLASTE, Richard (1995): Why Do We Do What We Do – The Dynamics of Personal Autonomy. New York 1995.

DENISON, Daniel R.; HART, Stuart L.; KAHN, Joel A. (1996): From chimneys to cross-functional teams: Developing and validating a diagnostical model. In: Academy of Management Journal, Vol. 39, N° 4, 1996, p. 1005-1023.

DIEDERICHS, Marc; REICHMANN, Thomas (2003): Risikomanagement und Risiko-Controlling in der Praxis. Ergebnisse einer empirischen Untersuchung. In: Controlling, 15. Jg., Heft 5, 2003, S. 229-234.

DITTLER, Martina (2002): Computervermittelte Kommunikation in netzbasierten Lernszenarien. Eine empirische Studie über die Effekte unterschiedlicher Kommunikationsbedingungen auf Lernprozess, Lernerfolg und sozio-emotionale Aspekte bei der kooperativen Bearbeitung von computergestützten Lernfällen. Diss., München 2002.

DÖHN, Lothar; KLÖCKNER, Klaus (1979): Medienlexikon. Kommunikation in Gesellschaft und Staat. Baden-Baden 1979.

DÖRING, Nicola (1999): Sozialpsychologie des Internet. Die Bedeutung des Internet für Kommunikationsprozesse, Identitäten, soziale Beziehungen und Gruppen. Göttingen 1999.

DOLECZIK, Günter; DREWES, Michael (2003): Risikomanagement in Sportunternehmen und dessen Prüfung. In: Der Betrieb, 56. Jg., Heft 19, 2003, S. 1005-1011.

DORNER, Thomas (2001): Assessmentcenter: Optimierung und Innovation. In: Assessmentcenter. Leitfaden für Personalentwickler, hrsg. v. K. Durnwalder, München, Wien 2001, S. 1-24.

DOSIS, Dimitrios (2002): Trittbrettfahrerverhalten im Team. Wiesbaden 2002.

DOWLING, Michael; DRUMM, Hans Jürgen (2003): Gründungsmanagement. Vom erfolgreichen Unternehmensstart zu dauerhaftem Wachstum. 2. Aufl., Berlin u. a. 2003.

DREXEL, Gerhard (1984): Ein Frühwarnsystem für die Praxis – dargestellt am Beispiel eines Einzelhandelsunternehmens. In: Zeitschrift für Betriebswirtschaft (ZfB), 54. Jg., Heft 1, 1984, S. 89-105.

DRUCKER, Peter (1954): The practice of Management. New York 1954.

DRUCKER, Peter (1995): The Information Executive Truly Need. In: Harvard Business Review, Vol. 73, N° 1, 1995, p. 54-62.

DRUMM, Hans Jürgen (1987): Qualitative Personalplanung. In: Zeitschrift für betriebswirtschaftliche Forschung (zfbf), 39. Jg., Heft 11, 1987, S. 959-974.

DRUMM, Hans Jürgen (1996): Das Paradigma der Neuen Dezentralisation. In: Die Betriebswirtschaft (DBW), 56. Jg., Heft 1, 1996, S. 7-20.

DRUMM, Hans Jürgen (1998): Virtualität in Organisationen und Personalmanagement. In: Zeitschrift Führung + Organisation (zfo), 67. Jg., Heft 7, 1998, S. 196-200.

DRUMM, Hans Jürgen (2000a): Personalwirtschaft. 4. Aufl., Berlin u. a. 2000.

DRUMM, Hans Jürgen (2000b): Wertschöpfungsorientierte Prozessstrukturen lernender Unternehmungen. In: Zeitschrift Führung + Organisation (zfo), 69. Jg., Heft 3, 2000, S. 139-147.

DRUMM, Hans Jürgen (2001): Szenarioprognosen für ein künftiges HR-Management. In: Personalführung, 34. Jg., Heft 5, 2001, S. 64-71.

DRUMM, Hans Jürgen (2003a): Organisation für Gründer. In: Gründungsmanagement. Vom erfolgreichen Unternehmensstart zu dauerhaftem Wachstum, hrsg. v. M. Dowling, H. J. Drumm, 2. Aufl., Berlin u. a. 2003, S. 201-218.

DRUMM, Hans Jürgen (2003b): Personalwirtschaft für Gründer. In: Gründungsmanagement. Vom erfolgreichen Unternehmensstart zu dauerhaftem Wachstum, hrsg. v. M. Dowling, H. J. Drumm, 2. Aufl., Berlin u. a. 2003, S. 219-237.

DRUMM, Hans Jürgen (2003c): Organisatorische und personalwirtschaftliche Risikoanalysen als Grundlagen der Corporate Governance. Regensburger Diskussionsbeiträge zur Wirtschaftswissenschaft. Nr. 378, Universität Regensburg 2003.

DRUMM, Hans Jürgen (2003d): Delegation (Zentralisation und Dezentralisation). Regensburger Diskussionsbeiträge zur Wirtschaftswissenschaft. Nr. 383, Universität Regensburg 2003.

DRUMM, Hans Jürgen; JENUWEIN, Karin A. (2004): Integrierte strategische Personalplanung. In: Personal und Organisation, hrsg. v. H. Wildemann, München 2004, S. 705-720.

DRUMM, Hans Jürgen; SCHOLZ, Christian (1983): Personalplanung. Planungsmethoden und Methodenakzeptanz. Bern, Stuttgart 1989.

DÜRR, Walter; MAYER, Horst (2002): Wahrscheinlichkeitsrechnung und schließende Statistik. 4. Aufl., München, Wien 2002.

DUSCHEK, Stephan; ORTMANN, Günther; SYDOW, Jörg (2001): Grenzmanagement in Unternehmungsnetzwerken: Theoretische Zugänge und der Fall eines strategischen Dienstleistungsnetzwerks. In: Strategie und Strukturation. Strategisches Management von Unternehmen, Netzwerken und Konzernen, hrsg. v. G. Ortmann, J. Sydow, Wiesbaden 2001, S. 191-233.

# E

EDWARDS, Richard (1981): Herrschaft im modernen Produktionsprozess. Frankfurt a. M. 1981.

EGGEMANN, Gerd; KONRADT, Thomas (2000): Risikomanagement nach KonTraG aus dem Blickwinkel des Wirtschaftsprüfers. In: Betriebs-Berater, Zeitschrift für Recht und Wirtschaft, 55. Jg., Heft 10, 2000, S. 503-509.

EIGLER, Joachim (1995): Transaktionskosten als Steuerungsinstrument für die Personalwirtschaft. Diss., Frankfurt a. M. 1996.

EIGLER, Joachim (1997): „Grenzenlose Unternehmung“ – „Grenzenlose Personalwirtschaft?“. In: Managementforschung 7 – Gestaltung von Organisationsgrenzen, hrsg. v. G. Schreyögg, J. Sydow, Berlin, New York 1997, S. 159-197.

EISENFÜHR, Franz; WEBER, Martin (1999): Rationales Entscheiden. 3. Aufl., Berlin u. a. 1999.

ENGELS, Wolfram (1962): Betriebswirtschaftliche Bewertungslehre im Licht der Entscheidungstheorie. Köln 1962.

ERKE, Alena; JÖNS, Ingela (2003): Kompetenz in teilautonomen Arbeitsgruppen und Entwicklungsmöglichkeiten im Rahmen von Zielvereinbarungen. In: Wirtschaftspsychologie – Zeitschrift für Arbeits-, Betriebs- und Organisationspsychologie, 5. Jg., Heft 1, 2003, S. 46-49.

EVANS, Philip B.; WURSTER, Thomas S. (1997): Strategy and the new Economics of Information. In: Harvard Business Review, Vol. 75., N° 5, 1997, p. 72-82.

# F

FARNY, Dieter (1989): Risk Management und Planung. In: Handwörterbuch der Planung (HWP), hrsg. v. N. Szyperski, U. Winand, Stuttgart 1989, Sp. 1749-1758.

FEDERRATH, Hannes (2002): Sicherheit im Netz – Datensicherheit. In: Rechts-Handbuch zum E-Commerce, hrsg. v. H.-W. Moritz, T. Dreier, Köln 2002, S. 805-817.

FESTINGER, Leon (1966): A Theory of Cognitive Dissonance. Stanford 1966.

FINGER, Ralf (1999): Prozesse der Konzeption, Realisierung und Einführung integrierter Telekooperationssysteme – Risiken und Gestaltungsempfehlungen. Diss., Köln 1999.

FISCHER, Joachim (1993): EDI-gestützte unternehmungsübergreifende Teamarbeit. In: Workgroup Computing: computergestützte Teamarbeit (CSCW) in der Praxis; neue Entwicklungen und Trends, hrsg. v. L. Nastansky, Hamburg 1993, S. 21-32.

FORSTER, Jürg (1978): Teams und Teamarbeit in der Unternehmung. Eine gesamtheitliche Darstellung mit Meinungen und Beispielen aus der betrieblichen Praxis. Diss., Bern, Stuttgart 1978.

FORSTER, Jürg (1982): Teamarbeit – Sachliche, personelle und strukturelle Aspekte einer Kooperationsform. In: Kooperation und Konkurrenz in Organisationen, hrsg. v. W. Grunwald, H.-G. Lilge, Bern, Stuttgart 1982, S. 143-168.

FRANCK, Georg (2001): Ökonomie der Aufmerksamkeit. Ein Entwurf. 1. Aufl., Nachdruck, München, Wien 2001.

FRANZEN, Iris; SCHMAHL, Kurt (1999): „Keiner ist allein so gut wie viele gemeinsam“: Teamarbeit im Angestelltenbereich und im Management bei der Audi AG dient dem Ziel, flexible, zielorientierte und mitarbeiterorientierte Arbeitsformen zu schaffen. In: Personalführung, 32. Jg., Heft 1, 1999, S. 14-19.

FRESE, Erich (1968): Kontrolle und Unternehmungsführung. Entscheidungs- und organisationstheoretische Grundfragen. Wiesbaden 1968.

FRESE, Erich (2000): Grundlagen der Organisation. Konzepte – Prinzipien – Strukturen. 8. Aufl., Wiesbaden 2000.

FREUDENBERG, Heino (1999): Strategisches Verhalten bei Reorganisationen. Diss., Wiesbaden 1999.

FREY, Bruno S.; OSTERLOH, Margit (2002): Successful Management by Motivation: Balancing Intrinsic and Extrinsic Incentives. Berlin u. a. 2002.

FULDA, Ekkehard; HÄRTER, Manfred; LENK, Hans (1989): Prognoseprobleme. In: Handwörterbuch der Planung (HWP), hrsg. v. N. Szyperski, U. Winand, Stuttgart 1989, Sp. 1637-1645.

FZI, Forschungszentrum Informatik Karlsruhe (2000): Studie virtueller Unternehmen. http://www.unternehmensnetzwerke.de/artikel.php4?linkart=fzi20001002_1, Zugriff am 13.10.2003.

## G

GALBRAITH, Jay R. (1973): Designing complex organizations. Massachusetts u. a. 1973.

GAPPMAIER, Markus (1993): Kooperative Vorgangsbearbeitung: eine empirische Untersuchung. In: Workgroup Computing: computergestützte Teamarbeit (CSCW) in der Praxis; neue Entwicklungen und Trends, hrsg. v. L. Nastansky, Hamburg 1993, S. 117-125.

GAPSKI, Harald (2000): Medienkompetenz. Eine Bestandsaufnahme und Vorüberlegungen zu einem systemtheoretischen Rahmenkonzept. Diss., Wiesbaden 2001.

GEBERT, Diether; ROSENSTIEL, Lutz von (2002): Organisationspsychologie. Person und Organisation. 5. Aufl., Stuttgart, Berlin, Köln 2002.

GEMÜNDEN, Hans Georg; HÖGL, Martin (2001): Management von Teams. Theoretische Konzepte und empirische Befunde. 2. Aufl., Wiesbaden 2001.

GEMÜNDEN, Hans Georg; WALTER, Achim (1995): Der Beziehungspromotor: Schlüsselperson für interorganisationale Innovationsprozesse. In: Zeitschrift für Betriebswirtschaft (ZfB), 65. Jg., Heft 9, 1995, S. 971-986.

GESCHKA, Horst (1986): Kreativitätstechniken. In: Das Management von Innovationen, hrsg. v. E. Staudt, Frankfurt a. M. 1986, S. 147-160.

GESCHKA, Horst; HAMMER, Richard M. (1986): Die Szenario-Technik in der strategischen Unternehmungsplanung. In: Strategische Unternehmungsplanung – Stand und Entwicklungstendenzen, hrsg. v. D. Hahn, B. Taylor, 4. Aufl., Heidelberg, Wien 1986, S. 238-263.

GIESEKING, Olof; SEHNKE, Ernfried; ROOS, Jürgen (1998): Leistungs- und erfolgsorientierte Vergütung von Team- und Gruppenarbeit. In: Personalführung, 31. Jg., Heft 4, 1998, S. 22-32.

GLASL, Friedrich (2002): Konfliktmanagement. Ein Handbuch für Führungskräfte, Beraterinnen und Berater. 7. Aufl., Stuttgart u.a. 2002.

GLEIßNER, Werner; FÜSER, Karsten (2000): Moderne Frühwarn- und Prognosesysteme für Unternehmungsplanung und Risikomanagement. In: Der Betrieb, 53. Jg., Heft 19, 2000, S. 933-941.

GOLDSTEIN, Ira; PAPERT, Seymour (1977): Artificial Intelligence, Language, and the Study of Knowledge. In: Cognitive Science, Vol. 1, N° 1, 1977, p. 84-123.

GOLEMBIEWSKI, Robert T. (1967): Organizing Men and Power. Patterns of Behavior and Line-Staff Models. Chicago 1967.

GRAUMANN, Matthias; NIEDERMEYER, Marcus (2003): Höhere Motivation durch Partizipation? Zum Zusammenhang von Partizipation an der Formulierung von Zielvereinbarungen und Mitarbeitermotivation. In: Personalführung, 36. Jg., Heft 1, 2003, S. 72-75.

GROCHLA, Erwin (1972): Unternehmungsorganisation. Neue Ansätze und Konzeptionen. 1. Aufl., Reinbek bei Hamburg 1972.

GROTE, Gudela (1993): Schneller, besser, anders kommunizieren? Die vielen Gesichter der Büro-Kommunikation. Stuttgart 1993.

GROTE, Gudela (1994): Auswirkungen elektronischer Kommunikation auf Führungsprozesse. In: Zeitschrift für Arbeits- und Organisationspsychologie, 38. Jg., Heft 12, 1994, S. 71-75.

GROTH, Uwe; KAMMEL, Andreas; VOUKELATOS, Andreas (1993): Konzept und Implementierung integral geplant. In: Personalführung, 26. Jg., Heft 4, 1993, S. 326-331.

GRUBER, Hans (1999): Erfahrung als Grundlage kompetenten Handelns. Bern u. a. 1999.

GRÜNDLER, Ansgar (1997): Computer und Produktivität – Das Produktivitätsparadoxon der Informationstechnologie. Diss., Wiesbaden 1997.

GRZEBIELA, Torsten (2002): Internet-Risiken. Versicherbarkeit und alternativer Risikotransfer. Diss., Wiesbaden 2002.

# H

HÄUSSLER, Christa (1998): Datenqualität. In: Data Warehousing, Data Mining – OLAP, hrsg. v. W. Martin, Bonn 1998, S. 75-89.

HALLER, Matthias (1986): Risiko-Management – Eckpunkte eines integrierten Konzepts. In: Risiko-Management, hrsg. v. H. Jacob, Wiesbaden 1986, S. 7-43.

HARHOFF, Dietmar; KÜPPER, Claudia (2003): Verbreitung und Akzeptanz von eLearning – Ergebnisse aus zwei Befragungen. In: eLearning in Unternehmen. Neue Wege für Training und Weiterbildung, hrsg. v. M. Dowling, J. Eberspächer, A. Picot, Berlin u. a. 2003, S. 17-40.

HARRISON, Steve; BLY, Sara; ANDERSON, Susan et al. (1997): The Media Space. In: Video-Mediated Communication, hrsg. v. K. Finn, A. Seller, S. Wilbur, Mahwah 1997, p. 273-300.

HART, Albert G. (1951): Anticipations, Uncertainty, and Dynamics Planning. New York 1951.

HARTMAN, Heinz (1972): Arbeit, Beruf, Profession. In: Berufssoziologie, hrsg. v. T. Luckmann, W. M. Sprondel, Köln 1972, S. 36-52.

HAUSCHILDT, Jürgen (2001): Promotoren – Erfolgsfaktoren für das Management von Innovationen. In: Zeitschrift Führung + Organisation (zfo), 70. Jg., Heft 6, 2001, S. 332-337.

HAX, Herbert (1965): Die Koordination von Entscheidungen. Ein Beitrag zur betriebswirtschaftlichen Organisationslehre. Köln 1965.

HAX, Herbert (1974): Entscheidungsmodelle in der Unternehmung. Einführung in Operations Research. Reinbek bei Hamburg 1974.

HAX, Herbert (1993): Investitionstheorie. 5. Aufl., Heidelberg, Würzburg, Wien 1993.

HAX, Herbert; LAUX, Helmut (1972): Flexible Planung – Verfahrensregeln und Entscheidungsmodelle für die Planung bei Ungewissheit. In: Schmalenbachs Zeitschrift für betriebswirtschaftliche Forschung (zfbf), 24. Jg., Heft 1, 1972, S. 318-340.

HAYEK, Friedrich A. (1937): Economics and Knowledge. In: Economica, Vol. 4, N° 13, 1937, p. 33-54.

HEIDACK, Clemens (2001): Kompetenzentwicklung und Gestaltung des Wandels durch Kooperative Selbstqualifikation. In: Praxis der Kooperativen Selbstqualifikation, hrsg. v. C. Heidack, München, Mering 2001, S. 13-29.

HEINECKE, Albert (1994): EDV-gestützte Personalwirtschaft. Methoden und DV-Instrumente. Oldenburg 1994.

HEINEN, Edmund (1991): Industriebetriebslehre als entscheidungsorientierte Unternehmensführung. In: Industriebetriebslehre, hrsg. v. E. Heinen, 9. Aufl., 1991, S. 1-71.

HEINRICH, Lutz J.; PILS, Manfred (1979): Betriebsinformatik im Personalbereich. Die Planung computergestützter Personalinformationssysteme. Würzburg, Wien 1979.

HEISIG, Ulrich; LITTEK, Wolfgang (1995): Wandel von Vertrauensbeziehungen im Arbeitsprozess. In: Soziale Welt, 46. Jg., Heft 3, 1995, S. 282-304.

HENTSCHEL, Bernd (2003): Application Service Providing (ASP). In: Webbasierte Personalarbeit: Theorie – Konzeption – Praxis, hrsg. v. C. Scholz, J. Gutmann, Wiesbaden 2003, S. 195-205.

HENTZE, Joachim; KAMMEL, Andreas (1993): Personalcontrolling. Eine Einführung in Grundlagen, Aufgabenstellungen, Instrumente und Organisation des Controlling in der Personalwirtschaft. Bern u. a. 1993.

HENTZE, Joachim; KAMMEL, Andreas (1996): Personalcontrolling auf dem Prüfstand. Aufgabenbereiche, Konzept, kritische Analyse. In: Personalführung, 29. Jg., Heft 4, 1996, S. 294-298.

HERTEL, Guido (2002): Management virtueller Teams auf der Basis sozialpsychologischer Theorien: Das VIST Modell. In: Sozialpsychologie wirtschaftlicher Prozesse, hrsg. v. E. H. Witte, Lengerich 2002, S. 174-204.

HILL, Wilhelm; FEHLBAUM, Raymond; ULRICH, Peter (1994): Organisationslehre 1. Ziele, Instrumente und Bedingungen der Organisation sozialer Systeme. 5. Aufl., Bern, Stuttgart, Wien 1994.

HILPERT, Wolfgang (1993): Workflow Management im Office-Bereich mit verteilten Dokumentendatenbanken. In: Workgroup Computing: computergestützte Teamarbeit (CSCW) in der Praxis; neue Entwicklungen und Trends, hrsg. v. L. Nastansky, Hamburg 1993, S. 127-140.

HOBMAIR, Hermann (1997): Psychologie. Köln 1997.

HÖFER, Claudia E. (1997): Betriebswirtschaftliche Bewertung von Qualifizierungsinvestitionen. Auswirkungen auf die langfristigen Unternehmungsziele. Wiesbaden 1997.

HÖGL, Martin; GEMÜNDEN, Hans Georg (2001): Determinanten und Wirkungen der Teamarbeit in innovativen Projekten. Eine theoretische und empirische Analyse. In: Management von Teams. Theoretische Konzepte und empirische Befunde, hrsg. v. H. G. Gemünden, M. Högl, 2. Aufl., Wiesbaden 2001, S. 33-66.

HÖHN, Reinhard (1971): Team. In: Management-Enzyklopädie. Managementwissen unserer Zeit in 6 Bänden, ohne Hrsg., 5. Bd., München 1971, S. 744-751.

HÖLSCHER, Reinhold; ELFGEN, Ralph (2002): Herausforderung Risikomanagement. Identifikation, Bewertung und Steuerung industrieller Risiken. Wiesbaden 2002.

HÖNIG, Thomas (1998): Desktop OLAP in Theorie und Praxis. In: Data Warehousing, Data Mining – OLAP, hrsg. v. W. Martin, Bonn 1998, S. 169-189.

HOFFJAN, Andreas (1999): CALVADOS – Planspiel zur Koordination dezentraler Pläne. In: Zeitschrift für Planung (ZP), 10. Jg., Heft 10, 1999, S. 133-156.

HOFMANN, Josephine (2002): Mediale Inszenierung virtueller Teamarbeit. Diss., Wiesbaden 2003.

HOFMANN, Josephine (2003): Interne Web-Services. In: Webbasierte Personalarbeit: Theorie – Konzeption – Praxis, hrsg. v. C. Scholz, J. Gutmann, Wiesbaden 2003, S. 223-239.

HOFMANN, Hubert; LEHNER, Franz (2000): The requirements engineering process as a success factor in software projects. Schriftenreihe des Lehrstuhls für Wirtschaftsinformatik III, Heft 41, Universität Regensburg 2000.

HOFSTÄTTER, Peter R. (1957): Gruppendynamik. Die Kritik der Massenpsychologie. Hamburg 1957.

HOFSTÄTTER, Peter R.; WENDT, Dirk (1966): Quantitative Methoden der Psychologie. Eine Einführung mit vielen Tabellen. 2. Aufl., München 1966.

HOFSTEDE, Geert (1993): Interkulturelle Zusammenarbeit. Kulturen, Organisation, Management. Wiesbaden 1993.

HOFSTEDE, Geert (2001): Lokales Denken, globales Handeln. Interkulturelle Zusammenarbeit und globales Management. 2. Aufl., München 2001.

HOHNHORST, Georg von (2002): Anforderungen an das Risikomanagement nach dem KonTraG. In: Herausforderung Risikomanagement. Identifikation, Bewertung und Steuerung industrieller Risiken, hrsg. v. R. Hölscher, R. Elfgen, Wiesbaden 2002, S. 91-108.

HOHLWEG, Georg (2001): Lernen – ein Leben lang. Neue Medien für lebenslanges Lernen. In: Lernen – ein Leben lang, hrsg. v. Arbeitsstab Forum Bildung, Bonn 2001, S. 161-169.

HOLMSTROM, Bengt (1982): Moral Hazard in Teams. In: The Bell Journal of Economics, Vol. 13, N° 2, 1982, p. 324-340.

HUMMELTENBERG, Wilhelm (1998): Data Warehousing. Management des Produktionsfaktors Information – eine Idee und ihr Weg zum Kunden. In: Data Warehousing. Data Mining – OLAP, hrsg. v. W. Martin, Bonn 1998, S. 41-71.

# I

INGENHOFF, Diana; EPPLER, Martin (2001): e-Human Resource Management (e-HRM). Potenziale und Grenzen der Neuen Medien für das Personalmanagement. In: Zeitschrift Führung + Organisation (zfo), 70. Jg., Heft 3, 2001, S. 159-167.

INGHAM, Alan; LEVINGER, George; GRAVES, James et al. (1974): The Ringelmann effect. Studies of group size and group performance. In: Journal of Experimental Social Psychology, Vol. 10, N° 1, 1974, p. 371-384.

INSTITUT FÜR DEMOSKOPIE ALLENSBACH (2002a): Marktplatz Internet – Ergebnisse aus der neuen Allensbacher Computer- und Telekommunikationsanalyse (ACTA 2002). Reihe Allensbacher Berichte, Nr. 20, Allensbach 2002.

INSTITUT FÜR DEMOSKOPIE ALLENSBACH (2002b): Handy – hat bald jeder eines? Technische Innovationen sorgen weiter für Marktdynamik. Reihe Allensbacher Berichte, Nr. 22, Allensbach 2002.

IRLE, Martin (1971): Macht und Entscheidungen in Organisationen. Studie gegen das Linien-Stab-Prinzip. Frankfurt a. M. 1971.

ISING, Alexander (2001): E-Business im Personalwesen: Instrument zu einer verbesserten Mitarbeiterorientierung? Arbeitsbericht N° 28 des Lehrstuhls für Planung, Organisation und Personal, hrsg. v. W. Mag, Universität Bochum 2001.

## J

JANIS, Irving (1972): Victims of Groupthink. A psychological study of foreign-policy decisions and fiascoes. Boston 1972.

JANSON, André (2003): Verbreitung, Einsatzfelder und Akzeptanz von E-Learning. In: Personalführung, 36. Jg., Heft 8, 2003, S. 16-22.

JENSEN, Michael C.; MECKLING, William H. (1976): Theory of the Firm: Managerial Behavior, Agency Costs and Ownership Structure. In: Journal of Financial Economics, Vol. 3, N° 1, 1976, p. 305-360.

JENUWEIN, Karin A. (1999): Medienmanagement und -praxis in einem universitären Seminar. In: Wirtschaftsinformatik, 41. Jg., Heft 4, 1999, S. 390-393.

JUNG, Hans (2003): Personalwirtschaft. 5. Aufl., München, Wien 2003.

JUNG, Reinhard; WINTER, Robert (2000): Data Warehousing: Nutzungsaspekte, Referenzarchitektur und Vorgehensmodell. In: Data Warehousing Strategie. Erfahrungen, Methoden, Visionen, hrsg. v. R. Jung, R. Winter, Berlin, Heidelberg 2000, S. 3-20.

## K

KAHLE, Egbert (1973): Betriebswirtschaftliches Problemlösungsverhalten. Theoretische Überlegungen zum Einfluß von Zielen und Entscheidungsmodellen auf die Lösung betriebswirtschaftlicher Probleme. Wiesbaden 1973.

KAHLE, Egbert (1997): Betriebliche Entscheidungen. Lehrbuch zur Einführung in die betriebswirtschaftliche Entscheidungstheorie. 4. Aufl., München, Wien 1997.

KAHMANN, Uli (2001): Medienkompetenz in Theorie und Praxis. Bielefeld 2001.

KARDUCK, Achim (1993): TeamBuilder – Ein System zur computergestützten Teambildung. In: Workgroup Computing: computergestützte Teamarbeit (CSCW) in der Praxis; neue Entwicklungen und Trends, hrsg. v. L. Nastansky, Hamburg 1993, S. 97-107.

KARMASIN, Matthias; WINTER, Carsten (2000): Grundlagen des Medienmanagements. München 2000.

KATZ, Robert L. (1974): Skills of an effective administrator. In: Harvard Business Review, Vol. 52, N° 5, 1974, p. 90-102.

KAUFFELD, Simone; GROTE, Sven (2001): Teams in Organisationen: Diagnose und Entwicklung. In: Personalführung, 34. Jg., Heft 1, 2001, S. 26-33.

KEFERSTEIN, Kirsten; LENZ, Kirsten; SCHNEIDER, Swen (2001): Teamarbeit in virtuellen Organisationen. Ein vertrauensbasiertes Konzept zum Management von Telearbeit. In: Elektronische Geschäftsprozesse: Grundlagen, Sicherheitsaspekte, Realisierungen, Anwendungen, hrsg. v. P. Horster, Höhenkirchen 2001, S. 55-63.

KEIM, Daniel A. (1994): Visual Support for Query Specification and Data Mining. Diss., Aachen 1995.

KELLY, Kevin (1998): New Rules for the New Economy. New York 1998.

KEMPKES, Hans Peter; BINDHARDT, Rolf (2003): Gefahr erkannt – Gefahr gebannt. In: Personalmagazin, o. Jg., Heft 8, 2003, S. 51-53.

KERRES, Michael (2002): Didaktische Konzepte für erfolgreiches E-Learning. In: Jahrbuch Personalentwicklung und Weiterbildung 2003. Praxis und Perspektiven, hrsg. v. K. Schwuchow, J. Gutmann, Neuwied 2002, S. 131-139.

KHANDWALLA, Pradip N. (1975): Unsicherheit und die „optimale" Gestaltung von Organisationen. In: Organisationstheorie – 1. Teilband, hrsg. v. E. Grochla, Stuttgart 1975, S. 140-156.

KIEFER, Marie Luise (2001): Medienökonomik. Einführung in eine ökonomische Theorie der Medien. München, Wien 2001.

KIENBAUM, Jochen; ZIMMER, Ekkehard (2003): Integriertes HR-Management. In: Webbasierte Personalarbeit: Theorie – Konzeption – Praxis, hrsg. v. C. Scholz, J. Gutmann, Wiesbaden 2003, S. 15-26.

KILGER, Wolfgang (1987): Einführung in die Kostenrechnung. 3. Aufl., Wiesbaden 1987.

KIRSCH, Werner (1998): Die Handhabung von Entscheidungsproblemen. 5. Aufl., Herrsching 1998.

KÖLLING, Arnd (2002): Fachkräftemangel trotz hoher Arbeitslosigkeit. In: IAB-Materialien: Informationsdienst des Instituts für Arbeitsmarkt- und Berufsforschung für Arbeit, o. Jg., Heft 1, 2002, S. 8-9.

KÖLLING, Arnd (2003): Der Bedarf an qualifizierten Fachkräften und Probleme bei der Stellenbesetzung. Analysen mit dem IAB-Betriebspanel 2000. Beiträge zur Arbeitsmarkt- und Berufsforschung, hrsg. v. Institut für Arbeitsmarkt- und Berufsforschung der Bundesanstalt für Arbeit, BeitrAB 264, Nürnberg 2003.

KOLLMANN, Karl (2000): Veränderungen in der Elektronischen Kommunikation: Was die quantitativen Nutzungszahlen bei den Neuen Kommunikationstechnologien nicht verraten... In: Forum Qualitative Social Research. Theorien, Methoden, Anwendungen, 1. Jg., Heft 1, 2000, http://www.qualitativeresearch. net/fgs-texte/1-00/1-00kollmann-d.pdf, Zugriff am 13.10.2003.

KOLLMANNSPERGER, Martina (2000): Erfolgskriterien des Konfliktmanagement. Eine empirische Untersuchung. Diss., Frankfurt a. M. u. a. 2000.

KONRADT, Udo; HERTEL, Guido (2002): Management virtueller Teams. Von der Telearbeit zum virtuellen Unternehmen. Weinheim, Basel 2002.

KORTE, Rolf-Jürgen (1977): Verfahren der Wertanalyse. Betriebswirtschaftliche Grundlagen zum Aufbau wertanalytischer Entscheidungsprozesse. Berlin 1977.

KOSIOL, Erich (1962): Organisation der Unternehmung. Wiesbaden 1962.

KRATZHELLER, Johannes B. (1996): Risiko und Risk Management aus organisationswissenschaftlicher Perspektive. Diss., Wiesbaden 1997.

KRAUS, Georg; WESTERMANN, Reinhold (1998): Projektmanagement mit System: Organisation, Methoden, Steuerung. 3. Aufl., Wiesbaden 1998.

KRCMAR, Helmut (1992): Computerunterstützung für die Gruppenarbeit. Zum Stand der Computer Supported Cooperative Work Forschung. In: Wirtschaftsinformatik, 34. Jg., Heft 4, 1992, S. 425-437.

KRCMAR, Helmut (1993): Computerunterstützung für Sitzungen – Erfahrungen im CATeam-Labor Hohenheim. In: Workgroup Computing: computergestützte Teamarbeit (CSCW) in der Praxis; neue Entwicklungen und Trends, hrsg. v. L. Nastansky, Hamburg 1993, S. 71-79.

KRCMAR, Helmut (2003): Informationsmanagement. 3. Aufl., Berlin u. a. 2003.

KREIKEBAUM, Hartmut (1997): Strategische Unternehmungsplanung. 6. Aufl., Stuttgart, Berlin, Köln 1997.

KRELLE, Wilhelm (1961): Preistheorie. Tübingen 1961.

KRIMPHOVE, Dieter; SEITZ, Soeren (1999): Personalcontrolling und Recht – Fallbeispiele und deren juristische Lösung –. In: Personalinformationssysteme & Personalcontrolling. Auf dem Weg zum Personalkosten-Management, hrsg. W. Schmeisser, A. Clermont, A. Protz, Neuwied, Kriftel 1999, S. 363-382.

KRISCHER, Anette; SCHUWIRTH, Anne; JÄGER, Wolfgang (2000): Human Resources im Internet – Vergleich der 100 größten Arbeitgeber. Eine Marktstudie der Personalwirtschaft. Neuwied, Kriftel 2000.

KRUSE, Andreas (2000): Psychologische Beiträge zur Leistungsfähigkeit im mittleren und höheren Erwachsenenalter – eine ressourcenorientierte Perspektive. In: Altern und Arbeit: Herausforderung für Wirtschaft und Gesellschaft, hrsg. v. C. v. Rothkirch, Berlin 2000, S. 72-87.

KÜPPER, Hans-Ulrich (2001): Controlling. Konzeption, Aufgaben und Instrumente. 3. Aufl., Stuttgart 2001.

KUPSCH, Peter U.; MARR, Rainer; PICOT, Arnold (1991): Innovationswirtschaft. In: Industriebetriebslehre, hrsg. v. E. Heinen, 9. Aufl., 1991, S. 1069-1156.

KURZ, Andreas (1998): Neue Wege der Datenanalyse mittels neuartigen Knowledge Discovery- und Data Mining Methoden. In: Data Warehousing. Data Mining – OLAP, hrsg. v. W. Martin, Bonn 1998, S. 249-281.

KUSZPA, Maciej; SCHERM, Ewald; RITTER, Henning (2003): Beziehungsmanagement mit freien Mitarbeitern. In: Personal, 54. Jg., Heft 4, 2003, S. 49-52.

## L

LAPP-THOMA, Alexander (2002): Die virtuelle HR-Abteilung wird eine Fiktion bleiben! Wo liegen die Grenzen für eine Automatisierung und Virtualisierung von personalwirtschaftlichen Leistungen und Funktionen? In: Personalführung, 35. Jg., Heft 2, 2002, S. 42-44.

LAUX, Helmut (1979a): Grundfragen der Organisation. Delegation, Anreiz und Kontrolle. Berlin u. a. 1979.

LAUX, Helmut (1979b): Der Einsatz von Entscheidungsgremien – Grundprobleme der Organisationslehre in entscheidungstheoretischer Sicht. Berlin u. a. 1979.

LAUX, Helmut (2003): Entscheidungstheorie. 5. Aufl., Stuttgart u. a. 2003.

LAUX, Helmut; LIERMANN, Felix (1986): Grundfragen der Erfolgskontrolle. Berlin, Heidelberg 1986.

LAUX, Helmut; LIERMANN, Felix (2003): Grundlagen der Organisation. 5. Aufl., Berlin u. a. 2003.

LAWLER, Edward E. (1973): Motivation in Work Organizations. Monterey 1973.

LEHNER, Franz (2000): Organisational Memory. Konzepte und Systeme für das organisatorische Lernen und das Wissensmanagement. Wiesbaden 2000.

LEHNER, Franz (2001): Einführung in Multimedia – Grundlagen, Technologien und Anwendungsbeispiele. Wiesbaden 2001.

LEHNER, Franz (2002): E-learning. Virtueller Unterricht über das Internet am Beispiel von Hochschulen und Universitäten. 3. Aufl., Regensburg 2002.

LEHNER, Franz (2003a): Mobile und drahtlose Informationssysteme: Technologien, Anwendungen, Märkte. Berlin 2003.

LEHNER, Franz (2003b): Die Gruppe unter dem Einfluß neuer Technologien. In: Kapital und Kompetenz. Veränderungen der Arbeitswelt und ihre Auswirkungen aus pädagogischer Sicht, hrsg. v. H. Heid, Ch. Harteis, B. Meier, Aschaffenburg 2003.

LEHNER, Franz (2003c): Die Bedeutung virtueller Gemeinschaften für Unternehmen: Communities of Practice. In: Kapital und Kompetenz. Veränderungen der Arbeitswelt und ihre Auswirkungen aus pädagogischer Sicht, hrsg. v. H. Heid, Ch. Harteis, B. Meier, Aschaffenburg 2003.

LEHNER, Franz; BERGER, Stefan (2001): Mobile Knowledge Management. Schriftenreihe des Lehrstuhls für Wirtschaftsinformatik III, Heft 50, Universität Regensburg 2001.

LEIDINGER, Bernhard J. (2002): Risikoidentifikation und Maßnahmensteuerung im Rahmen des operativen Risikomanagements. In: Herausforderung Risikomanagement. Identifikation, Bewertung und Steuerung industrieller Risiken, hrsg. v. R. Hölscher, R. Elfgen, Wiesbaden 2002, S. 239-254.

LERSCH, Philipp (1964): Der Mensch als soziales Wesen: Eine Einführung in die Sozialpsychologie. München 1964.

LEWE, Henrik; KRCMAR, Helmut (1992): GroupSystems: Aufbau und Auswirkungen. Arbeitspapiere Lehrstuhl für Wirtschaftsinformatik, Nr. 24, Universität Hohenheim 1992.

LEWIN, Kurt (1939): Experiments in Social Space. In: Harvard Educational Review, Vol. 9, N° 1, 1939, p. 21-32.

LIENERT, Gustav; RAATZ, Ulrich (1994): Testaufbau und Testanalyse. 5. Aufl., Weinheim 1994.

LIKERT, Rensis (1972): Neue Ansätze der Unternehmungsführung. Bern, Stuttgart 1972.

LINSINGER, Lucia; KIRSTEN, Mathias (2003): Wissenserwerb und Wissensmanagement in deutschen Unternehmen. Eine Bestandsaufnahme. Eine Wissensmanagementstudie der Fraunhofer Gesellschaft und der Medienakademie Köln, Köln 2003, linsinger@medienakademie-koeln.de, Zugriff am 13.10.2003.

LIPNACK, Jessica; STAMPS, Jeffrey (1998): Virtuelle Teams. Projekte ohne Grenzen. Teambildung, virtuelle Orte, intelligentes Arbeiten, Vertrauen in Teams. Wien 1998.

LIPPITT, Ronald; WATSON, Jeanne; WESTLEY, Bruce (1958): The dynamics of PLANNED CHANGE. A comparative study of principles and techniques. New York u. a. 1958.

LITTIG, Peter (2000): Auch am Anfang der Wertschöpfungskette. In: unternehmer magazin, 48. Jg., Heft 11, 2000, S. 18-19.

LOOMIS, James L. (1959): Communication, the Development of Trust, and Cooperative Behavior. In: Human Relations, Vol. 12, N° 4, 1959, p. 305-315.

LORENZ, Oliver; RENNER, Thomas; KELKAR, Oliver (2003): eBusiness-Konjunkturbarometer. Investitionschancen für die deutsche Wirtschaft 2003/2004. Ausgewählte Ergebnisse einer Befragung in deutschen Industrie- und Dienstleistungsunternehmen. Berlin, Stuttgart 2003.

LUDWIG, Marc A. (2000): Beziehungsmanagement im Internet: Eine Analyse der Informationsbedürfnisse auf Konsumgütermärkten und der Möglichkeiten ihrer Befriedigung durch Beziehungsmanagement unter Nutzung des Internets. Köln 2000.

LUHMANN, Niklas (1973): Zweckbegriff und Systemrationalität. Über die Funktion von Zwecken in sozialen Systemen. Frankfurt a. M. 1973.

# M

MACNEIL, Ian R. (1974): The Many Futures of Contracts. In: Southern California Law Review, Vol. 47, N° 4, 1974, p. 691-816.

MAG, Wolfgang (1977): Entscheidung und Information. München 1977.

MARCH, James G.; SIMON, Herbert A. (1958): Organizations. New York 1958.

MARR, Rainer; FLIASTER, Alexander (2003): Bröckelt das Loyalitätsgefüge in deutschen Unternehmen? Herausforderungen für die künftige Gestaltung des „psychologischen Vertrages“ mit Führungskräften. In: Perspektiven der Strategischen Unternehmungsführung: Theorien – Konzepte – Anwendungen, hrsg. v. M. J. Ringlstetter, H. A. Henzler, M. Mirow, Wiesbaden 2003, S. 277-305.

MARSCHAK, Jacob (1954): Towards an Economic Theory of Organization and Information. In: Decision Processes, hrsg. v. R. M. Thrall, C. R. Coombs, R. L. Davis, New York 1954, p. 187-220.

MARSCHAK, Jacob (1955): Elements for a Theory of Teams. In: Management Science, Vol. 1, N° 2, 1955, p. 127-137.

MARSCHAK, Jacob; RADNER, Roy (1972): Economic Theory of Teams. New Haven 1972.

MARTIN, Albert (1998a): Teams und ihre Mitglieder. Chancen und Probleme der Gruppenzusammensetzung. In: Personal, 50. Jg., Heft 11, 1998, S. 574-578.

MARTIN, Albert (1998b): Die Macht der Verhältnisse: Zur Bedeutung von Strukturen. In: E-MIL. Erkenntnisse, Ergebnisse und Erfahrungswerte aus dem Mittelstandsinstitut der Universität Lüneburg. o. Jg., Heft 2, 1998, S. 1-2.

MARTIN, Albert (1998c): Affekt, Kommunikation und Rationalität in Entscheidungsprozessen: Ergebnisse einer Studie über den Einfluß von Gruppenstrukturen auf das Problemlösungsverhalten. München, Mering 1998.

MARTIN, Albert (1998d): Das Modell der Handlungsentlastung. Personalpolitik als Wiederspiegelung von Entscheidungsstrukturen. In: Personalpolitik. Wissenschaftliche Erklärung der Personalpraxis, hrsg. v. A. Martin, W. Nienhüser, München, Mering 1998, S. 155-191.

MEHLAU, Jens I. (2002): Sicherheitsmuster und ihre Rolle bei der Kopplung von Anwendungssystemen. In: Kopplung von Anwendungssystemen. FORWIN-Tagung 2002, hrsg. v. D. Bartmann, Aachen 2002, S. 203-218.

MEIER, Christoph; HERRMANN, Dorothea; HÜNEKE, Knut (2001): Medien- und Kommunikationskompetenz – Schlüsselqualifikation für die Zusammenarbeit auf Distanz. In: Wirtschaftspsychologie aktuell, 8. Jg., Heft 4, 2001, S. 12-20.

MENSCH, Gerhard (1991): Risiko und Unternehmungsführung: eine systemorientierte Konzeption zum Risikomanagement. Diss., Frankfurt a. M. u. a. 1991.

MERTENS, Dieter (1977): Schlüsselqualifikationen. Thesen zur Schulung für eine moderne Gesellschaft. In: Begründungen gegenwärtiger Erwachsenenbildung, hrsg. v. H. Siebert, Braunschweig 1977, S. 99-121.

MERTENS, Peter; GRIESE, Joachim; EHRENBERG, Dieter (1998): Virtuelle Unternehmen und Informationsverarbeitung. Berlin, Heidelberg, New York u. a. 1998.

MESSNER, Dirk (1995): Die Netzwerkgesellschaft. Wirtschaftliche Entwicklung und internationale Wettbewerbsfähigkeit als Probleme gesellschaftlicher Steuerung. Köln 1995.

MINTZBERG, Henry (1992): Die Mintzberg-Struktur. Organisationen effektiver gestalten. Landsberg a. L. 1992.

MIROW, Heinz M. (1969): Kybernetik – Grundlage einer allgemeinen Theorie der Organisation. Wiesbaden 1969.

MÖCKLINGHOFF, Martin; FISCHER, Joachim (1993): Verteiltes Informationssystem für Forschungs- und Entwicklungsteams. In: Workgroup Computing: computergestützte Teamarbeit (CSCW) in der Praxis; neue Entwicklungen und Trends, hrsg. v. L. Nastansky, Hamburg 1993, S. 109-116.

MÖSLEIN, Kathrin M. (1999a): Medientheorien: Perspektiven der Medienwahl und Medienwirkung im Überblick. In: 10. Arbeitsbericht des Lehrstuhls für Allgemeine und Industrielle Betriebswirtschaftslehre der Technischen Universität München, hrsg. v. R. Reichwald, München 1999.

MÖSLEIN, Kathrin M. (1999b): Bilder in Organisationen. Wandel, Wissen und Visualisierung. Diss., Wiesbaden 2000.

MÜHLEMEYER, Peter (1997): Teamwork setzt Teamfähigkeit voraus. In: Personalführung. 30. Jg., Heft 10, 1997, S. 952-955.

MÜLDER, Wilhelm (1998): Entwicklungstrends bei computergestützten Personalinformationssystemen. In: Personal, 50. Jg., Heft 11, 1998, S. 569-573.

MÜLLAUER, Susanne (2003): Die Printanzeige wirkt oftmals besser. In: Personalmagazin: Management, Recht und Praxis, o. Jg., Heft 8, 2003, S. 48-50.

## N

NASTANSKY, Ludwig (1993a): Nach 20 Jahren CSCW-Forschung: Durchbruch in der Praxis bei Groupware-Anwendungen in Client-Server Architekturen. In: Workgroup Computing: computergestützte Teamarbeit (CSCW) in der Praxis; neue Entwicklungen und Trends, hrsg. v. L. Nastansky, Hamburg 1993, S. 1-20.

NASTANSKY, Ludwig (1993b) (Hrsg.): Workgroup Computing: computergestützte Teamarbeit (CSCW) in der Praxis; neue Entwicklungen und Trends. Hamburg 1993.

NASTANSKY, Ludwig (2003): Webbasierte Technologien als treibende Kraft in Unternehmen. In: Webbasierte Personalarbeit: Theorie – Konzeption – Praxis, hrsg. v. C. Scholz, J. Gutmann, Wiesbaden 2003, S. 81-102.

NASTANSKY, Ludwig; OTT, Marcus (1999): E-Business & Groupware – Neue Organisationskonzepte für KMUs. Organisationsmodellierung für Workflow Management Systeme als computerunterstützte, kooperative Gruppenaufgabe. In: Elektronische Märkte – Ein Schritt in eine andere Welt?, hrsg. v. W. Dangelmaier, W. Felser, Paderborn 1999, S. 71-86.

NEGROPONTE, Nicholas (1995): Being digital. New York 1995.

NERDINGER, Friedemann W. (2003): Formen der Beurteilung. In: Führung von Mitarbeitern: Handbuch für erfolgreiches Personalmanagement, hrsg. v. L. v. Rosenstiel, E. Regnet, M. Domsch, 5. Aufl., Stuttgart 2003, S. 229-242.

NEUBAUER, Rainer; HÖFNER, Eleonore; WALDSCHÜTZ, Siegfried (1978): Kompendium über Eignungsfeststellungsverfahren für den öffentlichen Dienst. Baden-Baden 1978.

NEUBERGER, Oswald (1989): Symbolisches Management als Vermittlung zwischen Individualisierung und Organisierung. In: Individualisierung der Personalwirtschaft. Grundlagen, Lösungsansätze und Grenzen, hrsg. v. H. J. Drumm, Bern, Stuttgart 1989, S. 69-81.

NEUBERGER, Oswald (1996): Miteinander arbeiten – miteinander reden. Vom Gespräch in unserer Arbeitswelt. 15. Aufl., München 1996.

NEUBURGER, Rahild (2000): EDI und Internet für das elektronische BtB-Geschäft. In: Electronic Commerce – Gestaltungshilfen für den Mittelstand, hrsg. v. J. M. Janas, G. Lämmle, H. Schelle et al., München 2000, S. 177-186.

NEUMANN, Robert (1995): Risiko-Organisation – organisiertes Risiko. Beiträge zur integrativ-systemorientierten Verarbeitung selbsterzeugter Risikopotentiale in und von Organisationen, Frankfurt a. M. u.a. 1995.

NIEMEYER, Gerhard (1977): Kybernetische System- und Modelltheorie. System Dynamics. München 1977.

NORTH, Klaus; PROBST, Gilbert; ROMHARDT, Kai (1998): Wissen bewerten: Ansätze, Strategien und Fragen. In: Zeitschrift Führung + Organisation (zfo), 67. Jg., Heft 3, 1998, S. 156-166.

NONAKA, Ikujiro; TAKEUCHI, Hirotaka (1995): The knowledge creating company. How Japanese companies create the dynamics of innovation. New York 1995.

# O

OBERMEIER, Otto-Peter (2002): Möglichkeiten und Grenzen einer adäquaten Risikokommunikation. In: Herausforderung Risikomanagement. Identifikation, Bewertung und Steuerung industrieller Risiken, hrsg. v. R. Hölscher, R. Elfgen, Wiesbaden 2002, S. 343-355.

OECHSLER, Walter A. (2000a): Personal und Arbeit. Grundlagen des Human-Resource-Management und der Arbeitgeber-Arbeitnehmer-Beziehungen. 7. Aufl., München 2000.

OECHSLER, Walter A. (2000b): Strategisches HRM in einer Zeit flexibler Beschäftigung. In: Personalführung, 33. Jg., Heft 12, 2000, S. 42-49.

OEHMCKE, Thomas (1998): Organisationsdemographie: Top Management Teams und Innovationsfähigkeit. In: E-MIL. Erkenntnisse, Ergebnisse und Erfahrungswerte aus dem Mittelstandsinstitut der Universität Lüneburg, Heft 2, 1998, S. 2-4.

O'HARA-DEVEREAUX, Mary; JOHANSEN, Robert (1994): Globalwork. Bridging Distance, Culture, and Time. San Francisco 1994.

O'REILLY, Charles A. (1980): Individuals and Information Overload in Organizations. Is More Necessarily Better? In: Academy of Management Journal, Vol. 23, N° 4, 1980, p. 684-696.

ORLIKOWSKI, Borris (2002): Management virtueller Teams. Der Einfluss der Führung auf den Erfolg. Wiesbaden 2002.

ORTH, Bernhard (1974): Einführung in die Theorie des Messens. Stuttgart 1974.

OSTERHELD, Ingo (2001): Transaktionskostenrechnung und Unternehmungsstrategie. Diss., Wiesbaden 2001.

OSTERLOH, Margit; FROST, Jetta (1998): Prozessmanagement als Kernkompetenz: Wie Sie Business Reengineering strategisch nutzen können. 2. Aufl., Wiesbaden 1998.

OSTERLOH, Margit; ROTA, Sandra (2002): Fairnessnormen und Anreize in Teams. In: Organisatorische Veränderung und Corporate Governance. Aktuelle Themen der Organisationstheorie, hrsg. v. E. Kahle, Wiesbaden 2002, S. 121-142.

# P

PALUMBO, Enrico A. (2002): Interkulturelle Kompetenz – ein unklarer Begriff? In: Politische Studien, 53. Jg., Heft 383, 2002, S. 72-79.

PATTANAIK, Prasanta K. (1971): Voting and collective choice. Some apsects of the theory of group decision-making. Diss., Cambridge 1971.

PETROVIC, Otto (1993): Workgroup Computing – Computergestützte Teamarbeit: Informationstechnologische Unterstützung teambasierter Organisationsformen. Heidelberg 1993.

PFOHL, Hans-Christian (1977): Problemorientierte Entscheidungsfindung in Organisationen. Berlin, New York 1977.

PFOHL, Hans-Christian; STÖLZLE, Wolfgang (1997): Planung und Kontrolle. 2. Aufl., Stuttgart u. a. 1997.

PICOT, Arnold (1982): Transaktionskostenansatz in der Organisationstheorie: Stand der Diskussion und Aussagewert. In: Die Betriebswirtschaft (DBW), 42. Jg., Heft 42, 1982, S. 267-284.

PICOT, Arnold (1997): Information als Wettbewerbsfaktor – Veränderungen in Organisation und Controlling. In: Information als Wettbewerbsfaktor, hrsg. v. A. Picot, Stuttgart 1997, S. 175-199.

PICOT, Arnold (2002): Einführung. In: Web Services – Bausteine für das e-Business, hrsg. v. A. Picot, J. Breidler, Heidelberg 2002, S. 1-8.

PICOT, Arnold; HASS, Berthold H. (2003): New Business Development in Medienunternehmen. In: Medienmanagement: Aufgaben und Lösungen, hrsg. v. G. Brösel, F. Keuper, München 2003, S. 47-64.

PICOT, Arnold; NEUBURGER, Rahild (2000): Banken und das Firmenkundengeschäft im Internet-Zeitalter. Köln 2000.

PICOT, Arnold; NEUBURGER, Rahild (2001): Virtuelle Organisationsformen im Dienstleistungssektor. In: Handbuch Dienstleistungsmanagement, hrsg. v. M. Bruhn, H. Meffert, 2. Aufl., Wiesbaden 2001, S. 803-823.

PICOT, Arnold; REICHWALD, Ralf (1987): Bürokommunikation. Leitsätze für den Anwender. 3. Aufl., Hallbergmoos 1987.

PICOT, Arnold; REICHWALD, Ralf (1998): Organisationsformen der Zukunft – Die Unternehmen ohne Grenzen. In: Gablers Magazin, 12. Jg., Heft 11 / 12, 1995, S. 52-55.

PICOT, Arnold; REICHWALD, Ralf (1999): Führung in virtuellen Organisationsformen. In: Produktionswirtschaft 2000, hrsg. v. K. Nagel, R. F. Erben, F. T. Piller, Wiesbaden 1999, S. 130-149.

PICOT, Arnold; SCHULLER, Susanne (2002): Transaktionskosten. In: Handwörterbuch Unternehmungsrechnung und Controlling, hrsg. v. H.-U. Küpper, A. Wagenhofer, Stuttgart 2002, Sp. 1966-1978.

PICOT, Arnold; DIETL, Helmut; FRANCK, Egon (2002): Organisation: eine ökonomische Perspektive. 3. Aufl., Stuttgart 2002.

PICOT, Arnold; REICHWALD, Ralf; WIGAND, Rolf T. (2003): Die grenzenlose Unternehmung: Information, Organisation und Management. 5. Aufl., Wiesbaden 2003.

PINTO, Mary B.; PINTO, Jeffrey K. (1990): Project team communication and cross-functional cooperation in new program development. In: Journal of Product Innovation Management, Vol. 7, N° 3, 1990, p. 200-212.

PINTO, Mary B.; PINTO, Jeffrey K.; PRESCOTT, John E. (1993): Antecedents and Consequences of Project Team Cross-functional Cooperation. In: Management Science, Vol. 39, N° 10, 1993, p. 1281-1297.

POLANYI, Michael (1985): Implizites Wissen. Frankfurt a. M. 1985.

PORTER, Michael P. (2000): Wettbewerbsvorteile (Competitive Advantage). Spitzenleistungen erreichen und behaupten. 6. Aufl., Frankfurt a. M., New York 2000.

PRANGE, Christiane; PROBST, Gilbert; RÜLING, Charles-Clemens (1996): Lernen zu kooperieren – Kooperieren um zu lernen. Plädoyer für eine lernorientierte Betrachtung von Unternehmungskooperationen. In: Zeitschrift Führung + Organisation (zfo), 65. Jg., Heft 1, 1996, S. 10-16.

PRATT, John W.; RAIFFA, Howard; SCHLAIFER, Robert (1995): Introduction to Statistical Decision Theory. London 1995.

PROBST, Gilbert J.; RAUB, Steffen; ROMHARDT, Kai (1998): Wissen managen – wie Unternehmen ihre wertvollste Ressource optimal nutzen. 3. Aufl., Wiesbaden 1998.

## R

RAAB-STAHL, Carola (1998): Dezentrale Mikroorganisation. Gestaltungsansätze unter dem Leitbild der „Neuen Dezentralisation". Diss., Frankfurt a. M., Berlin, Bern u. a. 1999.

RAYPORT, Jeffrey F.; SVIOKLA, John J. (1995): Exploiting the virtual value chain. In: Harvard Business Review, Vol. 63, N° 6, 1995, p. 75-87.

REIBNITZ, Ute von (1989): Szenario-Planung. In: Handwörterbuch der Planung (HWP), hrsg. v. N. Szyperski, U. Winand, Stuttgart 1989, Sp. 1980-1996.

REICHWALD, Ralf (2000): Telekooperation. Verteilte Arbeits- und Organisationsformen. 2. Aufl., Berlin u. a. 2000.

RICHTER, Manfred (1994): Personalführung. Grundlagen und betriebliche Praxis. 3. Aufl., Stuttgart 1994.

RIEBEL, Paul (1967): Kurzfristige unternehmerische Entscheidungen im Erzeugungsbereich auf der Grundlage des Rechnens mit relativen Einzelkosten und Deckungsbeiträgen. In: Neue Betriebswirtschaft, 20. Jg., Heft 8, 1967, S. 1-23.

RIEBEL, Paul (1994): Einzelkosten- und Deckungsbeitragsrechnung. Grundfragen einer markt- und entscheidungsorientierten Unternehmungsrechnung. 7. Aufl., Wiesbaden 1994.

RIES, Andreas (2001): Controlling in virtuellen Netzwerken. Managementunterstützung in dynamischen Kooperationen. Diss., Wiesbaden 2001.

RIDDER, Hans-Gerd (1993): Arbeitsbewertung als Methode der Personalforschung. In: Empirische Personalforschung, hrsg. v. F. Becker, A. Martin, München, Mering 1993, S. 173-187.

RIPPERGER, Tanja (1998): Ökonomie des Vertrauens. Analyse eines Organisationsprinzips. Tübingen 1998.

ROHN, Walter E. (1992): Simulation – Praxis am Modell erlernen. In: Planspiele – simulierte Realitäten für den Chef von morgen; mit Planspiel-Marktübersicht, hrsg. v. J. Graf, Speyer 1992, S. 19-28.

ROLKE, Lothar; WOLFF, Volker (1999): Wie die Medien die Wirklichkeit steuern und selbst gesteuert werden. Opladen, Wiesbaden 1999.

ROSCHELLE, Jeremy; TEASLEY, Stephanie D. (1995): The construction of shared knowledge in collaborative problem solving. In: Computer supported collaborative Learning, hrsg. v. C. O'Malley, Berlin 1995, p. 69-97.

ROSENKRANZ, Hans (2001): Von der Familie zur Gruppe zum Team. Familien- und gruppendynamische Modelle zur Teamentwicklung. 4. Aufl., Paderborn 2001.

ROSENSTIEL, Lutz von (1987): Partizipation und Veränderung im Unternehmen. In: Motivation durch Mitwirkung, hrsg. v. L. v. Rosenstiel et al., USW-Schriften für Führungskräfte, Bd. 15, Stuttgart 1987, S. 1-11.

ROSENSTIEL, Lutz von (1992): Entwicklungen von Werthaltungen und interpersonaler Kompetenz. Beiträge der Sozialpsychologie. In: Personalentwicklung in Organisationen. Psychologische Grundlagen, Methoden und Strategien, hrsg. v. K. Sonntag, Göttingen 1992, S. 83-105.

ROSENSTIEL, Lutz von (2000): Grundlagen der Organisationspsychologie. 4. Aufl., Stuttgart u. a. 2000.

ROSENSTIEL, Lutz von (2003a): Die Arbeitsgruppe. In: Führung von Mitarbeitern. Handbuch für erfolgreiches Personalmanagement, hrsg. v. L. v. Rosenstiel, E. Regnet, M. Domsch, 5. Aufl., Stuttgart 2003, S. 367-386.

ROSENSTIEL, Lutz von (2003b): Bindung der Besten – Ein Beitrag zur mitarbeiterbezogenen strategischen Planung. In: Perspektiven der Strategischen Unternehmungsführung: Theorien – Konzepte – Anwendungen, hrsg. v. M. J. Ringlstetter, H. A. Henzler, M. Mirow, Wiesbaden 2003, S. 229-254.

ROSENSTIEL, Lutz von (2003c): Entwicklung und Training von Führungskräften. In: Führung von Mitarbeitern: Handbuch für erfolgreiches Personalmanagement, hrsg. v. L. v. Rosenstiel, E. Regnet, M. Domsch, 5. Aufl., Stuttgart 2003, S. 67-83.

ROSENSTIEL, Lutz von (2003d): Psychologie und Webbasierung. In: Webbasierte Personalarbeit: Theorie – Konzeption – Praxis, hrsg. v. C. Scholz, J. Gutmann, Wiesbaden 2003, S. 103-120.

ROßNAGEL, Alexander; BANZHAF, Jürgen; GRIMM, Rüdiger (2003): Datenschutz im Electronic Commerce. Technik – Recht – Praxis. Heidelberg 2003.

RUDOLPH, Bernd (1995): Derivative Finanzinstrumente. Entwicklung, Risikomanagement und bankaufsichtliche Regelungen. In: Derivative Finanzinstrumente, hrsg. v. B. Rudolph, Stuttgart 1995, S. 3-41.

## S

SADER, Manfred (1996): Psychologie der Gruppe. 5. Aufl., Weinheim, München 1996.

SAHM, August; FRÖHLICH, Barbara (1982): Führungs- und Kooperationstraining durch Selbstdiagnose, Prozeßbeobachtung und Fallstudienarbeit. Frankfurt a. M. 1982.

SALIGER, Edgar (1998): Betriebswirtschaftliche Entscheidungstheorie. Einführung in die Logik individueller und kollektiver Entscheidungen. München u.a. 1998.

SAUTER, Werner; SAUTER, Annette (2002): Blended Learning. Effiziente Integration von E-Learning und Präsentationstraining. Neuwied, Kriftel 2002.

SCHÄFFER, Utz (1996): Kontrolle von Teams bei hohen Wissensbeschränkungen der Instanz. In: Zeitschrift für Planung (ZP), 7. Jg., Heft 3, 1996, S. 271-286.

SCHAWOHL, Peter (1999): Selbststeuernde Teams in der Versicherungsverwaltung. Teamarbeit verlangt ein verändertes Führungsverhalten und ein hohes Maß an offener Kommunikation, Selbstverantwortlichkeit, Partizipation und Verhandlungsbereitschaft. In: Personalführung, 32. Jg., Heft 7, 1999, S. 56-61.

SCHEIN, Edgar H. (1965): Organizational Psychology. London u. a. 1965.

SCHEIN, Edgar H. (1969): Process Consultation. Its Role in Organization Development. Reading u. a. 1969.

SCHEIN, Edgar H. (1985): Organizational Culture and Leadership. A Dynamic View. San Francisco 1985.

SCHERKE, Felix (1953): Die Bedeutung der Gruppe für das Leben im Betrieb. In: Die Gruppe im Betrieb, hrsg. v. H. Paul, P. H. Steinmetz, Dortmund 1953, S. 7-12.

SCHERM, Ewald; SÜß, Stefan (2000b): Personalführung in virtuellen Unternehmen. Eine Analyse diskutierter Instrumente und Substitute der Führung. In: Personalforschung, 14. Jg., Heft 1, 2000, S. 79-103.

SCHERRER, Gerhard (1999): Kostenrechnung. 3. Aufl., München u. a. 1999.

SCHLIWKA, Anja (1998): Teamorientiertes, medienübergreifendes Know-how-Management in verteilten Umgebungen. Diss., Aachen 1998.

SCHLUNEGGER, Christoph U. (1993): Softwareentwicklung als Telearbeit: dezentrale, kooperativ ausgeführte Softwareentwicklung (DCSD). In: Workgroup Computing: computergestützte Teamarbeit (CSCW) in der Praxis; neue Entwicklungen und Trends, hrsg. v. L. Nastansky, Hamburg 1993, S. 81-95.

SCHMEISSER, Wilhelm (1999) (Hrsg.): Personalinformationssysteme und Personalcontrolling: auf dem Weg zum Personalkosten-Management. Neuwied 1999.

SCHMIDBAUER, Wolfgang (1973): Sensitivitätstraining und analytische Gruppendynamik. 2. Aufl., München 1973.

SCHMIDT, Karsten (2002): Projektmanagement – Ist-Zustand und Trends. In: Wirtschaftspsychologie – Zeitschrift für Arbeits-, Betriebs- und Organisationspsychologie, 4. Jg., Heft 3, 2002, S. 66-70.

SCHNEIDER, Hans-Dieter (1985): Kleingruppenforschung. 2. Aufl., Stuttgart 1985.

SCHOLER, Stefan (1998): Groupware und Informatikabteilungen: Untersuchung des Einsatzes von Groupware und der damit verbundenen Veränderung der Aufgaben, Organisation und künftige Bedeutung von Informatikabteilungen. Diss. Bamberg 1998.

SCHOLL, Wolfgang (1992): Informationspathologien. In: Handwörterbuch der Organisation (HWO), hrsg. v. E. Frese, 3. Aufl., Stuttgart 1992, Sp. 900-912.

SCHOLZ, Christian (2000a): Personalmanagement: informationsorientierte und verhaltenstheoretische Grundlagen. 5. Aufl., München 2000.

SCHOLZ, Christian (2000b): Strategische Organisation. Multiperspektivität und Virtualität. 2. Aufl., Landsberg a. L. 2000.

SCHOLZ, Christian (2002a): Systemdenken und Virtualisierung. Unternehmensstrategien zur Vitalisierung und Virtualisierung auf der Grundlage von Systemtheorie und Kybernetik. Berlin u. a. 2002.

SCHOLZ, Christian (2002b): Virtuelle Teams – Neuer Wein in neuen Schläuchen! In: Zeitschrift Führung + Organisation (zfo), 71. Jg., Heft 1, 2002, S. 26-33.

SCHOLZ, Christian (2003): Die Saarbrücker MO5-Wertschöpfungskette. In: Webbasierte Personalarbeit: Theorie – Konzeption – Praxis, hrsg. v. C. Scholz, J. Gutmann, Wiesbaden 2003, S. 123-144.

SCHOLZ, Christian; GUTMANN, Joachim (2003) (Hrsg.): Webbasierte Personalarbeit: Theorie – Konzeption – Praxis. Wiesbaden 2003.

SCHREYÖGG, Georg (1999): Organisation – Grundlagen moderner Organisationsgestaltung. 3. Aufl., Wiesbaden 1999.

SCHREYÖGG, Georg; STEINMANN, Horst (1985): Strategische Kontrolle. In: Zeitschrift für betriebswirtschaftliche Forschung (zfbf), 37. Jg., Heft 5, 1985, S. 391-410.

SCHÜTZ, Klaus-Volker (1989): Gruppenforschung und Gruppenarbeit. Theoretische Grundlagen und Praxismodelle. Mainz 1989.

SCHUMANN, Matthias; HESS, Thomas (2002): Grundfragen der Medienwirtschaft. 2. Aufl., Berlin, Heidelberg 2002.

SCHUPP, Wilhelm (1999): „Teilweise erhebliche Umstellungsschwierigkeiten". In: Personalführung, 32. Jg., Heft 1, 1999, S. 18.

SCHWARZ, Horst (1983): Betriebsorganisation als Führungsaufgabe. Organisation – Lehre und Praxis. 9. Aufl., Landsberg a. L. 1983.

SCHWARZER, Bettina; KRCMAR, Helmut (1999): Wirtschaftsinformatik. Grundzüge der betrieblichen Datenverarbeitung. 2. Aufl., Stuttgart 1999.

SEERS, Anson; PETTY, Mark M.; CASHMAN, James F. (1995): Team-Member Exchange Under Team and Traditional Management: A naturally occuring quasi-experiment. In: Group & Organization Management, Vol. 20, N° 1, 1995, p. 18-38.

SEIDEL, Silvia; LEHNER, Franz (2000): Wissensmanagement: Begriffsauffassung und Umsetzung in der Praxis. Analyse auf der Basis von Literaturberichten. Schriftenreihe des Lehrstuhls für Wirtschaftsinformatik III, Heft 40, Universität Regensburg 2000.

SELBACH, Ralf; SCHNEIDER, Peter (1994): Lernen und Arbeiten im Team. Praxisfibel kooperative Berufsausbildung. Bielefeld 1994.

SENCAR, Peter (1999): Innovationsorientiertes Team-Management im Rahmen eines Management-Konzeptes für Zeiten turbulenten Wandels. Eine vernetzte, empirische Untersuchung am Beispiel der High-Tech-Industrie. Diss., Bamberg 1999.

SENCAR, Peter (2001): Fit für Innovation? Testen Sie ihr Team! In: iomanagement, 70. Jg., Heft 6, 2001, S. 48-53.

SEYFRIED, Brigitte (1994): Team und Teamfähigkeit. In: Berufsbildung in Wissenschaft und Praxis, 23. Jg., Heft 3, 1994, S. 23-27.

SHAPIRO, Carl; VARIAN, Hal R. (1999): Information rules. A strategic guide to the network economy. Boston 1999.

SIEBEN, Günter; SCHILDBACH, Thomas (1990): Betriebswirtschaftliche Entscheidungstheorie. 3. Aufl., Düsseldorf 1990.

SIMON, Herbert A. (1957): Models of Man. New York 1957.

SIMON, Herbert A. (1972): Theories of bounded rationality. In: Decision and Organization. A Volume in Honor of Jacob Marschak, hrsg. v. C. B. McGuire, R. Radner, Amsterdam, London 1972, p. 161-176.

SJURTS, Insa (2001): Medienmanagement – Eine kritische Bestandsaufnahme –. Diskussionsbeiträge Lehrstuhl für Allgemeine Betriebswirtschaftslehre, insbesondere Medienmanagement, Heft 1, Universität Flensburg 2001.

SJURTS, Insa (2002): Strategien in der Medienbranche. Grundlagen und Fallbeispiele. 2. Aufl., Wiesbaden 2002.

SMITH, Adam (2001): Der Wohlstand der Nationen. Eine Untersuchung seiner Natur und seiner Ursachen. 9. Aufl., München 2001.

SOKOLOWSKI, Zbynek (1996): Projektcontrolling in der Informationsverarbeitung. In: Projektmanagement – Prozesse und Praxisfelder, hrsg. v. K. Streich et al., Stuttgart u. a. 1996, S. 169-188.

SPELLMANN, Frank (2001): Gesamtrisiko-Messung von Banken. Ein Beitrag zur Analyse von Markt- und Kreditrisiken und ihres Risikoverbundes. Diss., Wiesbaden 2002.

SPREMANN, Klaus (1988): Reputation, Garantie, Information. In: Zeitschrift für Betriebswirtschaft (ZfB), 58. Jg., Heft 5 / 6, 1988, S. 613-629.

SPREMANN, Klaus (1989): Agent and Principal. In: Agency Theory, Information, and Incentives, hrsg. v. C. Bamberg, K. Spremann, Berlin u. a. 1990, S. 561-586.

STAEHLE, Wolfgang H. (1999): Management. Eine verhaltenswissenschaftliche Perspektive. 8. Aufl., München 1999.

STASSER, Garold; STEWART, Dennis D.; WITTENBAUM, Gwen M. (1995): Expert roles and information exchange during discussion: The importance of knowing who knows what. In: Journal of Experimental Social Psychology, hrsg. v. M. Levine, Vol. 31, N° 3, 1995, p. 244-265.

STEFFENS-DUCH, Silvia (2001): Human Resources im Internet. In: Personal, 53. Jg., Heft 11, 2001, S. 614-619.

STEIN, Volker (2003): Schnelligkeit und Varietätsbewältigung. Wertschöpfung durch Entscheidungsstrukturierung. In: Webbasierte Personalarbeit: Theorie – Konzeption – Praxis, hrsg. v. C. Scholz, J. Gutmann, Wiesbaden 2003, S. 177-191.

STEINLE, Claus (1992): Delegation. In: Handwörterbuch der Organisation, 3. Aufl., hrsg. v. E. Frese, Stuttgart 1992, Sp. 500-513.

STEINMANN, Horst; SCHREYÖGG, Georg (2002): Management. Grundlagen der Unternehmungsführung: Konzepte – Funktionen – Fallstudien. 5. Aufl., Wiesbaden 2002.

STREICH, Richard K. (1987): Teamentwicklung. Verhalten im Team und Verhaltensdiagnose. In: Motivation durch Mitwirkung, hrsg. v. L. v. Rosenstiel, H. E. Einsiedler, R. K. Streich, S. Rau, Bd. 15, Stuttgart 1987, S. 142-156.

STUDT, Jürgen (1983): Projektkostenrechnung. Frankfurt a. M. 1983.

SYDOW, Jörg (1996): Virtuelle Unternehmung. Erfolg als Vertrauensorganisation? In: Office Management, 44. Jg., Heft 7/8, 1996, S. 10-13.

SYDOW, Jörg (2002): Strategische Netzwerke: Evolution und Organisation. 1. Aufl., 5. Nachdruck, Wiesbaden 2002.

SYDOW, Jörg; WINDELER, Arnold (2000): Steuerung von und in Netzwerken – Perspektiven, Konzepte, vor allem aber offenen Fragen. In: Steuerung von Netzwerken – Konzepte und Praktiken, hrsg. v. J. Sydow, A. Windeler, Opladen 2000, S. 1-24.

## T

TENBUSCH, Burkard; BRACHT, Rainer (1998): Kompetenz im Umgang mit neuen Medien. In: Personal, 50. Jg., Heft 5, 1998, S. 222-226.

THIEL, Michael (2002): Wissenstransfer in komplexen Organisationen: Effizienz durch Wiederverwendung von Wissen und best practices. Diss., Wiesbaden 2002.

THOM, Norbert; FRIEDLI, Vera (2003): Motivation und Erhaltung von High Potentials. In: Zeitschrift Führung + Organisation (zfo), 72. Jg., Heft 2, 2003, S. 68-73.

THOMAE, Hans (1966): Die Motivation menschlichen Handelns. 3. Aufl., Köln 1966.

TJOSVOLD, David (1995): Cooperation theory, constructive controversity, and effectiveness: Learning from crisis. In: Team effectiveness and decision making in organizations, hrsg. v. R. A. Guzzo et al., San Francisco 1995, p. 79-112.

TREBESCH, Karsten (1980): Teamarbeit. In: Handwörterbuch der Organisation (HWO), hrsg. v. E. Grochla, 2. Aufl., Stuttgart 1980, Sp. 2217-2227.

TRUNK, Matthias (2002): Risikomanagement in einem kommunalen Versorgungsunternehmen. In: Herausforderung Risikomanagement. Identifikation, Bewertung und Steuerung industrieller Risiken, hrsg. v. R. Hölscher, R. Elfgen, Wiesbaden 2002, S. 157-177.

## V

VARIAN, Hal R. (2001): Grundzüge der Mikroökonomik. 5. Aufl., München, Wien 2001.

VERBECK, Alexander (2001): Kooperative Innovation. Effizienzsteigerung durch Team-Management. Zürich 2001.

VOLKE-GROH, Tanja; MARTENS, Jens-Uwe (2001): Individuelles Lernen erfordert soziale Phasen. Neue Trends im Bereich der betrieblichen Aus- und Weiterbildung. In: Praxis der Kooperativen Selbstqualifikation, hrsg. v. C. Heidack, München, Mering 2001, S. 31-39.

VOLKSWAGEN COACHING GMBH PROJEKTMANAGEMENT (2002): Stand und Trend des Projektmanagements in Deutschland. Zusammenfassung der Studie. 2002, http://vw-coaching.xxs2.de/cora/kundendaten/tabellen/Stand-Trend-PM_ deutsch.pdf?xx_cg_session=14eece6901a02c720e2fa58bae76734f, Zugriff am 13.10.2003.

VOß, Stefan; GUTENSCHWAGER, Kai (2001): Informationsmanagement. Berlin u. a. 2001.

## W

WAGENHOFER, Alfred (1992): Abweichungsanalysen bei der Erfolgskontrolle aus agency theoretischer Sicht. In: Betriebswirtschaftliche Forschung und Praxis, 44. Jg., Heft 4, 1992, S. 319-338.

WEBER, Helmut (1964): Die Spannweite des betriebswirtschaftlichen Planungsbegriffs. In: Schmalenbachs Zeitschrift für betriebswirtschaftliche Forschung (zfbf), 16. Jg., Heft 8, 1964, S. 716-724.

WEIDNER, Walter; FREITAG, Gerhard (1996): Organisation in der Unternehmung: Aufbau- und Ablauforganisation. Methoden und Techniken praktischer Organisationsarbeit. 5. Aufl., München, Wien 1996.

WEIGLE, Jörn; KRCMAR, Helmut (2000): Zur Funktionsweise virtueller Organisationen: Informations- und Kommunikationstechnologie in einem Projekt der Rauser Advertainment AG. Stuttgart 2000.

WEINERT, Ansfried B. (1998): Organisationspsychologie. Ein Lehrbuch. 4. Aufl., Weinheim 1998.

WEIZSÄCKER, Ernst U. von (1972): Erstmaligkeit und Bestätigung als Komponenten der pragmatischen Information. In: Offene Systeme I. Beiträge zur Zeitstruktur, Entropie und Evolution, hrsg. v. E. U. v. Weizsäcker, Stuttgart 1974, S. 82-113.

WELGE, Martin K.; AL-LAHAM, Andreas (2001): Strategisches Management. Grundlagen – Prozess – Implementierung. 3. Aufl., Wiesbaden 2001.

WELLMAN, Barry (2000): Die elektronische Gruppe als soziales Netzwerk. In: Virtuelle Gruppen. Charakteristika und Problemdimensionen, hrsg. v. U. Thiedeke, Wiesbaden 2000, S. 134-167.

WELSCH, Johann (1997): Die Revolution der Informationsarbeit – Die Zukunft der kollektiven Regulierung von Arbeitsverhältnissen. In: Arbeit im Multimedia-Zeitalter – Trends der Informationsgesellschaft, hrsg. v. K. van Haaren, D. Hensche, Hamburg 1997, S. 115-127.

WENDEROTH, Gerhard (2000): Any Place – Any Time. In: Networking Computing – Die technische IT-Zeitung für das Unternehmen, o. Jg., Heft 22, 2000, S. 3-4.

WIENDIECK, Gerd (1992): Teamarbeit. In: Handwörterbuch der Organisation (HWO), hrsg. v. E. Frese, 3. Aufl., Stuttgart 1992, Sp. 2375-2384.

WILD, Jürgen (1967): Neuere Organisationsforschung in betriebswirtschaftlicher Sicht. Internationale Forschungsansätze und -ergebnisse zur formalen Problematik der Aufbauorganisation. Berlin 1967.

WILD, Jürgen (1982): Grundlagen der Unternehmungsplanung. 4. Aufl., München, Wien 1982.

WILKESMANN, Uwe; RASCHER, Ingolf (2002): Lässt sich Wissen durch Datenbanken managen? In: Zeitschrift Führung + Organisation (zfo), 71. Jg., Heft 6, 2002, S. 342-351.

WILLIAMSON, Oliver E. (1975): Markets and Hierarchies: Analysis and Antitrust Implications. A Study in the Economics of Internal Organization. New York, London 1975.

WISWEDE, Günter (1995): Einführung in die Wirtschaftspsychologie. 2. Aufl., München, Basel 1995.

WITT, Peter; ROSENKRANZ, Stephanie (2002): Netzwerkbildung und Gründungserfolg. In: Zeitschrift für Betriebswirtschaft (ZfB), Ergänzungsheft, 72. Jg., Heft 5, 2002, S. 85-106.

WITTE, Eberhard (1968): Phasen-Theorem und Organisation komplexer Entscheidungsverläufe. In: Schmalenbachs Zeitschrift für betriebswirtschaftliche Forschung (zfbf), 20. Jg., Heft 1, 1968, S. 625-647.

WITTE, Eberhard (1973): Organisation für Innovationsentscheidungen. Das Promotoren-Modell, Göttingen 1973.

WITTE, Eberhard (1988): Entscheidungskräfte: Innovationsfähige Organisation. In: Innovative Entscheidungsprozesse: Die Ergebnisse des Projektes „Columbus", hrsg. v. E. Witte, J. Hauschildt, O. Grün, Tübingen 1988, S. 144-161.

WITTE, Eberhard (1992): Entscheidungsprozesse. In: Handwörterbuch der Organisation (HWO), hrsg. v. E. Frese, 3. Aufl., Stuttgart 1992, Sp. 551-585.

WITTMANN, Waldemar (1959): Unternehmung und unvollkommene Information. Köln, Opladen 1959.

WOLF, Klaus; RUNZHEIMER, Bodo (2003): Risikomanagement und KonTraG: Konzeption und Implementierung. 4. Aufl., Wiesbaden 2003.

WOTTAWA, Heinrich (1980): Grundriss der Testtheorie. Grundfragen der Psychologie. München 1980.

WUCKNITZ, Uwe D. (2002a): Handbuch Personalbewertung. Messgrößen, Anwendungsfelder, Fallstudien. Stuttgart 2002.

WUCKNITZ, Uwe D. (2002b): Personalrisiken erkennen und beeinflussen. In: Personalwirtschaft, 29. Jg., Heft 10, 2002, S. 28-32.

WÜTHRICH, Hans A.; PHILIPP, Andreas F. (1998): Virtualisierung als zukunftsweisende Management-Herausforderung!? – Momentaufnahme einer faszinierenden und weitreichenden Thematik. In: Die Unternehmung, 52. Jg., Heft 5 / 6, 1998, S. 253-270.

WUNDERER, Rolf (2003): Führung und Zusammenarbeit. Eine unternehmerische Führungslehre. 5. Aufl., München, Neuwied 2003.

WUNDERER, Rolf; DICK, Petra (2000): Ein Blick in die Zukunft des Personalmanagements. In: Personalwirtschaft, 27. Jg., Heft 8, 2000, S. 31-37.

WUNDERER, Rolf; GRUNWALD, Wolfgang (1980): Führungslehre. Bd. II: Kooperative Führung. Berlin, New York 1980.

WURST, Katharina (2001): Zusammenarbeit in innovativen Multi-Team-Projekten. Diss., Wiesbaden 2001.

WURST, Katharina; HÖGL, Martin (2001): Führungsaktivitäten in Teams. Ein theoretischer Ansatz zur Konzeptionalisierung. In: Management von Teams. Theoretische Konzepte und empirische Befunde, hrsg. v. H. G. Gemünden, M. Högl, 2. Aufl., Wiesbaden 2001, S. 157-185.

WURST, Katharina; HÖGL, Martin; GEMÜNDEN, Hans Georg (2001): Zusammenarbeit in frühen Phasen von Multi-Team-Entwicklungsprojekten. In: Management von Teams. Theoretische Konzepte und empirische Befunde, hrsg. v. H. G. Gemünden, M. Högl, 2. Aufl., Wiesbaden 2001, S. 219-236.

# Y

YIN, Min (1996): Team-Informationsmanagement. Konzepte und Implementierung eines agentenbasierten Team-Informationsmanagement-Systems (aTIMS). Diss., Aachen 1996.

# Z

ZERBE, Stefan (2000): Globale Teams. Organisatorische und technische Gestaltung kooperativer Arrangements. Diss., Wiesbaden 2000.

ZERDICK, Axel; PICOT, Arnold; SCHRAPE, Klaus et al. (2001): European Communication Council Report: Die Internet-Ökonomie: Strategien für die digitale Wirtschaft. 3. Aufl., Berlin u. a. 2001.

ZERDICK, Axel; PICOT, Arnold; SCHRAPE, Klaus et al. (2003): European Communication Council Report: E-Merging Media: Digitalisierung der Medienwirtschaft. Berlin u. a. 2003, im Druck.

ZOTTO, Cinzia dal (1999): Die Simultaneität und Permanenz von Personal- und Organisationsentwicklung. Diss., Frankfurt a. M. u. a. 2001.

ZWEHL, Wolfgang von (1993): Entscheidungsregeln. In: Handwörterbuch der Betriebswirtschaft (HWB), hrsg. v. W. Wittmann, W. Kern, R. Köhler u. a., Bd. 3, 5. Aufl., Stuttgart 1993, Sp. 920-929.

**Stichwortverzeichnis**


## A

Abbruchkriterium. ................ 53, 79, 83
  Allokationsbedingt........... 22, 52, 100
  Aufgabenbedingt ........ 17, 22, 40, 52, 100, 126
  Medienbedingt............................. 126
  Personalbedingt ......... 19, 22, 52, 100
Abstimmung.......... ... 20, 58, 72, 74, 92, 96, 115, 138, 147, 150, 157, 169, 197
Akzeptanz
  Medienakzeptanz. 127, 131, 144, 188
  Mehrwertige Erwartungen...... 22, 42, 79, 91, 124, 174
Allokation
  Einflussgrößen.......................... 21, 23
  Leistungsvorteil .......... 21, 23, 35, 54, 122, 154, 163, 167, 172, 197, 198
  Reallokation ....................... 22, 54, 61
  Teamallokation ..................... 69, 101
  Teameffekte ............ 22, 41, 129, 193
Anreizstruktur....... . 59, 73, 81, 94, 111, 159, 174, 175, 202
Äquivalenztheorem .. 37, 53, 84, 87, 89, 104, 129, 142, 157, 188, 189, 202
Aufgabe
  Einflussgrößen ........................ 17, 18
  Entscheidungsprozeß .. 18, 22, 41, 43, 76, 83
  Informationsaustausch .... 17, 20, 104, 127, 146
  Kooperatives Urteilsvermögen ..... 18, 50, 51
  Kreative Anregung ................. 18, 51
  Leistungsvorteil ........ 17, 22, 54, 108, 122, 156

## B

Bausteinkonzept
  Erfolgskontrolle...... 9, 25, 27, 37, 40, 73, 122, 159, 193
  Teambildung..... 9, 15, 25, 35, 40, 72, 90, 122, 158, 159, 193
  Teamsteuerung........ 9, 25, 40, 72, 99, 122, 158, 159, 193
  Trichtermodell... 9, 15, 32, 35, 40, 72, 73, 83, 122, 157, 159, 193
Beziehungsstruktur ..... 77, 83, 107, 124, 167, 195

## D

Data Warehouse... ........... 160, 168, 183
Digitale Medien
  *Siehe* Medien
Digitaler Markt .... ... 127, 148, 169, 184
Diskurs ................ .... 36, 47, 72, 78, 80, 92, 97, 99, 104, 117, 134, 146, 158, 164, 166

## E

Employee-Self-Services ... 148, 158, 172
Entscheidung
  *Siehe* Metaentscheidung
  Entscheidungsdelegation... 12, 58, 66, 105
  Entscheidungsregel ..... 71, 73, 83, 90, 99, 202
Entscheidungsmodell
  Entscheidungskreislauf ... 27, 40, 122, 185, 201
  Entscheidungsmatrix ........... 34, 69, 71
  Entscheidungsschleife ..... 73, 93, 190, 195
Entscheidungsoptionen
  Aus- und Weiterbildung........ 46, 103, 110, 124, 177, 195
  Auswahlentscheidung ....... 33, 38, 53, 68, 72, 84, 90, 124, 142, 158, 168
  Einordnungsentscheidung... 32, 48, 68, 82, 124, 136, 166, 187
  Einsatzentscheidung.......... 33, 59, 68, 113, 124
  Entscheidungsverzicht .... 51, 68, 100, 121, 139, 148, 150, 155, 159, 179, 187, 196, 198
  Kontrollentscheidung ........ 33, 63, 66, 124, 181
  Wissenstransfer ....... 46, 96, 104, 110, 121, 124, 131, 175, 185, 192

Entscheidungsprozess
Alternativenauswahl ... 27, 62, 69, 77, 82, 83, 90, 99, 122, 127, 193, 203
Alternativensuche ....... 26, 55, 66, 69, 83, 90, 99, 122, 149, 162, 193, 203
Problemdefinition ....... 26, 40, 45, 46, 49, 63, 83, 90, 99, 122, 193, 203
Realisierung .......... 27, 70, 83, 90, 99, 122, 177, 193, 203
Zielbildung 26, 40, 45, 49, 63, 77, 83, 90, 99, 122, 193, 203
Entscheidungssituation
Quasi-sichere ........................ 29, 125
Riskante .................. 29, 34, 125, 193
Sichere .............................. 29, 34, 35
Ungewisse............... 29, 34, 122, 193
Unsichere ...................... 29, 125, 193
Entscheidungstheorie
Eignung.................................. 13, 29
Logik.................................. 3, 29, 96
Erfolgskontrolle
*Siehe* Bausteinkonzept
Erwartungen
Einwertige............... 3, 30, 33, 35, 37
Mehrwertige..... 3, 31, 33, 38, 70, 157
Präferenzen-Divergenzen ..... 30, 103, 185
Präferenzen-Kongruenz................. 30

## F

Face to face-Kontakt ...... 112, 121, 136, 159, 160, 165, 181
Filtereffekt...........37, 40, 81, 124, 147, 154, 183
Führungsprinzip ...59, 164, 173, 202

## G

Gedächtnis
der Organisation ....... 46, 81, 83, 158, 167, 192, 193
der Organisation, medial..... 156, 185, 193
der Unternehmung ........... 33, 81, 193
des Teams .......... 37, 46, 82, 98, 114, 116, 124, 135, 193

## I

Information
Asymmetrisch .....28, 35, 37, 83, 104, 105, 125, 147
Entscheidungsrelevant ......28, 36, 38, 135, 139, 155, 165, 174
Stochastisch eindeutig...................29
Unkalkuliert ..................................31
Unvollkommen.........30, 83, 139, 199
Vollkommen............................29, 35
Informationsbeschaffung ..9, 26, 41, 42, 44, 76, 117
Informationsparadoxon.............44, 134
Informationsstand .....28, 106, 122, 124
Informationsverarbeitung .9, 26, 41, 42, 45, 117

## K

Kommunikation ... ..............80, 83, 121
Formell ..............................117, 122
Informations- und Kommunikationsregel .....................80, 82, 163, 166
Informell.............................117, 122
Medienvermittelt.........127, 132, 134, 138, 149, 152, 157, 168, 180, 195
Kommunikationskompetenz...116, 168, 189
Komplexitätsreduktion .......29, 83, 124, 167, 189, 193
Konfliktregel....... ..............92, 96, 117
Kontrolle
Ad hoc .....74, 81, 106, 120, 121, 166, 199
Feedback-.......................99, 101, 119
Feedforward-...............................119
Frühwarnsystem ............74, 101, 120
Kontroll-Mix .......................100, 120
Medienbasierte ....................159, 179
Prämissen-....................100, 102, 182
Referenz-.........45, 80, 162, 164, 180, 182, 185, 192
Status-..........................141, 159, 180
Kooperation ......... 19, 36, 146, 157
Kultur
Medien- ........134, 162, 164, 190, 201

Organisations- ....... 94, 164, 168, 174, 178, 192, 201
Team- 71, 73, 92, 113, 158, 171, 191, 192, 201
Wahrheits- ................ 73, 92, 152, 195

## L

Lernen ................. ........... 124, 157, 177
Blended-Learning ................ 158, 177
Erfahrungslernen .................... 74, 116
Learning Community ........... 158, 178
Organisationales Lernen ......... 46, 89, 120, 135
Lernmodell
Kooperative Lernprozesse 20, 21, 22, 36, 40, 48, 54, 173, 175, 177, 192
Lernschleife ....... 33, 73, 93, 115, 116, 158, 177, 178

## M

Macht ................. ....................... 57, 96
Machtdistanz .................................. 19
Machtkonflikt ......................... 57, 148
Verhandlungsmacht ..................... 110
Management
*Siehe* Wissensmanagement
*Siehe* Teammanagement
*Siehe* Medienmanagement
Bedarf ............................................. 24
Beziehungs-
*Siehe* Beziehungsstruktur
by Exception ......................... 158, 173
by Objective .......................... 158, 173
Projekt- ............................................ 24
Symbolisches ........................ 158, 163
Medien ............... ............................ 126
Leistungsvorteil .... 127, 155, 156, 184
Media-Choice-Forschung .... 127, 177
Media-Impact-Forschung ............ 127
Media-Richness-Modell ...... 116, 147, 157
Wirkungszusammenhang ............ 129
Medienmanagement .............. 2, 34, 127
*Siehe* Wissensmanagement
Notwendigkeit ................................. 5
Teammanagement ............................ 7
Medienparadoxon ......... 184, 185, 189, 195, 198
Medienplan .......... ................. 166, 180
Meilensteintechnik ................. 114, 118
Mess- und Zurechnungsproblem ....... 14, 65, 102, 133, 156, 183
Metaentscheidung ........ 8, 9, 25, 26, 83
Entscheidungsprozess
*Siehe* Entscheidungsprozess
Gesamtentscheidung ........ 26, 40, 124
Teilentscheidung ............ 26, 40, 124
Mitarbeiterbindung ... 58, 107, 117, 136, 162
Multiplikatoreffekt ...... 97, 99, 177, 198

## P

Personal
Einflussgrößen ........................... 19, 21
Leistungsvorteil ..................... 20, 122
Teamzufriedenheit ......................... 21
Planung ............... ... 16, 24, 81, 82, 91, 98, 109, 120, 165
Ad hoc Improvisation .... 73, 106, 107
Flexible ................. 73, 106, 114, 119
Ganzheitliche ...... 40, 51, 56, 85, 133, 155, 163, 179, 185, 192, 201
Personalplanung ............. 88, 91, 177
Rationale .......................... 37, 51, 119
Rollierende ................... 76, 119, 161
Professionelles Teamverhalten ... 71, 73, 100, 111, 125, 159, 169
Prognosen ............ ... 28, 33, 45, 75, 85, 107, 110, 117, 133, 138
Promotor
Beziehungs- .................. 79, 165, 177
Fach- ........................ 24, 79, 165, 177
Macht- ............................ 24, 79, 112
Medien- ........................................ 165
Organisations- ................................ 24
Team- ......... 73, 79, 83, 96, 107, 112, 117, 134, 176
Vertrauens- ......................... 158, 165

## Q


Qualifikation
- Anforderung / Profil .... 124, 158, 168
- Einzelqualifikation. 20, 105, 139, 157
- Fähigkeiten .......... 19, 20, 29, 30, 159
- Kenntnisse ............................... 19, 71
- Medienkompetenz .............. 168, 175
- Mehrfachqualifizierung ........ 74, 109, 110, 121
- Motivation ............................. 19, 20
- Schlüsselqualifikation ........... 74, 109, 110, 121
- Teamfähigkeit ............................... 93
- Teamqualifikation ....... 19, 21, 90, 139

Qualifikationsbesprechung .... 90, 93, 99


## S


Schnittstellenmanagement ......... 74, 112
Störungsmajorität. ...... 58, 87, 100, 179
Störungsminorität. ...................... 58, 86


## T


Team
- Abgrenzung ............................ 11, 32
- Dynamik ............................ 2, 11, 22
- Konstitutive Merkmale ................. 11
- Untersuchungseinheit ................... 32

Teamarbeit ............ . 36, 74, 90, 99, 156, 164, 184
- Fragmentierte ...................... 149, 185
- Leistungstiefe ........ 21, 22, 23, 37, 77, 87, 93, 94, 101, 105, 107, 113, 114, 121, 124, 127, 138, 141, 142, 157, 183, 187, 189, 192, 197
- Organisationskonzept ............. 11, 40

Teamarten
- Kernteam ...... 74, 105, 109, 114, 120, 123, 159, 188, 192
- Managementteam...... 26, 40, 47, 105, 109, 120, 136, 155, 187, 191
- Medienbasiertes Teams ...... 128, 138, 156, 159, 168, 172, 181, 185, 188
- Präsenzteam ......... 139, 148, 169, 171
- Teammanagerteam.... 52, 73, 77, 105, 114, 120, 136
- Trainingsteam ........................ 87, 107
- Unterstützungsteam. 74, 92, 107, 109, 114, 120, 123, 159, 188, 192, 195

Teambildung
- *Siehe* Bausteinkonzept
- Investitionsansatz .......................... 86

Teamentwicklung .......... 72, 90, 92, 97, 99, 158, 173, 177, 201

Teamerfolg ........... 9, 13, 23, 25, 43, 61, 64, 80, 85, 89, 94, 96, 104, 122, 126, 133, 144, 154, 159, 163, 183, 185, 192, 193, 199

Teammanagement
*Siehe* Bausteinkonzept
- Forschungsansatz ....................... 8, 10
- Medieneinsatz ............. 6, 13, 14, 157
- Medienmanagement .................. 7, 14
- Mehrwertige Erwartungen ... 6, 13, 14
- Notwendigkeit ............................ 4, 23
- Notwenigkeit .................................. 2
- Träger .............................. 25, 51, 70

Teamreife ............ .............. 51, 85, 124

Teamsteuerung
- *Siehe* Bausteinkonzept

Teamstruktur ........ ................ 51, 55, 56
- Multi-Team-Projekt ........ 71, 89, 113, 121, 145, 159, 179, 191, 200
- Teamauflösung .................. 90, 91, 99
- Teamgröße.... 35, 52, 72, 86, 112, 169
- Teamrevision... 25, 37, 67, 72, 86, 90, 91, 99, 109, 111, 124, 150, 158, 161, 173, 188

Theorie des Teammanagements
- Fundamentaltheorie .......................... 8
- Komplexität ................................... 14
- Referenztheorie ................................ 8
- Teamtheorie ................................... 12

Transaktionskosten-Regel..... 62, 82, 83, 90, 99, 100, 159, 162, 171, 187

Trichtermodell
- *Siehe* Bausteinkonzept

Trittbrettfahrerverhalten ......... 50, 58, 65

## V


Verantwortung
Eigenverantwortung.... 59, 66, 93, 99, 174, 179, 185, 192
Ergebnisverantwortung...... 16, 40, 61, 78, 173
Kommunikative Verantwortung ... 73, 166
Kontrollverantwortung........ 118, 121, 188, 192
Kooperationsverantwortung.... 19, 40, 68, 96, 118, 121, 159
Lernverantwortung....... 118, 121, 159
Medienverantwortung......... 158, 175, 179, 185, 188, 192
Teamverantwortung.... 59, 66, 92, 99, 174, 175, 179, 185, 192
Verantwortungs- und Entscheidungsstruktur ............ 69, 83, 90, 99, 123, 124, 157, 159, 173
Vernetztes Prozessmodell 122, 157, 162
Außensteuerung .......... 103, 122, 123, 186, 198
Innensteuerung.... 105, 120, 123, 184, 186, 191, 194, 198
Lernbasierte Entscheidungsschleifen ............. 72, 93, 106, 121, 173, 188
Lernbasierter Entscheidungskreislauf ................................... 27, 40, 124
Mediensteuerung.......... 185, 193, 198
Zeitstruktur.......... 10, 38, 40, 68, 122, 124, 155, 193
Vernetzung .......... .. 128, 131, 133, 134, 147, 155, 169, 183, 198
Vertrag
Leistungsvertrag.................. 8, 15, 43
Mitbestimmung............................ 165
Psychologische Kontrakt........ 113, 117
Vertrauen ............ ...... 92, 93, 101, 136, 158, 159, 164, 185, 187
Systemvertrauen.................. 132, 165
Vertrauensaufbau .... 58, 73, 158, 162, 163, 175, 192
Vertrauensvorschuss........ 79, 96, 148


## W


Wahrscheinlichkeit
Objektive ................................ 28, 70
Positive ...... 31, 43, 70, 110, 132, 197
Subjektive........................ 28, 70, 124
Wissen ................. ... 12, 17, 28, 36, 48, 51, 81, 89, 96, 157
Asymmetrisch... 37, 47, 67, 104, 122, 155
Erfahrungs-.................................. 124
Erfahrungs- ........ 33, 37, 73, 115, 121
Explizites ....................... 57, 121, 167
Implizites .............. 57, 104, 121, 167
Kokonstruktion..... 36, 115, 117, 149, 156, 159
Wissen ................. ... 99, 104, 113, 115, 122, 135, 142, 143, 157, 163, 176, 183, 190
Wissensmanagement 69, 74, 83, 84, 90, 99, 104, 122, 123, 158, 159, 185, 195
Wissensstand........ . 26, 28, 82, 90, 105, 132, 136, 197
Hinreichender ....................... 31, 109
Optimaler........................................ 29
Unzureichender . 31, 47, 73, 109, 123
Workflow ............ 157, 158, 161
Workgroup ........... 158, 174


## Z


Ziel
Leistungsziel............................ 20, 91
Lernziel...... 37, 53, 97, 116, 144, 177
Markt- und Ertragsziel .... 35, 77, 124
Teamarbeit ....................................... 97
Teambildung...................... 16, 76, 82
Teammanagement ................... 17, 36
Teamsteuerung ........................ 25, 76
Teamziel .......... 8, 17, 72, 78, 91, 147
Unternehmungsziel 8, 17, 78, 82, 112
Vertragsziel ...................................... 17
Wissensmanagement....................... 84
Zielkompromiss..... 58, 107, 124, 188
Zielkonflikt............. 12, 47, 124, 136

**Regensburger Beiträge zur betriebswirtschaftlichen Forschung**

Herausgegeben vom Institut für Betriebswirtschaftslehre
an der Universität Regensburg

Band 1 Hans Jürgen Drumm / Christian Scholz: Personalplanung. Planungsmethoden und Methodenakzeptanz.

Band 2 Irmgard Obermeier: Statistische Abschlußprüfung. Konzeptionen und Verfahren.

Band 3 Elmar Sinz: Konstruktion betrieblicher Basisinformationssysteme.

Band 4 Peer Biendl: Ablaufsteuerung von Montagefertigungen. Heuristische Reihenfolgeplanung vergierender Auftragsstrukturen mittels Prioritätenregeln – Computergestützte Simulationsstudien der Werkstattfertigung.

Band 5 Franz Böcker / Ahron J. Schwerdt: Die Planung und Kontrolle praxisbezogener betriebswirtschaftlicher Lehre.

Band 6 Rudolf Paulik: Kostenorientierte Reihenfolgeplanung in der Werkstattfertigung. Eine Simulationsstudie.

Band 7 Reinhard Rieger: Unternehmensinsolvenz, Arbeitnehmerinteressen und gesetzlicher Arbeitnehmerschutz.

Band 8 Hans Jürgen Drumm: Individualisierung der Personalwirtschaft. Grundlagen, Lösungsansätze und Grenzen.

**Band 1 - 8 erschienen bei Verlag Paul Haupt Bern und Stuttgart**

Band 9 Monika Sixt: Dreidimensionale Packprobleme. Lösungsverfahren basierend auf den Meta-Heuristiken Simulated Annealing und Tabu-Suche. 1996.

Band 10 Peter Terhart: Chapter 11 Bankruptcy Code: Eine Alternative für Deutschland? Dokumentation, Analyse und Bewertung des amerikanischen Reorganisationsverfahrens mit einer kritischen Stellungnahme zur neuen deutschen Insolvenzordnung. 1996.

Band 11 Joachim Eigler: Transaktionskosten als Steuerungsinstrument für die Personalwirtschaft. 1996.

Band 12 Frank Richter: Konzeption eines marktwertorientierten Steuerungs- und Monitoringsystems. 1996. 2., überarbeitete und ergänzte Auflage 1999.

Band 13 Georg Stocker: Prämiendifferenzierung bei der Versicherung kommerzieller Bankkredite anhand von Risikoklassen. 1997.

Band 14 Christoph Plein: »Neue« Organisationskonzepte für die Versicherungsunternehmung. Organisationstheoretische Grundlagen und die Verwendbarkeit von Lean Management und Business Reengineering in der Versicherungsunternehmung. 1997.

Band 15 Ernst Eichenseher: Dezentralisierung des Controlling. 1997.

Band 16 Matthias Bauch: Unternehmensinsolvenzen: Prophylaxe und Bewältigung in Frankreich. Darstellung und ökonomische Analyse von *procédure d'alerte, règlement amiable* und *redressement et liquidation judiciaires*. 1997.

Band 17 Andreas Polifke: Adaptive Neuronale Netze zur Lösung von Klassifikationsproblemen im Marketing. Anwendungen und Methodenvergleich von ART-Netzen. 1998.

Band 18 Andreas Listl: Target Costing zur Ermittlung der Preisuntergrenze. Entscheidungsorientiertes Kostenmanagement dargestellt am Beispiel der Automobilzulieferindustrie. 1998.

Band 19 Andreas Schüler: Performance-Messung und Eigentümerorientierung. Eine theoretische und empirische Untersuchung. 1998.

Band 20 Carola Raab-Stahl: Dezentrale Mikroorganisation. Gestaltungsansätze unter dem Leitbild der "Neuen Dezentralisation". 1999.

Band 21 Martin Goller: Aktuelle Vergleichsverfahren in Deutschland. Eine ökonomische Analyse. 2000.

Band 22 Bernhard Baumgartner: Dynamische Aspekte in Markenwahlmodellen. 2000.

Band 23 Alexander Thume: Die Darstellung konzerninterner Verschmelzungen im Konzernabschluß. 2000.

Band 24 Stefan Marcus Schmidt: Corporate Governance in deutschen und amerikanischen Aktiengesellschaften. Eine Untersuchung unter besonderer Berücksichtigung der Bedeutung und der Entstehung der Anteilseignerstrukturen. 2001.

Band 25 Antonia Graff: Elementarrisiken privater Haushalte. Die Handhabung finanzieller Schäden in Deutschland – derzeitige Situation und Verbesserungsvorschläge. 2001.

Band 26 Cinzia Dal Zotto: Die Simultaneität und Permanenz von Personal- und Organisationsentwicklung. 2001.

Band 27 Franz Xaver Gabelsberger: Equity-Bewertung im Jahresabschluß. Bilanzierung von Beteiligungen unter besonderer Berücksichtigung der Informationsfunktion des Jahresabschlusses. 2001.

Band 28 Christian Lechner: The Competitiveness of Firm Networks. 2001.

Band 29 Frank Richter: Kapitalmarktorientierte Unternehmensbewertung. Konzeption, finanzwirtschaftliche Bewertungsprämissen und Anwendungsbeispiel. 2002.

Band 30 Gerhard Ebinger: Neue Modelle der betrieblichen Altersversorgung. 2001.

Band 31 Marion Steinberger: Multinomiale Logitmodelle mit linearen Splines zur Analyse der Markenwahl. 2002.

Band 32 Thomas M. Ullrich: Endkonsolidierung. Erfolgswirkungen des Ausscheidens von Unternehmen aus dem Konzernverbund und konsolidierungstechnische Abbildung im Konzernabschluß. 2002.

Band 33 Ingo Stangl: Die systemtragenden Änderungen der Unternehmensbesteuerung durch das Steuersenkungsgesetz. 2001.

Band 34 Markus Probst: Neuronale Netze zur Bestimmung nichtlinearer Nutzenfunktionen in Markenwahlmodellen. 2002.

Band 35 Martina Hartl: Kosten- und Erfolgscontrolling in jungen Unternehmen. Konzeption und praktische Umsetzung dargestellt an einer Fallstudie. 2002.

Band 36 Erik Schlumberger: Der Beitrag sonstiger Rückstellungen zum Unternehmenswert. 2002.

Band 37 Florian Biersack: Gestaltung und Nutzung makrostruktureller Flexibilität. 2002.

Band 38 Bettina Orlopp: Abfindungen von Minderheitsaktionären. Eine komparative, ökonomische Analyse zu den Regelungen in Deutschland, USA und England. 2003.

Band 39 Robert Obermaier: Bewertung, Zins und Risiko. Anmerkungen zu Grundproblemen der entscheidungsorientierten Unternehmensbewertung und der wertorientierten Unternehmensführung. 2004.

Band 40 Sigrid Kühn: Ausgestaltungsformen der Erwerbsmethode. Eine Analyse unter Berücksichtigung der Wahlrechte nach IFRS und der fair value-Bewertung. 2004.

Band 41 Jürgen Ernstberger: Erfolgs- und Vermögensmessung nach International Financial Reporting Standards (IFRS). 2004.

Band 42 Karin A. Jenuwein: Entscheidungsorientiertes Teammanagement bei mehrwertigen Erwartungen unter Berücksichtigung von Medieneinsatz. 2005.

www.peterlang.de

Peter Lang · Europäischer Verlag der Wissenschaften

Oliver Keiser

# Virtuelle Teams

## Konzeptionelle Annäherung, theoretische Grundlagen und kritische Reflexion

Frankfurt am Main, Berlin, Bern, Bruxelles, New York, Oxford, Wien, 2002.
242 S., zahlr. Tab. und Graf.
Schriften zum Managementwissen.
Herausgegeben von Joachim Hentze und Andreas Kammel. Bd. 3
ISBN 3-631-50191-9 · br. € 42.50*

Das Objekt der wissenschaftlichen Auseinandersetzung in dieser Arbeit sind „virtuelle Teams". Virtuelle Teams werden aktuell zum einen in praxisorientierten Beiträgen mit häufig nahezu euphorischem Beiklang als eine durch die revolutionäre Entwicklung und Verbreitung der Informations- und Kommunikationstechnik ermöglichte neuartige Form betrieblicher Teamarbeit propagiert. Zum anderen werden sie gegenwärtig auch im Rahmen der wissenschaftlichen Diskussion mit deutlich zunehmender Frequenz thematisiert. Besonders für die Betriebswirtschaftslehre ist diesbezüglich ein Forschungsdefizit festzustellen, und so ist es Ziel dieser Arbeit, zur Fundierung des Konzepts virtueller Teams in diesem Kontext beizutragen.

*Aus dem Inhalt*: Virtualisierung und Teamorientierung · Definitorische Annäherung und Elemente einer „Theorie der virtuellen Teams" · Ausgewählte Aspekte virtueller Teams unter besonderer Berücksichtigung der Einflußpotentiale von Groupware

Kolibri 360 GmbH
Ferdinand-Jühlke-Straße 7
99095 Erfurt, Deutschland
produktsicherheit@kolibri360.de

Druck:
CPI Druckdienstleistungen GmbH
im Auftrag der
Kolibri 360 GmbH
Ferdinand-Jühlke-Str. 7
99095 Erfurt